Time Series Analysis of Business

엑셀 활용
비즈니스 시계열분석

한 광 종 지음

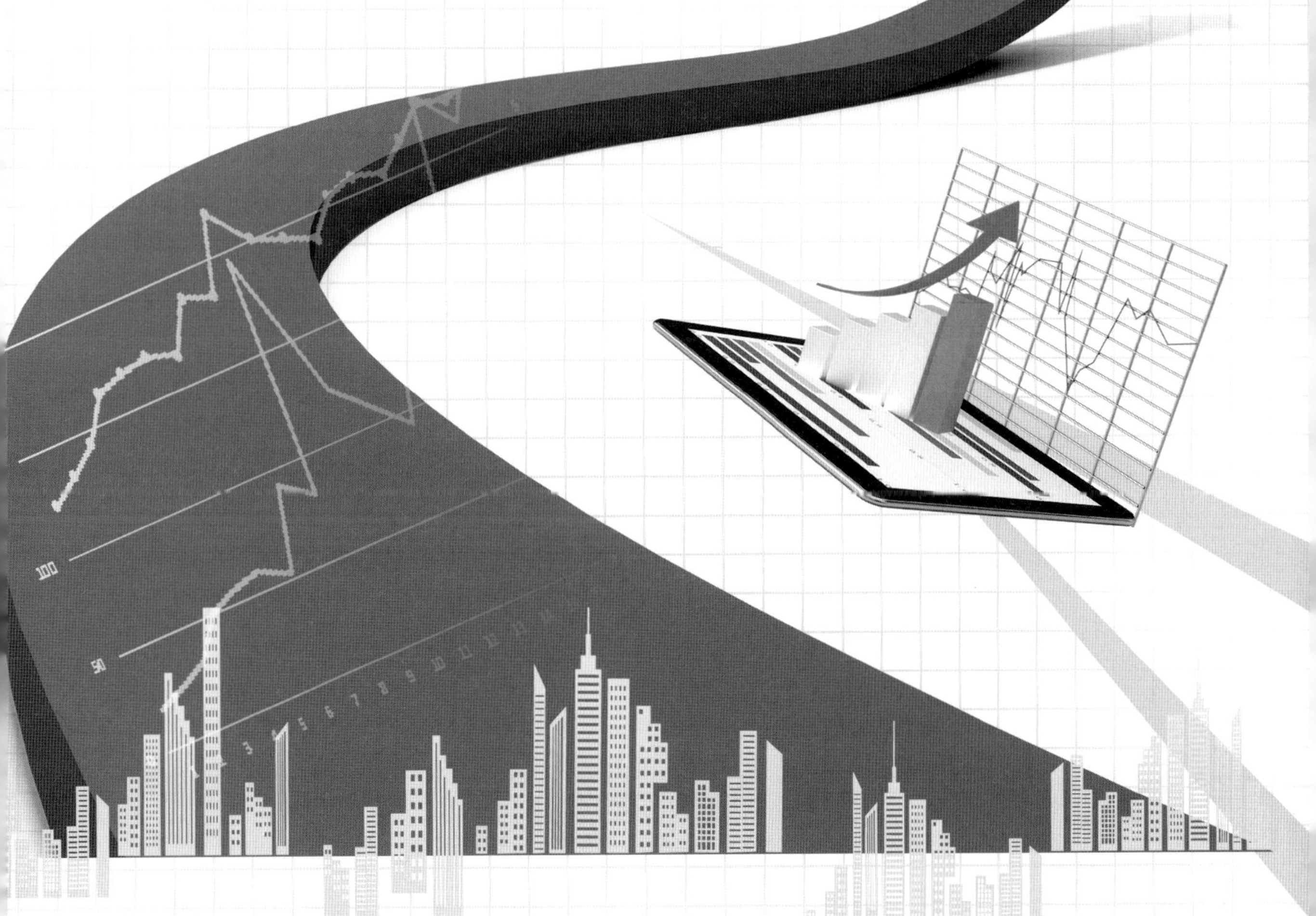

KYOWOOSA 교우사

PREFACE

머리말

미래를 예측할 수 있는 능력은 항공사, 호텔, 여행사, 전자제품 제조회사, 자동차 제조회사 등 수 많은 기업에서 급변하는 환경에 대응하면서 효율적인 기업 운영에 꼭 필요하다. 그럼에도 불구하고 시계열분석은 엑셀에 능숙한 분들도 조금 생소하게 느껴질 수 있고 기존의 시계열분석 전문서적들은 이론 중심으로 다루어서 초보자가 접근하기가 쉽지 않았다.

시계열분석은 기업의 핵심인 수요 예측, 마케팅과 재무분야에서 올바른 의사결정에 많은 도움을 주고 있기 때문에 SPSS, SAS, MINITAB 등 통계 패키지에서도 다루고 있지만, 계산 중간 과정을 생략하고 계산 결과만을 제시하며, 구입 비용이 매우 높다는 단점이 있다. 따라서 기업체에서 시계열분석 보고서에 대해서 예측 결과의 근거를 요구할 때, 계산 과정까지 한 눈에 볼 수 있는 엑셀이 더 유용하다. 중소기업체에서는 엑셀의 활용도가 더 높다.

본서는 호텔, 여행사, 항공사 등 관광분야의 기업뿐만 아니라 병원, 전기전자, 건설사, 백화점 등 일반 기업의 사례를 골고루 다루어서 다양한 분야에서 시계열분석을 응용할 수 있도록 구성했다. 단순 회귀분석, 다중회귀분석, 분기별, 월별 더미변수 회귀분석, 단순 지수평활법, 이중 지수평활법(브라운 지수평활), 자기회귀 모형 그리고 비선형 회귀분석에서는 지수 모형, 로그 선형 회귀모형, 파워모형, 역 모형, 2차·3차·4차·5차 다항모형, 거듭 제곱을 포함했다. 이외에 로지스틱 곡선, 곰페르츠 곡선 등 시계열분석에 필요한 다양한 분석 기법을 소개했다.

본서의 특징은 엑셀 및 엑셀 및 시계열분석의 초보자도 쉽게 배우고 실무에 곧바로 응용할 수 있도록 각 단계별로 화면 캡처해서 설명했을 뿐만 아니라 계절성과 추세를 파악할 수 있는 계절분해법을 상세하게 다루었다. 특히 회귀분석 방법, 계절분해 가법과 계절분해 승법에서는 계절지수를 이용해서 어떻게 미래를 예측하는지도 함께 설명했다. 그리고 엑셀의 FORECAST, TREND, SLOPE, LINEST, INTERCEPT 등 시계열분석 관련 함수의 활용방법을 다양하게 소개했고, 시장의 다양한 변화를 더미변수로 다루는 개입모형 분석 방법 그리고 기업에서 판매하는 상품의 고장 시기 예측을 통한 AS 기간 설정에 유용한 WEIBULL 분석, 주가 예측에 사용되는 K

NEAREST NEIGHBOR 등을 다루었으며, TS(Tracking Signal), MAD(MAD), MSE 등으로 여러 시계열 모형 중에서 최적의 모형을 선택하는 방법도 소개했다.

엑셀 2013을 기준으로 시계열분석 방법을 소개하지만, 엑셀 2007, 엑셀 2010에서도 그대로 적용이 가능하다.

- 시계열분석은 왜 해야 하는가?
- 시계열분석이란 무엇인가?
- 시계열분석은 어디에 적용할 수 있는가?
- 엑셀의 함수들과 시계열분석에 어떻게 활용될까?
- 어떤 경우에 어떤 시계열분석을 해야 하는가?
- 시계열분석 결과를 어떻게 해석해야 하는가?

세계열분석을 처음 접하는 분들은 여러 가지 궁금한 점이 많을 것이다. 엑셀과 시계열분석의 기초 수준에 눈높이를 맞추고 시계열분석에 대한 고민을 해결하는데 네비게이션 역할을 할 수 있는 실전 활용서를 찾는 중소기업체 임·직원분들과 시계열분석을 배우고자 하는 학부생 및 대학원생들에게 조금이라도 도움을 주고자 본서를 만들었다.

예제 파일과 결과 파일은 교우사 웹사이트에서 다운로드하며 본서의 내용에 대해서 궁금한 점이나 문의사항이 있으면 언제든지 저자에게 Email(fatherofsusie@hanmail.net)으로 문의하시거나 blog.daum.net/fatherofsusie의 방명록에 궁금한 점을 남겨주시면 최대한 빨리 성실하게 답변드리겠습니다.

녹녹치 않은 최근의 출판시장 여건에도 불구하고 "책 속에 길이 있다"는 믿음으로 그리고 "책으로 열어가는 새로운 미래"를 목표로 수학, 자연과학, 공학, 그리고 Excel, SAS, SPSS 통계 전문 출판사로서의 명성과 입지를 다져온 교우사에서 본서가 출판될 수 있는 기회는 주신 오판근 대표님께 진심으로 감사드린다. 또한 편집, 교정, 디자인 작업에 수고하신 교우사 편집부 강지영 과장님 등을 비롯한 직원 분들께도 감사드린다.

2014년 6월

한광종

CONTENTS

차 례

Chapter 15 예측 정확도 / 329

CHAPTER

01 엑셀 열기

1 엑셀 열기

1.1 엑셀 기본 프로그램 설정 및 열기

본서는 MS OFFICE 2013을 기준으로 시계열분석을 실행하지만 엑셀 2007, 엑셀 2010 사용자도 고려해서 설명한다.

- MS OFFICE 13을 설치한다. ⇨ Excel을 연다. ⇨ Microsoft Excel이 스프레드 시트를 보고 편집하기 위한 기본 프로그램으로 설정되어 있지 않습니다. Excel에서 열 파일 형식을 선택하시겠습니까? ⇨ 예(Y) 선택

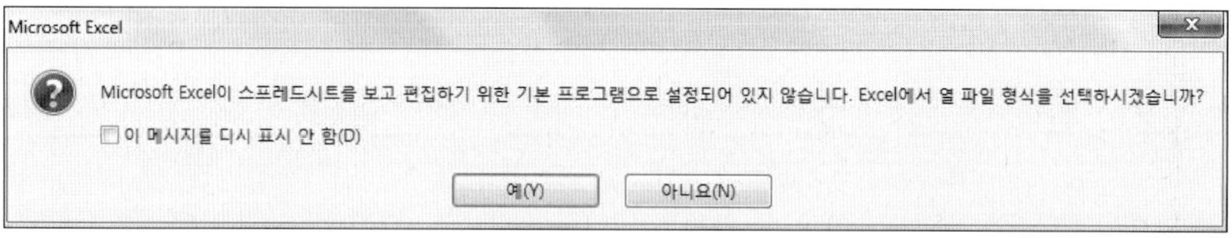

■ **새 통합 문서 열기**

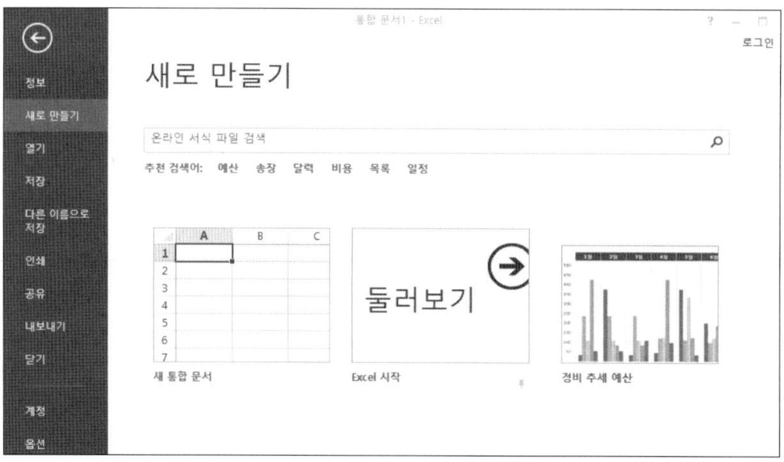

• 각 열의 첫 행에 변수 제목을 입력한다.

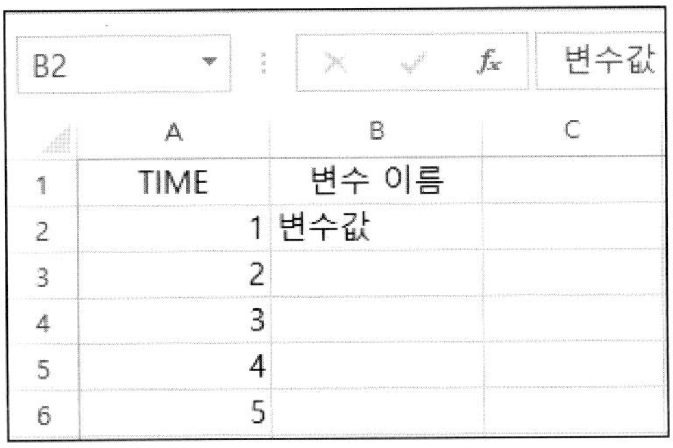

엑셀의 기본 메뉴에는 홈, 삽입, 페이지 레이아웃, 수식, 데이터, 검토, 보기가 있다.

시계열분석에서 가장 많이 사용하는 것은 삽입에서 산점도(분산형 그래프)와 선도표(꺾은선형 그래프), 수식(함수 삽입), 데이터(데이터 분석, 해 찾기)이다.

구분	내용
삽입	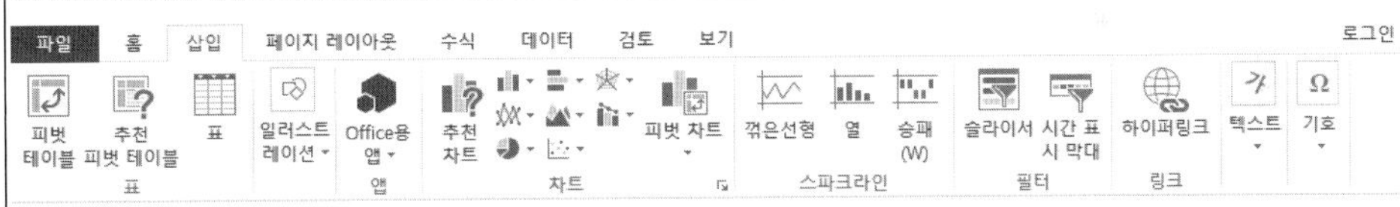
수식	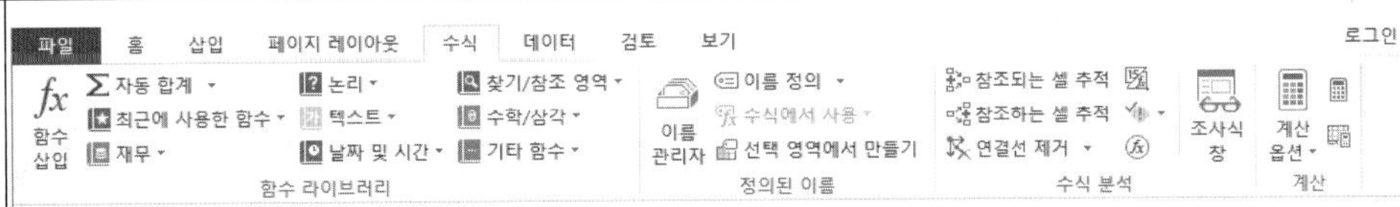
데이터	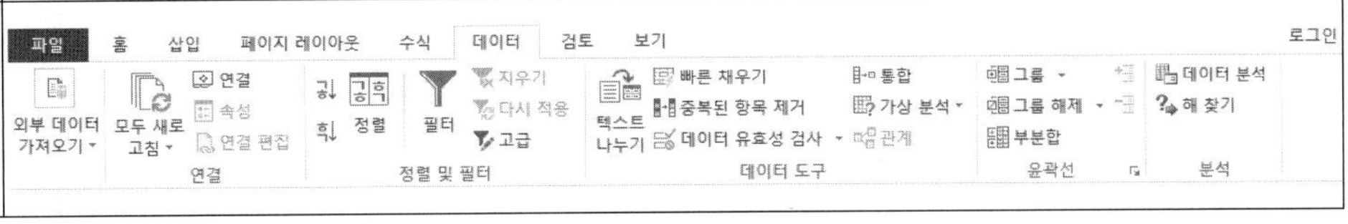

본서에서 삽입, 수식, 데이터에서 시계열분석에 필요한 모든 기능을 골고루 다루게 된다.

1.2 엑셀 산술 기능

더하기, 빼기, 곱하기, 나누기 등 엑셀의 기본적인 산술 기능과 역할은 다음과 같다.

엑셀	역할	
+	덧셈	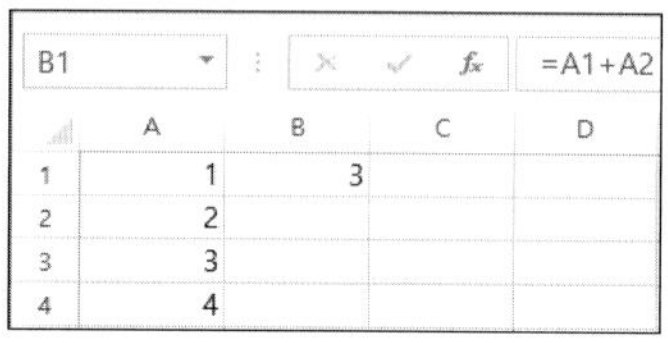
−	뺄셈	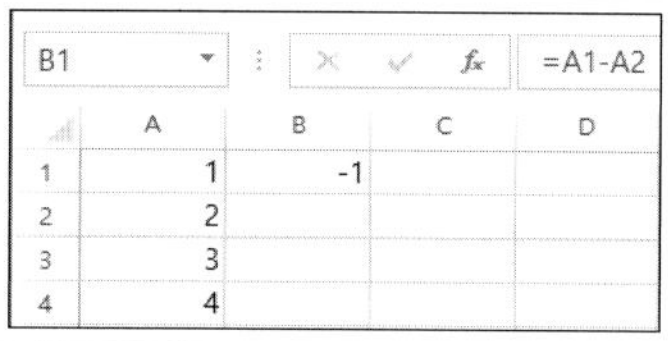
*	곱셈	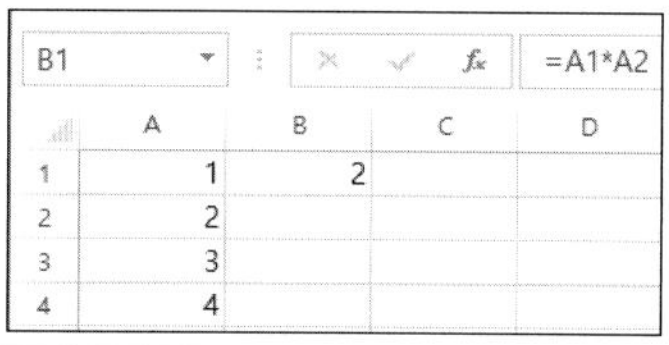
/	나눗셈	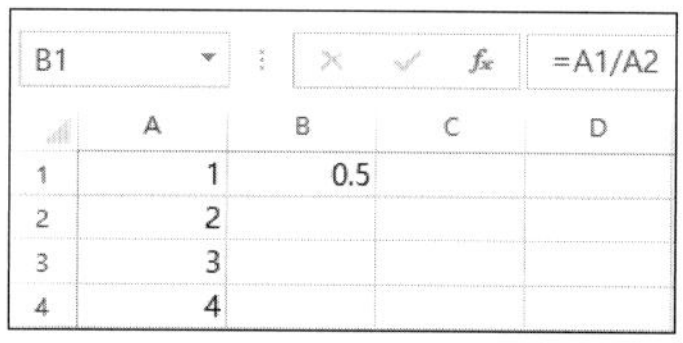
^2	제곱	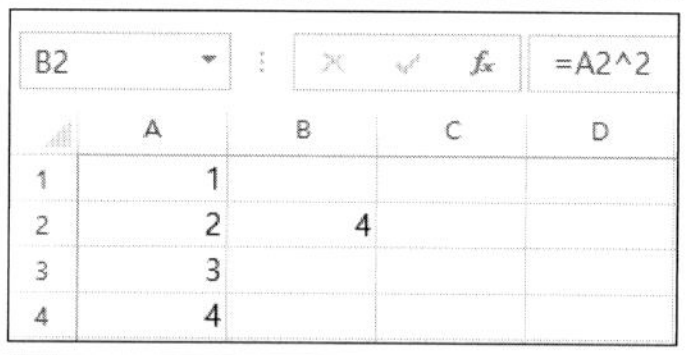
^3	3 제곱	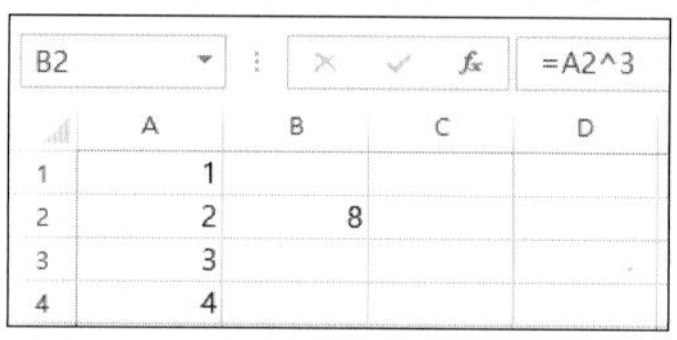
^4	4 제곱	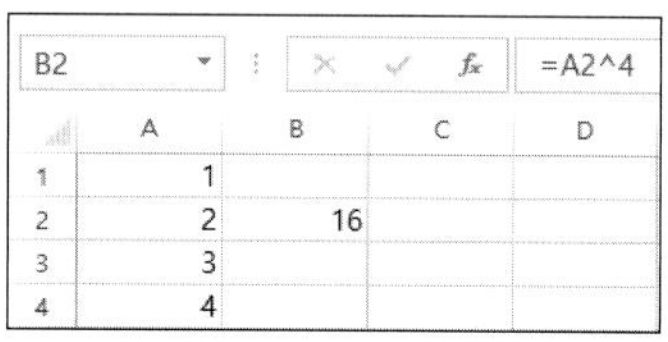

1.3 단위 설정

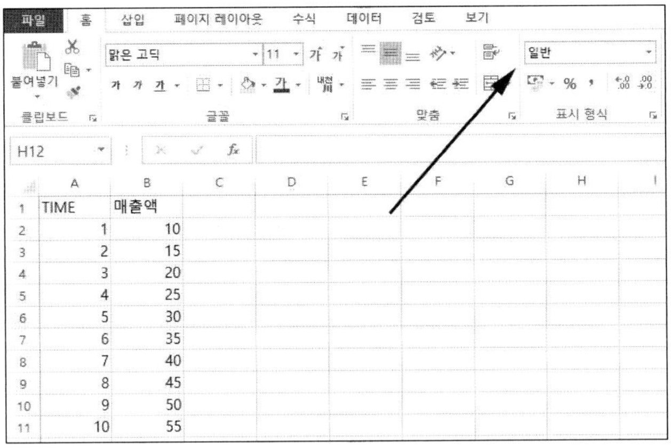

본서에서 시계열분석에 사용하는 단위는 일반으로 정한다.

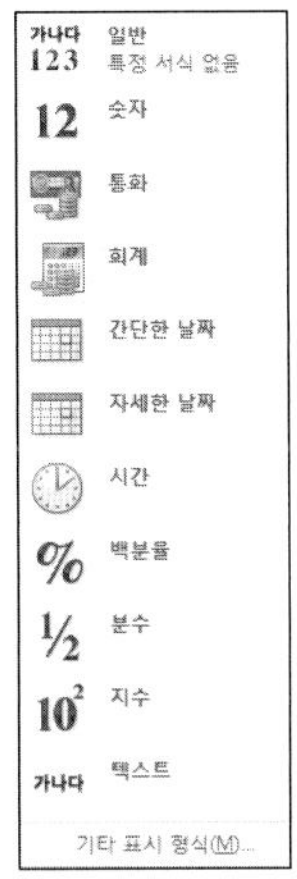

1.4 엑셀 2013 빠른 분석도구

엑셀 2013에는 그래프를 그리거나 평균 등을 구할 때 편리하게 사용할 수 있는 빠른 분석도구가 있다.

① 챠트

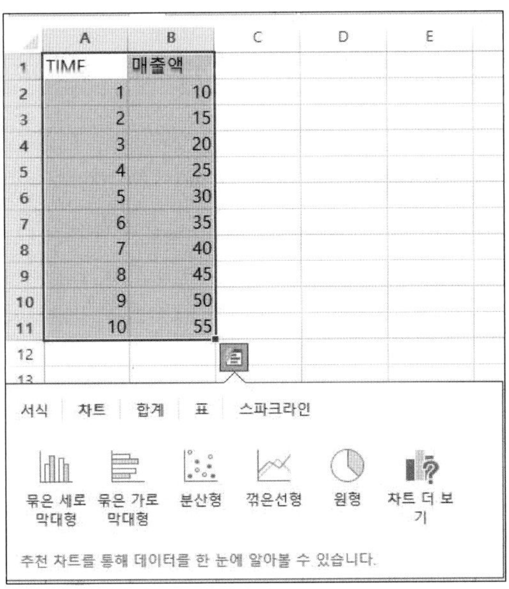

X축 변수는 왼쪽에 Y축 변수는 오른쪽에 배치한다. ⇨ TIME 변수와 매출액 모두 선택 ⇨ 오른쪽 하단에 빠른 분석 도구 생성 ⇨ 차트 ⇨ 꺾은선형

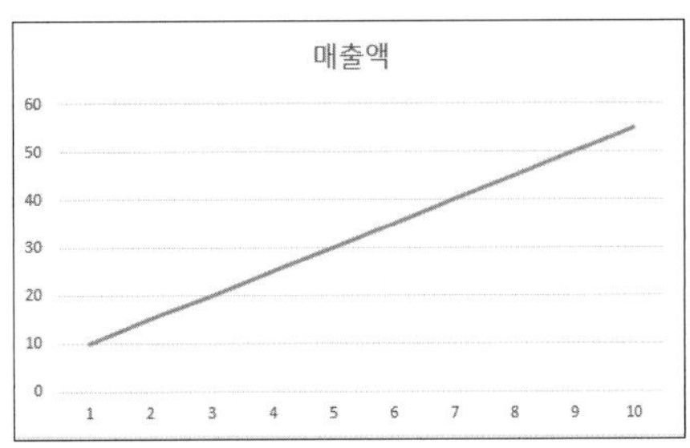

값이 있는 범위를 선택 ⇨ 오른쪽 하단에 빠른 분석도구 아이콘이 자동으로 뜬다. ⇨ 서식, 차트, 합계, 표, 스파크 라인 중에서 그래프 종류를 선택한다.

② 합계

합계를 선택하면 합계, 평균, 개수, 총%, 누계를 구할 수 있다.

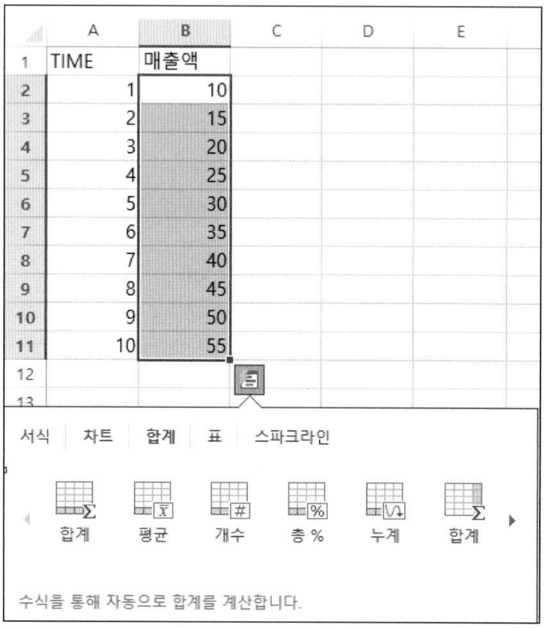

B2:B11을 선택 ⇨ 오른쪽 하단에 빠른 분석도구 생성 ⇨ 평균 선택 ⇨ B12=AVERAGE(B2:B11) ⇨ 출력 결과는 굵은 글자로 표시된다.

같은 방법으로 합계, 누계, 개수 등을 구할 수 있다.

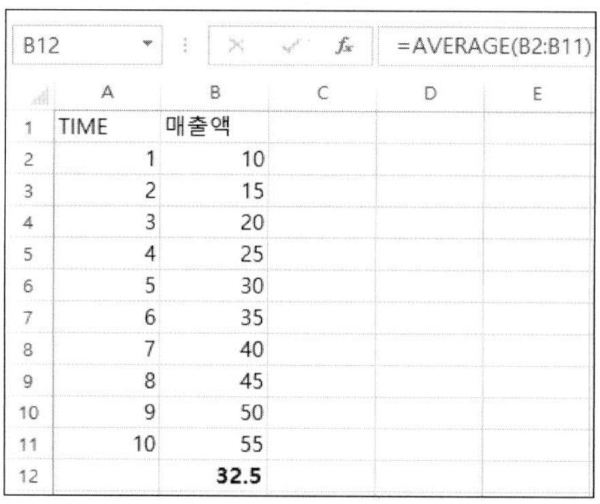

본서는 엑셀 2007, 2010 이용자도 함께 따라하면서 적용할 수 있도록 메뉴에서 선택하는 방법으로 진행한다.

연습문제

1.1 피자 전문점 순이익

	A	B	C
1	TIME	분기	피자전문점 순이익
2	1	1	421
3	2	2	536
4	3	3	689
5	4	4	798
6	5	1	845
7	6	2	997
8	7	3	912
9	8	4	1534
10	9	1	1756
11	10	2	1875
12	11	3	1956
13	12	4	2245
14	13	1	2712
15	14	2	1545
16	15	3	1745
17	16	4	1421

세로 막대형 그래프를 만들 수 있을까?

1.2 백화점 매출

	A	B
1	TIME	백하점 매출
2	1	165
3	2	171
4	3	153
5	4	200
6	5	240
7	6	350
8	7	340
9	8	380
10	9	420
11	10	470
12	11	395
13	12	451
14	13	487
15	14	527
16	15	562
17	16	592

① 평균을 계산할 수 있을까?

② 누계를 구할 수 있을까?

1.3 호텔 순이익

	A	B
1	TIME	호텔 순이익
2	1	65
3	2	67
4	3	69
5	4	172
6	5	78
7	6	79
8	7	82
9	8	84
10	9	89
11	10	92
12	11	98
13	12	95
14	13	102
15	14	106
16	15	109
17	16	112

상위 10%를 알 수 있을까?

CHAPTER

02 엑셀의 시계열분석 기초

2 엑셀의 시계열분석 기초

2.1 엑셀 함수 찾는 방법

엑셀의 함수는 수식란에 직접 함수를 입력하는 방법과 엑셀 상단 오른쪽에 있는 함수 삽입으로 함수를 검색하는 방법, 그리고 엑셀 상단의 메뉴에서 함수를 선택하는 방법이 있다.

① 함수 삽입으로 함수 검색하는 방법

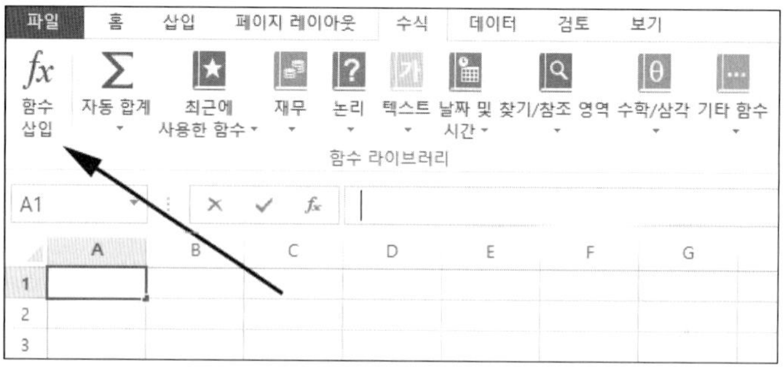

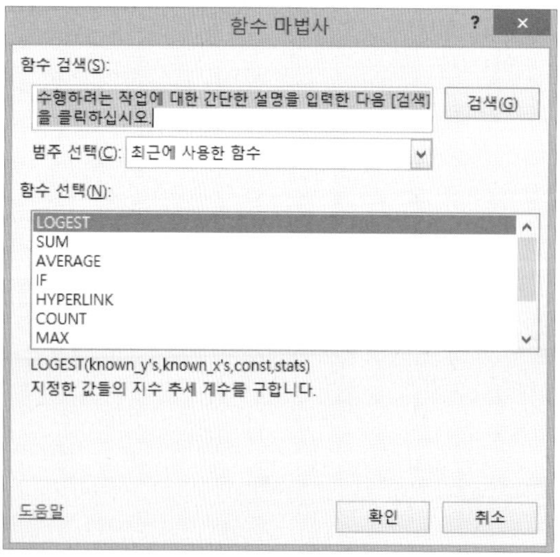

함수 삽입 ⇨ 함수 마법사 ⇨ 함수 입력 ⇨ 검색

② 메뉴에서 함수 선택하는 방법

수식의 메뉴에서 재무, 논리, 텍스트, 날짜 및 시간, 찾기/참조 영역, 수학/삼각/기타 함수에서 함수를 직접 검색하는 방법이 있다.

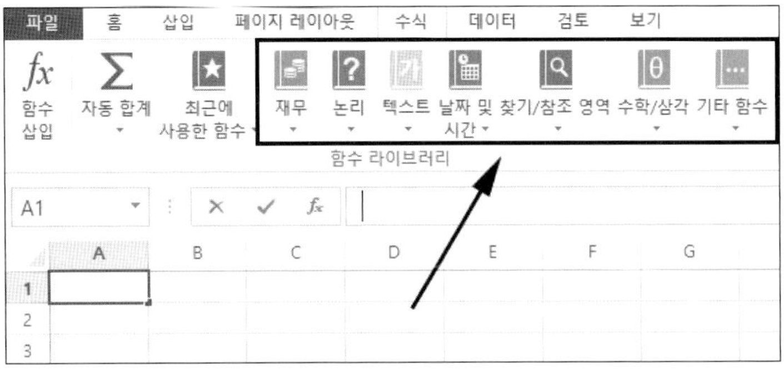

③ 수식란에 직접 함수를 입력하는 방법

본서는 수식란에 직접 함수를 입력하는 방법을 선택했다. 수식을 글로 설명하고 화면 캡쳐했다. 수식을 직접 입력하는 방식은 함수 삽입과 메뉴에서 함수를 방식 보다 더 빠르고 편리하다.

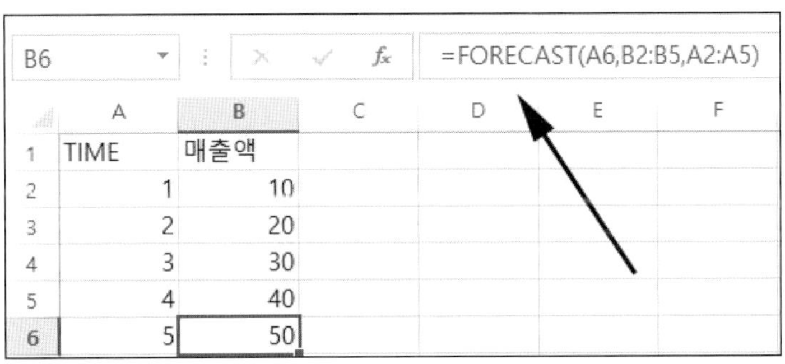

2.2 데이터 분석 및 해 찾기 설치 방법

엑셀에서 데이터 분석과 해 찾기는 어디에 있을까? 시계열분석을 위해서 엑셀에서 데이터 분석과 해 찾기 기능을 추가로 설치해야 된다.

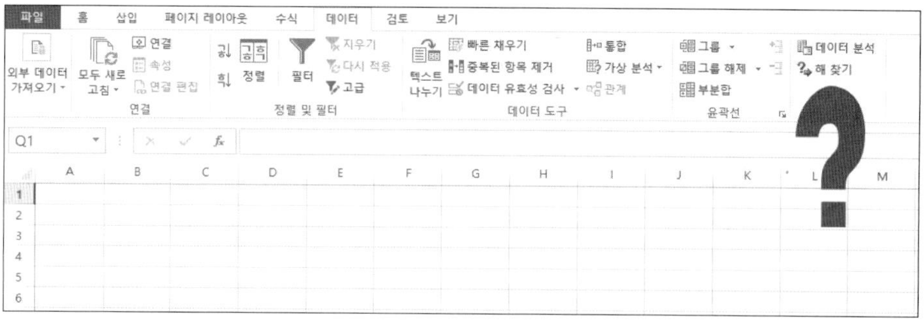

파일: 엑셀 화면 왼쪽 상단의 파일을 클릭한다.

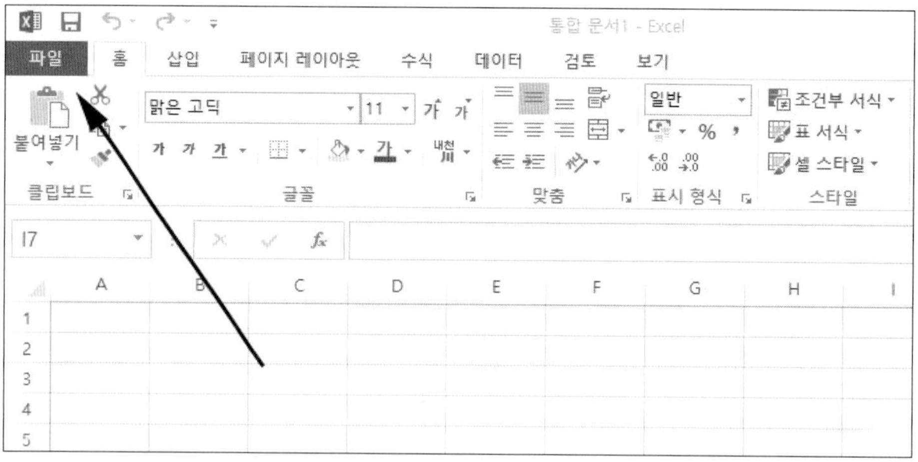

옵션: 맨 하단의 옵션을 선택한다.

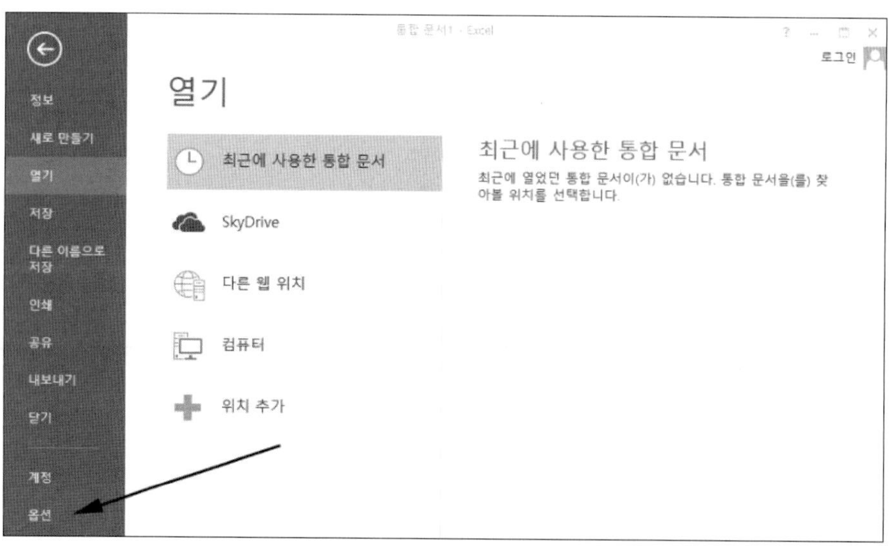

추가 기능 ⇨ 관리: 엑셀 추가 기능 ⇨ 이동

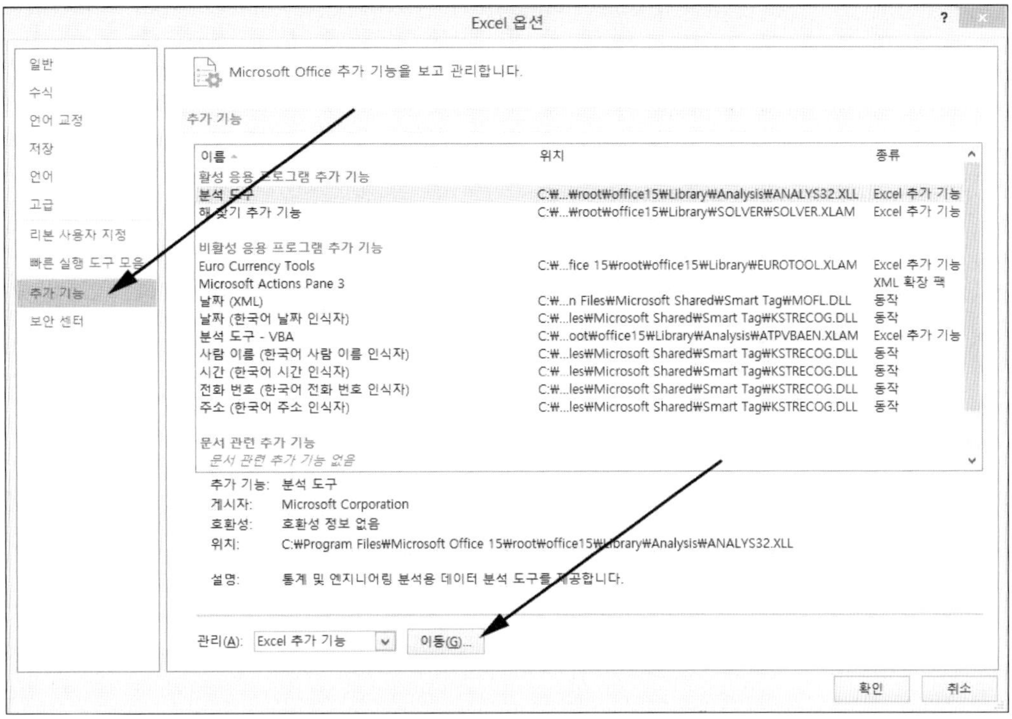

분석 도구, 해 찾기 추가 기능 체크 ⇨ 확인

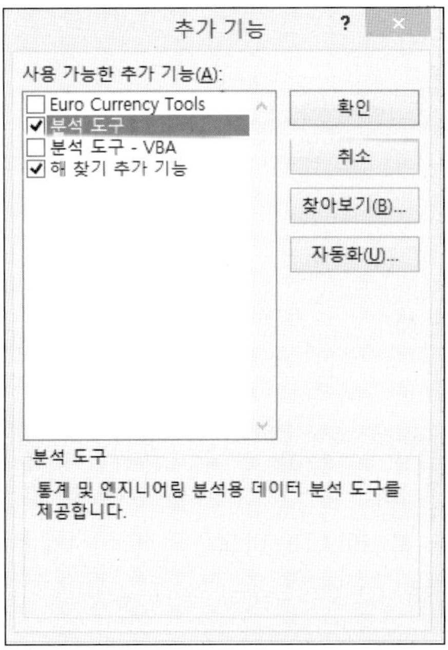

확인 ⇨ 메뉴 상단 오른쪽에 데이터 분석과 해 찾기가 추가된다.

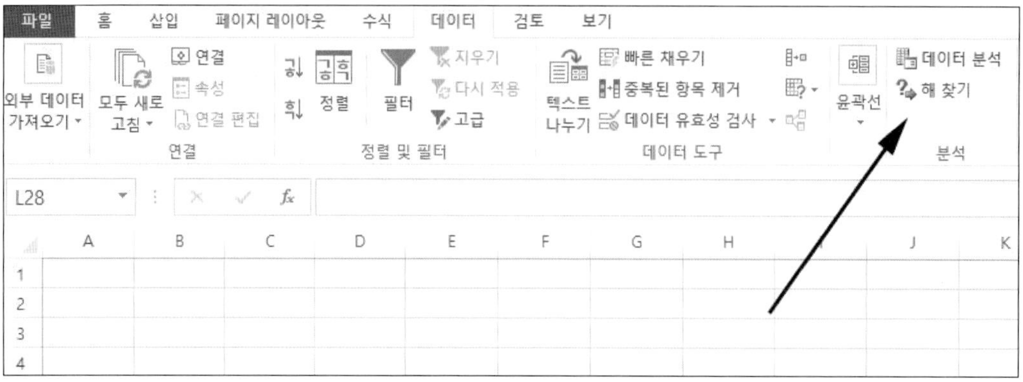

Excel의 통계 데이터 분석 중 시계열분석에서 주로 사용하는 것은 상관 분석, 기술 통계법, 지수 평활법, 이동 평균법, 순위와 백분율, 회귀 분석 등이다.

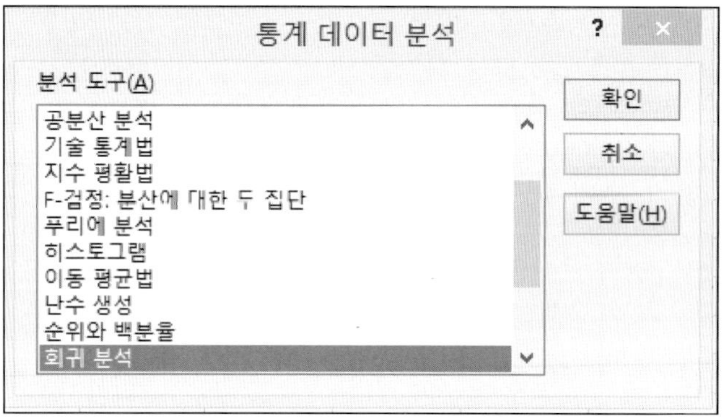

2.3 시계열 분석 순서

산점도 ⇨ 시계열 자료 특성 파악 ⇨ 비안정적인 자료는 LN함수로 자연로그로 변환 ⇨ 시계열분석 ⇨ 모형 잔차(오차)의 Durbin Watson 값 해석, R Square(결정계수), 모형별 MAE(MAD), MSE, MAPE, TS 비교 ⇨ 최적 시계열 모형 선택 ⇨ 미래 예측 ⇨ 자연로그로 예측한 결과는 EXP 함수로 원래 값으로 변환 시계열분석 종류에 따라서 약간씩 순서의 차이가 있으므로 각 Chapter의 설명을 참고한다.

1997년부터 2016년까지 여행사 순이익을 조사했다.

파일 이름: 자연로그

	A	B	C
1	TIME	연도	여행사 순이익
2	1	1997	20
3	2	1998	25
4	3	1999	32
5	4	2000	51
6	5	2001	57
17	16	2012	132
18	17	2013	173
19	18	2014	232
20	19	2015	212
21	20	2016	234

① 선도표/산점도 시계열 자료 특징 파악

선도표(꺾은선형)와 산점도(분산형 그래프)로 시계열 자료의 특징을 시각적으로 파악할 수 있다.

• 선도표

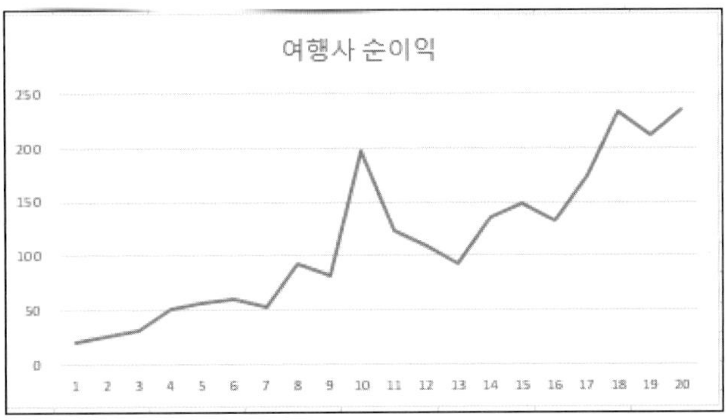

A1의 TIME 인덱스를 삭제 ⇨ A1:A21 선택 ⇨ Control Key를 누른 상태에서 C1:C21을 선택 ⇨ 삽입 ⇨ 2차원 꺾은선형 ⇨ 꺾은선형 추세를 보이고 있다.

• 산점도

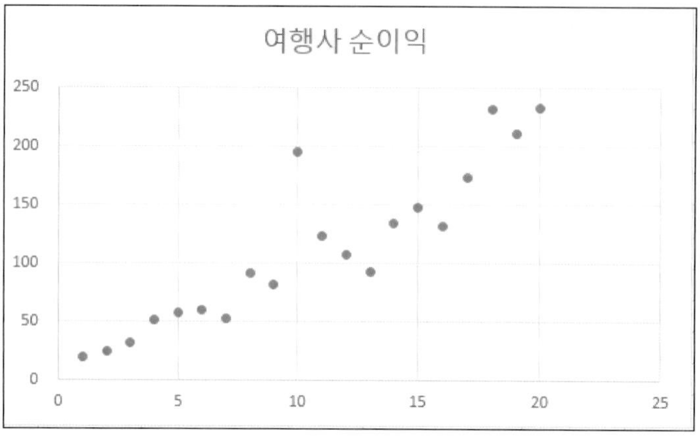

A1의 TIME 인덱스 삭제 ⇨ TIME 변수 및 종속변수 선택 ⇨ 삽입 ⇨ 분산형 ⇨ 첫 번째 분산형

산점도로 시계열자료 특성을 파악한 후에 어떤 분석이 좋을까 결정한다. 물론 눈으로 보는 것만으로 모형을 결정하는 것은 충분하지 않기 때문에 모형별로 MAD(MAE), MSE, MAPE, RMSE 등을 비교해서 최적 모형을 찾는다. (Chapter 15 참고)

선형성 (단순 회귀분석 및 중다 회귀분석)	비선형성 (비선형 회귀분석)
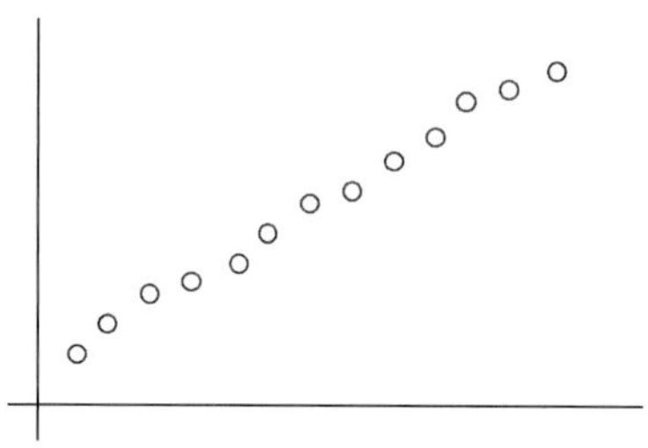	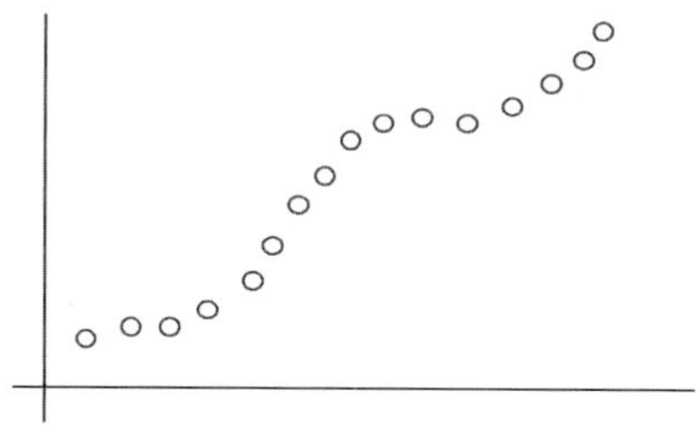
계절성 (더미변수 회귀분석 / 자기회귀 모형)	**계절성과 추세 (TIME변수 추가 더미변수 회귀분석 / 자기회귀 모형)**
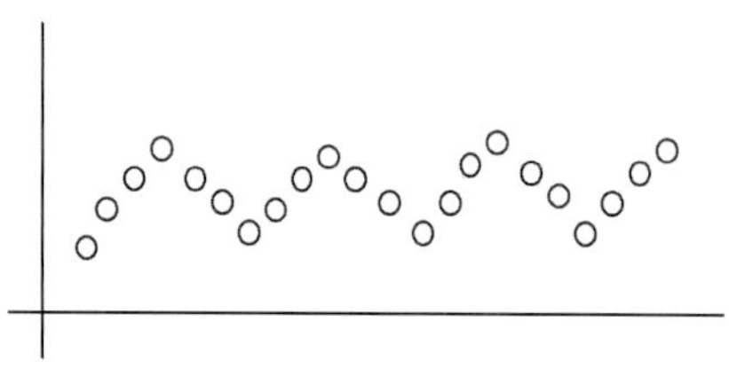	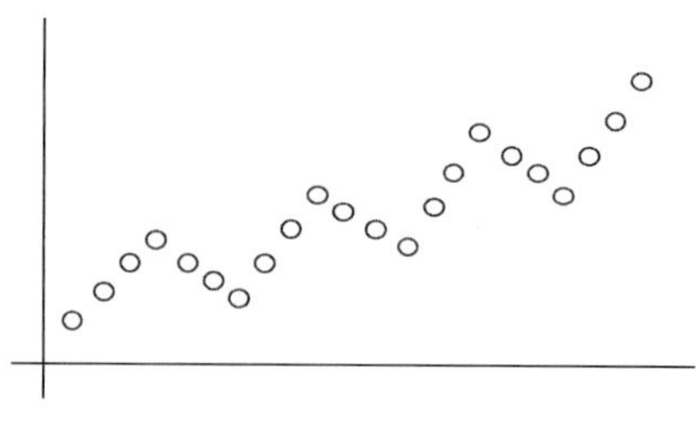

( )안은 적용 가능한 시계열 분석 방법의 종류이다.

엑셀 산점도에는 매우 특별한 시계열분석 기능이 숨겨져 있다. 산점도에서 추세선을 추가해서 선형 및 비선형 회귀분석을 할 수 있다. 산점도를 활용한 선형 및 비선형 회귀분석은 Chapter 6을 참고한다.

② 자연로그 변환

시계열 자료가 들쑥날쑥하면 어떻게 해야 할까? 이와 같은 비안정적인 자료는 자료 안정화를 위해서 자연로그로 변환한다.

비안정적인 자료	안정적인 자료
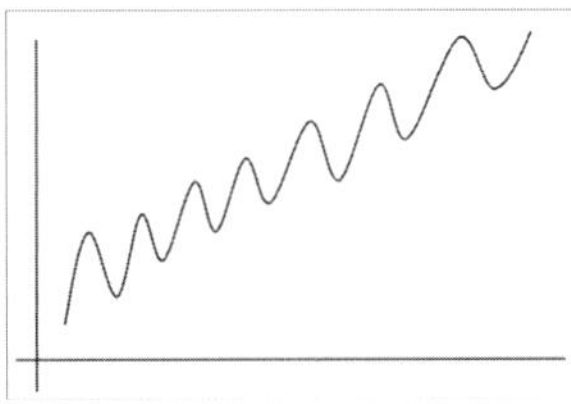 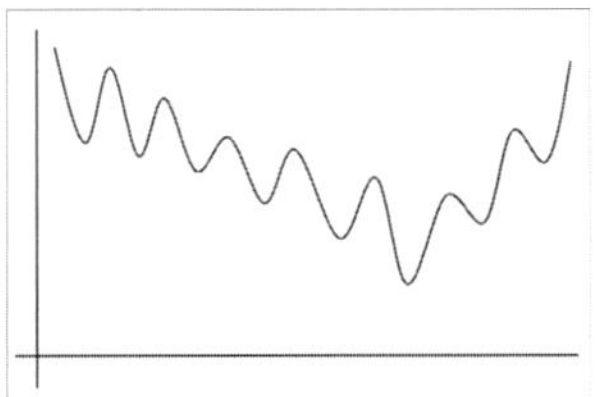 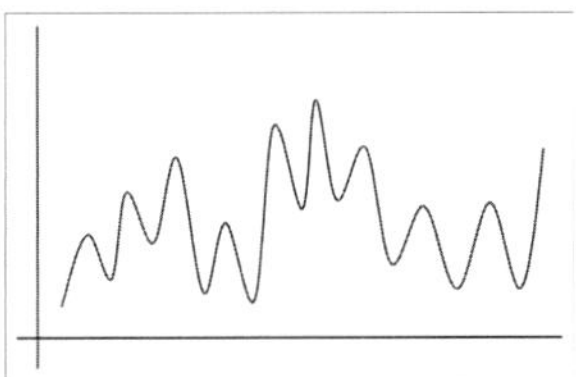	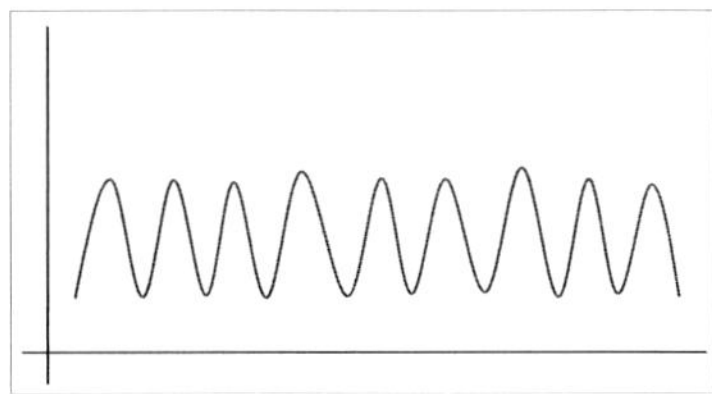

자연로그 변환=LN(관측값) ⇨ D2=LN(C2) ⇨ 아래로 드래그해서 자동으로 자연로그로 변환한다.

D2   =LN(C2)

	A	B	C	D
1	TIME	연도	여행사 순이익	자연로그 변환
2	1	1997	20	2.995732274
3	2	1998	25	
4	3	1999	32	
5	4	2000	51	
6	5	2001	57	

자연로그로 변환해서 자료가 안정화된 것을 시각적으로 확인할 수 있다.

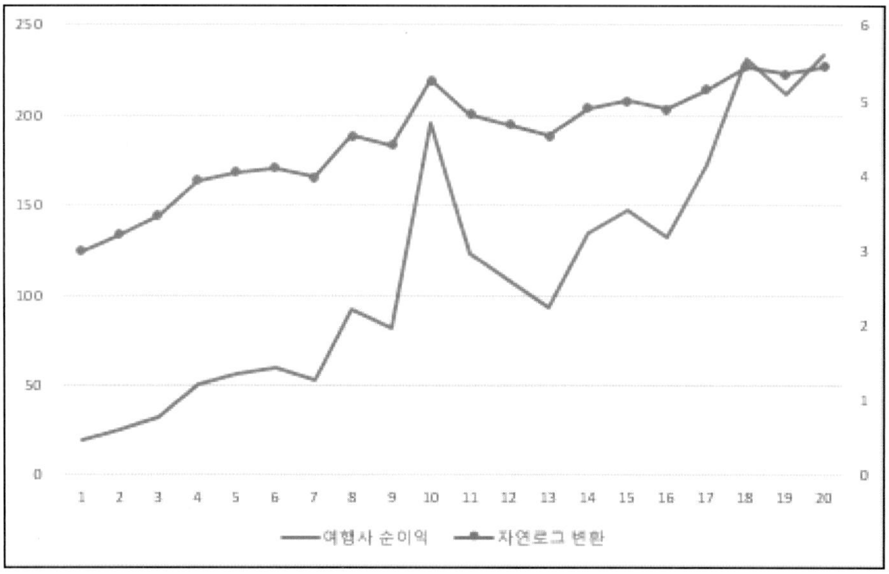

자료 안정화를 위해 제곱근을 취하기도 한다.

③ **시계열 분석**

어기서는 회귀분석으로 설명하고자 한다.

데이터 ⇨ 데이터 분석 ⇨ 회귀분석 ⇨ 확인

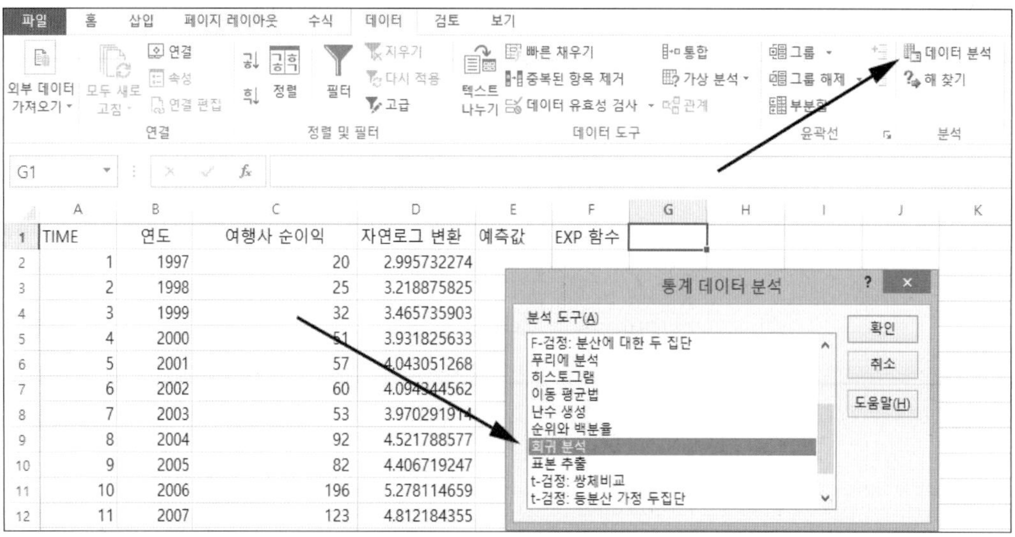

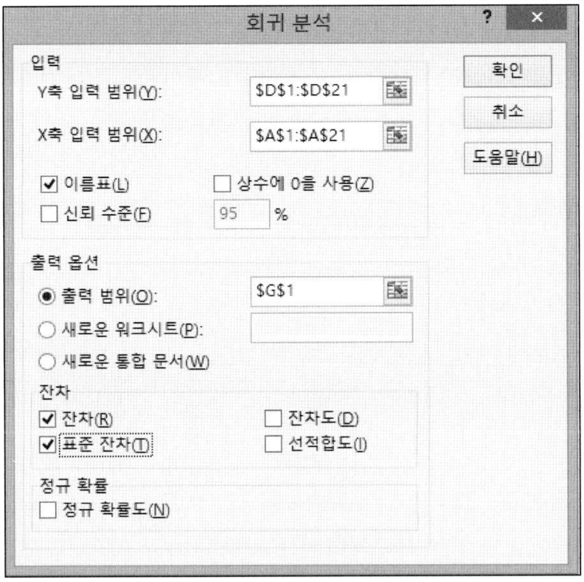

Y축 입력 범위: D1:D21 (종속변수)

X축 입력 범위: A1:A21 (독립변수)

이름표

출력 옵션: G1

잔차: 잔차, 표준잔차

확인 ⇨ 결과 해석 방법은 Chapter 3의 단순 회귀분석을 참고한다.

④ 예측값

예측값을 그대로 사용한다. ⇨ E2=H25 ⇨ 아래로 드래그해서 예측값을 복사한다.

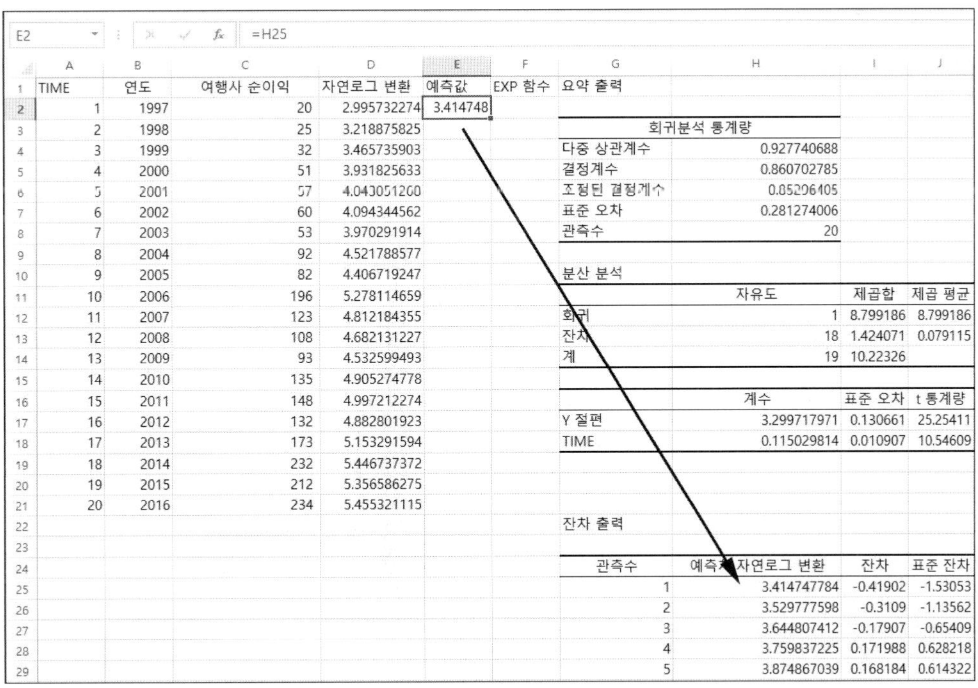

E2 =H25

	A	B	C	D	E	F	G	H	I	J
1	TIME	연도	여행사 순이익	자연로그 변환	예측값	EXP 함수	요약 출력			
2	1	1997	20	2.995732274	3.414748					
3	2	1998	25	3.218875825			회귀분석 통계량			
4	3	1999	32	3.465735903			다중 상관계수	0.927740688		
5	4	2000	51	3.931825633			결정계수	0.860702785		
6	5	2001	57	4.043051200			조정된 결정계수	0.85206405		
7	6	2002	60	4.094344562			표준 오차	0.281274006		
8	7	2003	53	3.970291914			관측수	20		
9	8	2004	92	4.521788577						
10	9	2005	82	4.406719247			분산 분석			
11	10	2006	196	5.278114659				자유도	제곱합	제곱 평균
12	11	2007	123	4.812184355			회귀	1	8.799186	8.799186
13	12	2008	108	4.682131227			잔차	18	1.424071	0.079115
14	13	2009	93	4.532599493			계	19	10.22326	
15	14	2010	135	4.905274778						
16	15	2011	148	4.997212274				계수	표준 오차	t 통계량
17	16	2012	132	4.882801923			Y 절편	3.299717971	0.130661	25.25411
18	17	2013	173	5.153291594			TIME	0.115029814	0.010907	10.54609
19	18	2014	232	5.446737372						
20	19	2015	212	5.356586275						
21	20	2016	234	5.455321115						
22							잔차 출력			
23										
24							관측수	예측치 자연로그 변환	잔차	표준 잔차
25							1	3.414747784	-0.41902	-1.53053
26							2	3.529777598	-0.3109	-1.13562
27							3	3.644807412	-0.17907	-0.65409
28							4	3.759837225	0.171988	0.628218
29							5	3.874867039	0.168184	0.614322

[참고]: 만약 예측값을 직접 계산하려면, E2=H18*A2+H17 ⇨ H18(TIME 계수)와 H17(Y 절편)을 선택한 후 Key Board의 F4를 클릭해서 절대참조로 변경

⑤ EXP 함수

EXP 함수(지수 함수) ⇨ F2=EXP(E2)

F2 : =EXP(E2)

	A	B	C	D	E	F
1	TIME	연도	여행사 순이익	자연로그 변환	예측값	EXP 함수
2	1	1997	20	2.995732274	3.414748	30.40928
3	2	1998	25	3.218875825	3.529778	
4	3	1999	32	3.465735903	3.644807	
5	4	2000	51	3.931825633	3.759837	
6	5	2001	57	4.043051268	3.874867	

아래로 드래그해서 EXP 함수를 이용해서 자연로그 예측 결과를 원래 값으로 바꾼다.

F21 : =EXP(E21)

	A	B	C	D	E	F
1	TIME	연도	여행사 순이익	자연로그 변환	예측값	EXP 함수
2	1	1997	20	2.995732274	3.414748	30.40928
3	2	1998	25	3.218875825	3.529778	34.11638
4	3	1999	32	3.465735903	3.644807	38.2754
5	4	2000	51	3.931825633	3.759837	42.94144
6	5	2001	57	4.043051268	3.874867	48.17629
7	6	2002	60	4.094344562	3.989897	54.04931
8	7	2003	53	3.970291914	4.104927	60.6383
9	8	2004	92	4.521788577	4.219956	68.03052
10	9	2005	82	4.406719247	4.334986	76.32391
11	10	2006	196	5.278114659	4.450016	85.62832
12	11	2007	123	4.812184355	4.565046	96.06701
13	12	2008	108	4.682131227	4.680076	107.7782
14	13	2009	93	4.532599493	4.795106	120.9171
15	14	2010	135	4.905274778	4.910135	135.6578
16	15	2011	148	4.997212274	5.025165	152.1954
17	16	2012	132	4.882801923	5.140195	170.7491
18	17	2013	173	5.153291594	5.255225	191.5645
19	18	2014	232	5.446737372	5.370255	214.9176
20	19	2015	212	5.356586275	5.485284	241.1175
21	20	2016	234	5.455321115	5.600314	270.5114

지금까지 단순 회귀분석만을 적용한 사례를 소개했지만 다른 시계열분석 모형과 비교해서 잔차 제곱의 평균(MSE: Mean Squared Error) 등이 작을수록 좋은 모형이 된다. 최적 모형을 찾는 방법은 Chapter 15를 참고한다.

[참고]: 자연로그뿐만 아니라 제곱근도 자료 안정화를 위해서 사용되고 있다.

D2=SQRT(C2)

D2 | =SQRT(C2)

	A	B	C	D
1	TIME	연도	여행사 순이익	제곱근 변환
2	1	1997	20	4.472135955
3	2	1998	25	
4	3	1999	32	
5	4	2000	51	

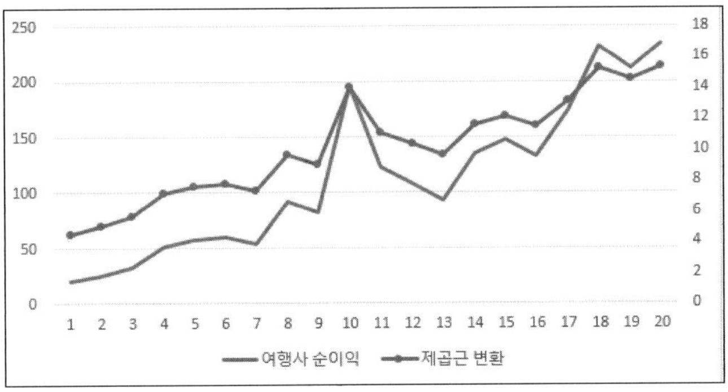

A1의 TIME 인덱스를 삭제 ⇨ A1:A21 선택 ⇨ Control Key를 누른 상태에서 C1:C21 및 D1:D21 (제곱근 변환)을 선택 ⇨ 삽입 ⇨ 2차원 꺾은선형 ⇨ 꺾은선형

원자료가 안정화된 것을 시각적으로 확인할 수 있다.

F2=E2^2 또는 E2*E2

F2 | =E2^2

	A	B	C	D	E	F
1	TIME	연도	여행사 순이익	제곱근 변환	예측값	제곱
2	1	1997	20	4.472135955	5.072414	25.72938
3	2	1998	25	5	5.602345	31.38627
4	3	1999	32	5.656854249	6.132277	37.60482
5	4	2000	51	7.141428429	6.662208	44.38502

제곱근에 의한 결과는 제곱을 해서 원래 값으로 돌려놓을 수 있다. 제곱근에 의한 결과는 제곱근_결과에서 확인한다.

연습문제

2.1 여행사 매출

불안정한 시계열 자료를 자연로그 및 제곱근으로 변환한다. 그리고 다시 원래 값으로 돌려놓을 수 있을까?

시계열 분석은 생략한다. (초급자용 연습문제)

	A	B	C	D	E	F
1	TIME	분기	여행사 매출	TIME	분기	여행사 매출
2	1	1	24	11	3	140
3	2	2	86	12	4	100
4	3	3	35	13	1	150
5	4	4	42	14	2	220
6	5	1	78	15	3	180
7	6	2	110	16	4	160
8	7	3	96	17	1	150
9	8	4	117	18	2	240
10	9	1	109	19	3	125
11	10	2	160	20	4	150

2.2 항공사 고객 수

불안정한 자료를 자연로그와 제곱근로 변환한 후에 회귀분석을 실시할 수 있는가?

조건: 회귀분석을 실시할 때, 표준잔차가 2.5~3 이상인 이상값(이상치)를 삭제하지 않는다. (Chapter 3 단순 회귀분석을 공부한 후에 문제를 푼다.)

	A	B	C	D	E	F
1	TIME	분기	항공사 이용 고객 수	TIME	분기	항공사 이용 고객 수
2	1	1	11653	13	1	31653
3	2	2	15713	14	2	29713
4	3	3	21538	15	3	28538
5	4	4	21702	16	4	26702
6	5	1	22152	17	1	25152
7	6	2	22249	18	2	22249
8	7	3	32852	19	3	32852
9	8	4	32583	20	4	32583
10	9	1	32712	21	1	62712
11	10	2	32856	22	2	32856
12	11	3	32853	23	3	32853
13	12	4	42912	24	4	42912

2.3 호텔 순이익

계절성과 추세가 있는 불안정한 자료를 더미변수와 TIME변수 만들고 회귀분석을 실시할 수 있는가? (Chapter 5 더미변수 회귀분석을 공부한 후에 문제를 푼다.)

	A	B	C	D	E	F
1	TIME	분기	호텔 순이익	TIME	분기	호텔 순이익
2	1	1	178	16	4	178
3	2	2	192	17	1	292
4	3	3	324	18	2	304
5	4	4	243	19	3	943
6	5	1	213	20	4	613
7	6	2	240	21	1	540
8	7	3	575	22	2	745
9	8	4	259	23	3	1159
10	9	1	1392	24	4	1392
11	10	2	424	25	1	1424
12	11	3	692	26	2	1492
13	12	4	473	27	3	2873
14	13	1	562	28	4	2162
15	14	2	542	29	1	1542
16	15	3	872	30	2	1772

CHAPTER

03 단순 회귀분석

3 단순 회귀분석

독립변수와 종속변수간의 상호관계를 선형으로 분석하는 기법이다. 예를 들어서 TIME변수를 독립변수로 해서 수요 변화를 예측하거나, 매출(종속변수)와 광고비(독립변수) 사이의 관계를 토대로 광고비에 상응하는 미래의 매출을 예상할 수도 있다.

유류 제품, 대체 에너지, 하이브리드 자동차 등 지속 증가하는 수요 예측에 적합하다.

신상품 중에서 꾸준히 수요가 증가하는 상품의 예측에 적합하다.

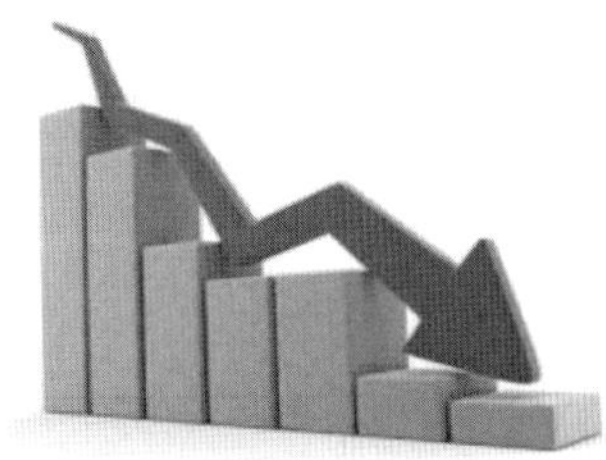

꾸준히 감소하는 것에도 선형 회귀분석의 적용이 가능하다.

3.1 데이터 분석 활용

단순 회귀분석은 산점도를 활용할 수도 있고, 데이터 분석을 활용하기도 하며, SLOPE 및 INTERCEPT 등의 함수를 이용해서 독립변수의 계수와 Y 절편을 구할 수도 있다.

3.1.1 데이터 분석 활용 단순 회귀분석

1998년부터 2016년까지 여행사 순이익을 조사했다.

파일 이름: 단순 회귀분석

	A	B	C
1	TIME	연도	여행사 순이익
2	1	1998	20
15	14	2011	148
16	15	2012	132
17	16	2013	173
18	17	2014	232
19	18	2015	212
20	19	2016	234

① 선도표

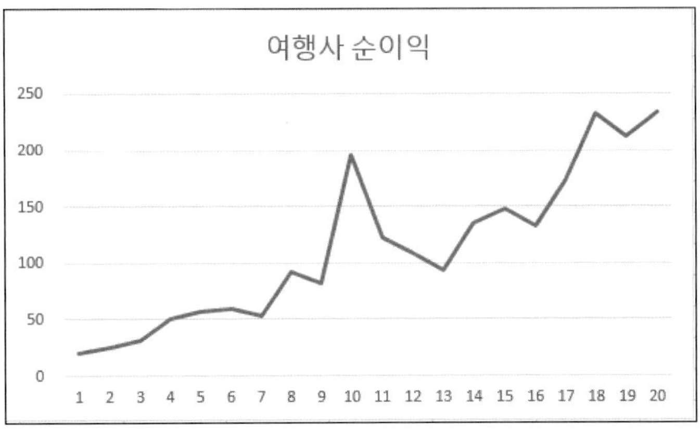

A1에 있는 TIME 인덱스 삭제 ⇨ 삽입 ⇨ 2차원 꺾은선형 ⇨ 꺾은선형

추세가 있으므로 선형 회귀분석이 적합해 보인다.

② 회귀분석

- 데이터 ⇨ 데이터 분석 ⇨ 회귀분석 ⇨ 확인

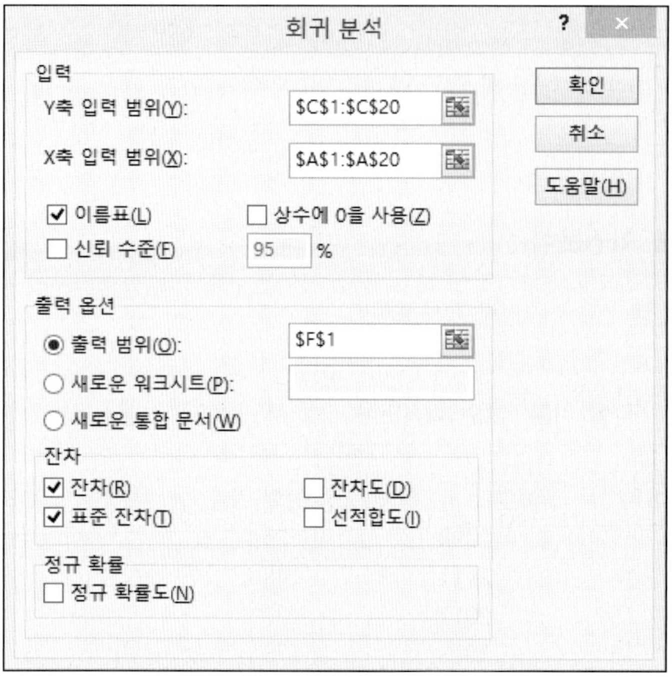

Y축 입력범위 선택:
종속변수 (C1:C20)
X축 입력범위 선택:
독립변수 (A1:A20)
이름표 체크
출력옵션: F1
잔차: 잔차, 표준잔차

F	G	H	I	J	K
요약 출력					
회귀분석 통계량					
다중 상관계수	0.923225761				
결정계수	0.852345807				
조정된 결정계수	0.843660266				
표준 오차	26.44724289				
관측수	19				
분산 분석					
	자유도	제곱합	제곱 평균	F 비	유의한 F
회귀	1	68640.39474	68640.39474	98.13388	1.7772E-08
잔차	17	11890.76316	699.4566563		
계	18	80531.15789			
	계수	표준 오차	t 통계량	P-값	하위 95%
Y 절편	4.052631579	12.63032867	0.320865093	0.752223	-22.5950326
TIME	10.97368421	1.107753105	9.906254529	1.78E-08	8.63652945

결정계수가 0.852345807이므로 회귀 방정식은 전체 자료의 85.2345807%를 설명하고 있다.

분산분석의 유의한 F (p값)이 1.7772 E-08로 유의수준 0.05보다 작으므로 방정식이 곡선이라는 귀무가설을 기각한다. 즉, 회귀 방정식은 직선이며 통계적으로 유의미하다.

[참고]: 1.7772E-08= 0.000000017772

A1 | fx =0.000000017772

	A	B	C	D
1	1.7772E-08			
2				

- 회귀 방정식=TIME 계수*TIME+Y 절편
- 여행사 순이익=10.97368421*TIME + 4.052631579

3.1.2 이상값(이상치) 삭제

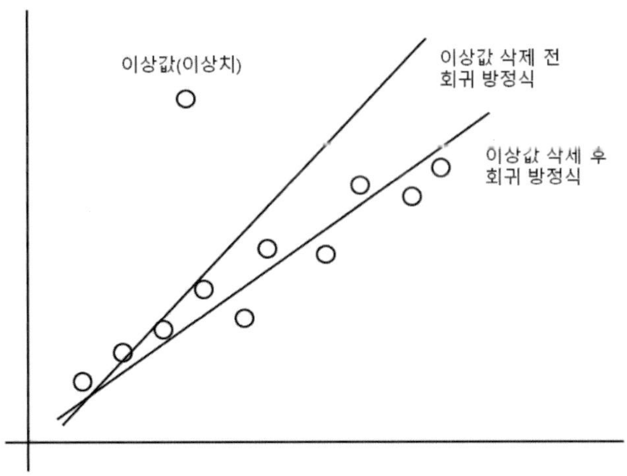

이상값(이상치)는 왜곡된 정보를 주기 때문에 이상값(이상치)를 삭제해야만 보다 정확한 회귀 방정식을 구할 수 있다.

F	G	H	I
잔차 출력			
관측수	예측치 여행사 순이익	잔차	표준 잔차
1	15.02631579	4.973684211	0.193512755
2	26	-1	-0.038907326
3	36.97368421	-4.973684211	-0.193512755
4	47.94736842	3.052631579	0.118769733
5	58.92105263	-1.921052632	-0.074743022
6	69.89473684	-9.894736842	-0.384977756
7	80.86842105	72.13157895	2.806446884
8	91.84210526	0.157894737	0.006143262
9	102.8157895	-20.81578947	-0.809886715
10	113.7894737	9.210526316	0.358356953
11	124.7631579	-16.76315789	-0.652209655
12	135.7368421	-42.73684211	-1.662776264
13	146.7105263	-11.71052632	-0.455625269
14	157.6842105	-9.684210526	-0.37678674
15	168.6578947	-36.65789474	-1.426260675
16	179.6315789	-6.631578947	-0.258017007
17	190.6052632	41.39473684	1.610558537
18	201.5789474	10.42105263	0.405455296
19	212.5526316	21.44736842	0.834459763

표준잔차가 2.5~3 이상이면 이상값이라고 볼 수 있다. 이상값이 있을 경우, 케이스가 있는 열을 삭제하고 회귀분석을 다시 실시한다.

7번째 관측수의 표준잔차가 2.806446884로 2.5 보다 크기 때문에 이상값으로 판단된다.

[참고]: 표준잔차는 잔차를 표준화한 것으로 합이 0이 된다.

• 예측값(Forecasted Value)와 잔차(Error)

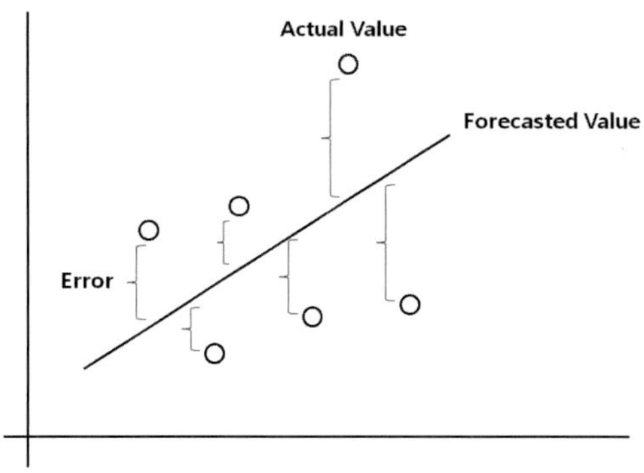

잔차(오차)는 관측값(Actual Value)와 예측치의 차이이므로 잔차(오차)의 절대값 평균이 적을수록 모형의 예측력이 정확하다고 평가한다.
잔차 절대값의 평균 사례는 Chapter 5 더미변수 회귀분석의 ⑥을 참고한다.

표준잔차가 2.5~3 이상인 이상치(이상값)을 삭제한다. 단순회귀분석_이상값 삭제 파일을 연다.

파일 이름: 단순회귀분석_이상값 삭제

	A	B	C
1	TIME	연도	고속버스 이용 고객수
2	1	1998	20
3	2	1999	25
4	3	2000	32
5	4	2001	51
6	5	2002	57
7	6	2003	60
8	8	2005	92
18	18	2015	212
19	19	2016	234

3.1.3 회귀분석 재실시

위에서 설명한 회귀분석 방법을 그대로 반복한다.

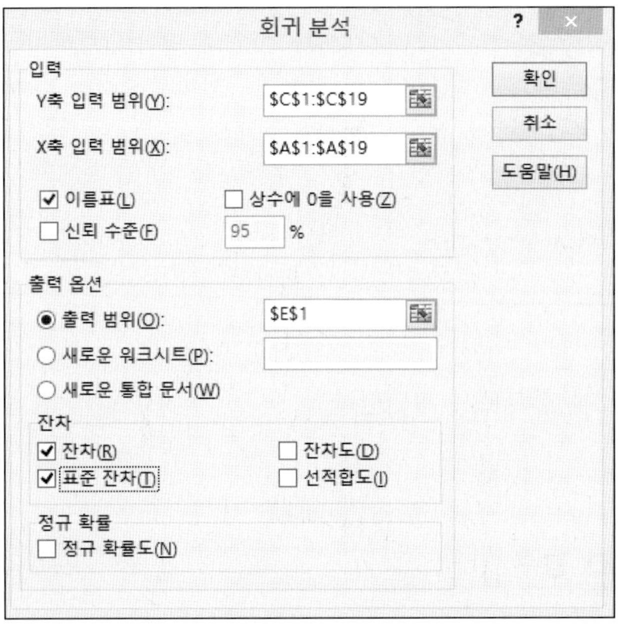

Y축 입력 범위: C1:C19

X축 입력 범위: A1:A19

이름표

출력 옵션: E1

잔차: 잔차, 표준잔차

결정계수가 920088741로 이상값을 삭제하기 전의 결정계수 0.852345807에 비해서 증가했다.

D22 =$I$18*A22+$I$17

	A	B	C	D
1	TIME	연도	여행사 순이익	예측값
2	1	1998	20	7.28
3	2	1999	25	18.66
4	3	2000	32	30.05
5	4	2001	51	41.43
16	16	2013	173	178.00
17	17	2014	232	189.38
18	18	2015	212	200.76
19	19	2016	234	212.15
20	20			223.53
21	21			234.91
22	22			246.29

미래를 예측할 경우, 예측하고자 하는 만큼 TIME 변수를 채우고 예측값을 아래로 드래그하면 된다.

다른 모형과 비교해서 MAE(MAD), MSE, RMSE, MAPE, TS 결과 값이 적을수록 더 적합한 모형이다. (Chapter 15 참고)

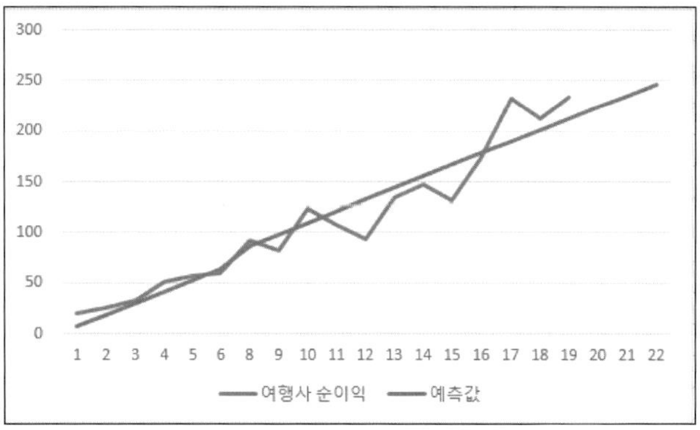

A1의 TIME 인덱스 삭제 ⇨ A1:A22 선택 ⇨ Control Key를 누른 상태에서 C1:C19 및 D1:D22 선택 ⇨ 삽입 ⇨ 2차원 꺾은선형 ⇨ 꺾은선형

결과는 단순회귀분석_이상값 삭제_결과에서 확인한다.

3.2 FORECAST 및 TREND 함수

3.2.1 FORECAST 함수

FORECAST와 TREND 함수로 선형 회귀분석과 동일한 결과를 얻을 수 있다.

파일 이름: 단순 회귀분석

	A	B	C
1	TIME	연도	여행사 순이익
2	1	1997	20
3	2	1998	25
4	3	1999	32
5	4	2000	51
18	17	2013	173
19	18	2014	232
20	19	2015	212
21	20	2016	234

FORECAST(첫 번째 TIME, 관측값 전체 범위, TIME 전체 범위) ⇨

F2=FORECAST(A2, C2:C20, A2:A20)

F2 =FORECAST(A2,C2:C20,A2:A20)

	A	B	C	D	E	F
1	TIME	연도	여행사 순이익	예측값	잔차	FORECAST
2	1	1998	20	15.03	4.97	15.03
3	2	1999	25	26.00	-1.00	
4	3	2000	32	36.97	-4.97	
5	4	2001	51	47.95	3.05	
17	16	2013	173	179.63	-6.63	
18	17	2014	232	190.61	41.39	
19	18	2015	212	201.58	10.42	
20	19	2016	234	212.55	21.45	

수식의 관측값 전체 범위(C2:C20)부터 TIME 전체 범위(A2:A20)까지 한꺼번에 선택하고 Key Board의 F4를 클릭해서 절대참조로 변경한다. ⇨ 아래로 드래그해서 자동으로 계산한다.

F2 =FORECAST(A2,$C$2:$C$20,$A$2:$A$20)

	A	B	C	D	E	F
1	TIME	연도	여행사 순이익	예측값	잔차	FORECAST
2	1	1998	20	15.03	4.97	15.03
3	2	1999	25	26.00	-1.00	
4	3	2000	32	36.97	-4.97	
5	4	2001	51	47.95	3.05	
6	5	2002	57	58.92	-1.92	

F20 =FORECAST(A20,$C$2:$C$20,$A$2:$A$20)

	A	B	C	D	E	F
1	TIME	연도	여행사 순이익	예측값	잔차	FORECAST
2	1	1998	20	15.03	4.97	15.03
3	2	1999	25	26.00	-1.00	26.00
4	3	2000	32	36.97	-4.97	36.97
17	16	2013	173	179.63	-6.63	179.63
18	17	2014	232	190.61	41.39	190.61
19	18	2015	212	201.58	10.42	201.58
20	19	2016	234	212.55	21.45	212.55

결과는 단순회귀분석_FORECAST_TREND 함수 활용_결과에서 확인한다.

3.2.2 TREND 함수

TREND(관측값 전체 범위, TIME 전체 범위, 첫 TIME) ⇨

G2=TREND(C2:C20, A2:A20, A2)

G2 =TREND(C2:C20,A2:A20,A2)

	A	B	C	D	E	F	G
1	TIME	연도	여행사 순이익	예측값	잔차	FORECAST	TREND
2	1	1998	20	15.03	4.97	15.03	15.03
3	2	1999	25	26.00	-1.00	26.00	
4	3	2000	32	36.97	-4.97	36.97	
5	4	2001	51	47.95	3.05	47.95	
6	5	2002	57	58.92	-1.92	58.92	

수식란에서 관측값 전체 범위(C2:C20)부터 TIME 전체 범위(A2:A20)까지 한꺼번에 선택한 후 Key Board의 F4를 클릭해서 절대참조로 변경한다. ⇨ G2를 선택하고 아래로 드래그해서 자동으로 계산한다.

G2 =TREND($C$2:$C$20,$A$2:$A$20,A2)

	A	B	C	D	E	F	G
1	TIME	연도	여행사 순이익	예측값	잔차	FORECAST	TREND
2	1	1998	20	15.03	4.97	15.03	15.03
3	2	1999	25	26.00	-1.00	26.00	
4	3	2000	32	36.97	-4.97	36.97	
5	4	2001	51	47.95	3.05	47.95	
6	5	2002	57	58.92	-1.92	58.92	

FORECAST 함수, TREND 함수에서 얻은 예측값과 단순 회귀분석의 결과가 동일하다.

	A	B	C	D	E	F	G	H	I	J	K
1	TIME	연도	여행사 순이익	예측값	잔차	FORECAST	TREND	요약 출력			
2	1	1998	20	15.03	4.97	15.0263	15.0263				
3	2	1999	25	26.00	-1.00	26.0000	26.0000	회귀분석 통계량			
4	3	2000	32	36.97	-4.97	36.9737	36.9737	다중 상관계수	0.923225761		
5	4	2001	51	47.95	3.05	47.9474	47.9474	결정계수	0.852345807		
6	5	2002	57	58.92	-1.92	58.9211	58.9211	조정된 결정계수	0.843660266		
7	6	2003	60	69.89	-9.89	69.8947	69.8947	표준 오차	26.44724289		
8	7	2004	153	80.87	72.13	80.8684	80.8684	관측수	19		
9	8	2005	92	91.84	0.16	91.8421	91.8421				
10	9	2006	82	102.82	-20.82	102.8158	102.8158	분산 분석			
11	10	2007	123	113.79	9.21	113.7895	113.7895		자유도	제곱합	제곱 평균
12	11	2008	108	124.76	-16.76	124.7632	124.7632	회귀	1	68640.4	68640.4
13	12	2009	93	135.74	-42.74	135.7368	135.7368	잔차	17	11890.8	699.457
14	13	2010	135	146.71	-11.71	146.7105	146.7105	계	18	80531.2	
15	14	2011	148	157.68	-9.68	157.6842	157.6842				
16	15	2012	132	168.66	-36.66	168.6579	168.6579		계수	표준 오차	t 통계량
17	16	2013	173	179.63	-6.63	179.6316	179.6316	Y 절편	4.052631579	12.6303	0.32087
18	17	2014	232	190.61	41.39	190.6053	190.6053	TIME	10.97368421	1.10775	9.90625
19	18	2015	212	201.58	10.42	201.5789	201.5789				
20	19	2016	234	212.55	21.45	212.5526	212.5526				
24								관측수	예측치 여행사 순이익	잔차	표준 잔차
25								1	15.0263	4.97368	0.19351
26								2	26.0000	-1	-0.03891
27								3	36.9737	-4.97368	-0.19351
28								4	47.9474	3.05263	0.11877
29								5	58.9211	-1.92105	-0.07474
30								6	69.8947	-9.89474	-0.38498
31								7	80.8684	72.1316	2.80645
32								8	91.8421	0.15789	0.00614
33								9	102.8158	-20.8158	-0.80989
34								10	113.7895	9.21053	0.35836
35								11	124.7632	-16.7632	-0.65221
36								12	135.7368	-42.7368	-1.66278
37								13	146.7105	-11.7105	-0.45563
38								14	157.6842	-9.68421	-0.37679
39								15	168.6579	-36.6579	-1.42626
40								16	179.6316	-6.63158	-0.25802
41								17	190.6053	41.3947	1.61056
42								18	201.5789	10.4211	0.40546
43								19	212.5526	21.4474	0.83446

결과는 단순회귀분석_FORECAST_TREND 함수 활용_결과에서 확인한다.

3.3 해 찾기로 계수 및 Y 절편 구하기

회귀 방정식 수식에 임의의 값을 대입한 후 잔차(오차)를 구하고 잔차 제곱의 평균(합계)를 최소화하는 해 찾기로 기울기와 Y 절편을 구하는 방법이다.

① 제목 입력

예측값, 잔차, 잔차 제곱, 계수와 Y절편이란 제목을 입력한다.

② 임의의 계수 및 Y절편 값 입력

계수, Y절편의 값을 1로 정한다. 계수와 Y절편은 임의의 값으로 1을 입력한다.

	A	B	C	D	E	F	G	H
1	TIME	연도	여행사 순이익	예측값	잔차	잔차 제곱	계수와 Y 절편	
2	1	1998	20				계수	1
3	2	1999	25				Y 절편	1
4	3	2000	32					
5	4	2001	51					

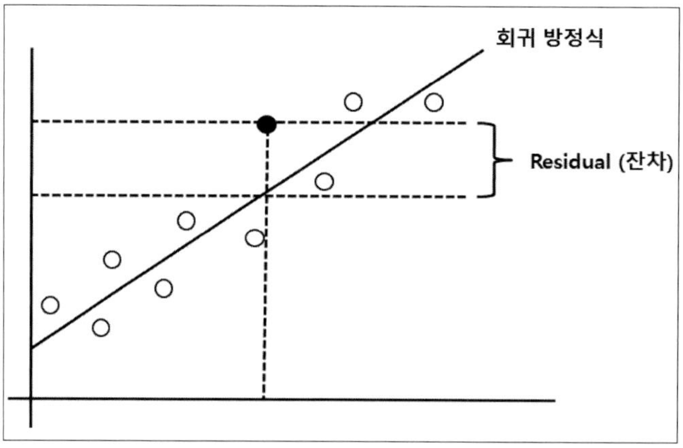

잔차의 제곱을 최소화하는 계수와 Y축 절편을 찾는 것이 단순회귀분석의 방정식이다.

③ 회귀 방정식 입력

예측값=독립변수 계수*독립변수+Y 절편 ⇨ 예측값=TIME 계수*TIME+Y 절편

D2=H2*A2+H3

D2 | =H2*A2+H3

	A	B	C	D	E	F	G	H
1	TIME	연도	여행사 순이익	예측값	잔차	잔차 제곱	계수와 Y 절편	
2	1	1998	20	2			계수	1
3	2	1999	25				Y 절편	1
4	3	2000	32					
5	4	2001	51					

TIME 계수(H2)와 Y 절편(H3)를 선택한 후 Key Board의 F4를 클릭해서 절대참조로 변경한다.

D2 =$H$2*A2+$H$3

	A	B	C	D	E	F	G	H
1	TIME	연도	여행사 순이익	예측값	잔차	잔차 제곱	계수와 Y 절편	
2	1	1998	20	2			계수	1
3	2	1999	25				Y 절편	1
4	3	2000	32					
5	4	2001	51					

④ **잔차**

E2 =C2-D2

	A	B	C	D	E
1	TIME	연도	여행사 순이익	예측값	잔차
2	1	1998	20	2	18
3	2	1999	25		
4	3	2000	32		

잔차(오차)=관측값-예측값 ⇨ E2=C2-D2

⑤ **잔차 제곱**

F2 =E2^2

	A	B	C	D	E	F
1	TIME	연도	여행사 순이익	예측값	잔차	잔차 제곱
2	1	1998	20	2	18	324
3	2	1999	25			
4	3	2000	32			

잔차 제곱

F2=E2^2 또는 E2*E2 ⇨ D2, E2, F2를 동시에 선택한 후 아래로 드래그한다.

⑥ **잔차 제곱의 평균(MSE)**

F22 =AVERAGE(F2:F20)

	A	B	C	D	E	F
1	TIME	연도	여행사 순이익	예측값	잔차	잔차 제곱
2	1	1998	20	2	18	324
3	2	1999	25	3	22	484
4	3	2000	32	4	28	784
18	17	2014	232	18	214	45796
19	18	2015	212	19	193	37249
20	19	2016	234	20	214	45796
21						MSE
22						14176

F21에 MSE(잔차 제곱의 평균) 제목을 입력한다. ⇨ F22=AVERAGE(F2:F20)

잔차 제곱의 평균(MSE: Mean Squared Error)를 최소화하는 계수와 Y 절편의 값을 해 찾기로 얻는다.

> [주의]: 최적의 계수 찾기와 최적의 모형 찾기는 다르다. 잔차 절대값(MAE)는 최적의 모형을 찾을 때 사용하며, 최적의 계수와 Y절편를 찾을 때는 사용하지 않도록 한다. 최적의 모형 찾는 방법은 Chapter 15를 참고한다.

⑦ 해 찾기

데이터 ⇨ 해 찾기

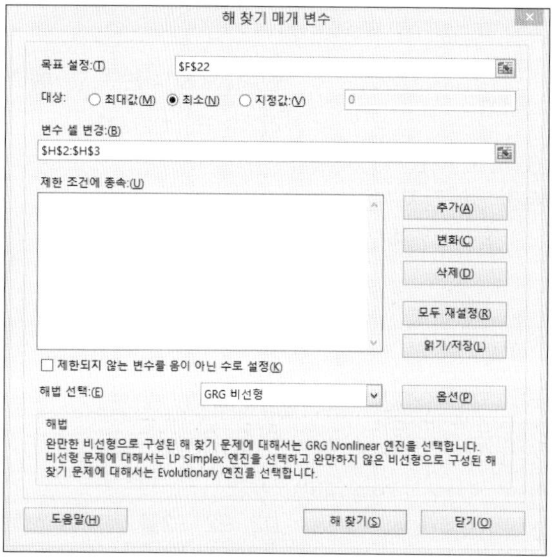

목표 설정: F22 (잔차 제곱의 평균)
대상: 최소
변수 셀 변경: H2:H3
제한되지 않는 변수를 음이 아닌 수로 설정: 체크 해제
해법 선택: GRG 비선형

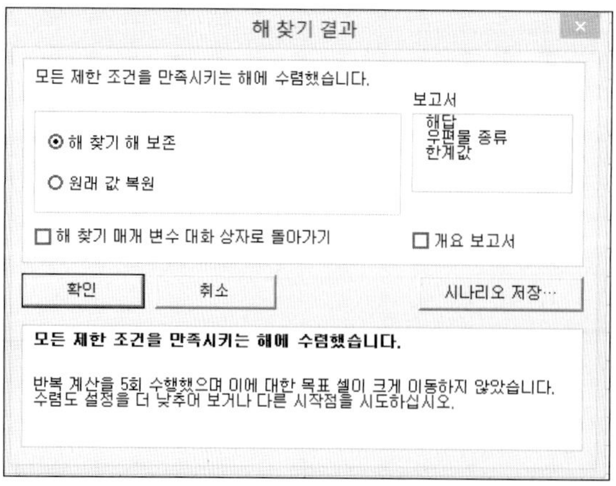

해 찾기 ⇨ 해 찾기 해 보존 ⇨ 확인

계수: 10.973673　　　　Y 절편: 4.05277647

결과는 단순회귀분석_수식 계산_MSE_잔차제곱 평균_결과에서 확인한다.

[참고]: 해찾기에서 잔차 절대값 합계(SSE: Sum of Squared Error)를 최소화하는 방식으로 계수와 Y 절편을 찾는 방법도 동일한 결과를 얻을 수 있다.

F22=SUM(F2:F20)

F22 =SUM(F2:F20)

	A	B	C	D	E	F
1	TIME	연도	여행사 순이익	예측값	잔차	잔차 제곱
2	1	1998	20	2	18.0	324.000
3	2	1999	25	3	22.0	484.000
4	3	2000	32	4	28.0	784.000
5	4	2001	51	5	46.0	2116.000
17	16	2013	173	17	156.0	24336.000
18	17	2014	232	18	214.0	45796.000
19	18	2015	212	19	193.0	37249.000
20	19	2016	234	20	214.0	45796.000
21						SSE
22						269339

목표 설정: F22

대상: 최소

변수 셀 변경: H2:H3

제한되지 않는 변수를 음이 아닌 수로 설정

해법 선택: GRG 비선형

F22 =SUM(F2:F20)

	A	B	C	D	E	F	G	H
1	TIME	연도	여행사 순이익	예측값	잔차	잔차 제곱	계수와 Y 절편	
2	1	1998	20	15	5.0	24.738	계수	10.9736836
3	2	1999	25	26	-1.0	1.000	Y 절편	4.05263156
4	3	2000	32	37	-5.0	24.738		
5	4	2001	51	48	3.1	9.319		
17	16	2013	173	180	-6.6	43.978		
18	17	2014	232	191	41.4	1713.525		
19	18	2015	212	202	10.4	108.599		
20	19	2016	234	213	21.4	459.990		
21						SSE		
22						11891		

TIME 계수: 10.9736836

Y 절편: 4.05263156

결과는 단순회귀분석_수식 계산_SSE_잔차 절대값 합계_결과에서 확인한다.

3.4 SLOPE, LINEST, INTERCEPT 함수

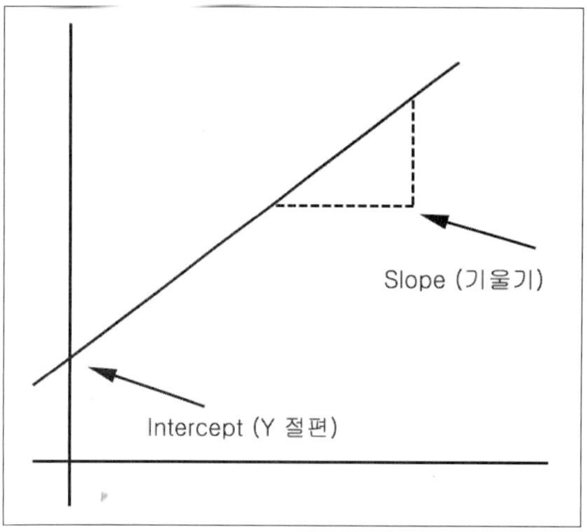

SLOPE와 LINEST 함수로 독립변수의 계수(기울기)를 구하고 INTERCEPT 함수로 Y 절편을 구할 수 있다.

3.4.1 SLOPE

SLOPE(종속변수, 독립변수) ⇨ SLOPE(관측값 전체 범위, TIME 전체 범위)

G2=SLOPE(C2:C20,A2:A20)

G2 =SLOPE(C2:C20,A2:A20)

	A	B	C	D	E	F	G	H	I
1	TIME	연도	여행사 순이익	예측값	잔차	함수		요약 출력	
2	1	1998	20	15.03	4.97	SLOPE	10.97368		
3	2	1999	25	26.00	-1.00	LINEST		회귀분석 통계량	
4	3	2000	32	36.97	-4.97	INTERCEPT		다중 상관계수	0.923225761
5	4	2001	51	47.95	3.05			결정계수	0.852345807
6	5	2002	57	58.92	-1.92	결정계수		조정된 결정계수	0.843660266
7	6	2003	60	69.89	-9.89	상관계수		표준 오차	26.44724289
8	7	2004	153	80.87	72.13	결정계수(상관계수 제곱)		관측수	19
9	8	2005	92	91.84	0.16				
10	9	2006	82	102.82	-20.82	더빈왓슨		분산 분석	
11	10	2007	123	113.79	9.21	SUMXMY2			자유도
12	11	2008	108	124.76	-16.76	SUMSQ		회귀	1
13	12	2009	93	135.74	-42.74			잔차	17
14	13	2010	135	146.71	-11.71			계	18
15	14	2011	148	157.68	-9.68				
16	15	2012	132	168.66	-36.66				계수
17	16	2013	173	179.63	-6.63			Y 절편	4.05263
18	17	2014	232	190.61	41.39			TIME	10.97368
19	18	2015	212	201.58	10.42				
20	19	2016	234	212.55	21.45				

3.4.2 LINEST

LINEST함수는 단순 회귀분석뿐만 아니라 중다 회귀분석, 더미변수 회귀분석, 비선형 다항식 등에서도 활용된다.

LINEST(종속변수, 독립변수) ⇨ LINEST(관측값 전체 범위, TIME 전체 범위)

G3=LINEST(C2:C20,A2:A20)

G3 =LINEST(C2:C20,A2:A20)

	A	B	C	D	E	F	G	H	I
1	TIME	연도	여행사 순이익	예측값	잔차	함수		요약 출력	
2	1	1998	20	15.03	4.97	SLOPE	10.97368		
3	2	1999	25	26.00	-1.00	LINEST	10.97368	회귀분석 통계량	
4	3	2000	32	36.97	-4.97	INTERCEPT		다중 상관계수	0.923225761
5	4	2001	51	47.95	3.05			결정계수	0.852345807
6	5	2002	57	58.92	-1.92	결정계수		조정된 결정계수	0.843660266
7	6	2003	60	69.89	-9.89	상관계수		표준 오차	26.44724289
8	7	2004	153	80.87	72.13	결정계수(상관계수 제곱)		관측수	19
9	8	2005	92	91.84	0.16				
10	9	2006	82	102.82	-20.82	더빈왓슨		분산 분석	
11	10	2007	123	113.79	9.21	SUMXMY2			자유도
12	11	2008	108	124.76	-16.76	SUMSQ		회귀	1
13	12	2009	93	135.74	-42.74			잔차	17
14	13	2010	135	146.71	-11.71			계	18
15	14	2011	148	157.68	-9.68				
16	15	2012	132	168.66	-36.66				계수
17	16	2013	173	179.63	-6.63			Y 절편	4.05263
18	17	2014	232	190.61	41.39			TIME	10.97368
19	18	2015	212	201.58	10.42				
20	19	2016	234	212.55	21.45				

3.4.3 INTERCEPT

INTERCEPT 함수로 Y 절편을 구할 수 있다.

INTERCEPT(종속변수, 독립변수) ⇨ INTERCEPT(관측값 전체 범위, TIME 전체 범위)

G4=INTERCEPT(C2:C20,A2:A20)

G4 =INTERCEPT(C2:C20,A2:A20)

	A	B	C	D	E	F	G	H	I
1	TIME	연도	여행사 순이익	예측값	잔차	함수		요약 출력	
2	1	1998	20	15.03	4.97	SLOPE	10.97368		
3	2	1999	25	26.00	-1.00	LINEST	10.97368	회귀분석 통계량	
4	3	2000	32	36.97	-4.97	INTERCEPT	4.05263	다중 상관계수	0.923225761
5	4	2001	51	47.95	3.05			결정계수	0.852345807
6	5	2002	57	58.92	-1.92	결정계수		조정된 결정계수	0.843660266
7	6	2003	60	69.89	-9.89	상관계수		표준 오차	26.44724289
8	7	2004	153	80.87	72.13	결정계수(상관계수 제곱)		관측수	19
9	8	2005	92	91.84	0.16				
10	9	2006	82	102.82	-20.82	더빈왓슨		분산 분석	
11	10	2007	123	113.79	9.21	SUMXMY2			자유도
12	11	2008	108	124.76	-16.76	SUMSQ		회귀	1
13	12	2009	93	135.74	-42.74			잔차	17
14	13	2010	135	146.71	-11.71			계	18
15	14	2011	148	157.68	-9.68				
16	15	2012	132	168.66	-36.66				계수
17	16	2013	173	179.63	-6.63			Y 절편	4.05263
18	17	2014	232	190.61	41.39			TIME	10.97368
19	18	2015	212	201.58	10.42				
20	19	2016	234	212.55	21.45				

결과는 단순회귀분석_SLOPE_LINEST_INTERCEPT_RSQ_DURBIN WATSON 함수 활용_결과에서 확인한다.

3.5 산점도 활용

A1의 TIME 인덱스를 삭제 ⇨ A1:A21 선택 ⇨ Control Key를 누른 상태에서 C1:C21 선택 ⇨ 삽입 ⇨ 분산형 ⇨ 첫 번째 분산형

[참고]: Control Key: 서로 떨어진 열 또는 행을 동시에 선택할 때 선택한다.

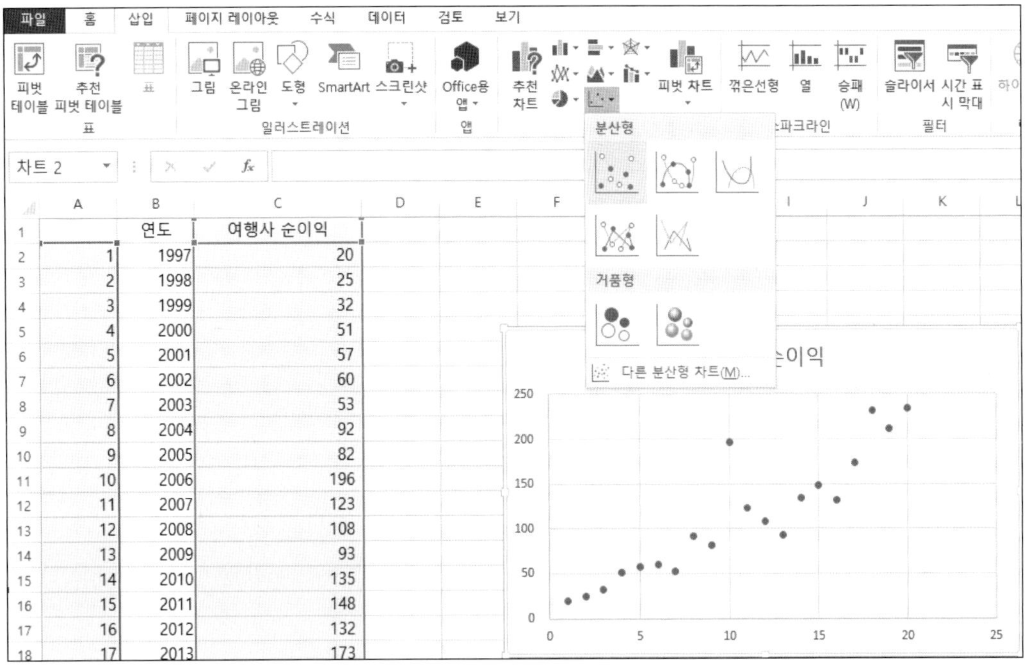

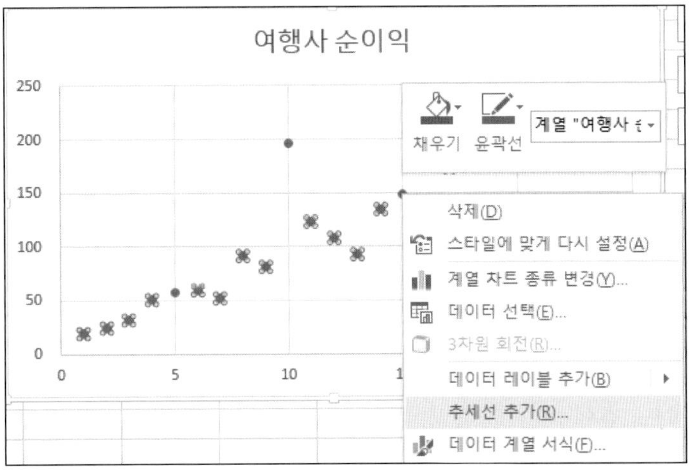

산점도에서 임의의 점을 클릭 ⇨ 눈송이 모양이 나타난다. ⇨ 마우스 오른쪽 클릭 ⇨ 추세선 추가

- 추세선 옵션 ⇨ 선형
  수식을 차트에 표시
  R 제곱 값을 차트에 표시
  미래를 예측할 경우 ⇨ 예측 ⇨ 앞으로 ⇨ 예측 구간 선택
  (예) 5

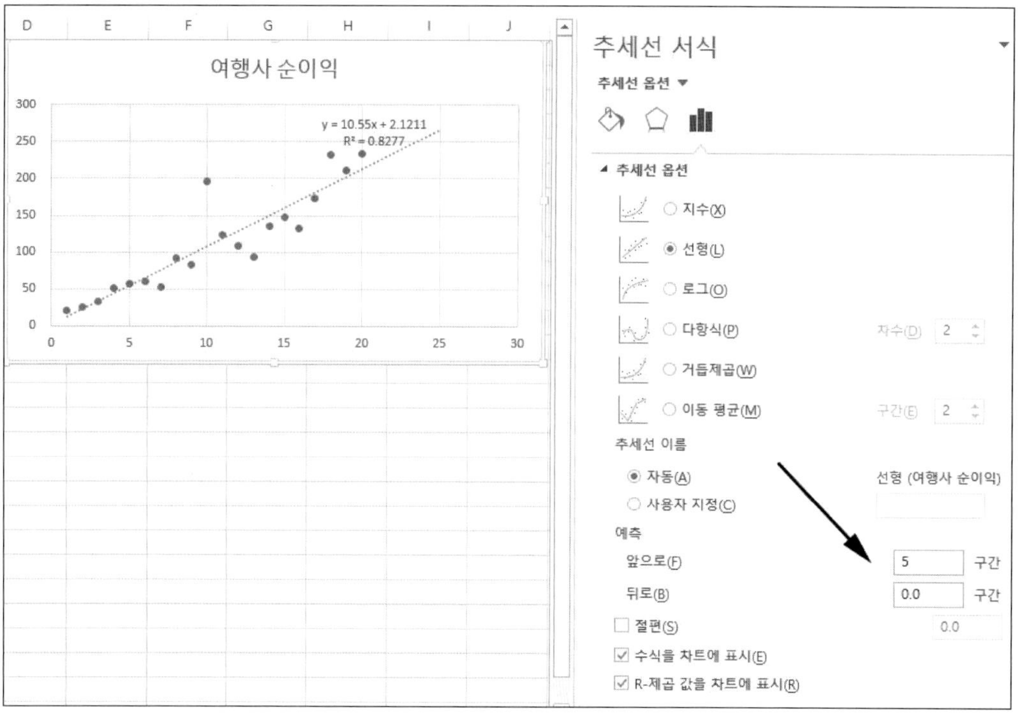

- 회귀 방정식=TIME 계수*TIME+Y 절편
- 여행사 순이익=10.55*TIME+2.1211

R 제곱은 0.8277로 회귀 방정식은 전체 자료의 82.77%를 설명하고 있다.

산점도에 의한 단순 회귀분석의 장점은 간편하게 회귀 방정식을 얻을 수 있다는 것이다. 단점은 독립변수의 계수와 Y 절편을 소숫점 이하까지 정확하게 얻지 못하며 예측값도 꺾은선형으로만 볼 수 있다는 점이다.

결과는 단순회귀분석_산점도_추세선_결과에서 확인한다.

3.6 결정계수와 더빈왓슨

3.6.1 RSQ 함수

데이터 분석에서는 결정계수를 자동으로 계산해 준다. 결정계수로 회귀 방정식이 전체 관측값을 몇 퍼센트 설명하는지 알 수 있다. 여러 모형을 비교할 때 결정계수가 높은 모형을 선택한다. 결정계수는 RSQ함수 또는 CORREL(상관계수) 함수 결과값을 제곱해서 얻을 수 있다.

RSQ(종속변수, 독립변수) ⇨ RSQ(관측값 전체, TIME 전체 범위) ⇨
G6=RSQ(C2:C20,A2:A20)

G6 | =RSQ(C2:C20,A2:A20)

	A	B	C	D	E	F	G	H	I
1	TIME	연도	여행사 순이익	예측값	잔차	함수		요약 출력	
2	1	1998	20	15.03	4.97	SLOPE	10.97368		
3	2	1999	25	26.00	-1.00	LINEST	10.97368	회귀분석 통계량	
4	3	2000	32	36.97	-4.97	INTERCEPT	4.05263	다중 상관계수	0.923225761
5	4	2001	51	47.95	3.05			결정계수	0.852345807
6	5	2002	57	58.92	-1.92	결정계수	0.85235	조정된 결정계수	0.843660266
7	6	2003	60	69.89	-9.89	상관계수		표준 오차	26.44724289
8	7	2004	153	80.87	72.13	결정계수(상관계수 제곱)		관측수	19

3.6.2 상관계수 제곱으로 결정계수 구하기

결정계수(R Square)는 RSQ함수 뿐만 아니라 상관계수를 제곱해서 얻을 수 있다.
CORREL(종속변수, 독립변수) 또는 CORREL(독립변수, 종속변수) ⇨
G7=CORREL(A2:A20,C2:C20)

G7 | =CORREL(A2:A20,C2:C20)

	A	B	C	D	E	F	G
1	TIME	연도	여행사 순이익	예측값	잔차	함수	
2	1	1998	20	15.03	4.97	SLOPE	10.97368
3	2	1999	25	26.00	-1.00	LINEST	10.97368
4	3	2000	32	36.97	-4.97	INTERCEPT	4.05263
5	4	2001	51	47.95	3.05		
6	5	2002	57	58.92	-1.92	결정계수	0.85235
7	6	2003	60	69.89	-9.89	상관계수	0.92323
8	7	2004	153	80.87	72.13	결정계수(상관계수 제곱)	
9	8	2005	92	91.84	0.16		
10	9	2006	82	102.82	-20.82	더빈왓슨	
11	10	2007	123	113.79	9.21	SUMXMY2	
12	11	2008	108	124.76	-16.76	SUMSQ	
13	12	2009	93	135.74	-42.74		
14	13	2010	135	146.71	-11.71		
15	14	2011	148	157.68	-9.68		
16	15	2012	132	168.66	-36.66		
17	16	2013	173	179.63	-6.63		
18	17	2014	232	190.61	41.39		
19	18	2015	212	201.58	10.42		
20	19	2016	234	212.55	21.45		

결정계수=상관계수^2 또는 상관계수*상관계수 ⇨ I8=I7^2 또는 I8=I7*I7

G8 =G7^2

	A	B	C	D	E	F	G	H	I
1	TIME	연도	여행사 순이익	예측값	잔차	함수		요약 출력	
2	1	1998	20	15.03	4.97	SLOPE	10.97368		
3	2	1999	25	26.00	-1.00	LINEST	10.97368	회귀분석 통계량	
4	3	2000	32	36.97	-4.97	INTERCEPT	4.05263	다중 상관계수	0.923225761
5	4	2001	51	47.95	3.05			결정계수	0.852345807
6	5	2002	57	58.92	-1.92	결정계수	0.85235	조정된 결정계수	0.843660266
7	6	2003	60	69.89	-9.89	상관계수	0.92323	표준 오차	26.44724289
8	7	2004	153	80.87	72.13	결정계수(상관계수 제곱)	0.85235	관측수	19

데이터 분석의 회귀분석 결과와 동일한 결과를 얻을 수 있다.

3.7 더빈왓슨

3.7.1 더빈왓슨 계산

회귀 분석 결과부터 설명한다.

① 제목 입력

F1, G1, F21, G21에 잔차 제곱, 잔차_Diff_1 제곱, 합계라고 제목을 입력한다. 다른 Sheet를 열어서 결과를 확인한다.

M23

	A	B	C	D	E	F	G	H	I
1	TIME	연도	여행사 순이익	예측값	잔차	잔자 제곱	잔차_Diff_1 제곱	요약 출력	
2	1	1998	20	15.03	4.97				
3	2	1999	25	26.00	-1.00			회귀분석 통계량	
4	3	2000	32	36.97	-4.97			다중 상관계수	0.923225761
5	4	2001	51	47.95	3.05			결정계수	0.852345807
6	5	2002	57	58.92	-1.92			조정된 결정계수	0.843660266
7	6	2003	60	69.89	-9.89			표준 오차	26.44724289
8	7	2004	153	80.87	72.13			관측수	19
9	8	2005	92	91.84	0.16				
10	9	2006	82	102.82	-20.82			분산 분석	
11	10	2007	123	113.79	9.21				자유도
12	11	2008	108	124.76	-16.76			회귀	1
13	12	2009	93	135.74	-42.74			잔차	17
14	13	2010	135	146.71	-11.71			계	18
15	14	2011	148	157.68	-9.68				
16	15	2012	132	168.66	-36.66				계수
17	16	2013	173	179.63	-6.63			Y 절편	4.05263
18	17	2014	232	190.61	41.39			TIME	10.97368
19	18	2015	212	201.58	10.42				
20	19	2016	234	212.55	21.45				
21						합계	합계		
22								잔차 출력	
23						더빈왓슨			
24								관측수	예측치 여행사 순이익

SLOPE_LINEST_INTERCEPT_RSQ_더빈왓슨 | 더빈왓슨 직접 계산

② 잔차 제곱

F2=E2^2 ⇨ 아래로 드래그해서 잔차 제곱을 자동으로 계산한다.

F2 =E2^2

	A	B	C	D	E	F
1	TIME	연도	여행사 순이익	예측값	잔차	잔자 제곱
2	1	1998	20	15.03	4.97	24.73753
3	2	1999	25	26.00	-1.00	
4	3	2000	32	36.97	-4.97	
5	4	2001	51	47.95	3.05	
6	5	2002	57	58.92	-1.92	

③ 잔차_Diff_1 제곱

G3=(TIME 2의 잔차−TIME 1의 잔차)^2

G3=(E3−E2)^2 ⇨ 아래로 드래그해서 자동으로 계산한다.

G3 =(E3-E2)^2

	A	B	C	D	E	F	G
1	TIME	연도	여행사 순이익	예측값	잔차	잔자 제곱	잔차_Diff_1 제곱
2	1	1998	20	15.03	4.97	24.73753	
3	2	1999	25	26.00	-1.00	1.00000	35.68
4	3	2000	32	36.97	-4.97	24.73753	
5	4	2001	51	47.95	3.05	9.31856	

④ 잔자 제곱의 합계

F22 =SUM(F2:F20)

	A	B	C	D	E	F
1	TIME	연도	여행사 순이익	예측값	잔차	잔자 제곱
2	1	1998	20	15.03	4.97	24.73753
3	2	1999	25	26.00	-1.00	1.00000
4	3	2000	32	36.97	-4.97	24.73753
18	17	2014	232	190.61	41.39	1713.52424
19	18	2015	212	201.58	10.42	108.59834
20	19	2016	234	212.55	21.45	459.98961
21						합계
22						11890.76316

⑤ **잔차 Diff_1의 제곱 합계**

G22=SUM(G3:G20)

G22 | =SUM(G2:G20)

	A	B	C	D	E	F	G
1	TIME	연도	여행사 순이익	예측값	잔차	잔자 제곱	잔차_Diff_1 제곱
2	1	1998	20	15.03	4.97	24.73753	
3	2	1999	25	26.00	-1.00	1.00000	35.68
4	3	2000	32	36.97	-4.97	24.73753	15.79
18	17	2014	232	190.61	41.39	1713.52424	2306.53
19	18	2015	212	201.58	10.42	108.59834	959.37
20	19	2016	234	212.55	21.45	459.98961	121.58
21						합계	합계
22						11890.76316	20786.85457

⑥ **더빈왓슨**

더빈왓슨=잔차 Diff_1의 제곱 합계/잔차 제곱의 합계

G23=G22/F22

G23 | =G22/F22

	A	B	C	D	E	F	G
1	TIME	연도	여행사 순이익	예측값	잔차	잔자 제곱	잔차_Diff_1 제곱
2	1	1998	20	15.03	4.97	24.73753	
3	2	1999	25	26.00	-1.00	1.00000	35.68
4	3	2000	32	36.97	-4.97	24.73753	15.79
18	17	2014	232	190.61	41.39	1713.52424	2306.53
19	18	2015	212	201.58	10.42	108.59834	959.37
20	19	2016	234	212.55	21.45	459.98961	121.58
21						합계	합계
22						11890.76316	20786.85457
23						더빈왓슨	1.748151426

3.7.2 SUMXMY2 및 SUMSQ 함수 활용

함수를 활용하면 보다 편리하게 더빈왓슨 값을 구할 수 있다.

① **더빈왓슨 계산**

더빈왓슨 값으로 잔차의 자기상관 여부를 판단한다. 만약 자기상관이 있다면 선형 회귀분석은 적합하지 않고 자기회귀 모형으로 시계열분석을 해야 한다.

H11, H12에 SUMXMY2, SUMSQ, DURBIN WATSON이란 제목을 입력한다.

SUMXMY2(잔차 첫 번째를 제외하고 잔차 전체 범위, 잔차 맨 마지막 번째를 제외하고 잔차 전체 전제 범위) ⇨ G11= SUMXMY2(E3:E20,E2:E19)

G11 =SUMXMY2(E3:E20,E2:E19)

	A	B	C	D	E	F	G
1	TIME	연도	여행사 순이익	예측값	잔차	함수	
2	1	1998	20	15.03	4.97	SLOPE	10.97368
3	2	1999	25	26.00	-1.00	LINEST	10.97368
4	3	2000	32	36.97	-4.97	INTERCEPT	4.05263
5	4	2001	51	47.95	3.05		
6	5	2002	57	58.92	-1.92	결정계수	0.85235
7	6	2003	60	69.89	-9.89	상관계수	0.92323
8	7	2004	153	80.87	72.13	결정계수(상관계수 제곱)	0.85235
9	8	2005	92	91.84	0.16		
10	9	2006	82	102.82	-20.82	더빈왓슨	
11	10	2007	123	113.79	9.21	SUMXMY2	20786.85457
12	11	2008	108	124.76	-16.76	SUMSQ	
13	12	2009	93	135.74	-42.74		
14	13	2010	135	146.71	-11.71		
15	14	2011	148	157.68	-9.68		
16	15	2012	132	168.66	-36.66		
17	16	2013	173	179.63	-6.63		
18	17	2014	232	190.61	41.39		
19	18	2015	212	201.58	10.42		
20	19	2016	234	212.55	21.45		

SUMSQ(잔차 전체 범위) ⇨ G12= SUMSQ(E2:E20)

G12 =SUMSQ(E2:E20)

	A	B	C	D	E	F	G
1	TIME	연도	여행사 순이익	예측값	잔차	함수	
2	1	1998	20	15.03	4.97	SLOPE	10.97368
3	2	1999	25	26.00	-1.00	LINEST	10.97368
4	3	2000	32	36.97	-4.97	INTERCEPT	4.05263
5	4	2001	51	47.95	3.05		
6	5	2002	57	58.92	-1.92	결정계수	0.85235
7	6	2003	60	69.89	-9.89	상관계수	0.92323
8	7	2004	153	80.87	72.13	결정계수(상관계수 제곱)	0.85235
9	8	2005	92	91.84	0.16		
10	9	2006	82	102.82	-20.82	더빈왓슨	
11	10	2007	123	113.79	9.21	SUMXMY2	20786.85457
12	11	2008	108	124.76	-16.76	SUMSQ	11890.76316
13	12	2009	93	135.74	-42.74		
14	13	2010	135	146.71	-11.71		
15	14	2011	148	157.68	-9.68		
16	15	2012	132	168.66	-36.66		
17	16	2013	173	179.63	-6.63		
18	17	2014	232	190.61	41.39		
19	18	2015	212	201.58	10.42		
20	19	2016	234	212.55	21.45		

DURBIN WATSON = SUMXMY2/SUMSQ

G10 | =G11/G12

	A	B	C	D	E	F	G
1	TIME	연도	여행사 순이익	예측값	잔차	함수	
2	1	1998	20	15.03	4.97	SLOPE	10.97368
3	2	1999	25	26.00	-1.00	LINEST	10.97368
4	3	2000	32	36.97	-4.97	INTERCEPT	4.05263
5	4	2001	51	47.95	3.05		
6	5	2002	57	58.92	-1.92	결정계수	0.85235
7	6	2003	60	69.89	-9.89	상관계수	0.92323
8	7	2004	153	80.87	72.13	결정계수(상관계수 제곱)	0.85235
9	8	2005	92	91.84	0.16		
10	9	2006	82	102.82	-20.82	더빈왓슨	1.74815
11	10	2007	123	113.79	9.21	SUMXMY2	20786.85457
12	11	2008	108	124.76	-16.76	SUMSQ	11890.76316

② 더빈왓슨 해석

더빈왓슨 값의 해석은 샘플 크기 및 독립변수의 수에 따라서 해석을 달리한다.

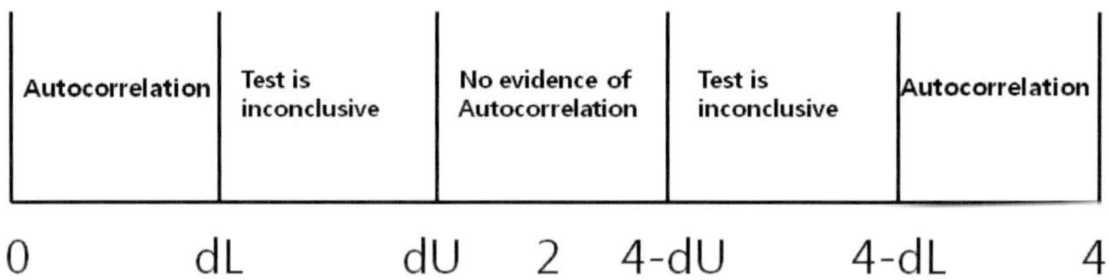

• 샘플 수가 19개이고 독립 변수가 1개이면 유의수준 0.05를 기순으로 더빈왓슨 값이 1.2 보다 작으면 오차항의 자기상관이 없다는 귀무가설을 기각한다. 즉, 오차항에 양의 자기상관이 있다.

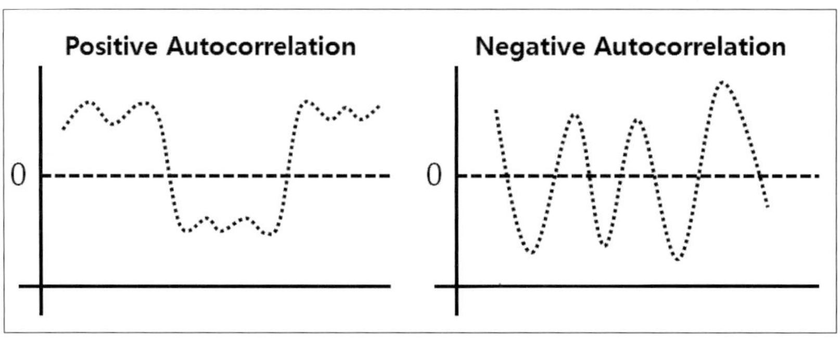

- 더빈왓슨 값이 dL과 dU 사이(1.08~1.36)이면 오차항에 자기상관이 있다 없다 결론 내릴 수 없다.
- 더빈왓슨 값이 1.74815로 2에 가깝기 때문에 자기상관이 없다는 귀무가설을 채택한다.
- 4-dL(4-1.36=2.64) 즉, 2.64 보다 크면 오차항의 자기상관이 없다는 귀무가설을 기각한다. 즉, 오차항에 음의 자기상관이 있다.

Critical Values of the Durbin-Watson Statistic

Sample Size	Probability in Lower Tail (Significance Level= α)	k = Number of Regressors (Excluding the Intercept)									
		1		2		3		4		5	
		d_L	d_U	d_L	d_U	d_L	d_U	d_L	d_U	d_L	d_U
15	.01	.81	1.07	.70	1.25	.59	1.46	.49	1.70	.39	1.96
	.025	.95	1.23	.83	1.40	.71	1.61	.59	1.84	.48	2.09
	.05	1.08	1.36	.95	1.54	.82	1.75	.69	1.97	.56	2.21
20	.01	.95	1.15	.86	1.27	.77	1.41	.63	1.57	.60	1.74
	.025	1.08	1.28	.99	1.41	.89	1.55	.79	1.70	.70	1.87
	.05	1.20	1.41	1.10	1.54	1.00	1.68	.90	1.83	.79	1.99
25	.01	1.05	1.21	.98	1.30	.90	1.41	.83	1.52	.75	1.65
	.025	1.13	1.34	1.10	1.43	1.02	1.54	.94	1.65	.86	1.77
	.05	1.29	1.45	1.21	1.55	1.12	1.66	1.04	1.77	.95	1.89
30	.01	1.13	1.26	1.07	1.34	1.01	1.42	.94	1.51	.88	1.61
	.025	1.25	1.38	1.18	1.46	1.12	1.54	1.05	1.63	.98	1.73
	.05	1.35	1.49	1.28	1.57	1.21	1.65	1.14	1.74	1.07	1.83
40	.01	1.25	1.34	1.20	1.40	1.15	1.46	1.10	1.52	1.05	1.58
	.025	1.35	1.45	1.30	1.51	1.25	1.57	1.20	1.63	1.15	1.69
	.05	1.44	1.54	1.39	1.60	1.34	1.66	1.29	1.72	1.23	1.79
50	.01	1.32	1.40	1.28	1.45	1.24	1.49	1.20	1.54	1.16	1.59
	.025	1.42	1.50	1.38	1.54	1.34	1.59	1.30	1.64	1.26	1.69
	.05	1.50	1.59	1.46	1.63	1.42	1.67	1.38	1.72	1.34	1.77
60	.01	1.38	1.45	1.35	1.48	1.32	1.52	1.28	1.56	1.25	1.60
	.025	1.47	1.54	1.44	1.57	1.40	1.61	1.37	1.65	1.33	1.69
	.05	1.55	1.62	1.51	1.65	1.48	1.69	1.44	1.73	1.41	1.77
80	.01	1.47	1.52	1.44	1.54	1.42	1.57	1.39	1.60	1.36	1.62
	.025	1.54	1.59	1.52	1.62	1.49	1.65	1.47	1.67	1.44	1.70
	.05	1.61	1.66	1.59	1.69	1.56	1.72	1.53	1.74	1.51	1.77
100	.01	1.52	1.56	1.50	1.58	1.48	1.60	1.45	1.63	1.44	1.65
	.025	1.59	1.63	1.57	1.65	1.55	1.67	1.53	1.70	1.51	1.72
	.05	1.65	1.69	1.63	1.72	1.61	1.74	1.59	1.76	1.57	1.78

결과는 단순회귀분석_SLOPE_LINEST_INTERCEPT_RSQ_DURBIN WATSON 함수 활용_결과에서 확인한다.

연습문제

3.1 핸드폰 제조회사 매출

① 데이터 분석 도구로 회귀 방정식을 구할 수 있을까?

② TIME 18에서의 핸드폰 제조회사 매출을 예측할 수 있을까?

(초급자용 연습문제)

	A	B	C	D	E	F
1	TIME	분기	핸드폰 제조회사 매출	TIME	분기	핸드폰 제조회사 매출
2	1	1	98	9	1	430
3	2	2	113	10	2	265
4	3	3	211	11	3	550
5	4	4	169	12	4	565
6	5	1	182	13	1	680
7	6	2	243	14	2	795
8	7	3	321	15	3	810
9	8	4	315	16	4	990

3.2 호텔 순이익

① FORECAST 함수로 단순 회귀분석 결과를 할 수 있을까?

② TREND 함수로 단순 회귀분석 결과를 할 수 있을까?

(초급자용 연습문제)

	A	B	C	D
1	TIME	호텔 순이익	TIME	호텔 순이익
2	1	553	9	1340
3	2	699	10	1256
4	3	765	11	1145
5	4	871	12	1292
6	5	953	13	1450
7	6	1100	14	1700
8	7	1012	15	1634
9	8	1250	16	1782

3.3 병원 순이익

① SLOPE, INTERCEPT 함수로 회귀 방정식을 구할 수 있을까?

② 결정계수를 구할 수 있을까?

③ TIME 24까지의 순이익을 예측할 수 있을까

(초급자용 연습문제)

	A	B	C	D	E	F
1	TIME	분기	병원 순이익	TIME	분기	병원 순이익
2	1	1	345	11	3	997
3	2	2	372	12	4	912
4	3	3	452	13	1	1134
5	4	4	472	14	2	1156
6	5	1	516	15	3	1275
7	6	2	406	16	4	1456
8	7	3	521	17	1	1345
9	8	4	674	18	2	1512
10	9	1	1783	19	3	1845
11	10	2	860	20	4	2045

3.4 면세점 매출

① TIME 20까지의 매출을 예측할 수 있을까

조건: 단순 회귀분석을 실시하고 이상값(이상치)를 삭제한 후 회귀분석을 재실시한다.

② TIME 변수 및 분기별 더미변수를 만들고 단순 회귀분석에서 파악된 이상값을 펄스형 개입모형으로 지정하고 더미변수 회귀분석을 실시할 수 있을까?

조건: 단순 회귀분석에서 이상값(이상치)를 삭제하는 경우와 이상값을 더미변수로 만드는 개입모형의 MAE(MAD)의 비교한다.

펄스형 개입이 발생하지 않는 조건으로 TIME 22까지 미래를 예측할 수 있을까?

	A	B	C	D	E	F
1	TIME	분기	면세점 매출	TIME	분기	면세점 매출
2	1	1	1780	11	3	10923
3	2	2	1923	12	4	6737
4	3	3	2040	13	1	9623
5	4	4	2435	14	2	5423
6	5	1	5130	15	3	5723
7	6	2	2400	16	4	6782
8	7	3	2450	17	1	11645
9	8	4	2590	18	2	7924
10	9	1	4921	19	3	8945
11	10	2	4245	20	4	9452

CHAPTER

04 중다 회귀분석

4 중다 회귀분석

종속변수는 한 개이고 독립변수가 여러 개인 경우, 중다 회귀분석을 실시한다. 중다 회귀분석은 인건비, 광고홍보비, 관리비 중에서 어떤 것을 줄이고 어떤 것을 늘려야 순이익이 증가할지 판단하는데 유용하다.

또한 고객 만족도 조사결과에서 직원 친절도, 시설이용 만족도, 가격 만족도 중에서 어떤 것이 전반적인 이용만족도에 영향을 더 주는지 판단하는데도 쓰인다.

4.1 데이터 분석

2003년부터 2016년까지 자동차 판매량을 조사했다.

파일 이름: 중다 회귀분석

	A	B	C	D	E	F
1	연도	자동차 판매량	판매 직원수	판매점수	광고.홍보액	순이익
2	2003	2830	246	26	243	250
3	2004	3780	248	29	252	340
4	2005	3050	359	34	318	345
5	2006	3350	363	36	342	482
6	2007	2680	362	38	354	512
7	2008	3820	472	42	415	592
8	2009	3520	482	36	367	634
9	2010	4180	585	42	467	682
10	2011	4250	572	49	374	715
11	2012	3560	682	61	582	769
12	2013	4640	695	57	489	815
13	2014	4760	783	52	674	857
14	2015	4890	792	48	756	935
15	2016	4950	895	46	794	968

① **변수 배치**

독립변수들은 서로 연속해서 배치하고, 종속변수를 맨 오른쪽에 배치한다.

② 회귀분석

데이터 ⇨ 데이터 분석 ⇨ 회귀분석 ⇨ 확인

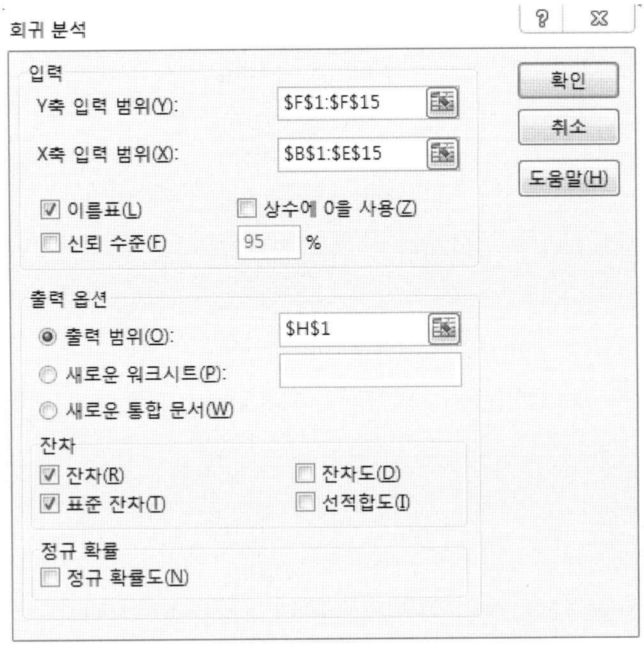

Y축 입력범위: F1:F15
(종속변수)
X축 입력범위: B1:E15
(독립변수들)
이름표
출력 옵션: H1
잔차: 잔차, 표준잔차

■ **확인**

H	I	J	K	L	M
요약 출력					
회귀분석 통계량					
다중 상관계수	0.978237063				
결정계수	0.956947752				
조정된 결정계수	0.937813419				
표준 오차	56.56510985				
관측수	14				
분산 분석					
	자유도	제곱합	제곱 평균	F 비	유의한 F
회귀	4	640076.92	160019.23	50.01208	3.78242E-06
잔차	9	28796.505	3199.6117		
계	13	668873.43			
	계수	표준 오차	t 통계량	P-값	하위 95%
Y 절편	-35.75588312	148.01926	-0.241562	0.814533	-370.5987116
자동차 판매량	0.024854289	0.0433633	0.5731647	0.58057	-0.07324022
판매 직원수	0.918580658	0.4367511	2.1032129	0.06478	-0.069419077
판매점수	2.300193781	3.2377299	0.7104341	0.495431	-5.024060096
광고.홍보액	-0.038174998	0.3404932	-0.112117	0.913192	-0.808424239

결정계수가 0.956947752이므로 회귀 방정식은 전체 자료의 95.6947752%를 설명하고 있다.

분산분석의 유의한 F가 3.78242E-06이므로 유의수준 0.05 보다 작기 때문에 회귀 방정식이 곡선이라는 귀무가설을 기각한다. 즉, 회귀 방정식은 직선이며 통계적으로 유의미하다

[참고]: 3.78242E-06= 0.00000378242

A1 | fx | =0.00000378242

	A	B	C	D
1	3.78242E-06			
2				

■ **회귀 방정식**

순이익= 0.024854289 X 자동차 판매량 + 0.918580658 X 판매 직원 수 + 2.300193781 X 판매점 수 + (−0.038174998) X 광고・홍보비

③ **이상값 확인**

H	I	J	K
잔차 출력			
관측수	예측치 순이익	잔차	표준 잔차
1	311.0811116	-61.08111	-1.297803
2	343.0868542	-3.086854	-0.065587
3	435.887095	-90.8871	-1.931097
4	450.7018921	31.298108	0.6649973
5	437.2732251	74.726775	1.587735
6	573.5230877	18.476912	0.3925827
7	563.2838446	70.716155	1.5025206
8	684.2851463	-2.285146	-0.048553
9	693.7350293	21.264971	0.4518212
10	797.2913677	-28.29137	-0.601112
11	830.4250486	-15.42505	-0.327739
12	895.6793177	-38.67932	-0.821827
13	894.8464762	40.153524	0.8531501
14	984.9005039	-16.9005	-0.359088

표준잔차가 2.5 ~ 3 이상이면 이상값으로 분류한다. 여기서는 이상값이 없다. 만약 이상값이 있다면 삭제하고 회귀분석을 다시 실시한다.

④ 예측값

G2=I18*B2+I19*C2+I20*D2+I21*E2+I17

G2 =I18*B2+I19*C2+I20*D2+I21*E2+I17

	A	B	C	D	E	F	G	H	I
1	연도	자동차 판매량	판매 직원수	판매점수	광고.홍보액	순이익	예측값	요약 출력	
2	2003	2830	246	26	243	250	311.0811		
3	2004	3780	248	29	252	340		회귀분석 통계량	
4	2005	3050	359	34	318	345		다중 상관계수	0.978237063
5	2006	3350	363	36	342	482		결정계수	0.956947752
6	2007	2680	362	38	354	512		조정된 결정계수	0.937813419
7	2008	3820	472	42	415	592		표준 오차	56.56510985
8	2009	3520	482	36	367	634		관측수	14
9	2010	4180	585	42	467	682			
10	2011	4250	572	49	374	715		분산 분석	
11	2012	3560	682	61	582	769			자유도
12	2013	4640	695	57	489	815		회귀	4
13	2014	4760	783	52	674	857		잔차	9
14	2015	4890	792	48	756	935		계	13
15	2016	4950	895	46	794	968			
16									계수
17								Y 절편	-35.75588312
18								자동차 판매량	0.024854289
19								판매 직원수	0.918580658
20								판매점수	2.300193781
21								광고.홍보액	-0.038174998

MMULT함수를 이용하면 편리하다.

G2=MMULT(독립변수, 독립변수 계수)+Y 절편 ⇨ G2=MMULT(B2:E2,K18:K21)+K17

G2 =MMULT(B2:E2,K18:K21)+K17

	A	B	C	D	E	F	G	H	I	J	K
1	연도	자동차 판매량	판매 직원수	판매점수	광고.홍보액	순이익	예측값	잔차	잔차 제곱	요약 출력	
2	2003	2830	246	26	243	250	311.08				
3	2004	3780	248	29	252	340				회귀분석 통계량	
4	2005	3050	359	34	318	345				다중 상관계수	0.978237063
5	2006	3350	363	36	342	482				결정계수	0.956947752
6	2007	2680	362	38	354	512				조정된 결정계수	0.937813419
7	2008	3820	472	42	415	592				표준 오차	56.56510985
8	2009	3520	482	36	367	634				관측수	14
9	2010	4180	585	42	467	682					
10	2011	4250	572	49	374	715				분산 분석	
11	2012	3560	682	61	582	769					자유도
12	2013	4640	695	57	489	815				회귀	4
13	2014	4760	783	52	674	857				잔차	9
14	2015	4890	792	48	756	935				계	13
15	2016	4950	895	46	794	968					
16											계수
17										Y 절편	-35.75588312
18										자동차 판매량	0.024854289
19										판매 직원수	0.918580658
20										판매점수	2.300193781
21										광고.홍보액	-0.038174998

독립변수 계수들(K18:K21)과 Y 절편(K17)을 선택한 후 Key Board의 F4를 클릭해서 절대참조로 변경한다. ⇨ 아래로 드래그해서 자동으로 예측값을 계산한다.

G15 | fx =$I$18*B15+$I$19*C15+$I$20*D15+$I$21*E15+$I$17

	A	B	C	D	E	F	G	H	I
1	연도	자동차 판매량	판매 직원수	판매점수	광고.홍보액	순이익	예측값	요약 출력	
2	2003	2830	246	26	243	250	311.0811		
3	2004	3780	248	29	252	340	343.0869	회귀분석 통계량	
4	2005	3050	359	34	318	345	435.8871	다중 상관계수	0.978237063
5	2006	3350	363	36	342	482	450.7019	결정계수	0.956947752
6	2007	2680	362	38	354	512	437.2732	조정된 결정계수	0.937813419
7	2008	3820	472	42	415	592	573.5231	표준 오차	56.56510985
8	2009	3520	482	36	367	634	563.2838	관측수	14
9	2010	4180	585	42	467	682	684.2851		
10	2011	4250	572	49	374	715	693.7350	분산 분석	
11	2012	3560	682	61	582	769	797.2914		자유도
12	2013	4640	695	57	489	815	830.4250	회귀	4
13	2014	4760	783	52	674	857	895.6793	잔차	9
14	2015	4890	792	48	756	935	894.8465	계	13
15	2016	4950	895	46	794	968	984.9005		
16									계수
17								Y 절편	-35.75588312
18								자동차 판매량	0.024854289
19								판매 직원수	0.918580658
20								판매점수	2.300193781
21								광고.홍보액	-0.038174998

자동차 판매량, 판매 직원 수, 판매점 수, 광고·홍보비의 조건을 가정해서 2017년 순이익을 예측할 수 있다.

- 독립변수의 조건

  (예) 자동차 판매량 10% 증가=자동차 판매량*1.1

  판매점 수 15% 증가=판매점 수*1.15

  광고·홍보비 10% 감소=광고·홍보비*0.9

MMULT 함수를 이용한 결과는 중다회귀분석_MMULT_결과를 참고한다.

4.2 LINEST 함수

데이터 분석에서 독립변수의 계수와 Y 설편의 출력 결과는 아래 방향으로 출력된다. LINEST함수의 출력 결과는 오른쪽으로 출력되고 변수 순서가 데이터분석과 반대가 된다.

A17에 LINEST, A18, B18, C18, D18, D18, E18에 광고·홍보액, 판매점 수, 판매

직원 수, 자동차 판매량, Y 절편이라고 제목을 입력한다. 데이터 분석에서는 변수의 위치 순서 그대로 출력된다. 즉, Y 절편, 자동차 판매량, 판매 직원 수, 판매점 수, 광고・홍보액의 순서로 출력된다.

	A	B	C	D	E	F
1	연도	자동차 판매량	판매 직원수	판매점수	광고.홍보액	순이익
2	2003	2830	246	26	243	250
3	2004	3780	248	29	252	340
14	2015	4890	792	48	756	935
15	2016	4950	895	46	794	968
16						
17	LINEST					
18	광고.홍보액	판매점 수	판매 직원 수	자동차 판매량	Y 절편	

LINEST(종속 변수, 독립변수들)

A19=LINEST(F2:F15,B2:E15)

A19 =LINEST(F2:F15,B2:E15)

	A	B	C	D	E	F
1	연도	자동차 판매량	판매 직원수	판매점수	광고.홍보액	순이익
2	2003	2830	246	26	243	250
3	2004	3780	248	29	252	340
4	2005	3050	359	34	318	345
5	2006	3350	363	36	342	482
6	2007	2680	362	38	354	512
7	2008	3820	472	42	415	592
8	2009	3520	482	36	367	634
9	2010	4180	585	42	467	682
10	2011	4250	572	49	374	715
11	2012	3560	682	61	582	769
12	2013	4640	695	57	489	815
13	2014	4760	783	52	674	857
14	2015	4890	792	48	756	935
15	2016	4950	895	46	794	968
16						
17	LINEST					
18	광고.홍보액	판매점 수	판매 직원 수	자동차 판매량	Y 절편	
19	=LINEST(F2:F15,B2:E15)					

독립변수와 Y 절편 결과가 출력될 범위를 선택한다.

A19:E19를 선택하다. ⇨ 선택되면 셀의 바탕색이 회색으로 변한다.

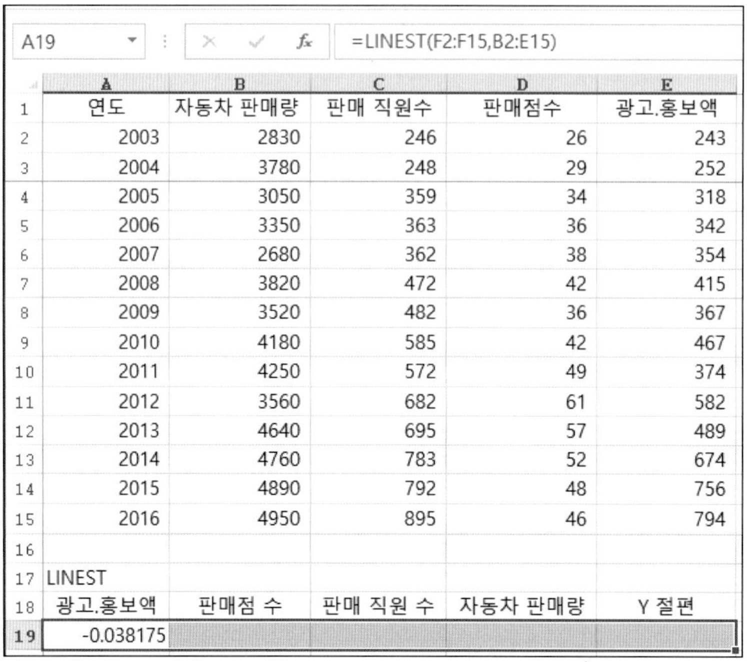

A19 | =LINEST(F2:F15,B2:E15)

	A	B	C	D	E
1	연도	자동차 판매량	판매 직원수	판매점수	광고.홍보액
2	2003	2830	246	26	243
3	2004	3780	248	29	252
4	2005	3050	359	34	318
5	2006	3350	363	36	342
6	2007	2680	362	38	354
7	2008	3820	472	42	415
8	2009	3520	482	36	367
9	2010	4180	585	42	467
10	2011	4250	572	49	374
11	2012	3560	682	61	582
12	2013	4640	695	57	489
13	2014	4760	783	52	674
14	2015	4890	792	48	756
15	2016	4950	895	46	794
16					
17	LINEST				
18	광고.홍보액	판매점 수	판매 직원 수	자동차 판매량	Y 절편
19	-0.038175				

수식란을 클릭한다. ⇨ 종속변수 범위는 파란색으로 독립변수들의 범위는 빨간색으로 변한다.

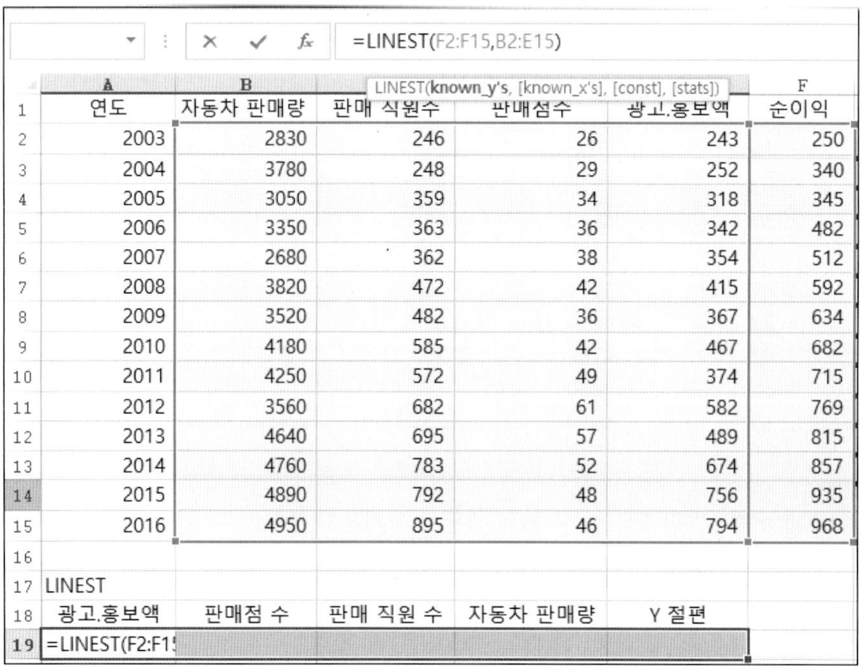

=LINEST(F2:F15,B2:E15)

LINEST(**known_y's**, [known_x's], [const], [stats])

	A	B	C	D	E	F
1	연도	자동차 판매량	판매 직원수	판매점수	광고.홍보액	순이익
2	2003	2830	246	26	243	250
3	2004	3780	248	29	252	340
4	2005	3050	359	34	318	345
5	2006	3350	363	36	342	482
6	2007	2680	362	38	354	512
7	2008	3820	472	42	415	592
8	2009	3520	482	36	367	634
9	2010	4180	585	42	467	682
10	2011	4250	572	49	374	715
11	2012	3560	682	61	582	769
12	2013	4640	695	57	489	815
13	2014	4760	783	52	674	857
14	2015	4890	792	48	756	935
15	2016	4950	895	46	794	968
16						
17	LINEST					
18	광고.홍보액	판매점 수	판매 직원 수	자동차 판매량	Y 절편	
19	=LINEST(F2:F1					

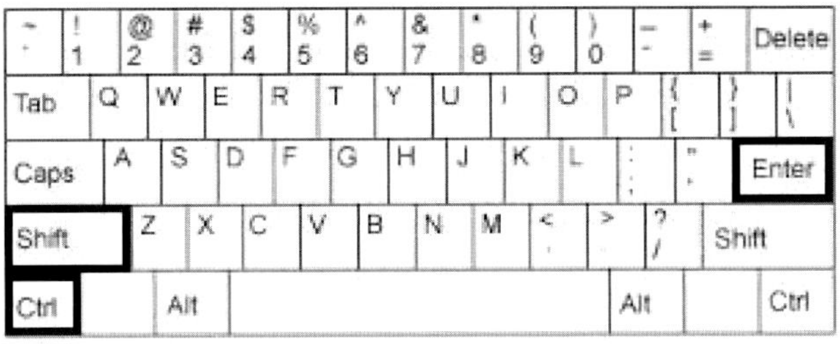

Key Board의 Shift Key와 Control Key를 동시에 누른 상태에서 Enter Key를 클릭한다.

데이터 분석과 동일한 결과를 얻을 수 있다.

수식란에 중괄호가 생성되며, 수식은 변하지 않고 전체 삭제만 가능하다.

A19 {=LINEST(F2:F15,B2:E15)}

	A	B	C	D	E	F	G	H	I
1	연도	자동차 판매량	판매 직원수	판매점수	광고.홍보액	순이익	예측값	요약 출력	
2	2003	2830	246	26	243	250	311.0811		
3	2004	3780	248	29	252	340	343.0869	회귀분석 통계량	
4	2005	3050	359	34	318	345	435.8871	다중 상관계수	0.978237063
5	2006	3350	363	36	342	482	450.7019	결정계수	0.956947752
6	2007	2680	362	38	354	512	437.2732	조정된 결정계수	0.937813419
7	2008	3820	472	42	415	592	573.5231	표준 오차	56.56510985
8	2009	3520	482	36	367	634	563.2838	관측수	14
9	2010	4180	585	42	467	682	684.2851		
10	2011	4250	572	49	374	715	693.7350	분산 분석	
11	2012	3560	682	61	582	769	797.2914		자유도
12	2013	4640	695	57	489	815	830.4250	회귀	4
13	2014	4760	783	52	674	857	895.6793	잔차	9
14	2015	4890	792	48	756	935	894.8465	계	13
15	2016	4950	895	46	794	968	984.9005		
16									계수
17	LINEST							Y 절편	-35.75588312
18	광고.홍보액	판매점 수	판매 직원 수	자동차 판매량	Y 절편			자동차 판매량	0.024854289
19	-0.038175	2.300193781	0.918580658	0.024854289	-35.75588312			판매 직원수	0.918580658
20								판매점수	2.300193781
21								광고.홍보액	-0.038174998

LINEST함수로 독립변수들의 계수와 Y 절편을 구한 결과는 중다회귀분석_결과를 확인한다.

연습문제

4.1 체인 제빵제과 회사의 순이익

회귀 방정식을 구할 수 있을까?

(초급자용 연습문제)

	A	B	C	D	E	F	G	H	I
1	TIME	분기	광고.홍보비	톤당 밀가루 가격	직원수	지점수	매출	제빵.제과 종류	순이익
2	1	1	436	4.5	240	65	3260	26	115
3	2	2	567	4.6	245	67	3530	27	120
4	3	3	640	4.8	252	69	3720	28	120
5	4	4	680	4.9	255	72	3920	28	130
6	5	1	800	5.3	260	78	4120	29	135
7	6	2	760	6.4	234	71	3560	21	105
8	7	3	800	5.6	256	82	4250	34	145
9	8	4	790	5.9	282	84	4320	35	145
10	9	1	880	6.3	268	89	4380	35	160
11	10	2	920	6.4	283	92	4450	38	170
12	11	3	990	6.7	292	98	4230	38	170
13	12	4	1000	7.2	302	95	4120	42	175
14	13	1	980	7.8	285	89	3890	34	155
15	14	2	1080	7.2	298	106	4780	46	190
16	15	3	1280	8.2	322	109	4670	47	190

4.2 호텔 레스토랑 순이익

① LINET 함수로 회귀 방정식을 구할 수 있을까?

② RSQ 함수로 결정계수를 구할 수 있을까?

	A	B	C	D	E	F	G	H
1	TIME	분기	메뉴 종류	직원수	매출	이용 고객수	인건비	순이익
2	1	1	32	25	7224	653	123	1100
3	2	2	37	26	9398	713	126	1958
4	3	3	48	24	8430	538	123	1023
5	4	4	49	25	6604	702	132	1383
6	5	1	58	23	9812	752	136	2585
7	6	2	54	28	6096	849	147	1735
8	7	3	68	28	5588	852	152	1957
9	8	4	76	21	8636	583	165	1745
10	9	1	72	31	8636	712	172	2069
11	10	2	78	30	6350	856	192	2100
12	11	3	89	32	7112	853	210	2495
13	12	4	92	34	5080	912	212	2860

4.3 은행 순이익

① 회귀 방정식을 구할 수 있을까?

② 은행 기준 금리는 그대로 나머지 변수들은 전 분기 대비 5% 증가의 조건으로 TIME 13의 순이익을 예측할 수 있을까?

	A	B	C	D	E	F	G	H	I
1	TIME	분기	계좌수	직원수	매출	주변 상가수	은행 기준 금리	대출 건수	순이익
2	1	1	875	25	7836	223	2	65	356
3	2	2	925	26	8556	232	2	71	378
4	3	3	975	27	6456	236	2	54	389
5	4	4	1050	25	8424	242	2.4	71	478
6	5	1	1200	23	9024	247	2.4	75	489
7	6	2	1225	28	10188	252	2.4	85	522
8	7	3	1350	28	10224	259	2.4	86	548
9	8	4	1050	23	6996	221	2.6	59	502
10	9	1	1800	31	8544	272	2.6	72	690
11	10	2	1950	30	9072	283	2.6	78	723
12	11	3	2225	32	9036	321	2.8	82	756
13	12	4	2300	34	9744	332	2.8	89	823

CHAPTER

05 더미변수 회귀분석

5.1 계절성

5.2 계절성과 추세

5.3 개입모형

5 더미변수 회귀분석

5.1 계절성

호텔, 항공사, 백화점, 스키장, 우산, 에어컨, 선풍기, 전기장판 등 계절에 따라서 수요가 변하는 상품의 수요 예측에 적합하다.

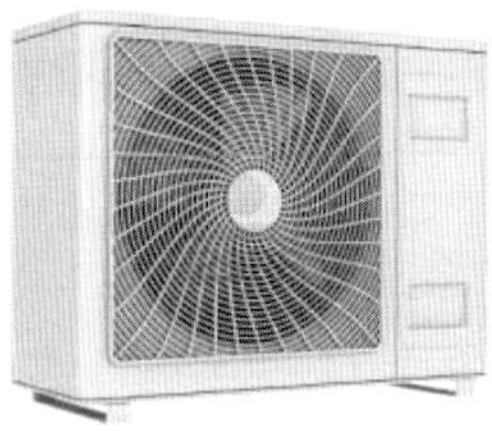

추세는 없고 계절성만 존재하는 경우와 추세도 있고 계절성도 있는 경우 모두 더미변수 회귀분석으로 예측이이 가능하다. 계절성만 있는 시계열 자료의 분석을 먼저 다루고자 한다.

추세는 없고 계절성만 있는 경우	계절성도 있고 추세도 있는 경우
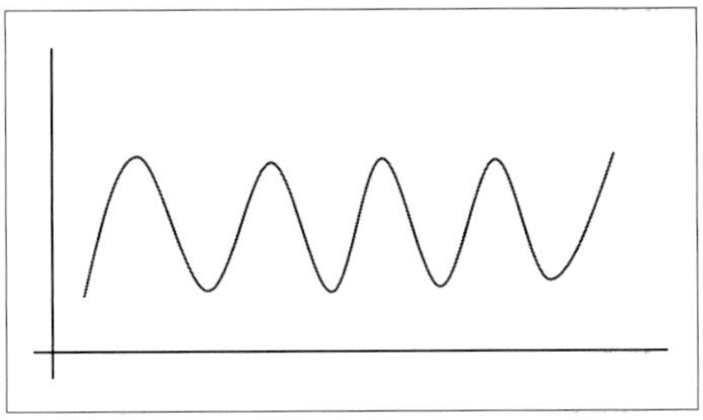	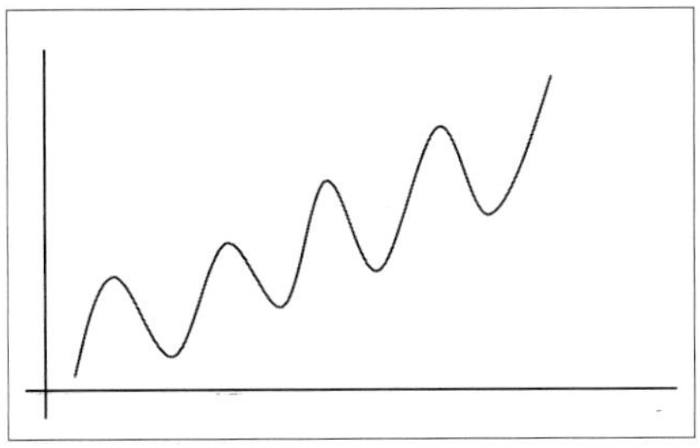

5.1.1 분기별 자료

파일 이름: 더미변수_회귀분석_분기별

F35

	A	B	C	D
1	TIME	연도	분기	건설사 순이익
2	1	2010	1	27
3	2		2	82
4	3		3	37
5	4		4	142
18	17	2014	1	46
19	18		2	147
20	19		3	42
21	20		4	182
22	21	2015	1	41
23	22		2	167
24	23		3	50
25	24		4	190

① 선도표

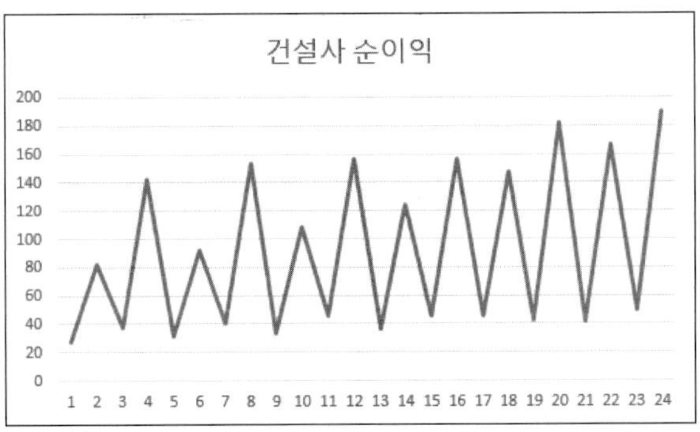

A1에 있는 TIME 인덱스 삭제 ⇨ 삽입 ⇨ 2차원 꺽은선형 ⇨ 꺽은선형

계절성이 보인다. 약간의 추세도 보이지만 여기서는 계절성만 고려해서 분석하는 방법을 소개한다.

[참고]: 계절성과 추세를 모두 고려할 경우는 더미변수에 TIME 변수도 추가한다.

② 분기별 더미변수를 만든다.

<table>
<tr><th>구분</th><th>더미변수 만드는 방법</th></tr>
<tr><td>분기별</td><td>분기별 자료에서 4분기를 제외하고 더미변수를 만든다.
<table>
<tr><th></th><th>A</th><th>B</th><th>C</th><th>D</th><th>E</th></tr>
<tr><td>1</td><td>연도</td><td>분기별</td><td>1분기</td><td>2분기</td><td>3분기</td></tr>
<tr><td>2</td><td></td><td>1</td><td>1</td><td>0</td><td>0</td></tr>
<tr><td>3</td><td></td><td>2</td><td>0</td><td>1</td><td>0</td></tr>
<tr><td>4</td><td></td><td>3</td><td>0</td><td>0</td><td>1</td></tr>
<tr><td>5</td><td></td><td>4</td><td>0</td><td>0</td><td>0</td></tr>
</table>
</td></tr>
<tr><td>월별</td><td>분기별 자료에서 12월을 제외하고 더미변수를 만든다.
<table>
<tr><th></th><th>A</th><th>B</th><th>C</th><th>D</th><th>E</th><th>F</th><th>G</th><th>H</th><th>I</th><th>J</th><th>K</th><th>L</th><th>M</th></tr>
<tr><td>1</td><td>연도</td><td>월별</td><td>1월</td><td>2월</td><td>3월</td><td>4월</td><td>5월</td><td>6월</td><td>7월</td><td>8월</td><td>9월</td><td>10월</td><td>11월</td></tr>
<tr><td>2</td><td></td><td>1</td><td>1</td><td>0</td><td>0</td><td>0</td><td>0</td><td>0</td><td>0</td><td>0</td><td>0</td><td>0</td><td>0</td></tr>
<tr><td>3</td><td></td><td>2</td><td>0</td><td>1</td><td>0</td><td>0</td><td>0</td><td>0</td><td>0</td><td>0</td><td>0</td><td>0</td><td>0</td></tr>
<tr><td>4</td><td></td><td>3</td><td>0</td><td>0</td><td>1</td><td>0</td><td>0</td><td>0</td><td>0</td><td>0</td><td>0</td><td>0</td><td>0</td></tr>
<tr><td>5</td><td></td><td>4</td><td>0</td><td>0</td><td>0</td><td>1</td><td>0</td><td>0</td><td>0</td><td>0</td><td>0</td><td>0</td><td>0</td></tr>
<tr><td>6</td><td></td><td>5</td><td>0</td><td>0</td><td>0</td><td>0</td><td>1</td><td>0</td><td>0</td><td>0</td><td>0</td><td>0</td><td>0</td></tr>
<tr><td>7</td><td></td><td>6</td><td>0</td><td>0</td><td>0</td><td>0</td><td>0</td><td>1</td><td>0</td><td>0</td><td>0</td><td>0</td><td>0</td></tr>
<tr><td>8</td><td></td><td>7</td><td>0</td><td>0</td><td>0</td><td>0</td><td>0</td><td>0</td><td>1</td><td>0</td><td>0</td><td>0</td><td>0</td></tr>
<tr><td>9</td><td></td><td>8</td><td>0</td><td>0</td><td>0</td><td>0</td><td>0</td><td>0</td><td>0</td><td>1</td><td>0</td><td>0</td><td>0</td></tr>
<tr><td>10</td><td></td><td>9</td><td>0</td><td>0</td><td>0</td><td>0</td><td>0</td><td>0</td><td>0</td><td>0</td><td>1</td><td>0</td><td>0</td></tr>
<tr><td>11</td><td></td><td>10</td><td>0</td><td>0</td><td>0</td><td>0</td><td>0</td><td>0</td><td>0</td><td>0</td><td>0</td><td>1</td><td>0</td></tr>
<tr><td>12</td><td></td><td>11</td><td>0</td><td>0</td><td>0</td><td>0</td><td>0</td><td>0</td><td>0</td><td>0</td><td>0</td><td>0</td><td>1</td></tr>
<tr><td>13</td><td></td><td>12</td><td>0</td><td>0</td><td>0</td><td>0</td><td>0</td><td>0</td><td>0</td><td>0</td><td>0</td><td>0</td><td>0</td></tr>
</table>
</td></tr>
<tr><td>요일별</td><td>요일별 자료에서 일요일을 제외하고 더미변수를 만든다.
<table>
<tr><th></th><th>A</th><th>B</th><th>C</th><th>D</th><th>E</th><th>F</th><th>G</th><th>H</th></tr>
<tr><td>1</td><td>월</td><td>요일</td><td>월요일</td><td>화요일</td><td>수요일</td><td>목요일</td><td>금요일</td><td>토요일</td></tr>
<tr><td>2</td><td></td><td>1</td><td>1</td><td>0</td><td>0</td><td>0</td><td>0</td><td>0</td></tr>
<tr><td>3</td><td></td><td>2</td><td>0</td><td>1</td><td>0</td><td>0</td><td>0</td><td>0</td></tr>
<tr><td>4</td><td></td><td>3</td><td>0</td><td>0</td><td>1</td><td>0</td><td>0</td><td>0</td></tr>
<tr><td>5</td><td></td><td>4</td><td>0</td><td>0</td><td>0</td><td>1</td><td>0</td><td>0</td></tr>
<tr><td>6</td><td></td><td>5</td><td>0</td><td>0</td><td>0</td><td>0</td><td>1</td><td>0</td></tr>
<tr><td>7</td><td></td><td>6</td><td>0</td><td>0</td><td>0</td><td>0</td><td>0</td><td>1</td></tr>
<tr><td>8</td><td></td><td>7</td><td>0</td><td>0</td><td>0</td><td>0</td><td>0</td><td>0</td></tr>
<tr><td>9</td><td></td><td>1</td><td>1</td><td>0</td><td>0</td><td>0</td><td>0</td><td>0</td></tr>
<tr><td>10</td><td></td><td>2</td><td>0</td><td>1</td><td>0</td><td>0</td><td>0</td><td>0</td></tr>
<tr><td>11</td><td></td><td>3</td><td>0</td><td>0</td><td>1</td><td>0</td><td>0</td><td>0</td></tr>
<tr><td>12</td><td></td><td>4</td><td>0</td><td>0</td><td>0</td><td>1</td><td>0</td><td>0</td></tr>
<tr><td>13</td><td></td><td>5</td><td>0</td><td>0</td><td>0</td><td>0</td><td>1</td><td>0</td></tr>
<tr><td>14</td><td></td><td>6</td><td>0</td><td>0</td><td>0</td><td>0</td><td>0</td><td>1</td></tr>
<tr><td>15</td><td></td><td>7</td><td>0</td><td>0</td><td>0</td><td>0</td><td>0</td><td>0</td></tr>
</table>
</td></tr>
</table>

더미변수는 변수 값 범위에서 한 개를 줄인 수만큼 만들고 마지막 변수는 변수 값을 모두 0으로 한다. 분기별 자료는 4분기를 0으로, 월별 자료는 12월을 0으로 주별 자료는 일요일을 0으로 처리한다.

	A	B	C	D	E	F	G
1	TIME	연도	분기	건설사 순이익	1분기	2분기	3분기
2	1	2010	1	27	1	0	0
3	2		2	82	0	1	0
4	3		3	37	0	0	1
5	4		4	142	0	0	0
18	17	2014	1	46	1	0	0
19	18		2	147	0	1	0
20	19		3	42	0	0	1
21	20		4	182	0	0	0
22	21	2015	1	41	1	0	0
23	22		2	167	0	1	0
24	23		3	50	0	0	1
25	24		4	190	0	0	0

③ **회귀분석**

데이터 ⇨ 데이터 분석 ⇨ 회귀분석 ⇨ 확인

Y축 입력 범위: D1:D25

X축 입력 범위: E1:G25

이름표

출력 옵션: I1

잔차, 표준잔차

■ **확인**

결정계수가 0.950534835이므로 회귀 방정식이 전체 자료의 95.0534835%를 설명하고 있다.

분산분석의 유의한 F가 2.47E-10으로 유의수준 0.05 보다 작기 때문에 회귀 방정식은 직선이며 통계적으로 유의미하다.

[참고]: 2.47E-10=0.000000000247

A1 ▾ | fx =0.000000000247

	A	B	C	D	E
1	2.47E-10				
2					

■ **회귀 방정식**

예측값=1분기 계수 X 1분기 + 2분기 계수 X 2분기 + 3분기 계수 X 3분기 + Y 절편
= (-128) X 1분기 + (-43) X 2분기 + (-120.5) X 3분기 + 163.667

■ **MMULT 함수 활용**

MMULT 함수를 사용하면 일일이 변수별 계수를 맞주어 찾을 필요가 없이 범위를 드래그해서 선택하므로 편리하다.

MMULT(분기 변수들, 분기별 계수 범위) + Y 절편 ⇨ H2=MMULT(E2:G2,J18:J20)+J17

H2 ▾ | fx =MMULT(E2:G2,J18:J20)+J17

	A	B	C	D	E	F	G	H	I	J
1	TIME	연도	분기	건설사 순이익	1분기	2분기	3분기	예측값	요약 출력	
2	1	2010	1	27	1	0	0	35.667		
3	2		2	82	0	1	0		회귀분석 통계량	
4	3		3	37	0	0	1		다중 상관계수	0.950534835
5	4		4	142	0	0	0		결정계수	0.903516473
6	5	2011	1	31	1	0	0		조정된 결정계	0.889043944
7	6		2	92	0	1	0		표준 오차	19.16963745
8	7		3	40	0	0	1		관측수	24
9	8		4	154	0	0	0			
10	9	2012	1	33	1	0	0		분산 분석	
11	10		2	108	0	1	0			자유도
12	11		3	45	0	0	1		회귀	3
13	12		4	157	0	0	0		잔차	20
14	13	2013	1	36	1	0	0		계	23
15	14		2	124	0	1	0			
16	15		3	45	0	0	1			계수
17	16		4	157	0	0	0		Y 절편	163.667
18	17	2014	1	46	1	0	0		1분기	-128.000
19	18		2	147	0	1	0		2분기	-43.667
20	19		3	42	0	0	1		3분기	-120.500

분기별 계수들(J18:J20과 Y 절편(J17)을 선택한 후 Key Board의 F4를 클릭해서 절대참조로 변경한다.

H2 =MMULT(E2:G2,J18:J20)+J17

	A	B	C	D	E	F	G	H
1	TIME	연도	분기	건설사 순이익	1분기	2분기	3분기	예측값
2	1	2010	1	27	1	0	0	35.667
3	2		2	82	0	1	0	
4	3		3	37	0	0	1	
5	4		4	142	0	0	0	

아래로 드래그해서 자동으로 예측값을 계산한다.

2016년 예측값은 더미변수를 만든 후 아래로 드래그해서 얻을 수 있다.

H29 =MMULT(E29:G29,$J$18:$J$20)+$J$17

	A	B	C	D	E	F	G	H
1	TIME	연도	분기	건설사 순이익	1분기	2분기	3분기	예측값
22	21	2015	1	41	1	0	0	35.667
23	22		2	167	0	1	0	120.000
24	23		3	50	0	0	1	43.167
25	24		4	190	0	0	0	163.667
26	25	2016	1		1	0	0	35.667
27	26		2		0	1	0	120.000
28	27		3		0	0	1	43.167
29	28		4		0	0	0	163.667

분기별 계수는 평균 값과 일치한다. AR(1), AR(2) 등 다른 시계열 모형과 비교하여 최적의 모형을 찾기 위해서 잔차에서 MAE(MAD), MSE(잔차 제곱의 평균), RMSE, MAPE, TS를 구하는 방법은 Chapter 15 최적의 모형에서 설명한 내용을 참고한다.

MMULT 함수를 활용한 결과는 더미변수 회귀분석_분기별_MMULT 결과를 확인한다.

5.1.2 월별 자료

파일 이름: 더미변수 회귀분석_월별

	A	B	C	D
1	TIME	연도	월별	호텔 매출액
2	1	2012	1	778
3	2		2	320
4	3		3	1375
5	4		4	429
6	5		5	684
7	6		6	795
8	7		7	869
9	8		8	912
10	9		9	1115
11	10		10	548
12	11		11	389
13	12		12	356
50	49	2016	1	1268
51	50		2	878
52	51		3	1626
53	52		4	538
54	53		5	478
55	54		6	589
56	55		7	1678
57	56		8	935
58	57		9	1626
59	58		10	989
60	59		11	890
61	60		12	476

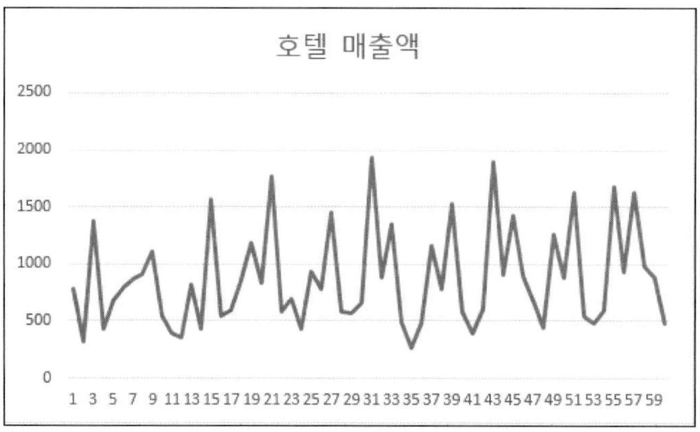

A1에 있는 TIME 인덱스 삭제 ⇨ 삽입 ⇨ 2차원 꺾은선형 ⇨ 꺾은선형

계절성을 시각적으로 확인할 수 있다.

① 더미변수를 만든다.

	A	B	C	D	E	F	G	H	I	J	K	L	M	N	O
1	TIME	연도	월별	호텔 매출액	1월	2월	3월	4월	5월	6월	7월	8월	9월	10월	11월
2	1	2012	1	778	1	0	0	0	0	0	0	0	0	0	0
3	2		2	320	0	1	0	0	0	0	0	0	0	0	0
4	3		3	1375	0	0	1	0	0	0	0	0	0	0	0
5	4		4	429	0	0	0	1	0	0	0	0	0	0	0
6	5		5	684	0	0	0	0	1	0	0	0	0	0	0
7	6		6	795	0	0	0	0	0	1	0	0	0	0	0
8	7		7	869	0	0	0	0	0	0	1	0	0	0	0
9	8		8	912	0	0	0	0	0	0	0	1	0	0	0
10	9		9	1115	0	0	0	0	0	0	0	0	1	0	0
11	10		10	548	0	0	0	0	0	0	0	0	0	1	0
12	11		11	389	0	0	0	0	0	0	0	0	0	0	1
13	12		12	356	0	0	0	0	0	0	0	0	0	0	0
50	49	2016	1	1268	1	0	0	0	0	0	0	0	0	0	0
51	50		2	878	0	1	0	0	0	0	0	0	0	0	0
52	51		3	1626	0	0	1	0	0	0	0	0	0	0	0
53	52		4	538	0	0	0	1	0	0	0	0	0	0	0
54	53		5	478	0	0	0	0	1	0	0	0	0	0	0
55	54		6	589	0	0	0	0	0	1	0	0	0	0	0
56	55		7	1678	0	0	0	0	0	0	1	0	0	0	0
57	56		8	935	0	0	0	0	0	0	0	1	0	0	0
58	57		9	1626	0	0	0	0	0	0	0	0	1	0	0
59	58		10	989	0	0	0	0	0	0	0	0	0	1	0
60	59		11	890	0	0	0	0	0	0	0	0	0	0	1
61	60		12	476	0	0	0	0	0	0	0	0	0	0	0

② 회귀분석

데이터 ⇨ 데이터 분석 ⇨ 회귀분석 ⇨ 확인

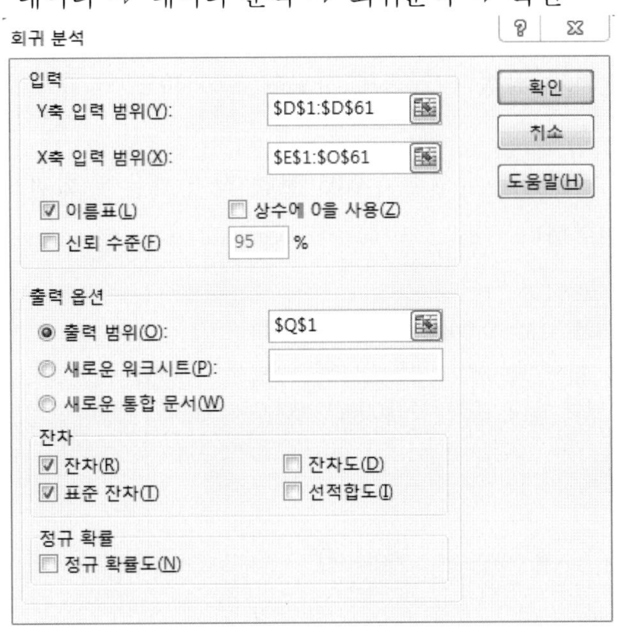

Y축 입력 범위: D1:D61

X축 입력 범위: E1:O61

이름표

출력 옵션: Q1

잔차: 잔차, 표준잔차

■ **확인**

Q	R
회귀분석 통계량	
다중 상관계수	0.896273058
결정계수	0.803305395
조정된 결정계수	0.758229548
표준 오차	213.0825935
관측수	60

분산 분석

	자유도	제곱합	제곱 평균	F 비	유의한 F
회귀	11	8900725.78	809156.889	17.82119359	2.20921E-13
잔차	48	2179401.2	45404.1917		
계	59	11080127			

	계수	표준 오차	t 통계량	P-값	하위 95%	상위 95%	하위 95.0%	상위 95.0%
Y 절편	436.4	95.2934328	4.57953908	3.3199E-05	244.7997119	628.0002881	244.7997119	628.0002881
1월	555.2	134.765265	4.11975593	0.000148923	284.236274	826.163726	284.236274	826.163726
2월	201.6	134.765265	1.49593443	0.141217293	-69.36372605	472.563726	-69.363726	472.563726
3월	1074.2	134.765265	7.97089665	2.4368E-10	803.236274	1345.163726	803.236274	1345.163726
4월	97.4	134.765265	0.72273816	0.473347715	-173.563726	368.363726	-173.563726	368.363726
5월	106.2	134.765265	0.78803689	0.434549669	-164.763726	377.163726	-164.763726	377.163726
6월	263.8	134.765265	1.95747769	0.056119437	-7.16372605	534.763726	-7.16372605	534.763726
7월	1073.2	134.765265	7.96347634	2.50056E-10	802.236274	1344.163726	802.236274	1344.163726
8월	456	134.765265	3.38366121	0.001432334	185.036274	726.963726	185.036274	726.963726
9월	1019.6	134.765265	7.56574774	1.00388E-09	748.636274	1290.563726	748.636274	1290.563726
10월	264	134.765265	1.95896175	0.055940231	-6.96372605	534.963726	-6.96372605	534.963726
11월	146.2	134.765265	1.08484927	0.283407219	-124.763726	417.163726	-124.763726	417.163726

결정계수가 0.803305395이므로 회귀 방정식이 전체 자료의 80.03305395%를 설명하고 있다.

분산분석의 유의한 F가 2.20921E-13으로 유의수준 0.05 보다 작기 때문에 회귀 방정식은 직선이며 통계적으로 유의미하다.

[참고]: 2.2092E-13= 0.00000000000022092

A1 | =0.00000000000022092

	A	B	C	D	E
1	2.209E-13				
2					

■ 회귀 방정식

예측값=1월 계수 X 1월 + 2월 계수 X 2월 + 3월 계수 X 3월 + 4월 계수 X 4월 +
5월 계수 X 5월 + 6월 계수 X 6월 + 7월 계수 X 7월 + 8월 계수 X 8월 +
9월 계수 X 9월 + 10월 계수 X 10월 + 11월 계수 X 11월 + Y 절편
= 555.2 X 1월 + 201.6 X 2월 + 1074.2 X 3월 + 97.4 X 4월 + 106.2 X 5월 +
263.8 X 6월 + 1073.2 X 7월 + 456 X 8월 + 1019.6 X 9월 + 264 X 10월 +
146.2 X 11월 + 436.4

■ MMULT 함수 활용

MMULT(분기 변수들, 분기별 계수 범위) + Y 절편 ⇨

H2=MMULT(E2:O2,R18:R28)+R17

P2 =MMULT(E2:O2,R18:R28)+R17

	A	B	C	D	E	F	G	H	I	J	K	L	M	N	O	P	Q	R
1	TIME	연도	월별	호텔 매출액	1월	2월	3월	4월	5월	6월	7월	8월	9월	10월	11월	예측값	요약 출력	
2	1	2012	1	778	1	0	0	0	0	0	0	0	0	0	0	991.6		
3	2		2	320	0	1	0	0	0	0	0	0	0	0	0		회귀분석 통계량	
4	3		3	1375	0	0	1	0	0	0	0	0	0	0	0		다중 상관계수	0.896273058
5	4		4	429	0	0	0	1	0	0	0	0	0	0	0		결정계수	0.803305395
6	5		5	684	0	0	0	0	1	0	0	0	0	0	0		조정된 결정계수	0.758229548
7	6		6	795	0	0	0	0	0	1	0	0	0	0	0		표준 오차	213.0825935
8	7		7	869	0	0	0	0	0	0	1	0	0	0	0		관측수	60
9	8		8	912	0	0	0	0	0	0	0	1	0	0	0			
10	9		9	1115	0	0	0	0	0	0	0	0	1	0	0		분산 분석	
11	10		10	548	0	0	0	0	0	0	0	0	0	1	0			자유도
12	11		11	389	0	0	0	0	0	0	0	0	0	0	1		회귀	11
13	12		12	356	0	0	0	0	0	0	0	0	0	0	0		잔차	48
14	13	2013	1	816	1	0	0	0	0	0	0	0	0	0	0		계	59
15	14		2	428	0	1	0	0	0	0	0	0	0	0	0			
16	15		3	1568	0	0	1	0	0	0	0	0	0	0	0			계수
17	16		4	548	0	0	0	1	0	0	0	0	0	0	0		Y 절편	436.4
18	17		5	588	0	0	0	0	1	0	0	0	0	0	0		1월	555.2
19	18		6	856	0	0	0	0	0	1	0	0	0	0	0		2월	201.6
20	19		7	1182	0	0	0	0	0	0	1	0	0	0	0		3월	1074.2
21	20		8	829	0	0	0	0	0	0	0	1	0	0	0		4월	97.4
22	21		9	1768	0	0	0	0	0	0	0	0	1	0	0		5월	106.2
23	22		10	578	0	0	0	0	0	0	0	0	0	1	0		6월	263.8
24	23		11	689	0	0	0	0	0	0	0	0	0	0	1		7월	1073.2
25	24		12	426	0	0	0	0	0	0	0	0	0	0	0		8월	456
26	25	2014	1	934	1	0	0	0	0	0	0	0	0	0	0		9월	1019.6
27	26		2	786	0	1	0	0	0	0	0	0	0	0	0		10월	264
28	27		3	1450	0	0	1	0	0	0	0	0	0	0	0		11월	146.2

분기별 계수들(R18:R28)과 Y 절편(R17)을 선택한 후 Key Board의 F4를 클릭해서 절대참조로 변경한다.

P2 =MMULT(E2:O2,$R$18:$R$28)+$R$17

	A	B	C	D	E	F	G	H	I	J	K	L	M	N	O	P
1	TIME	연도	월별	호텔 매출액	1월	2월	3월	4월	5월	6월	7월	8월	9월	10월	11월	예측값
2	1	2012	1	778	1	0	0	0	0	0	0	0	0	0	0	991.6
3	2		2	320	0	1	0	0	0	0	0	0	0	0	0	
4	3		3	1375	0	0	1	0	0	0	0	0	0	0	0	
5	4		4	429	0	0	0	1	0	0	0	0	0	0	0	
6	5		5	684	0	0	0	0	1	0	0	0	0	0	0	
7	6		6	795	0	0	0	0	0	1	0	0	0	0	0	
8	7		7	869	0	0	0	0	0	0	1	0	0	0	0	
9	8		8	912	0	0	0	0	0	0	0	1	0	0	0	
10	9		9	1115	0	0	0	0	0	0	0	0	1	0	0	
11	10		10	548	0	0	0	0	0	0	0	0	0	1	0	
12	11		11	389	0	0	0	0	0	0	0	0	0	0	1	
13	12		12	356	0	0	0	0	0	0	0	0	0	0	0	

아래로 드래그해서 자동으로 예측값을 계산한다.

2017년 예측값은 더미변수를 만든 후 아래로 드래그해서 얻을 수 있다.

P73 =MMULT(E73:O73,$R$18:$R$28)+$R$17

	A	B	C	D	E	F	G	H	I	J	K	L	M	N	O	P
1	TIME	연도	월별	호텔 매출액	1월	2월	3월	4월	5월	6월	7월	8월	9월	10월	11월	예측값
62	61	2017	1		1	0	0	0	0	0	0	0	0	0	0	991.6
63	62		2		0	1	0	0	0	0	0	0	0	0	0	638
64	63		3		0	0	1	0	0	0	0	0	0	0	0	1510.6
65	64		4		0	0	0	1	0	0	0	0	0	0	0	533.8
66	65		5		0	0	0	0	1	0	0	0	0	0	0	542.6
67	66		6		0	0	0	0	0	1	0	0	0	0	0	700.2
68	67		7		0	0	0	0	0	0	1	0	0	0	0	1509.6
69	68		8		0	0	0	0	0	0	0	1	0	0	0	892.4
70	69		9		0	0	0	0	0	0	0	0	1	0	0	1456
71	70		10		0	0	0	0	0	0	0	0	0	1	0	700.4
72	71		11		0	0	0	0	0	0	0	0	0	0	1	582.6
73	72		12		0	0	0	0	0	0	0	0	0	0	0	436.4

결과는 더미변수 회귀분석_월별_결과를 확인한다.

5.2 계절성과 추세

계절성과 추세성이 모두 있는 경우 더미변수에 TIME 변수를 포함해서 더미변수 회귀분석을 실시한다.

석유 수입량, 의류 생산업체, 노트북 판매, 호텔, 여행, 항공사 등 관광사업체와 같이 계절적 영향을 받으면서 수요가 꾸준히 성장하는 경우에 적용이 가능하다.

5.2.1 분기별 자료

파일 이름: 더미변수 회귀분석_분기별_추세

	A	B	C	D
1	TIME	연도	분기별	건설사 순이익
2	1	2013	1	65
3	2		2	110
4	3		3	117
5	4		4	172
6	5	2014	1	82
7	6		2	121
8	7		3	138
9	8		4	224
10	9	2015	1	115
11	10		2	135
12	11		3	153
13	12		4	245
14	13	2016	1	135
15	14		2	168
16	15		3	192
17	16		4	278

① 선도표

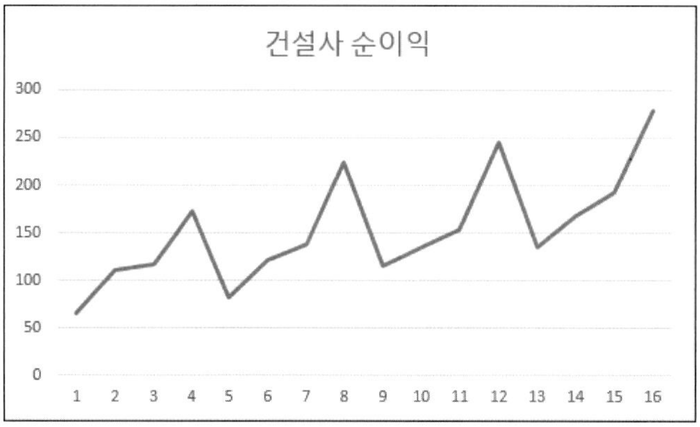

A1에 있는 TIME 인덱스 삭제 ⇨ 삽입 ⇨ 2차원 꺾은선형 ⇨ 꺾은선형

계절성(Seasonality)와 추세(Trend)를 모두 보이고 있다.

② 분기별 더미변수와 TIME 변수를 만든다.

	A	B	C	D	E	F	G	H
1	TIME	연도	분기별	건설사 순이익	1분기	2분기	3분기	TIME
2	1	2013	1	65	1	0	0	1
3	2		2	110	0	1	0	2
4	3		3	117	0	0	1	3
5	4		4	172	0	0	0	4
6	5	2014	1	82	1	0	0	5
7	6		2	121	0	1	0	6
8	7		3	138	0	0	1	7
9	8		4	224	0	0	0	8
10	9	2015	1	115	1	0	0	9
11	10		2	135	0	1	0	10
12	11		3	153	0	0	1	11
13	12		4	245	0	0	0	12
14	13	2016	1	135	1	0	0	13
15	14		2	168	0	1	0	14
16	15		3	192	0	0	1	15
17	16		4	278	0	0	0	16
18	17	2017	1		1	0	0	17
19	18		2		0	1	0	18
20	19		3		0	0	1	19
21	20		4		0	0	0	20

③ 회귀분석

데이터 ⇨ 데이터 분석 ⇨ 회귀분석 ⇨ 확인

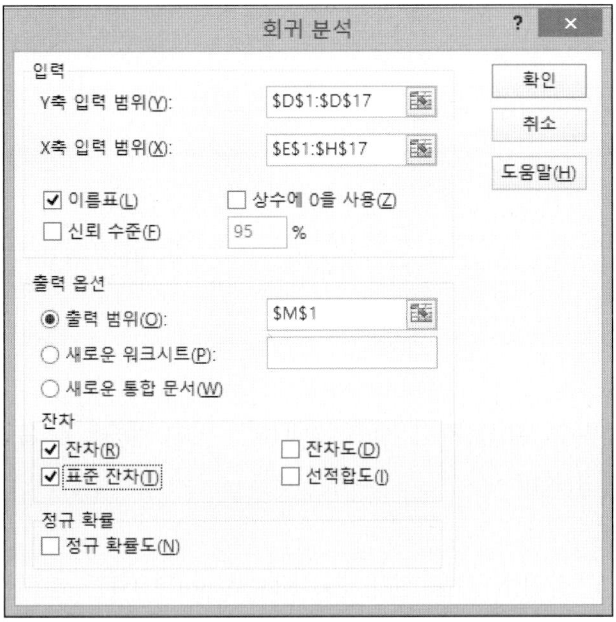

Y축 입력 범위: D1:D17

X축 입력 범위: E1:H17

이름표

출력 옵션: M1

잔차: 잔차, 표준잔차

■ **확인**

M	N	O	P	Q	R
요약 출력					
회귀분석 통계량					
다중 상관계수	0.98923829				
결정계수	0.978592394				
조정된 결정계수	0.97080781				
표준 오차	9.914406414				
관측수	16				
분산 분석					
	자유도	제곱합	제곱 평균	F 비	유의한 F
회귀	4	49426.5	12356.625	125.7090173	4.19855E-09
잔차	11	1081.25	98.29545455		
계	15	50507.75			
	계수	표준 오차	t 통계량	P-값	하위 95%
Y 절편	166.625	7.435804811	22.40846879	1.573E-10	150.258904
1분기	-111.5625	7.205018177	-15.4839998	8.15456E-09	-127.420638
2분기	-83.625	7.097634849	-11.78209386	1.40409E-07	-99.246789
3분기	-73.4375	7.032417832	-10.44271	4.78743E-07	-88.9157473
TIME	6.3125	0.554232167	11.38963122	1.98566E-07	5.092643224

결정계수가 0.97859이므로 회귀 방정식은 전체 자료의 97.859%를 설명하고 있다. 유의한 F값이 4.19855E-09로 유의수준 0.05 보다 작기 때문에 회귀 방정식이 곡선이라는 귀무가설을 기각한다. 따라서 회귀 방정식은 직선이며 통계적으로 유의미하다.

[참고]: 4.19855E-09= 0.00000000419855

A1 | fx =0.00000000419855

	A	B	C	D	E
1	4.19855E-09				
2					

예측값=MMULT(더미변수와 TIME변수, 각 분기별 계수 및 TIME 변수 계수)+Y 절편

I2=MMULT(E2:H2, N18:N12)+N17

각 분기별 계수들(N18:N21) 및 Y 절편(N17)을 선택하고 Key Board의 F4를 클릭해서 절대참조로 변경하다.

I2 | fx =MMULT(E2:H2,$N$18:$N$21)+$N$17

	A	B	C	D	E	F	G	H	I	M	N
1	TIME	연도	분기별	건설사 순이익	1분기	2분기	3분기	TIME	예측값	요약 출력	
2	1	2013	1	65	1	0	0	1	61.375		
3	2		2	110	0	1	0	2		회귀분석 통계량	
4	3		3	117	0	0	1	3		다중 상관계수	0.98924
5	4		4	172	0	0	0	4		결정계수	0.97859
6	5	2014	1	82	1	0	0	5		조정된 결정계수	0.97081
7	6		2	121	0	1	0	6		표준 오차	9.91441
8	7		3	138	0	0	1	7		관측수	16
9	8		4	224	0	0	0	8			
10	9	2015	1	115	1	0	0	9		분산 분석	
11	10		2	135	0	1	0	10			자유도
12	11		3	153	0	0	1	11		회귀	4
13	12		4	245	0	0	0	12		잔차	11
14	13	2016	1	135	1	0	0	13		계	15
15	14		2	168	0	1	0	14			
16	15		3	192	0	0	1	15			계수
17	16		4	278	0	0	0	16		Y 절편	166.625
18	17	2017	1		1	0	0	17		1분기	-111.5625
19	18		2		0	1	0	18		2분기	-83.625
20	19		3		0	0	1	19		3분기	-73.4375
21	20		4		0	0	0	20		TIME	6.3125

④ 잔차

잔차=관측값−예측값 ⇨ J2=D2−I2

J2 =D2-I2

	A	B	C	D	E	F	G	H	I	J
1	TIME	연도	분기별	건설사 순이익	1분기	2분기	3분기	TIME	예측값	잔차
2	1	2013	1	65	1	0	0	1	61.375	3.625
3	2		2	110	0	1	0	2		
4	3		3	117	0	0	1	3		
5	4		4	172	0	0	0	4		

⑤ 잔차 절대값

잔차 절대값=ABS(잔차)

K2 =ABS(J2)

	A	B	C	D	E	F	G	H	I	J	K
1	TIME	연도	분기별	건설사 순이익	1분기	2분기	3분기	TIME	예측값	잔차	잔차 절대값
2	1	2013	1	65	1	0	0	1	61.375	3.625	3.625
3	2		2	110	0	1	0	2			
4	3		3	117	0	0	1	3			
5	4		4	172	0	0	0	4			

I2, J2, K2를 동시에 선택하고 아래로 드래그해서 예측값, 잔차, 잔차 절대값을 자동으로 계산한다.

잔차와 잔차 절대값은 J17, K17까지만 드래그한다.

⑥ 잔차 절대값의 평균

K18에 MAE(잔차 절대값 평균)이라고 제목을 입력하다. ⇨

K19=AVERAGE(K2:K17)

K19 : =AVERAGE(K2:K17)

	A	B	C	D	E	F	G	H	I	J	K
1	TIME	연도	분기별	건설사 순이익	1분기	2분기	3분기	TIME	예측값	잔차	잔차 절대값
2	1	2013	1	65	1	0	0	1	61.375	3.625	3.625
3	2		2	110	0	1	0	2	95.625	14.375	14.375
4	3		3	117	0	0	1	3	112.125	4.875	4.875
5	4		4	172	0	0	0	4	191.875	-19.875	19.875
6	5	2014	1	82	1	0	0	5	86.625	-4.625	4.625
7	6		2	121	0	1	0	6	120.875	0.125	0.125
8	7		3	138	0	0	1	7	137.375	0.625	0.625
9	8		4	224	0	0	0	8	217.125	6.875	6.875
10	9	2015	1	115	1	0	0	9	111.875	3.125	3.125
11	10		2	135	0	1	0	10	146.125	-11.125	11.125
12	11		3	153	0	0	1	11	162.625	-9.625	9.625
13	12		4	245	0	0	0	12	242.375	2.625	2.625
14	13	2016	1	135	1	0	0	13	137.125	-2.125	2.125
15	14		2	168	0	1	0	14	171.375	-3.375	3.375
16	15		3	192	0	0	1	15	187.875	4.125	4.125
17	16		4	278	0	0	0	16	267.625	10.375	10.375
18	17	2017	1		1	0	0	17	162.375		MAE
19	18		2		0	1	0	18	196.625		6.344
20	19		3		0	0	1	19	213.125		
21	20		4		0	0	0	20	292.875		

다른 모형과 비교해서 잔차 절대값의 평균이 적은 모형이 더 적합하다고 평가한다.

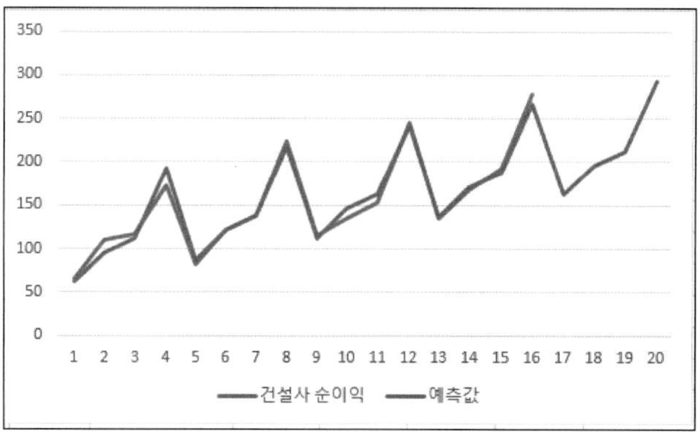

A1의 TIME 인덱스를 삭제한다. ⇨ A1:A21을 선택하고 Control Key를 누른 상태에서 D1:D17을 선택하고 I1:I21을 선택한다. ⇨ 삽입 ⇨ 2차원 꺾은선형 ⇨ 첫 번째 꺾은선형

결과는 더미변수 회귀분석_분기별_추세_결과를 확인한다.

5.2.2 월별 자료

관광지, 호텔, 여행사, 항공사는 성수기와 비수기에 따라서 매출액과 순이익의 변화가 있다.
이와 같이 월별 자료이면서 계절성과 추세를 동시에 갖고 있다면 어떻게 해야 할까?

① 월별 더미변수와 TIME변수를 만든다.

	B	C	D	E	F	G	H	I	J	K	L	M	N	O	P
1	연도별	월별	매출액	1월	2월	3월	4월	5월	6월	7월	8월	9월	10월	11월	TIME
2	2013	1	546	1	0	0	0	0	0	0	0	0	0	0	1
3		2	578	0	1	0	0	0	0	0	0	0	0	0	2
4		3	660	0	0	1	0	0	0	0	0	0	0	0	3
5		4	707	0	0	0	1	0	0	0	0	0	0	0	4
6		5	738	0	0	0	0	1	0	0	0	0	0	0	5
7		6	781	0	0	0	0	0	1	0	0	0	0	0	6
8		7	848	0	0	0	0	0	0	1	0	0	0	0	7
9		8	818	0	0	0	0	0	0	0	1	0	0	0	8
10		9	729	0	0	0	0	0	0	0	0	1	0	0	9
11		10	691	0	0	0	0	0	0	0	0	0	1	0	10
12		11	658	0	0	0	0	0	0	0	0	0	0	1	11
13		12	604	0	0	0	0	0	0	0	0	0	0	0	12

② **회귀분석**

데이터 ⇨ 데이터 분석 ⇨ 회귀분석 ⇨ 확인

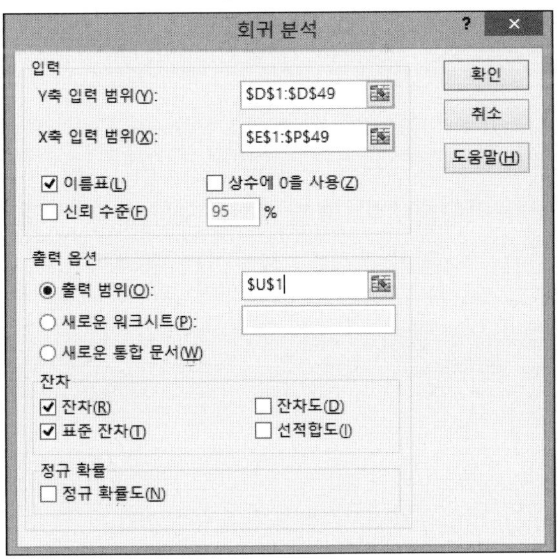

Y축 입력 범위: D1:D49

X축 입력 범위: E1:P49

이름표

출력 옵션: U1

잔차: 잔차, 표준잔차

	U	V	W	X	Y	Z
1	요약 출력					
2						
3	회귀분석 통계량					
4	다중 상관계수	0.963356258				
5	결정계수	0.92805528				
6	조정된 결정계수	0.903388519				
7	표준 오차	40.7083047				
8	관측수	48				
9						
10	분산 분석					
11		자유도	제곱합	제곱 평균	F 비	유의한 F
12	회귀	12	748185	62348.75	37.62372	2.08E-16
13	잔차	35	58000.81	1657.166		
14	계	47	806185.8			
15						
16		계수	표준 오차	t 통계량	P-값	하위 95%
17	Y 절편	554.5625	24.22629	22.89094	1.21E-22	505.3805
18	1월	15.46875	29.18546	0.530016	0.599448	-43.7809
19	2월	53.0625	29.11637	1.822428	0.076943	-6.04688
20	3월	105.15625	29.05373	3.619372	0.000924	46.17405
21	4월	135.5	28.99756	4.672807	4.29E-05	76.63183
22	5월	188.84375	28.94791	6.523572	1.59E-07	130.0764
23	6월	226.4375	28.90481	7.833904	3.32E-09	167.7576
24	7월	233.78125	28.86829	8.098203	1.55E-09	175.1755
25	8월	180.125	28.83837	6.246018	3.67E-07	121.58
26	9월	100.21875	28.81509	3.477996	0.00137	41.72101
27	10월	17.0625	28.79844	0.59248	0.557338	-41.4014
28	11월	-11.59375	28.78845	-0.40272	0.689602	-70.0374
29	TIME	6.90625	0.437952	15.76944	1.78E-17	6.017161

결정계수가 0.92805528이므로 전체 자료의 92.805528%를 설명하고 있다.

분산분석 유의한 F값이 2.08E-16으로 유의수준 0.05 보다 작기 때문에 회귀 방정식이 곡선이라는 귀무가설을 기각한다. 즉, 회귀 방정식은 직선이며 통계적으로 유의미하다.

예측값=MMULT(더미변수와 TIME변수, 각 월별 계수 및 TIME 변수 계수)+Y 절편

I2=MMULT(E2:H2, N18:N12)+N17

Q2 =MMULT(E2:P2,V18:V29)+V17

	B	C	D	E	F	G	H	I	J	K	L	M	N	O	P	Q	R	S
1	연도별	월별	매출액	1월	2월	3월	4월	5월	6월	7월	8월	9월	10월	11월	TIME	예측값	잔차	잔차 절대값
2	2013	1	546	1	0	0	0	0	0	0	0	0	0	0	1	576.9375		
3		2	578	0	1	0	0	0	0	0	0	0	0	0	2			
4		3	660	0	0	1	0	0	0	0	0	0	0	0	3			
5		4	707	0	0	0	1	0	0	0	0	0	0	0	4			
6		5	738	0	0	0	0	1	0	0	0	0	0	0	5			
7		6	781	0	0	0	0	0	1	0	0	0	0	0	6			
8		7	848	0	0	0	0	0	0	1	0	0	0	0	7			
9		8	818	0	0	0	0	0	0	0	1	0	0	0	8			
10		9	729	0	0	0	0	0	0	0	0	1	0	0	9			
11		10	691	0	0	0	0	0	0	0	0	0	1	0	10			
12		11	658	0	0	0	0	0	0	0	0	0	0	1	11			
13		12	604	0	0	0	0	0	0	0	0	0	0	0	12			
14	2014	1	629	1	0	0	0	0	0	0	0	0	0	0	13			
15		2	711	0	1	0	0	0	0	0	0	0	0	0	14			
16		3	729	0	0	1	0	0	0	0	0	0	0	0	15			
17		4	798	0	0	0	1	0	0	0	0	0	0	0	16			
18		5	861	0	0	0	0	1	0	0	0	0	0	0	17			
19		6	903	0	0	0	0	0	1	0	0	0	0	0	18			
20		7	968	0	0	0	0	0	0	1	0	0	0	0	19			
21		8	894	0	0	0	0	0	0	0	1	0	0	0	20			
22		9	860	0	0	0	0	0	0	0	0	1	0	0	21			
23		10	792	0	0	0	0	0	0	0	0	0	1	0	22			
24		11	739	0	0	0	0	0	0	0	0	0	0	1	23			
25		12	699	0	0	0	0	0	0	0	0	0	0	0	24			
26	2015	1	773	1	0	0	0	0	0	0	0	0	0	0	25			
27		2	818	0	1	0	0	0	0	0	0	0	0	0	26			
28		3	871	0	0	1	0	0	0	0	0	0	0	0	27			
29		4	882	0	0	0	1	0	0	0	0	0	0	0	28			

U	V
요약 출력	
회귀분석 통계량	
다중 상관계수	0.963356258
결정계수	0.92805528
조정된 결정계수	0.903388519
표준 오차	40.7083047
관측수	48
분산 분석	
	자유도
회귀	12
잔차	35
계	47
	계수
Y 절편	554.5625
1월	15.46875
2월	53.0625
3월	105.15625
4월	135.5
5월	188.84375
6월	226.4375
7월	233.78125
8월	180.125
9월	100.21875
10월	17.0625
11월	-11.59375
TIME	6.90625

각 월별 계수들(V18:V29)과 Y 절편(V17)을 선택하고 Key Board의 F4를 클릭해서 절대참조로 변경하다.

Q2 =MMULT(E2:P2,$V$18:$V$29)+$V$17

	B	C	D	E	F	G	H	I	J	K	L	M	N	O	P	Q
1	연도별	월별	매출액	1월	2월	3월	4월	5월	6월	7월	8월	9월	10월	11월	TIME	예측값
2	2013	1	546	1	0	0	0	0	0	0	0	0	0	0	1	576.9375
3		2	578	0	1	0	0	0	0	0	0	0	0	0	2	
4		3	660	0	0	1	0	0	0	0	0	0	0	0	3	
5		4	707	0	0	0	1	0	0	0	0	0	0	0	4	
6		5	738	0	0	0	0	1	0	0	0	0	0	0	5	
7		6	781	0	0	0	0	0	1	0	0	0	0	0	6	
8		7	848	0	0	0	0	0	0	1	0	0	0	0	7	
9		8	818	0	0	0	0	0	0	0	1	0	0	0	8	
10		9	729	0	0	0	0	0	0	0	0	1	0	0	9	
11		10	691	0	0	0	0	0	0	0	0	0	1	0	10	

③ 잔차

잔차(오차)=관측값-예측값 ⇨ R2=D2-Q2

R2 =D2-Q2

	B	C	D	E	F	G	H	I	J	K	L	M	N	O	P	Q	R
1	연도별	월별	매출액	1월	2월	3월	4월	5월	6월	7월	8월	9월	10월	11월	TIME	예측값	잔차
2	2013	1	546	1	0	0	0	0	0	0	0	0	0	0	1	576.9375	-30.9375
3		2	578	0	1	0	0	0	0	0	0	0	0	0	2		
4		3	660	0	0	1	0	0	0	0	0	0	0	0	3		
5		4	707	0	0	0	1	0	0	0	0	0	0	0	4		
6		5	738	0	0	0	0	1	0	0	0	0	0	0	5		
7		6	781	0	0	0	0	0	1	0	0	0	0	0	6		
8		7	848	0	0	0	0	0	0	1	0	0	0	0	7		
9		8	818	0	0	0	0	0	0	0	1	0	0	0	8		
10		9	729	0	0	0	0	0	0	0	0	1	0	0	9		
11		10	691	0	0	0	0	0	0	0	0	0	1	0	10		

④ 잔차 절대값

잔차 절대값=ABS(잔차) ⇨ S2=ABS(R2)

S2 =ABS(R2)

	B	C	D	E	F	G	H	I	J	K	L	M	N	O	P	Q	R	S
1	연도별	월별	매출액	1월	2월	3월	4월	5월	6월	7월	8월	9월	10월	11월	TIME	예측값	잔차	잔차 절대값
2	2013	1	546	1	0	0	0	0	0	0	0	0	0	0	1	576.9375	-30.9375	30.9375
3		2	578	0	1	0	0	0	0	0	0	0	0	0	2			
4		3	660	0	0	1	0	0	0	0	0	0	0	0	3			
5		4	707	0	0	0	1	0	0	0	0	0	0	0	4			
6		5	738	0	0	0	0	1	0	0	0	0	0	0	5			
7		6	781	0	0	0	0	0	1	0	0	0	0	0	6			
8		7	848	0	0	0	0	0	0	1	0	0	0	0	7			
9		8	818	0	0	0	0	0	0	0	1	0	0	0	8			
10		9	729	0	0	0	0	0	0	0	0	1	0	0	9			
11		10	691	0	0	0	0	0	0	0	0	0	1	0	10			

예측값은 Q60까지, 잔차와 잔차 절대값은 R49, S49까지 드래그한다.

⑤ 잔차 절대값의 평균

S50에 MAE(잔차 절대값 평균)이라고 제목을 입력한다. ⇨ S51=AVERAGE(S2:S49)

S51 =AVERAGE(S2:S49)

	A	B	C	D	E	F	G	H	I	J	K	L	M	N	O	P	Q	R	S
1		연도별	월별	매출액	1월	2월	3월	4월	5월	6월	7월	8월	9월	10월	11월	TIME	예측값	잔차	잔차 절대값
2	1	2013	1	546	1	0	0	0	0	0	0	0	0	0	0	1	576.9375	-30.9375	30.9375
3	2		2	578	0	1	0	0	0	0	0	0	0	0	0	2	621.4375	-43.4375	43.4375
4	3		3	660	0	0	1	0	0	0	0	0	0	0	0	3	680.4375	-20.4375	20.4375
5	4		4	707	0	0	0	1	0	0	0	0	0	0	0	4	717.6875	-10.6875	10.6875
6	5		5	738	0	0	0	0	1	0	0	0	0	0	0	5	777.9375	-39.9375	39.9375
7	6		6	781	0	0	0	0	0	1	0	0	0	0	0	6	822.4375	-41.4375	41.4375
8	7		7	848	0	0	0	0	0	0	1	0	0	0	0	7	836.6875	11.3125	11.3125
9	8		8	818	0	0	0	0	0	0	0	1	0	0	0	8	789.9375	28.0625	28.0625
46	45		9	933	0	0	0	0	0	0	0	0	1	0	0	45	965.5625	-32.5625	32.5625
47	46		10	787	0	0	0	0	0	0	0	0	0	1	0	46	889.3125	-102.3125	102.3125
48	47		11	830	0	0	0	0	0	0	0	0	0	0	1	47	867.5625	-37.5625	37.5625
49	48		12	922	0	0	0	0	0	0	0	0	0	0	0	48	886.0625	35.9375	35.9375
50	49	2017	1		1	0	0	0	0	0	0	0	0	0	0	49	908.4375		MAE
51	50		2		0	1	0	0	0	0	0	0	0	0	0	50	952.9375		29.1041667
52	51		3		0	0	1	0	0	0	0	0	0	0	0	51	1011.9375		
53	52		4		0	0	0	1	0	0	0	0	0	0	0	52	1049.1875		
54	53		5		0	0	0	0	1	0	0	0	0	0	0	53	1109.4375		
55	54		6		0	0	0	0	0	1	0	0	0	0	0	54	1153.9375		
56	55		7		0	0	0	0	0	0	1	0	0	0	0	55	1168.1875		
57	56		8		0	0	0	0	0	0	0	1	0	0	0	56	1121.4375		
58	57		9		0	0	0	0	0	0	0	0	1	0	0	57	1048.4375		
59	58		10		0	0	0	0	0	0	0	0	0	1	0	58	972.1875		
60	59		11		0	0	0	0	0	0	0	0	0	0	1	59	950.4375		

다른 모형과 비교해서 잔차 절대값의 평균이 적은 모형이 더 적합하다고 판단한다.

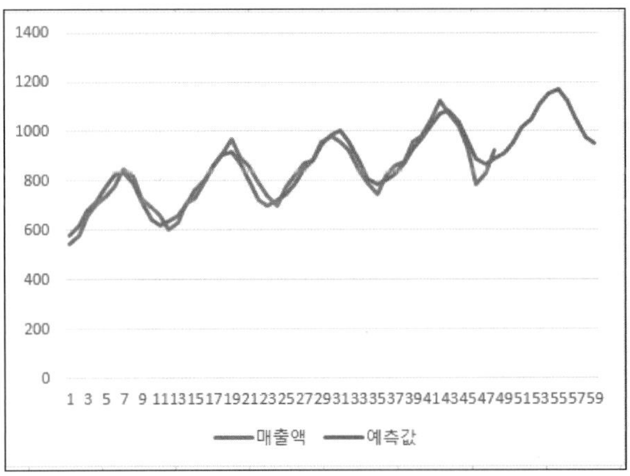

A1의 TIME 인덱스 삭제 ⇨ A1:A60 선택 ⇨ Control Key를 누른 상태에서 D1:D49 선택 및 Q1:Q60 선택 ⇨ 삽입 ⇨ 2차원 꺾은선형 ⇨ 꺾은선형

결과는 더미변수 회귀분석_월별_추세_결과를 확인한다.

정량적 변수의 회귀분석은 단순회귀분석 및 중다 회귀분석으로 가능하고, 분기·월·주·개입 모형 등 정성적 변수는 더미변수 회귀분석으로 가능하다.

5.3 개입모형

5.3.1 펄스형(Pulse)

펄스형 개입모형은 1~2회의 이상값이 있을 때 활용한다.

펄스형	계단형
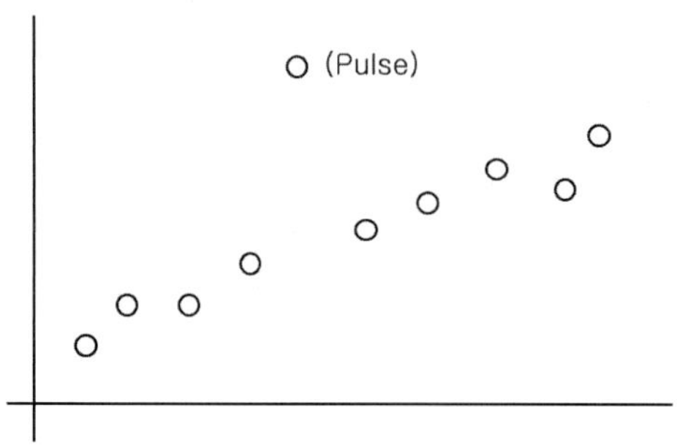	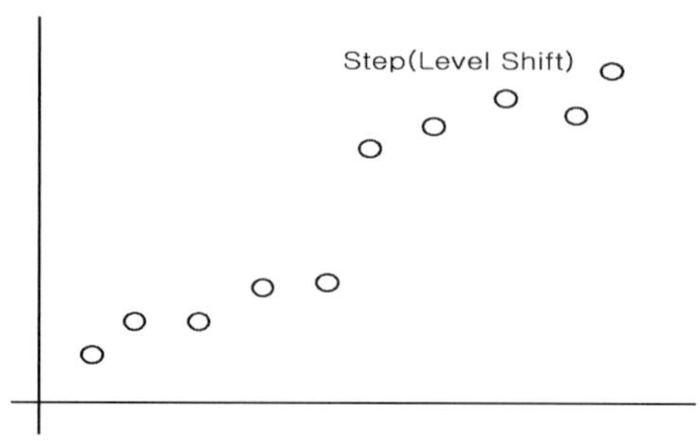

월드컵, 아시안게임, 올림픽 게임과 같은 대규모 행사로 인해서 호텔, 여행사, 항공사 매출이 급등한 경우, 유행성 질병으로 인하여 병원의 환자 수가 급증한 경우뿐만 아니라 조류 인플루엔자, 선박 충돌사고, 항공기 사고, 영업용 택시 충돌사고 등으로 인하여 음식점, 선박회사, 항공사, 택시 운송사업자의 순이익이 급감한 경우에 적용이 가능하다.

건설회사 순이익을 2010년부터 2016년까지 조사했다. 2013 2분기 대규모 해외 공사를 해서 매출이 급등했었다. 만약 2017년 3분기에도 대규모 해외공사를 가정한다면 순이익은 어떻게 될까?

파일 이름: 개입모형_펄스

	A	B	C	D
1	TIME	연도	분기	건설사 순이익
2	1	2010	1	27
3	2		2	82
4	3		3	37
5	4		4	142
6	5	2011	1	31
7	6		2	92
8	7		3	40
9	8		4	154
22	21	2015	1	41
23	22		2	167
24	23		3	50
25	24		4	190
26	25	2016	1	44
27	26		2	177
28	27		3	52
29	28		4	198

2013년 2분기의 변수 값을 1로 설정한 펄스개입, 1분기부터 3분기까지 더미변수, 예측값, 잔차 제목을 입력한 후 분기별 더미변수를 만든다.

① 개입 모형 변수 만들기

사건 있음: 1 (개입 있음)　　　　　사건 없음: 0 (개입 없음)

I1　　fx 예측값

	A	B	C	D	E	F	G	H	I	J
1	TIME	연도	분기	건설사 순이익	펄스개입	1분기	2분기	3분기	예측값	잔차
2	1	2010	1	27	0	1	0	0		
3	2		2	82	0	0	1	0		
4	3		3	37	0	0	0	1		
5	4		4	142	0	0	0	0		
6	5	2011	1	31	0	1	0	0		
7	6		2	92	0	0	1	0		
8	7		3	40	0	0	0	1		
9	8		4	154	0	0	0	0		
10	9	2012	1	33	0	1	0	0		
11	10		2	108	0	0	1	0		
12	11		3	45	0	0	0	1		
13	12		4	157	0	0	0	0		
14	13	2013	1	36	0	1	0	0		
15	14		2	342	1	0	1	0		
16	15		3	45	0	0	0	1		
17	16		4	157	0	0	0	0		

② 회귀분석

데이터 ⇨ 데이터분석 ⇨ 회귀분석 ⇨ 확인

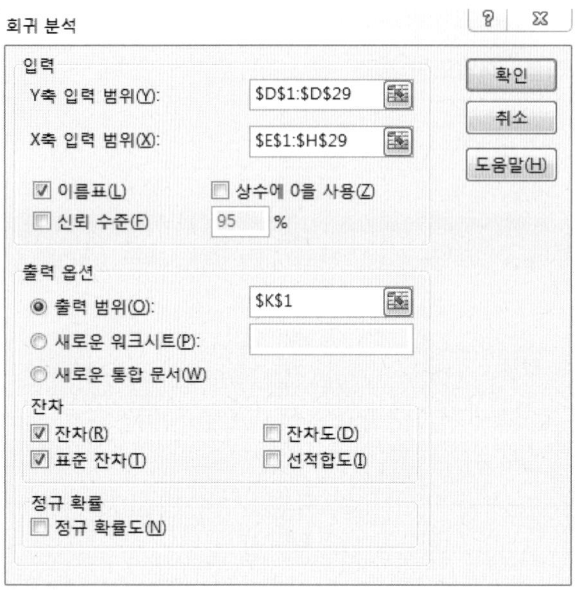

Y축 : 매출액 (D1:D29)

X축 : 더미변수 및 개입 모형 변수 (E1:H29)

이름표

출력 범위: K1

잔차: 잔차, 표준잔차

■ **확인**

K	l	M	N	O	P	Q	R	S
요약 출력								
회귀분석 통계량								
다중 상관계수	0.963526							
결정계수	0.928381							
조정된 결정계수	0.915926							
표준 오차	22.11739							
관측수	28							
분산 분석								
	자유도	제곱합	제곱 평균	F 비	유의한 F			
회귀	4	145847	36461.6	74.5364	7.9E-13			
잔차	23	11251.1	489.179					
계	27	157098						
	계수	표준 오차	t 통계량	P-값	하위 95%	상위 95%	하위 95.0%	상위 95.0%
Y 절편	168.5714	8.35959	20.165	4E-16	151.278	185.8646	151.2783	185.864556
펄스개입	213.1667	23.8895	8.92302	6.3E-09	163.747	262.5859	163.7474	262.585894
1분기	-131.714	11.8222	-11.1412	9.6E-11	-156.17	-107.258	-156.1705	-107.25811
2분기	-39.7381	12.305	-3.22943	0.00371	-65.1929	-14.2833	-65.19289	-14.283301
3분기	-124.143	11.8222	-10.5008	3E-10	-148.599	-99.6867	-148.599	-99.686682

결정계수가 0.928381이므로 회귀식이 전체 자료의 92.8381%를 설명하고 있다.

분산분석의 유의한 F값이 7.9E-13으로 유의수준 0.05 보다 작기 때문에 회귀 방정식이 곡선이라는 귀무가설을 기각한다. 즉, 회귀 방정식은 직선이며 통계적으로 유의미하다.

회귀 방정식= 213.1667 X 1분기 + (-131.714) X 2분기 + (-39.7381) X 3분기 + (-124.143) X 4분기 + 168.5714

③ 미래 조건

미래의 펄스 개입을 가정한 예측을 한다. 2017년 3분기에 해외 건설 수주를 가정한다면, E32에 1을 입력한다. 분기별 더미변수를 입력한다.

E32 | fx 1

	A	B	C	D	E	F	G	H	I	J
1	TIME	연도	분기	건설사 순이익	펄스개입	1분기	2분기	3분기	예측값	잔차
26	25	2016	1	44	0	1	0	0		
27	26		2	177	0	0	1	0		
28	27		3	52	0	0	0	1		
29	28		4	198	0	0	0	0		
30	29	2017	1		0	1	0	0		
31	30		2		0	0	1	0		
32	31		3		1	0	0	1		
33	32		4		0	0	0	0		

④ 예측값

I2=L18*E2+L19*F2+L20*G2+L21*H2+L17

여기서는 MMULT 함수를 활용해서 계산한다.

MMULT=(펄스개입 및 분기, 계수) + Y 절편 ⇨ I2=MMULT(E2:H2,L18:L21) + L17

I2 =MMULT(E2:H2,L18:L21)+L17

	A	B	C	D	E	F	G	H	I	J	K	L
1	TIME	연도	분기	건설사 순이익	펄스개입	1분기	2분기	3분기	예측값	잔차	요약 출력	
2	1	2010	1	27	0	1	0	0	36.8571			
3	2		2	82	0	0	1	0			회귀분석 통계량	
4	3		3	37	0	0	0	1			다중 상관계수	0.963525503
5	4		4	142	0	0	0	0			결정계수	0.928381396
6	5	2011	1	31	0	1	0	0			조정된 결정계수	0.915925986
7	6		2	92	0	0	1	0			표준 오차	22.11739336
8	7		3	40	0	0	0	1			관측수	28
9	8		4	154	0	0	0	0				
10	9	2012	1	33	0	1	0	0			분산 분석	
11	10		2	108	0	0	1	0				자유도
12	11		3	45	0	0	0	1			회귀	4
13	12		4	157	0	0	0	0			잔차	23
14	13	2013	1	36	0	1	0	0			계	27
15	14		2	342	1	0	1	0				
16	15		3	45	0	0	0	1				계수
17	16		4	157	0	0	0	0			Y 절편	168.5714286
18	17	2014	1	46	0	1	0	0			펄스개입	213.1666667
19	18		2	147	0	0	1	0			1분기	-131.7142857
20	19		3	42	0	0	0	1			2분기	-39.73809524
21	20		4	182	0	0	0	0			3분기	-124.1428571

분기별 계수들(L18:L21)과 Y 절편(L17)을 각각 선택한 후 Key Board의 F4를 클릭해서 절대참조로 변경한다. ⇨ 아래로 드래그해서 예측값을 자동으로 계산한다.

I2 =MMULT(E2:H2,$L$18:$L$21)+$L$17

	A	B	C	D	E	F	G	H	I	J	K	L
1	TIME	연도	분기	건설사 순이익	펄스개입	1분기	2분기	3분기	예측값	잔차	요약 출력	
2	1	2010	1	27	0	1	0	0	36.8571			
3	2		2	82	0	0	1	0			회귀분석 통계량	
4	3		3	37	0	0	0	1			다중 상관계수	0.963525503
5	4		4	142	0	0	0	0			결정계수	0.928381396
6	5	2011	1	31	0	1	0	0			조정된 결정계수	0.915925986
7	6		2	92	0	0	1	0			표준 오차	22.11739336
8	7		3	40	0	0	0	1			관측수	28
9	8		4	154	0	0	0	0				
10	9	2012	1	33	0	1	0	0			분산 분석	
11	10		2	108	0	0	1	0				자유도
12	11		3	45	0	0	0	1			회귀	4
13	12		4	157	0	0	0	0			잔차	23
14	13	2013	1	36	0	1	0	0			계	27
15	14		2	342	1	0	1	0				
16	15		3	45	0	0	0	1				계수
17	16		4	157	0	0	0	0			Y 절편	168.5714286
18	17	2014	1	46	0	1	0	0			펄스개입	213.1666667
19	18		2	147	0	0	1	0			1분기	-131.7142857
20	19		3	42	0	0	0	1			2분기	-39.73809524
21	20		4	182	0	0	0	0			3분기	-124.1428571

I33 =MMULT(E33:H33,$L$18:$L$21)+$L$17

	A	B	C	D	E	F	G	H	I
1	TIME	연도	분기	건설사 순이익	펄스개입	1분기	2분기	3분기	예측값
22	21	2015	1	41	0	1	0	0	36.8571
23	22		2	167	0	0	1	0	128.833
24	23		3	50	0	0	0	1	44.4286
25	24		4	190	0	0	0	0	168.571
26	25	2016	1	44	0	1	0	0	36.8571
27	26		2	177	0	0	1	0	128.833
28	27		3	52	0	0	0	1	44.4286
29	28		4	198	0	0	0	0	168.571
30	29	2017	1		0	1	0	0	36.8571
31	30		2		0	0	1	0	128.833
32	31		3		1	0	0	1	257.595
33	32		4		0	0	0	0	168.571

⑤ 잔차 계산

잔차=관측값-예측값 ⇨ J2=D2-J2 ⇨ 아래로 드래그해서 잔차를 자동으로 계산한다. 모형별 MAE, MSE, RMSE, MAPE를 계산하여 비교해서 최적의 모형을 찾을 수 있다. 최적 모형을 찾는 방법은 Chapter 15를 참고한다.

J2 =D2-I2

	A	B	C	D	E	F	G	H	I	J
1	TIME	연도	분기	건설사 순이익	펄스개입	1분기	2분기	3분기	예측값	잔차
2	1	2010	1	27	0	1	0	0	36.8571	-9.85714
3	2		2	82	0	0	1	0	128.833	
4	3		3	37	0	0	0	1	44.4286	
5	4		4	142	0	0	0	0	168.571	
6	5	2011	1	31	0	1	0	0	36.8571	
7	6		2	92	0	0	1	0	128.833	
8	7		3	40	0	0	0	1	44.4286	
9	8		4	154	0	0	0	0	168.571	

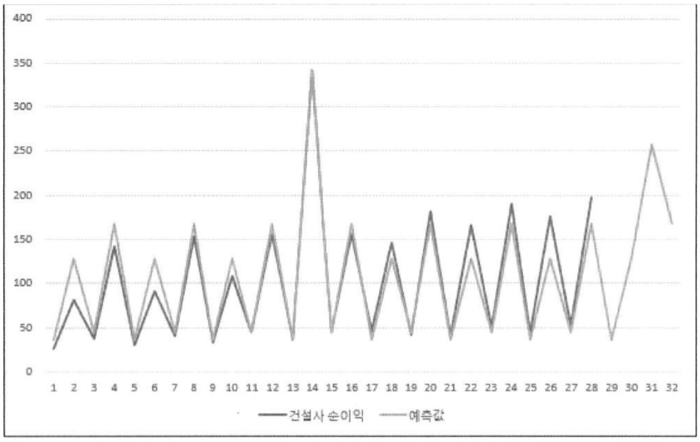

A1의 TIME 인덱스 삭제 ⇨ A1:A33 선택 ⇨ Control Key를 누른 상태에서 D1:D29 선택 ⇨ I1:I33 선택 ⇨ 삽입 ⇨ 2차원 꺾은선형 ⇨ 꺾은선형

결과는 개입모형_펄스_결과에서 확인한다.

5.3.2 계단형(Level Shift)

기술 혁신 등의 영향으로 매출과 순이익에 미치는 영향이 일정 기간 지속될 수 있다. 계단형 개입모형을 일정 기간 동안 지속되는 변화에 따른 영향을 예측할 때 유용하다.

계단 개입 모형

혁신	장애요인 발생
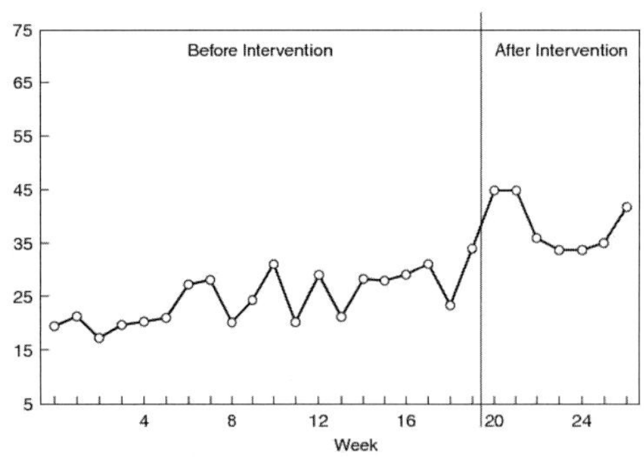	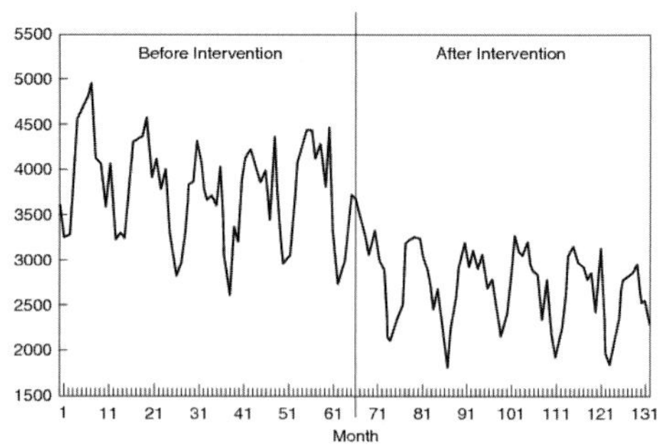
(예) 신기술 개발, 경영 혁신, 해외 공장 설립에 따른 생산량 증가	(예) 수출업체 입장에서 장기 환율 하락

백화점에서 5주간 매출액을 조사했다. 4주째에 목요일부터 5주째 화요일까지 특별 할인 세일을 실시했다. 만약 6주째 화요일부터 목요일까지 3일 동안 추가 할인 세일을 할 경우 매출액은 어떻게 될까?

파일 이름: 개입모형_계단

	A	B	C	D
1	TIME	주별	요일별	백화점 매출액
2	1	1	1	2500
3	2		2	2450
4	3		3	3500
5	4		4	9460
6	5		5	9590
7	6		6	13800
8	7		7	4800
30	29	5	1	10620
31	30		2	8450
32	31		3	4500
33	32		4	8220
34	33		5	16030
35	34		6	15760
36	35		7	6560

① 더미변수 입력

계단 개입, 요일별 더미변수, 예측값, 잔차 제목을 입력하고 요일별 더미변수를 입력한다.

개입모형으로 계단 개입을 입력한다.

1: 사건 있음(개입 없음)　　　0: 사건 없음(개입 없음)

	A	B	C	D	E	F	G	H	I	J	K
1	TIME	주별	요일별	백화점 매출액	계단_개입	월요일	화요일	수요일	목요일	금요일	토요일
2	1	1	1	2500	0	1	0	0	0	0	0
3	2		2	2450	0	0	1	0	0	0	0
4	3		3	3500	0	0	0	1	0	0	0
5	4		4	9460	0	0	0	0	1	0	0
6	5		5	9590	0	0	0	0	0	1	0
7	6		6	13800	0	0	0	0	0	0	1
8	7		7	4800	0	0	0	0	0	0	0
23	22	4	1	3340	0	1	0	0	0	0	0
24	23		2	4890	0	0	1	0	0	0	0
25	24		3	4500	0	0	0	1	0	0	0
26	25		4	11490	1	0	0	0	1	0	0
27	26		5	13580	1	0	0	0	0	1	0
28	27		6	16780	1	0	0	0	0	0	1
29	28		7	9180	1	0	0	0	0	0	0
30	29	5	1	10620	1	1	0	0	0	0	0
31	30		2	8450	1	0	1	0	0	0	0
32	31		3	4500	0	0	0	1	0	0	0
33	32		4	8220	0	0	0	0	1	0	0
34	33		5	16030	0	0	0	0	0	1	0
35	34		6	15760	0	0	0	0	0	0	1
36	35		7	6560	0	0	0	0	0	0	0

② 회귀분석

데이터 ⇨ 데이터분석 ⇨ 회귀분석

Y축 : 매출액 (D1:D36)

축 : 더미변수 (E1:K36)

이름표

출력 범위: M1

잔차: 잔차, 표준잔차

■ **확인**

M	N	O	P	Q	R	S	T	U
요약 출력								
회귀분석 통계량								
다중 상관계수	0.960170249							
결정계수	0.921926906							
조정된 결정계수	0.901685734							
표준 오차	1421.499375							
관측수	35							
분산 분석								
	자유도	제곱합	제곱 평균	F 비	유의한 F			
회귀	7	6.44E+08	92035245	45.54711	2.53E-13			
잔차	27	54557833	2020660					
계	34	6.99E+08						
	계수	표준 오차	t 통계량	P-값	하위 95%	상위 95%	하위 95.0%	상위 95.0%
Y 절편	5515.591667	648.8227	8.500922	4.1E-09	4184.317	6846.866	4184.317	6846.866
계단_개입	3682.041667	648.8227	5.674958	5E-06	2350.767	5013.316	2350.767	5013.316
월요일	-1770.4	899.0351	-1.96922	0.059269	-3615.07	74.26774	-3615.07	74.26774
화요일	-1598	899.0351	-1.77746	0.08676	-3442.67	246.6677	-3442.67	246.6677
수요일	-1465.591667	908.3518	-1.61346	0.118272	-3329.38	398.1923	-3329.38	398.1923
목요일	3148	899.0351	3.501532	0.001627	1303.332	4992.668	1303.332	4992.668
금요일	6162.8	899.0351	6.854904	2.3E-07	4318.132	8007.468	4318.132	8007.468
토요일	8971.8	899.0351	9.979365	1.48E-10	7127.132	10816.47	7127.132	10816.47

결정계수가 0.921926906이므로 회귀 방정식이 전체 자료의 92.192606%를 설명하고 있다.

분산분석의 유의한 F값이 2.53E-13으로 유의수준 0.05 보다 작기 때문에 회귀 방정식이 곡선이라는 귀무가설을 기각한다. 즉, 회귀 방정식은 직선이며 통계적으로 유의미하다.

회귀 방정식= 3682.041667 X 계단 개입 + (-1770.4) X 월요일 + (-1598) X 화요일 + (-1465.591667) X 수요일 + 3148 X 목요일 + 6162.8 X 금요일 + 8971.8 X 토요일 + 5515.591667

③ 미래 조건

6주째 화요일부터 목요일까지 3일 동안 추가 할인 세일을 실시하는 더미변수 값을 입력한다.

	A	B	C	D	E	F	G	H	I	J	K
1	TIME	주별	요일별	백화점 매출액	계단_개입	월요일	화요일	수요일	목요일	금요일	토요일
30	29	5	1	10620	1	1	0	0	0	0	0
31	30		2	8450	1	0	1	0	0	0	0
32	31		3	4500	0	0	0	1	0	0	0
33	32		4	8220	0	0	0	0	1	0	0
34	33		5	16030	0	0	0	0	0	1	0
35	34		6	15760	0	0	0	0	0	0	1
36	35		7	6560	0	0	0	0	0	0	0
37	36	6	1		0	1	0	0	0	0	0
38	37		2		1	0	1	0	0	0	0
39	38		3		1	0	0	1	0	0	0
40	39		4		1	0	0	0	1	0	0
41	40		5		0	0	0	0	0	1	0
42	41		6		0	0	0	0	0	0	1
43	42		7		0	0	0	0	0	0	0

④ 예측값

예측값=MMULT(계단 개입: 토요일, 계수) + Y 절편

I2=MMULT(E2:K2,N18:N24)+N17 ⇨ 요일별 계수들(N18:N24)과 Y 절편(N17)을 선택한 후 Key Board의 F4를 클릭해서 절대참조로 변경한다. ⇨ 아래로 드래그해서 자동으로 계산한다.

L2 =MMULT(E2:K2,N18:N24)+N17

	A	B	C	D	E	F	G	H	I	J	K	L	M	N
1	TIME	주별	요일별	백화점 매출액	계단_개입	월요일	화요일	수요일	목요일	금요일	토요일	예측값	요약 출력	
2	1	1	1	2500	0	1	0	0	0	0	0	3745.2		
3	2		2	2450	0	0	1	0	0	0	0		회귀분석 통계량	
4	3		3	3500	0	0	0	1	0	0	0		다중 상관계수	0.960170249
5	4		4	9460	0	0	0	0	1	0	0		결정계수	0.921926906
6	5		5	9590	0	0	0	0	0	1	0		조정된 결정계수	0.901685734
7	6		6	13800	0	0	0	0	0	0	1		표준 오차	1421.499375
8	7		7	4800	0	0	0	0	0	0	0		관측수	35
9	8	2	1	2780	0	1	0	0	0	0	0			
10	9		2	3200	0	0	1	0	0	0	0		분산 분석	
11	10		3	3750	0	0	0	1	0	0	0			자유도
12	11		4	9150	0	0	0	0	1	0	0		회귀	7
13	12		5	10950	0	0	0	0	0	1	0		잔차	27
14	13		6	14290	0	0	0	0	0	0	1		계	34
15	14		7	4840	0	0	0	0	0	0	0			
16	15	3	1	3168	0	1	0	0	0	0	0			계수
17	16		2	4280	0	0	1	0	0	0	0		Y 절편	5515.591667
18	17		3	4000	0	0	0	1	0	0	0		계단_개입	3682.041667
19	18		4	8680	0	0	0	0	1	0	0		월요일	-1770.4
20	19		5	11924	0	0	0	0	0	1	0		화요일	-1598
21	20		6	15489	0	0	0	0	0	0	1		수요일	-1465.591667
22	21		7	5880	0	0	0	0	0	0	0		목요일	3148
23	22	4	1	3340	0	1	0	0	0	0	0		금요일	6162.8
24	23		2	4890	0	0	1	0	0	0	0		토요일	8971.8

L2 =MMULT(E2:K2,$N$18:$N$24)+$N$17

	A	B	C	D	E	F	G	H	I	J	K	L
1	TIME	주별	요일별	백화점 매출액	계단_개입	월요일	화요일	수요일	목요일	금요일	토요일	예측값
2	1	1	1	2500	0	1	0	0	0	0	0	3745.2
3	2		2	2450	0	0	1	0	0	0	0	
4	3		3	3500	0	0	0	1	0	0	0	
5	4		4	9460	0	0	0	0	1	0	0	
6	5		5	9590	0	0	0	0	0	1	0	
7	6		6	13800	0	0	0	0	0	0	1	
8	7		7	4800	0	0	0	0	0	0	0	

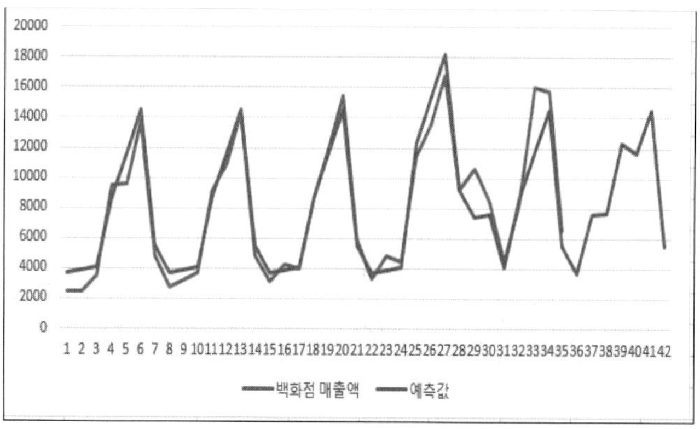

A1의 TIME 인덱스 삭제 ⇨ A1:A43 선택 ⇨ Control Key를 누른 상태에서 D1:D36 선택 ⇨ L1:L43 선택 ⇨ 삽입 ⇨ 2차원 꺾은선형 ⇨ 꺾은선형

결과는 개입모형_계단_결과에서 확인한다.

연습문제

5.1 여행사 매출

월별 더미변수로 회귀분석한 경우와 TIME 변수 및 월별 더미변수 회귀분석의 결과에서 MAE(MAD)를 비교할 수 있을까?

조건: 표준 잔차 2.5~3 이상인 이상값(이상치)를 삭제하지 않은 상태에서 비교한다.

	A	B	C	D	E	F
1	TIME	분기	여행사 매출	TIME	분기	여행사 매출
2	1	1	32	15	3	132
3	2	2	112	16	4	89
4	3	3	101	17	1	42
5	4	4	38	18	2	182
6	5	1	40	19	3	135
7	6	2	124	20	4	89
8	7	3	126	21	1	50
9	8	4	45	22	2	190
10	9	1	45	23	3	149
11	10	2	157	24	4	92
12	11	3	123	25	1	52
13	12	4	67	26	2	198
14	13	1	45	27	3	152
15	14	2	157	28	4	57

5.2 백화점 매출

요일별 더미변수로 회귀분석한 경우와 TIME 변수 및 월별 더미변수 회귀분석의 결과에서 MAE(MAD)를 비교할 수 있을까?

	A	B	C	D	E	F	G	H
1	TIME	주별	요일별	백화점 매출	TIME	주별	요일별	백화점 매출
2	1	1	1	1452	22	4	1	2145
3	2		2	2167	23		2	4890
4	3		3	2682	24		3	4500
5	4		4	4672	25		4	8490
6	5		5	5623	26		5	9824
7	6		6	8923	27		6	11452
8	7		7	4800	28		7	6180
9	8	2	1	1672	29	5	1	3620
10	9		2	2458	30		2	5450
11	10		3	3750	31		3	4500
12	11		4	7823	32		4	8220
13	12		5	5672	33		5	16030
14	13		6	8234	34		6	1982
15	14		7	4840	35		7	6560
16	15	3	1	1978	36	6	1	4680
17	16		2	3567	37		2	6780
18	17		3	3567	38		3	4260
19	18		4	8680	39		4	9260
20	19		5	9823	40		5	15890
21	20		6	8723	41		6	18450
22	21		7	5880	42		7	6890

5.3 호텔 매출

TIME 14에서 TIME 18까지 환율의 급격한 하락, 대규모 국제행사 개최 등으로 인해서 계단형 개입모형이 발생한다면?

	A	B	C	D	E	F
1	TIME	분기별	호텔 매출	TIME	분기별	호텔 매출
2	1	1	27	15	3	165
3	2	2	32	16	4	277
4	3	3	37	17	1	166
5	4	4	142	18	2	187
6	5	1	31	19	3	42
7	6	2	42	20	4	182
8	7	3	40	21	1	41
9	8	4	154	22	2	67
10	9	1	33	23	3	50
11	10	2	48	24	4	190
12	11	3	45	25	1	44
13	12	4	157	26	2	77
14	13	1	36	27	3	52
15	14	2	174	28	4	198

CHAPTER

06

비선형 회귀분석

6 비선형 회귀분석

매출, 순이익 등의 변화가 선형이 아닌 경우에 적합하다. 예를 들어서 급격한 상승은 지수모형과 로그모형을 적용하고, 증가하다가 일시 감소한 후 다시 증가한 경우는 2차 · 3차4차 · 5차 다항식을 적용한다.

선형	비선형
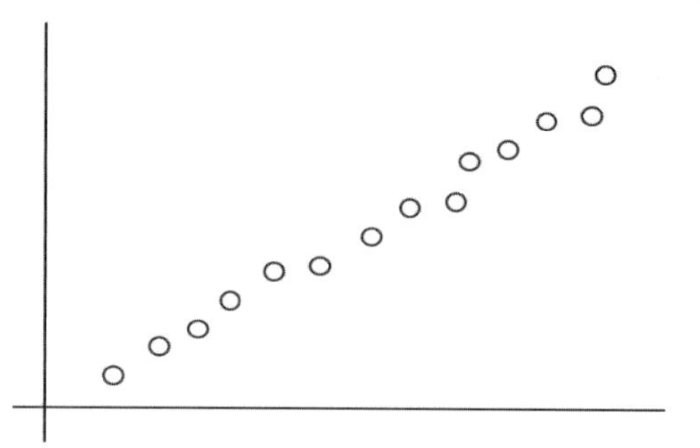	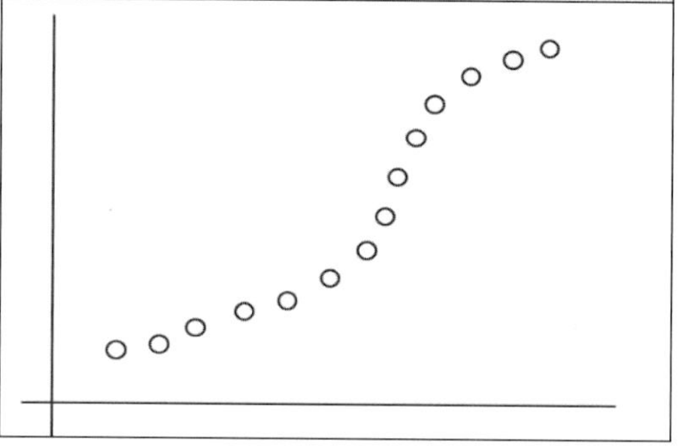

6.1 산점도 활용

엑셀에는 산점도를 활용해서 비선형 회귀분석을 할 수 있는 편리한 기능이 숨어 있다.

파일 이름: 비선형 회귀분석_산점도 활용

	A	B	C
1	TIME	연도	건설사 매출액
2	1	1994	6830
3	2	1995	8540
4	3	1996	11100
5	4	1997	12700
21	20	2013	23200
22	21	2014	26750
23	22	2015	29540
24	23	2016	32350

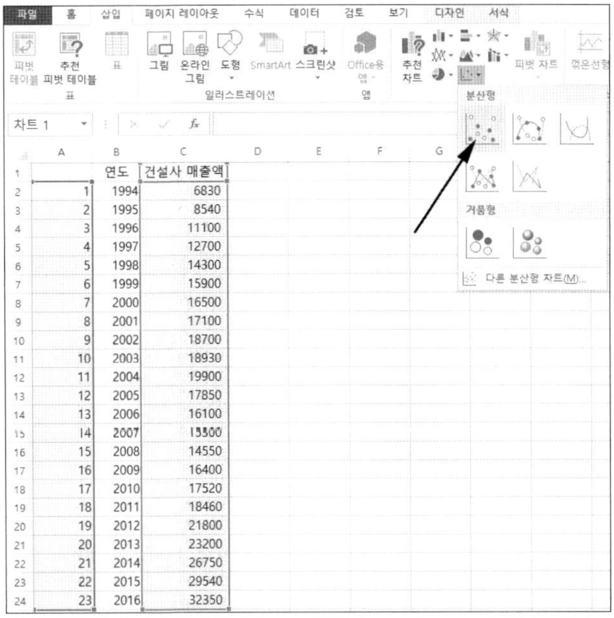

A1의 TIME 인덱스를 삭제한다. ⇨ A1:A24 선택 ⇨ Control Key를 누른 상태에서 C1:C24를 선택한다.

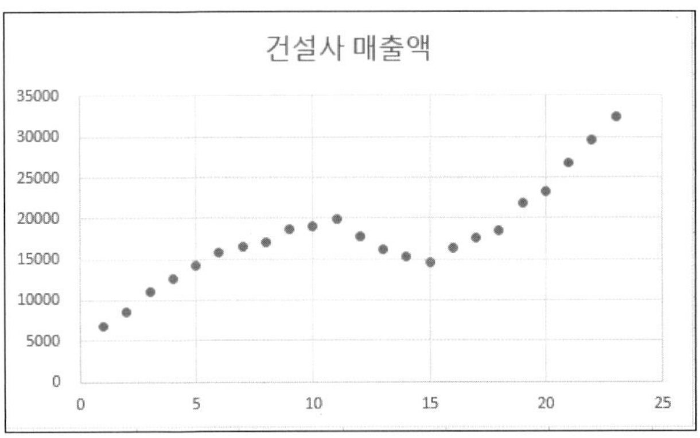

삽입 ⇨ 분산형 ⇨ 첫 번째 분산형

꾸준히 증가하다가 일시적으로 감소하고 다시 증가하는 추세를 보이고 있다.

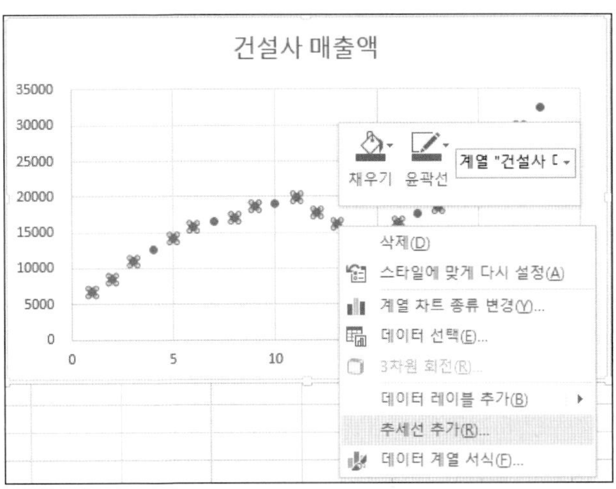

분산형 그래프에 나타난 점 중에서 임의의 점을 하나 선택한다. ⇨ 마우스 오른쪽 클릭 ⇨ 추세선 추가

추세선 옵션 창이 오른쪽 옆으로 뜬다.

6.1.1. 지수 모형

A1의 TIME 인덱스를 삭제한다. ⇨ A1:A24 선택 ⇨ Control Key를 누른 상태에서 C1:C24를 선택한다.

삽입 ⇨ 분산형 ⇨ 첫 번째 분산형 선택 ⇨ 분산형 그래프에 나타난 점 중에서 임의의 점을 하나 선택한다. ⇨ 마우스 오른쪽 클릭 ⇨ 추세선 추가 ⇨ 추세선 옵션 창이 오른쪽 옆으로 뜬다.

■ **지수 선택**

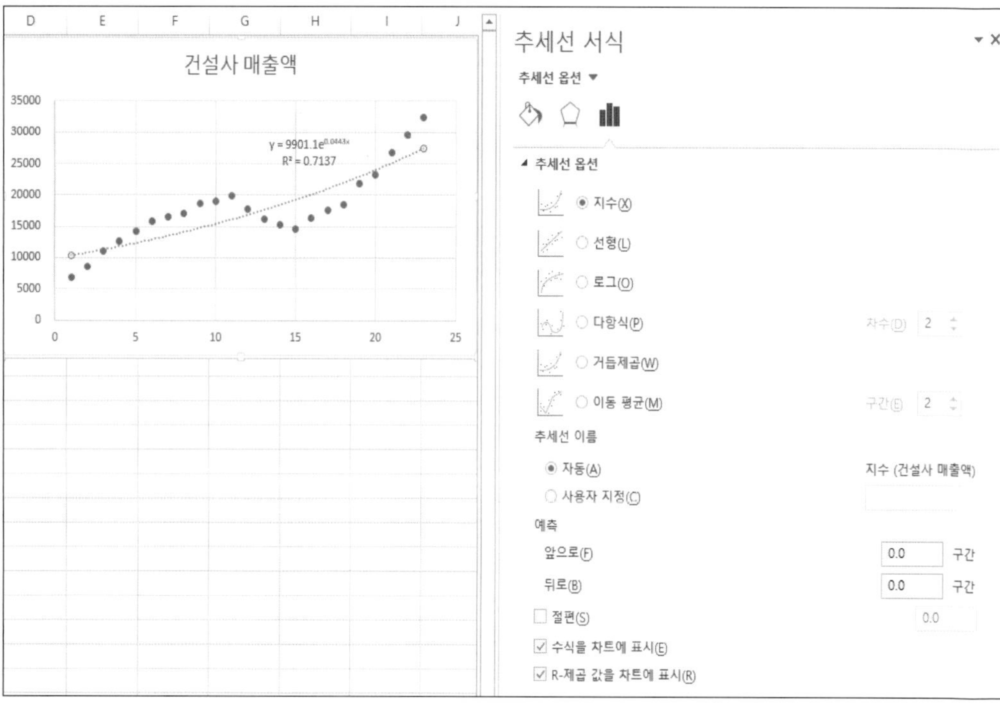

추세선 이름: 건설사 매출액

예측: 앞으로

구간: 구간을 입력하면 예측이 가능하다.

(예) 3: 미래 3구간을 예측한다. 연도별 자료이면 3년 후의 미래를 예측할 수 있다.

절편: 0을 선택하면 0을 지나는 회귀 방정식을 구할 수 있다.

수식을 차트에 표시: 회귀 방정식을 차트에 표시
R 제곱 값을 차트에 표시: 결정계수를 차트에 표시

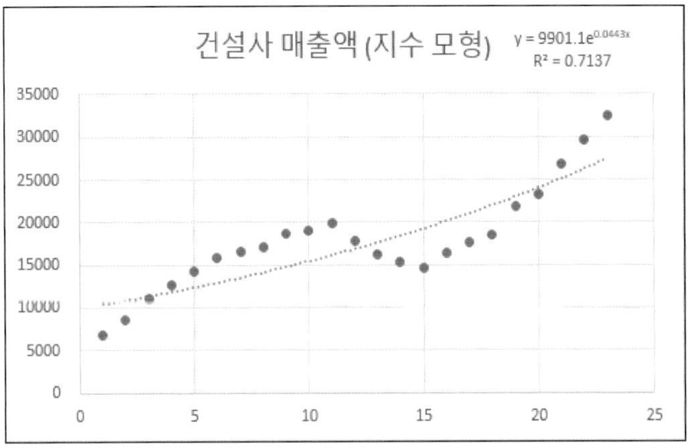

지수모형
건설사 매출액(Y)=9901.1*EXP(0.0443*TIME)

R 제곱(결정계수)가 0.71370이므로 지수 모형은 전체 자료의 71.37%를 설명하고 있다.

최적의 모형을 R 제곱(결정계수)를 비교해서 결정계수가 높은 모형을 선택할 수 있다. 잔차에서 MAE(MAD), MSE(잔차 제곱의 평균), RMSE, MAPE, TS를 비교하여 최적의 모형을 구하는 방법은 Chapter 15 최적의 모형에서 설명한 내용을 참고한다.

6.1.2 로그 선형 회귀모형

A1의 TIME 인덱스를 삭제한다. ⇨ A1:A24 선택 ⇨ Control Key를 누른 상태에서 C1:C24를 선택한다.

삽입 ⇨ 분산형 ⇨ 첫 번째 분산형 선택 ⇨ 분산형 그래프에 나타난 점 중에서 임의의 점을 하나 선택한다. ⇨ 마우스 오른쪽 클릭 ⇨ 추세선 추가 ⇨ 추세선 옵션 창이 오른쪽 옆으로 뜬다.

추세선 이름: 건설사 매출액
예측: 앞으로
구간: 구간을 입력하면 예측이 가능하다.
(예) 4: 미래 4구간을 예측한다. 연도별 자료이면 4년 후의 미래를 예측할 수 있다.
절편: 0을 선택하면 0을 지나는 회귀 방정식을 구할 수 있다.

로그 선택

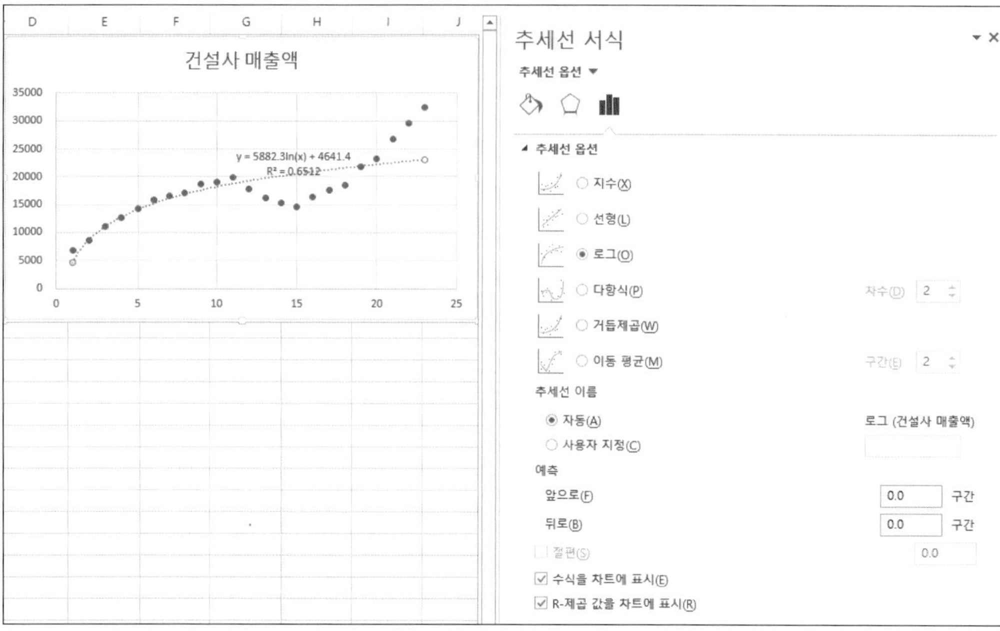

수식을 차트에 표시: 회귀 방정식을 차트에 표시

R 제곱 값을 차트에 표시: 결정계수를 차트에 표시

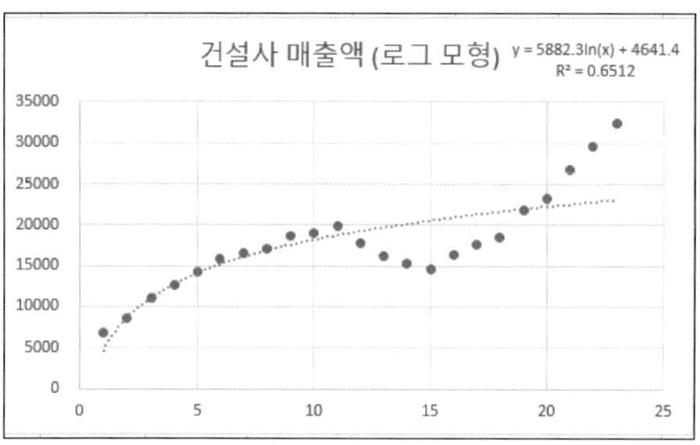

로그모형건설사 매출액(Y)=5882.3*LN(TIME)+4641.4

R 제곱이 0.6512이므로 로그 모형은 전체 자료의 65.12%를 설명하고 있다.

6.1.3 2차, 3차, 4차, 5차 다항식

6.1.3.1 2차 다항식

A1의 TIME 인덱스를 삭제한다. ⇨ A1:A24 선택 ⇨ Control Key를 누른 상태에서 C1:C24를 선택한다.

삽입 ⇨ 분산형 ⇨ 첫 번째 분산형 선택 ⇨ 분산형 그래프에 나타난 점 중에서 임의의 점을 하나 선택한다. ⇨ 마우스 오른쪽 클릭 ⇨ 추세선 추가 ⇨ 추세선 옵션 창이 오른쪽 옆으로 뜬다.

차수: 2
추세선 이름: 건설사 매출액
예측: 앞으로
구간: 구간을 입력하면 예측이 가능하다.
(예) 3: 미래 3구간을 예측한다. 연도별 자료이면 3년 후의 미래를 예측할 수 있다.
절편: 0을 선택하면 0을 지나는 회귀 방정식을 구할 수 있다.

다항식

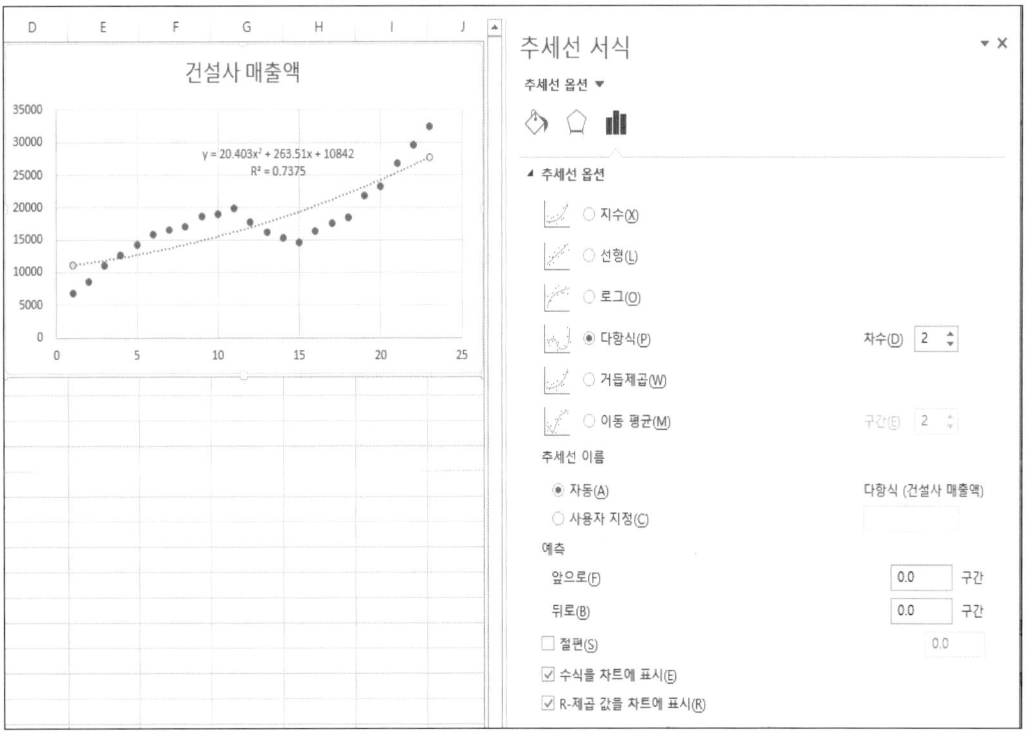

수식을 차트에 표시: 회귀 방정식을 차트에 표시
R- 제곱 값을 차트에 표시: 결정계수를 차트에 표시

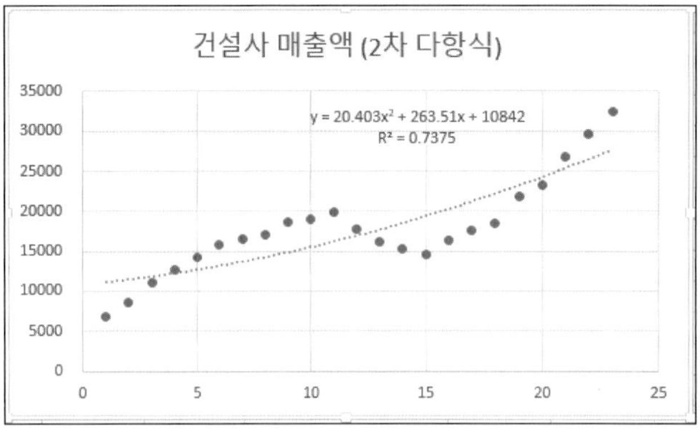

2차 다항식 모형
건설사 매출액(Y)=20.403*TIME^2 +263.51*TIME+10842

R 제곱이 0.7375이므로 2차 다항식 모형은 전체 자료의 73.75%를 설명하고 있다.

6.1.3.2 3차 다항식

A1의 TIME 인덱스를 삭제한다. ⇨ A1:A24 선택 ⇨ Control Key를 누른 상태에서 C1:C24를 선택한다.

삽입 ⇨ 분산형 ⇨ 첫 번째 분산형 선택 ⇨ 분산형 그래프에 나타난 점 중에서 임의의 점을 하나 선택한다. ⇨ 마우스 오른쪽 클릭 ⇨ 추세선 추가 ⇨ 추세선 옵션 창이 오른쪽 옆으로 뜬다.

다항식

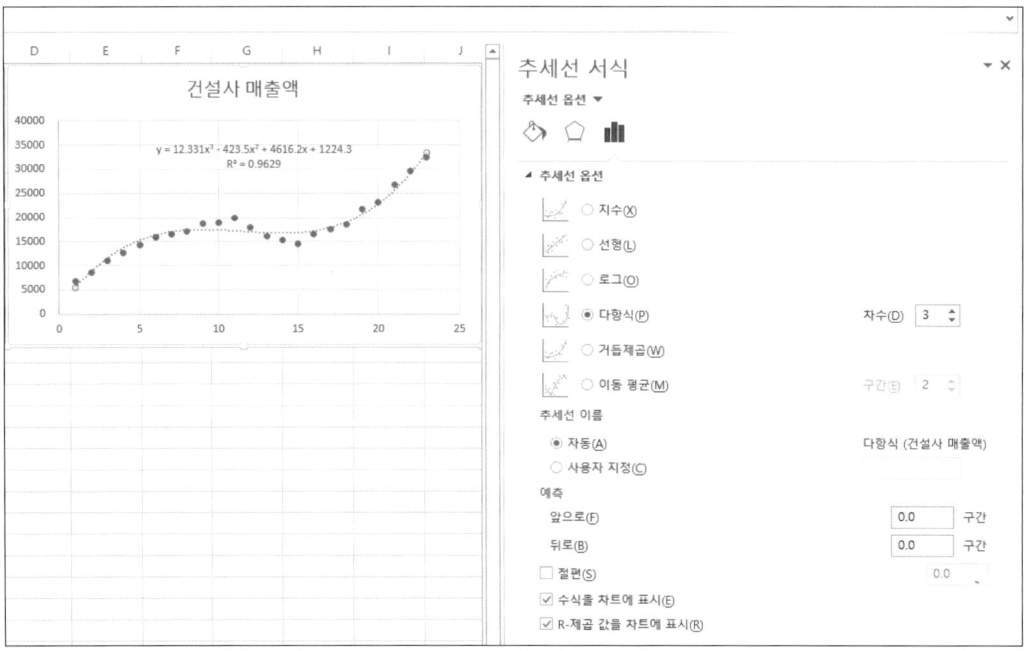

차수: 3
추세선 이름: 건설사 매출액
예측: 앞으로
구간: 구간을 입력하면 예측이 가능하다.
(예) 4: 미래 4구간을 예측한다. 연도별 자료이면 4년 후의 미래를 예측할 수 있다.
절편: 0을 선택하면 0을 지나는 회귀 방정식을 구할 수 있다.

수식을 차트에 표시: 회귀 방정식을 차트에 표시
R 제곱 값을 차트에 표시: 결정계수를 차트에 표시

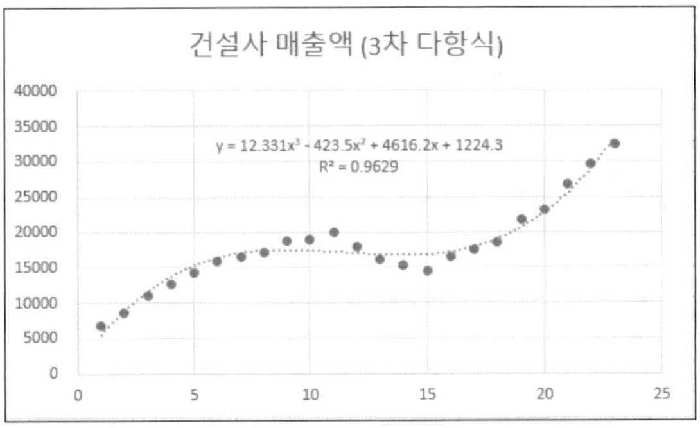

3차 다항식 모형
건설사 매출액(Y)=12.331*TIME^3+423.5*TIME^2+4616.2*TIME+1224.3

R 제곱이 0.9629이므로 3차 다항식 모형은 전체 자료의 96.29%를 설명하고 있다.

6.1.3.3 4차 다항식

A1의 TIME 인덱스를 삭제한다. ⇨ A1:A24 선택 ⇨ Control Key를 누른 상태에서 C1:C24를 선택한다.

삽입 ⇨ 분산형 ⇨ 첫 번째 분산형 선택 ⇨ 분산형 그래프에 나타난 점 중에서 임의의 점을 하나 선택한다. ⇨ 마우스 오른쪽 클릭 ⇨ 추세선 추가 ⇨ 추세선 옵션 창이 오른쪽 옆으로 뜬다.

차수: 4
추세선 이름: 건설사 매출액
예측: 앞으로
구간: 구간을 입력하면 예측이 가능하다.
(예) 5: 미래 5구간을 예측한다. 연도별 자료이면 5년 후의 미래를 예측할 수 있다.
절편: 0을 선택하면 0을 지나는 회귀 방정식을 구할 수 있다.

다항식

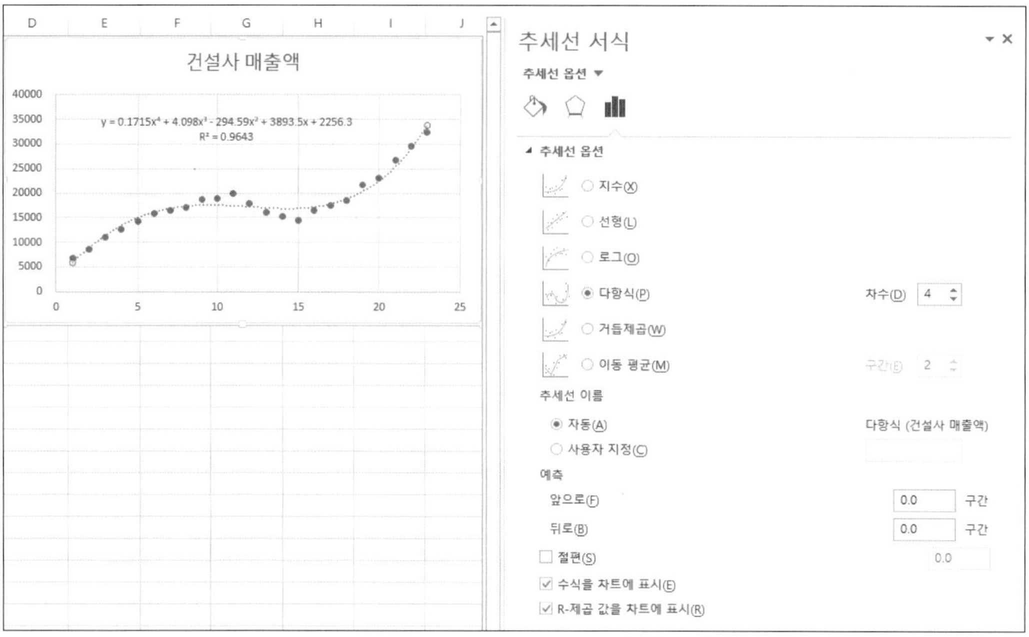

수식을 차트에 표시: 회귀 방정식을 차트에 표시

R 제곱 값을 차트에 표시: 결정계수를 차트에 표시

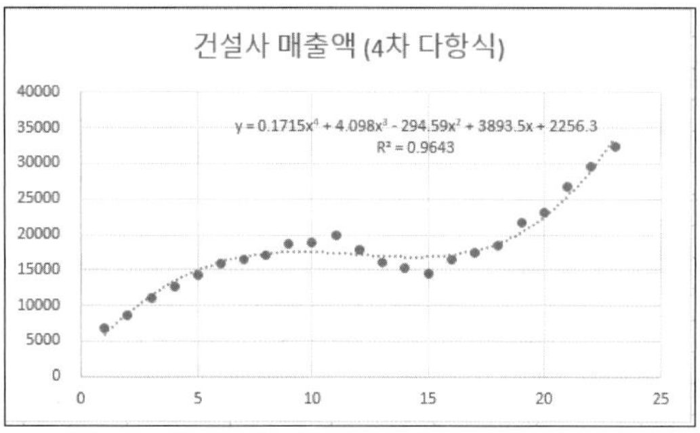

4차 다항식 모형

건설사 매출액(Y)=0.1715*TIME^4+4.098*TIME^3+294.59*TIME^2+3893.5*TIME+2256.3

R 제곱이 0.9643이므로 4차 다항식 모형은 전체 자료의 96.43%를 설명하고 있다.

6.1.3.4 5차 다항식

A1의 TIME 인덱스를 삭제한다. ⇨ A1:A24 선택 ⇨ Control Key를 누른 상태에서 C1:C24를 선택한다.

삽입 ⇨ 분산형 ⇨ 첫 번째 분산형 선택 ⇨ 분산형 그래프에 나타난 점 중에서 임의의 점을 하나 선택한다. ⇨ 마우스 오른쪽 클릭 ⇨ 추세선 추가 ⇨ 추세선 옵션 창이 오른쪽 옆으로 뜬다.

차수: 5

추세선 이름: 건설사 매출액

예측: 앞으로

구간: 구간을 입력하면 예측이 가능하다.

(예) 6: 미래 6구간을 예측한다. 연도별 자료이면 6년 후의 미래를 예측할 수 있다.

절편: 0을 선택하면 0을 지나는 회귀 방정식을 구할 수 있다.

다항식

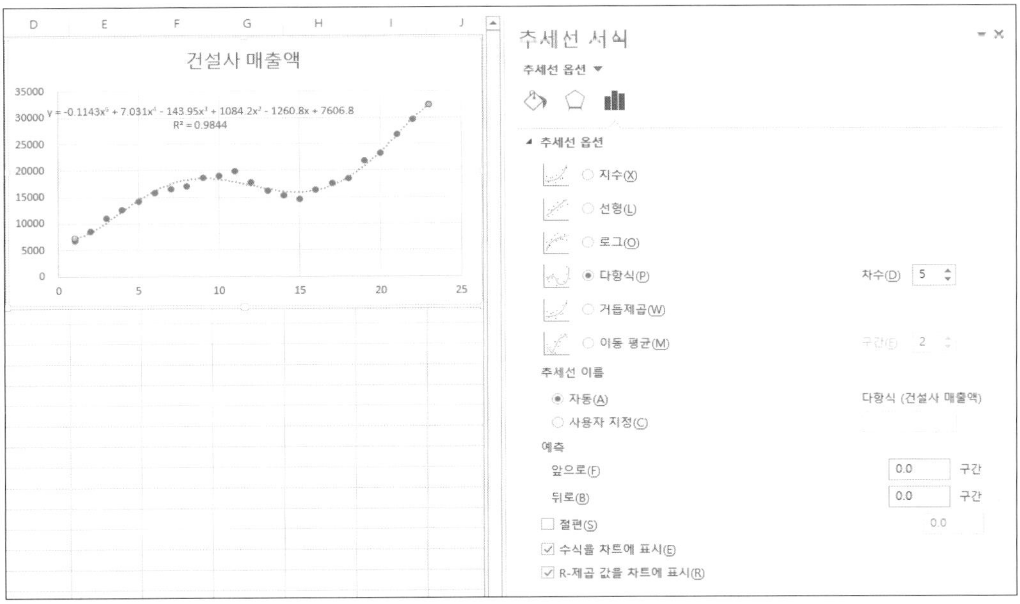

수식을 차트에 표시: 회귀 방정식을 차트에 표시

R 제곱 값을 차트에 표시: 결정계수를 차트에 표시

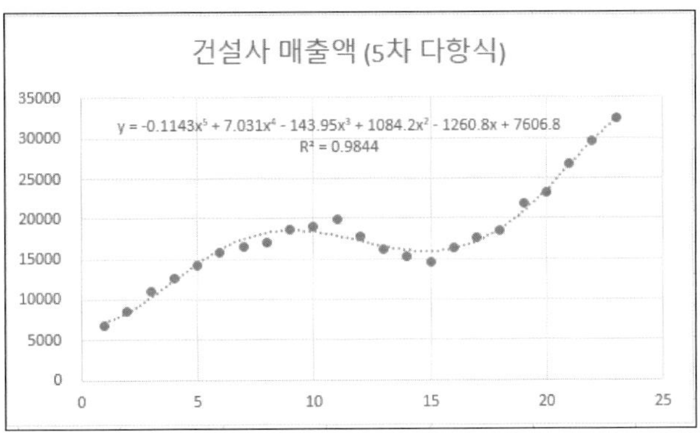

5차 다항식 모형

건설사 매출액 (Y) = 0.1143*TIME^5 + 7.031*TIME^4 + (-143.95)*TIME^3 + 1084.2*TIME^2 + 1260.8*TIME + 7606.8

R 제곱이 0.9844이므로 5차 다항식 모형은 전체 자료의 98.44%를 설명하고 있다.

6차 다항식, 7차 다항식도 같은 방식으로 모형과 R 제곱(결정계수)를 얻을 수 있다.

6.1.4 거듭제곱

A1의 TIME 인덱스를 삭제한다. ⇨ A1:A24 선택 ⇨ Control Key를 누른 상태에서 C1:C24를 선택한다.

삽입 ⇨ 분산형 ⇨ 첫 번째 분산형 선택 ⇨ 분산형 그래프에 나타난 점 중에서 임의의 점을 하나 선택한다. ⇨ 마우스 오른쪽 클릭 ⇨ 추세선 추가 ⇨ 추세선 옵션 창이 오른쪽 옆으로 뜬다.

거듭제곱

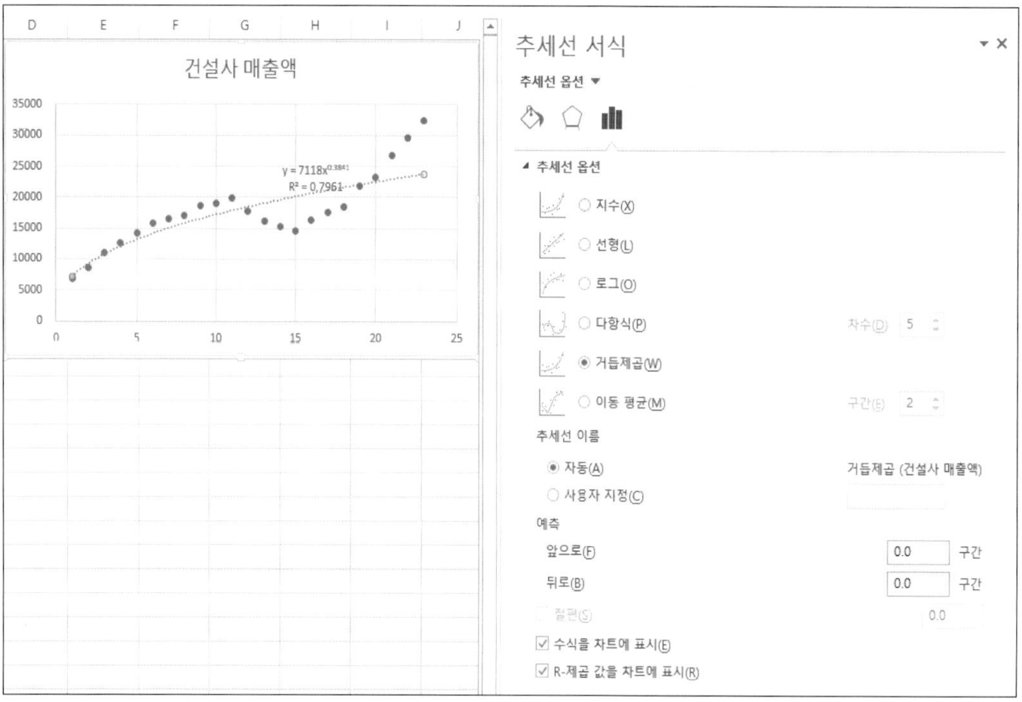

추세선 이름: 건설사 매출액

예측: 앞으로

구간: 구간을 입력하면 예측이 가능하다.

(예) 3: 미래 3구간을 예측한다. 연도별 자료이면 3년 후의 미래를 예측할 수 있다.

절편: 0을 선택하면 0을 지나는 회귀 방정식을 구할 수 있다.

수식을 차트에 표시: 회귀 방정식을 차트에 표시
R 제곱 값을 차트에 표시: 결정계수를 차트에 표시

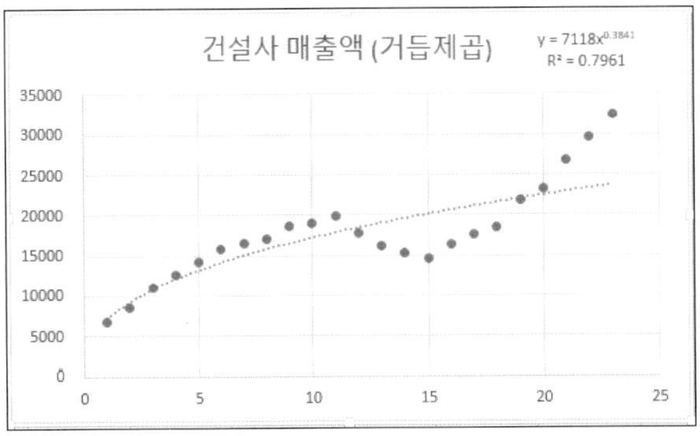

거듭제곱 모형
건설사 매출액(Y)=7118*TIME^0.3841

R 제곱이 0.7961이므로 거듭제곱 모형은 전체 자료의 79.61%를 설명하고 있다.

결과는 비선형 회귀분석_산점도 활용_결과에서 확인한다.

6.2 수식 · 함수 · 해 찾기 활용

산점도뿐만 아니라 GROWTH, LINEST 등의 함수, 잔차 절대값의 평균(MAE(MAE)) 또는 잔차 제곱의 평균(MSE)를 최소로 하는 계수를 찾는 방법 등으로 비선형 회귀분석을 할 수 있다.

산점도 결과에 비해서 계수 값을 소숫점까지 정확하게 얻을 수 있다는 장점이 있다.

6.2.1 지수 모형

6.2.1.1 지수 모형

지수 모형은 꾸준한 상승세를 보이는 수요 예측에 적합하다. 선형 회귀분석과 비교했을 때 더 급격하게 증가하는 모습을 보인다.

① 제목 입력

D1, E1, F1에 예측값, 잔차, 잔차 제곱 제목을 입력한다. ⇨ G1, G2, G3에 모수, a, b 계수 이름을 각각 입력한다. ⇨ A23과 A24 그리고 B23과 B24를 동시에 선택한 후 예측하고자 하는 기간까지 드래그한다.

② 임의의 모수 값 입력

a: 1　　　　b: 1

	A	B	C	D	E	F	G	H
1	TIME	연도	건설사 매출액	예측값	잔차	잔차 제곱	모수	
2	1	1994	6830				a	1.00
3	2	1995	8540				b	1.00
4	3	1996	11100					
5	4	1997	12700					
6	5	1998	14300					
7	6	1999	15900					
8	7	2000	16500					
9	8	2001	17100					

③ 지수 모형식 입력

지수 모형=a계수*EXP(b계수*독립변수)=a계수*EXP(b계수*TIME) ⇨

D2=H2*EXP(H3*A2)

D2　fx　=H2*EXP(H3*A2)

	A	B	C	D	E	F	G	H
1	TIMF	연도	건설사 매출액	예측값	잔차	잔차 제곱	모수	
2	1	1994	6830	3			a	1.00
3	2	1995	8540				b	1.00
4	3	1996	11100					
5	4	1997	12700					
6	5	1998	14300					

D2　fx　=$H$2*EXP($H$3*A2)

	A	B	C	D	E
1	TIME	연도	건설사 매출액	예측값	잔차
2	1	1994	6830	3	
3	2	1995	8540		
4	3	1996	11100		
5	4	1997	12700		

수식란에서 계수(H2, H3)를 선택하고 Key Board의 F4를 클릭해서 절대참조로 만든다.

④ 잔차

E2 : =C2-D2

	A	B	C	D	E
1	TIME	연도	건설사 매출액	예측값	잔차
2	1	1994	6830	3	6827
3	2	1995	8540		
4	3	1996	11100		

잔차=관측값-예측값=건설사 매출액-예측값

⑤ 잔차 제곱

F2 : =E2^2

	A	B	C	D	E	F
1	TIME	연도	건설사 매출액	예측값	잔차	잔차 제곱
2	1	1994	6830	3	6827	46611775.66
3	2	1995	8540			
4	3	1996	11100			
5	4	1997	12700			

잔차 제곱

F2=E2^2 또는 E2*E2

D2, E2, F2를 동시에 선택하고 TIME 23(D24, E24, F24)까지 아래로 드래그한다.

F24 : =E24^2

	A	B	C	D	E	F
1	TIME	연도	건설사 매출액	예측값	잔차	잔차 제곱
2	1	1994	6830	3	6827	46611775.66
3	2	1995	8540	7	8533	72805449.52
4	3	1996	11100	20	11080	122764504.51
20	19	2012	21800	178482301	-178460501	31848150404031800.00
21	20	2013	23200	485165195	-485141995	235362755710193000.00
22	21	2014	26750	1318815734	-1318788984	1739204385594270000.00
23	22	2015	29540	3584912846	-3584883306	12851388318581000000.00
24	23	2016	32350	9744803446	-9744771096	94960563718288000000.00

⑥ 잔차 제곱의 평균

F25에 MSE(잔차 제곱 평균) 제목을 입력한다.

F26=AVERAGE(F2:F24)

F26 | =AVERAGE(F2:F24)

	A	B	C	D	E	F
1	TIME	연도	건설사 매출액	예측값	잔차	잔차 제곱
2	1	1994	6830	3	6827	46611775.66
3	2	1995	8540	7	8533	72805449.52
4	3	1996	11100	20	11080	122764504.51
20	19	2012	21800	178482301	-178460501	31848150404031800.00
21	20	2013	23200	485165195	-485141995	235362755710193000.00
22	21	2014	26750	1318815734	-1318788984	1739204385594270000.00
23	22	2015	29540	3584912846	-3584883306	12851388318581000000.00
24	23	2016	32350	9744803446	-9744771096	94960563718288000000.00
25	24					MSE
26	25					4774928244813600000.00

⑦ 데이터 ⇨ 해 찾기

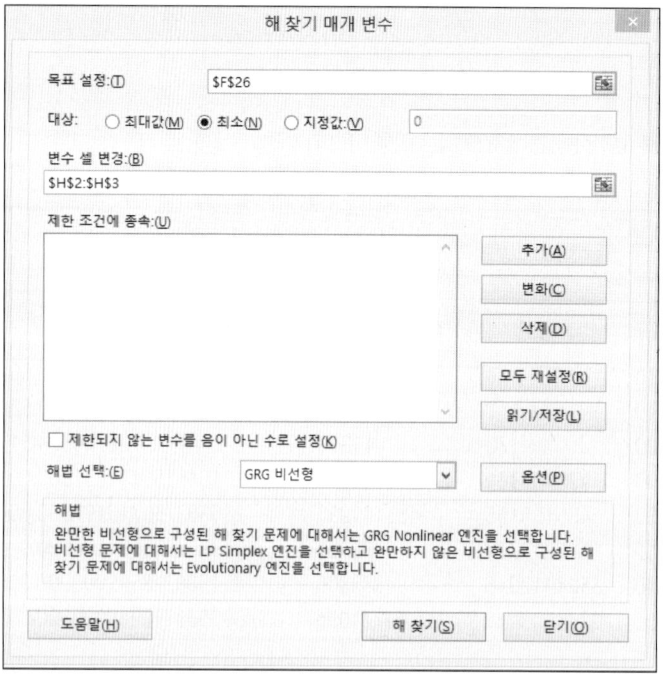

목표 설정: F26

변수 셀 변경: H2:H3

제한되지 않은 변수를 음이 아닌 수로 설정: 체크 해제

해법 선택: GRG 비선형

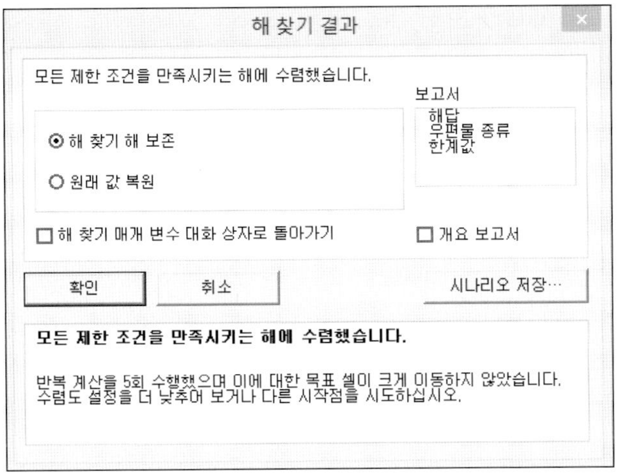

해 찾기 ⇨ 해 찾기 해 보존 ⇨ 확인

■ **모수**

a: 1.16094　　　　b: 0.45929

잔차 절대값이 눈에 띄도록 크게 줄어들지 못했다. 해 찾기를 한 번 더 실시한다. 데이터 ⇨ 해 찾기 ⇨ 목표 설정, 대상, 변수 셀 변경, 해법 선택 모두 그대로 ⇨ 해 찾기

■ **모수**

a: 10060.723　　　　b: 0.04409

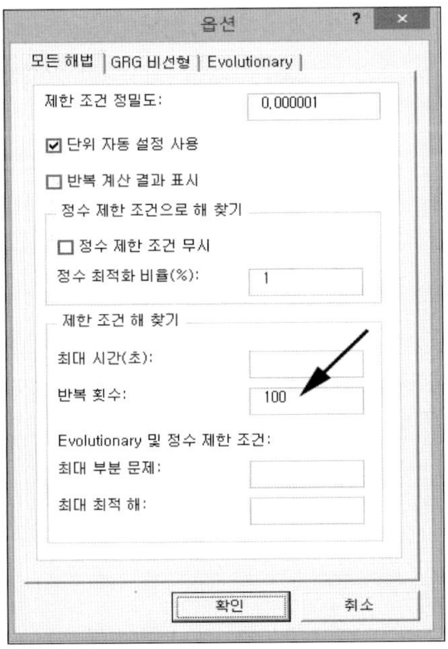

참고: 옵션에서 반복 횟수를 200으로 늘리는 방법 보다 해 찾기를 한 번 더 실시한다.

해 찾기를 한번 더 실시하면 모수 a값이 10060.45로 바뀌지만 여기서는 두 번 실시까지만 한다. 한 번 해 찾기를 실시할 때마다 Excel에서는 100회씩 계산한 결과를 출력한다.

산점도를 이용해서 얻은 모수는 a: 9901.1이고, b는 0.7137이다. 산점도를 활용한 모수는 SPSS 21에서의 결과와 동일하다.

D29 =$H$2*EXP($H$3*A29)

	A	B	C	D	E
1	TIME	연도	건설사 매출액	예측값	잔차
2	1	1994	6830	10514	-3684
3	2	1995	8540	10988	-2448
22	21	2014	26750	25396	1354
23	22	2015	29540	26541	2999
24	23	2016	32350	27737	4613
25	24			28987	
26	25			30294	
27	26			31660	
28	27			33087	
29	28			34579	

미래를 예측할 경우, D24 (TIME 23의 예측값)을 예측하고자 하는 기간까지 아래로 드래그한다.

지수모형은 SPSS의 성장모형과 결과가 동일하다.

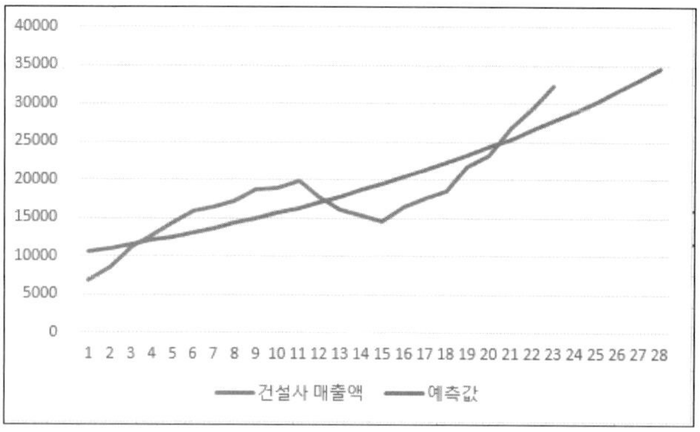

A1의 TIME 인덱스를 삭제한다. ⇨ A1:A29를 선택한다. ⇨ Control Key를 누른 상태에서 C1:C24 선택 및 D1:D29를 선택한다. ⇨ 삽입 ⇨ 2차원 꺾은선형 ⇨ 꺾은선형

결과는 지수 모형_최적 모수_결과에서 확인한다.

6.2.1.2 GROWTH 함수

선형 회귀모형은 FORECAST, TREND 함수로 계산할 수 있고, 지수 모형은 GROWTH, LOGEST 함수로 계산할 수 있다.

Name box: D2 | Formula: =GROWTH(C2:C24,A2:A24,A2)

	A	B	C	D
1	TIME	연도	건설사 매출액	GROWTH
2	1	1994	6830	10349.70
3	2	1995	8540	
4	3	1996	11100	
5	4	1997	12700	

GROWTH(종속변수, 독립변수, 종속변수 첫 번째 케이스)
D2=GROWTH(C2:C24,A2:A24,A2)

종속변수(C2:C24)와 독립변수(A2:A24)를 동시에 선택한 후 Key Board의 F4를 클릭해서 절대참조로 변경한다. ⇨ 아래로 드래그해서 자동으로 계산한다.

Name box: D2 | Formula: =GROWTH($C$2:$C$24,$A$2:$A$24,A2)

	A	B	C	D	E
1	TIME	연도	건설사 매출액	GROWTH	
2	1	1994	6830	10349.70	
3	2	1995	8540		
4	3	1996	11100		
5	4	1997	12700		

Name box: D24 | Formula: =GROWTH($C$2:$C$24,$A$2:$A$24,A24)

	A	B	C	D	E
1	TIME	연도	건설사 매출액	GROWTH	
2	1	1994	6830	10349.70	
3	2	1995	8540	10818.64	
4	3	1996	11100	11308.82	
5	4	1997	12700	11821.21	
21	20	2013	23200	24020.21	
22	21	2014	26750	25108.54	
23	22	2015	29540	26246.18	
24	23	2016	32350	27435.36	

결과는 지수 모형_GROWTH 함수 활용_결과에서 확인한다.

6.2.1.3 자연로그 변환 후 LINEST 함수 활용 지수 모형

종속변수를 자연로그로 변환한 후 LINEST 함수로 지수 모형을 계산할 수 있고, 자연로그로 변환하지 않은 원 자료에서 바로 LOGEST 함수를 이용해서 지수 모형을 계산할 수 있다.

LINEST함수는 다중회귀분석, 종속변수를 자연로그 변환한 후 로그 모형 그리고 2차·3차·4차·5차 다항모형 등 다항식에서도 사용이 가능하다.

D2 | =LN(C2)

	A	B	C	D
1	TIME	연도	건설사 매출액	LN(건설사 매출액)
2	1	1994	6830	8.829
3	2	1995	8540	
4	3	1996	11100	
5	4	1997	12700	

D2=LN(C2) ⇨ 아래로 드래그해서 종속변수를 자연로그로 변환한다.

G3=LINEST(자연로그 변환값, 독립변수)=LINEST(D2:D24,A2:A24)

G3 | =LINEST(D2:D24,A2:A24)

	A	B	C	D	E	F	G
1	TIME	연도	건설사 매출액	LN(건설사 매출액)	LOGEST	EXP(LOGEST)	LINEST
2	1	1994	6830	8.829			b
3	2	1995	8540	9.053			0.0443125
4	3	1996	11100	9.315			
5	4	1997	12700	9.449			
21	20	2013	23200	10.052			
22	21	2014	26750	10.194			
23	22	2015	29540	10.294			
24	23	2016	32350	10.384			

G3와 H3를 동시에 선택한다. ⇨ 수식란을 클릭하면 종속변수는 파란색으로 독립변수는 빨간색으로 나타난다.

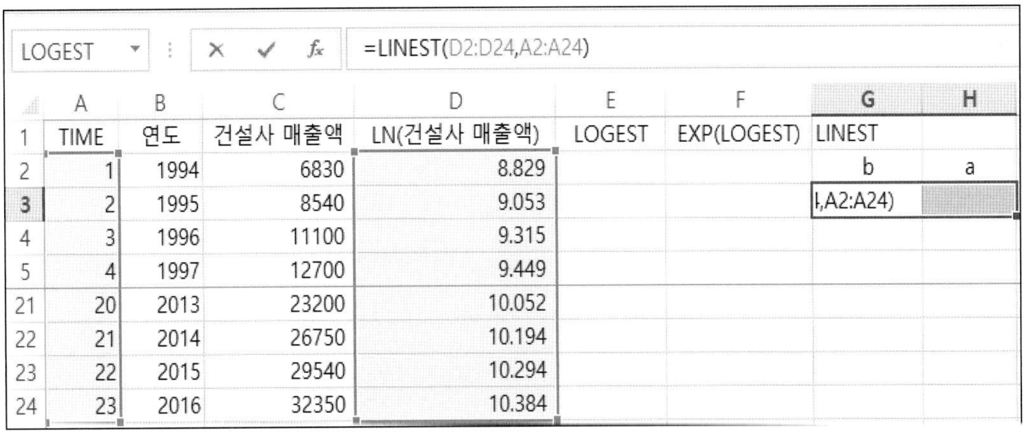

LOGEST | =LINEST(D2:D24,A2:A24)

	A	B	C	D	E	F	G	H
1	TIME	연도	건설사 매출액	LN(건설사 매출액)	LOGEST	EXP(LOGEST)	LINEST	
2	1	1994	6830	8.829			b	a
3	2	1995	8540	9.053			I,A2:A24)	
4	3	1996	11100	9.315				
5	4	1997	12700	9.449				
21	20	2013	23200	10.052				
22	21	2014	26750	10.194				
23	22	2015	29540	10.294				
24	23	2016	32350	10.384				

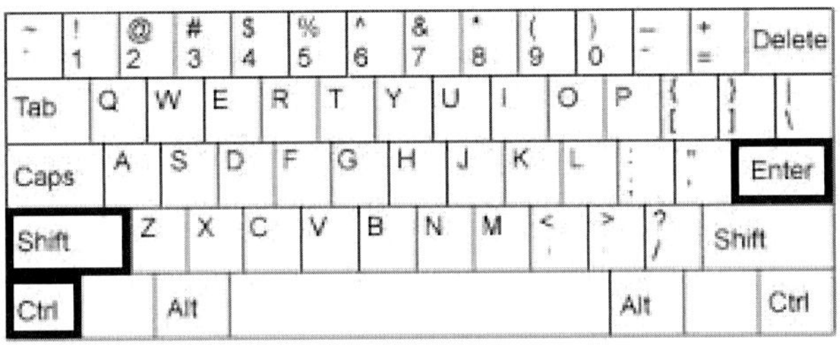

Shift Key와 Control Key를 동시에 누른 상태에서 Enter Key를 클릭한다.

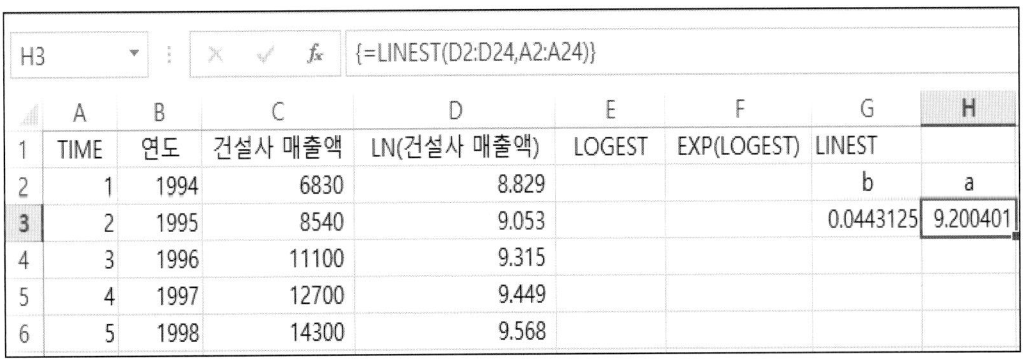

H3 | {=LINEST(D2:D24,A2:A24)}

	A	B	C	D	E	F	G	H
1	TIME	연도	건설사 매출액	LN(건설사 매출액)	LOGEST	EXP(LOGEST)	LINEST	
2	1	1994	6830	8.829			b	a
3	2	1995	8540	9.053			0.0443125	9.200401
4	3	1996	11100	9.315				
5	4	1997	12700	9.449				
6	5	1998	14300	9.568				

a: 9.200401 (Y 절편)

b: 0.0443125 (TIME 계수)

LINEST=모수 a + 모수 b*TIME

E2=H3+G3*A2 ⇨ G3(모수 b)와 H3(모수 a)를 선택한 후 Key Boar의 F4를 클릭해서 절대참조로 변경한다.

E2 =$H$3+$G$3*A2

	A	B	C	D	E	F	G	H
1	TIME	연도	건설사 매출액	LN(건설사 매출액)	LINEST	EXP(LINEST)	LINEST	
2	1	1994	6830	8.829	9.24		b	a
3	2	1995	8540	9.053			0.0443125	9.20040077
4	3	1996	11100	9.315				
5	4	1997	12700	9.449				
6	5	1998	14300	9.568				

EXP 함수로 원래 값으로 변환한다.

F2=EXP(E2)

F2 =EXP(E2)

	A	B	C	D	E	F
1	TIME	연도	건설사 매출액	LN(건설사 매출액)	LINEST	EXP(LINEST)
2	1	1994	6830	8.829	9.24	10349.70
3	2	1995	8540	9.053		
4	3	1996	11100	9.315		
5	4	1997	12700	9.449		

E3와 F3를 동시에 선택한 후 아래로 드래그해서 자동으로 계산한다.

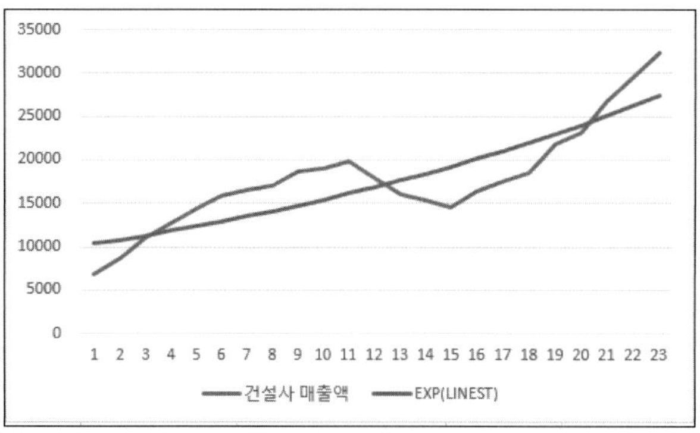

A1의 TIME 인덱스를 삭제한다. ⇨ A1:A24를 선택하고 Control Key를 누른 상태에서 C1:C24(매출액 관측값) 및 F1:F24(EXP(LINEST))를 선택한다. ⇨ 삽입 ⇨ 분산형 ⇨ 첫 번째 분산형 ⇨ 임의의 점을 선택 ⇨ 마우스 오른쪽 클릭 ⇨ 추세선 서식 ⇨ 지수

결과는 지수 모형_LINEST_SLOPE_INTERCEPT_LOGEST 함수 활용_결과에서 확인한다.

6.2.1.4 종속변수 자연로그 변환 후 SLOPE 및 INTERCEPT 함수 활용

SLOPE와 INTERCEPT 함수로 각각 독립변수의 계수와 Y 절편을 구할 수 있다.

① 독립변수 계수

SLOPE(자연로그 변환 종속변수, 독립변수) = SLOPE(자연로그 변환 건설사 매출액, TIME 변수)

G6=SLOPE(D2:D24,A2:A24)

G6 =SLOPE(D2:D24,A2:A24)

	A	B	C	D	E	F	G	H
1	TIME	연도	건설사 매출액	LN(건설사 매출액)	LINEST	EXP(LINEST)	LINEST	
2	1	1994	6830	8.829	9.24	10349.70	b	a
3	2	1995	8540	9.053	9.29	10818.64	0.0443125	9.20040077
4	3	1996	11100	9.315	9.33	11308.82		
5	4	1997	12700	9.449	9.38	11821.21	SLOPE	INTERCEPT
6	5	1998	14300	9.568	9.42	12356.82	0.0443125	
7	6	1999	15900	9.674	9.47	12916.69		

② Y 절편

INTERCEPT(자연로그 변환 종속변수, 독립변수)=INTERCEPT(자연로그 변환 건설사 매출액, TIME 변수)

H6=INTERCEPT(D2:D24, A2:A24)

H6 =INTERCEPT(D2:D24,A2:A24)

	A	B	C	D	E	F	G	H
1	TIME	연도	건설사 매출액	LN(건설사 매출액)	LINEST	EXP(LINEST)	LINEST	
2	1	1994	6830	8.829	9.24	10349.70	b	a
3	2	1995	8540	9.053	9.29	10818.64	0.0443125	9.20040077
4	3	1996	11100	9.315	9.33	11308.82		
5	4	1997	12700	9.449	9.38	11821.21	SLOPE	INTERCEPT
6	5	1998	14300	9.568	9.42	12356.82	0.0443125	9.20040077
7	6	1999	15900	9.674	9.47	12916.69		
8	7	2000	16500	9.711	9.51	13501.93		

앞에서 구한 LINEST 결과와 동일하다.

결과는 지수 모형_LINEST_SLOPE_INTERCEPT_LOGEST 함수 활용_결과에서 확인한다.

6.2.1.5 LOGEST 함수

LOGEST, GROWTH 함수는 LINEST함수와 달리 자연로그로 변환하지 않은 상태의 원 자료를 선택한다.

LOGEST(종속변수, 독립변수) = LOGEST(건설사 매출액, TIME)

LOGEST(C2:C24,A2:A24)

G10 =LOGEST(C2:C24,A2:A24)

	A	B	C	D	E	F	G	H
1	TIME	연도	건설사 매출액	LN(건설사 매출액)	LINEST	EXP(LINEST)	LINEST	
2	1	1994	6830	8.829	9.24	10349.70	b	a
3	2	1995	8540	9.053	9.29	10818.64	0.0443125	9.20040077
4	3	1996	11100	9.315	9.33	11308.82		
5	4	1997	12700	9.449	9.38	11821.21	SLOPE	INTERCEPT
6	5	1998	14300	9.568	9.42	12356.82	0.0443125	9.20040077
7	6	1999	15900	9.674	9.47	12916.69		
8	7	2000	16500	9.711	9.51	13501.93	LOGEST	
9	8	2001	17100	9.747	9.55	14113.69	b	a
10	9	2002	18700	9.836	9.60	14753.17	1.045309	
11	10	2003	18930	9.849	9.64	15421.62		
12	11	2004	19900	9.898	9.69	16120.36		
13	12	2005	17850	9.790	9.73	16850.75		
14	13	2006	16100	9.687	9.78	17614.24		
15	14	2007	15300	9.636	9.82	18412.33		
16	15	2008	14550	9.585	9.87	19246.57		
17	16	2009	16400	9.705	9.91	20118.61		
18	17	2010	17520	9.771	9.95	21030.17		
19	18	2011	18460	9.823	10.00	21983.02		
20	19	2012	21800	9.990	10.04	22979.05		
21	20	2013	23200	10.052	10.09	24020.21		
22	21	2014	26750	10.194	10.13	25108.54		
23	22	2015	29540	10.294	10.18	26246.18		
24	23	2016	32350	10.384	10.22	27435.36		

G10과 H10을 돋시에 선택한다. ⇨ 수식란을 클릭한다. ⇨ 종속변수는 파란색, 독립변수는 빨간색으로 나타난다. ⇨ Shift Key와 Control Key를 동시에 누른 상태에서 Enter Key를 클릭한다.

LOGEST ▾ | =LOGEST(C2:C24,A2:A24)

LOGEST(known_y's, **[known_x's]**, [const], [stats])

	A	B	C	D	E	F	G	H
1	TIME	연도	건설사 매출액	LN(건설사 매출액)	LINEST	EXP(LINEST)	LINEST	
2	1	1994	6830	8.829	9.24	10349.70	b	a
3	2	1995	8540	9.053	9.29	10818.64	0.0443125	9.20040077
4	3	1996	11100	9.315	9.33	11308.82		
5	4	1997	12700	9.449	9.38	11821.21	SLOPE	INTERCEPT
6	5	1998	14300	9.568	9.42	12356.82	0.0443125	9.20040077
7	6	1999	15900	9.674	9.47	12916.69		
8	7	2000	16500	9.711	9.51	13501.93	LOGEST	
9	8	2001	17100	9.747	9.55	14113.69	b	a
10	9	2002	18700	9.836	9.60	14753.17	2:C24,A2:A2	
11	10	2003	18930	9.849	9.64	15421.62		
12	11	2004	19900	9.898	9.69	16120.36		
13	12	2005	17850	9.790	9.73	16850.75		
14	13	2006	16100	9.687	9.78	17614.24		
15	14	2007	15300	9.636	9.82	18412.33		
16	15	2008	14550	9.585	9.87	19246.57		
17	16	2009	16400	9.705	9.91	20118.61		
18	17	2010	17520	9.771	9.95	21030.17		
19	18	2011	18460	9.823	10.00	21983.02		
20	19	2012	21800	9.990	10.04	22979.05		
21	20	2013	23200	10.052	10.09	24020.21		
22	21	2014	26750	10.194	10.13	25108.54		
23	22	2015	29540	10.294	10.18	26246.18		
24	23	2016	32350	10.384	10.22	27435.36		

H10 ▾ | {=LOGEST(C2:C24,A2:A24)}

	A	B	C	D	E	F	G	H
1	TIME	연도	건설사 매출액	LN(건설사 매출액)	LINEST	EXP(LINEST)	LINEST	
2	1	1994	6830	8.829	9.24	10349.70	b	a
3	2	1995	8540	9.053	9.29	10818.64	0.0443125	9.20040077
4	3	1996	11100	9.315	9.33	11308.82		
5	4	1997	12700	9.449	9.38	11821.21	SLOPE	INTERCEPT
6	5	1998	14300	9.568	9.42	12356.82	0.0443125	9.20040077
7	6	1999	15900	9.674	9.47	12916.69		
8	7	2000	16500	9.711	9.51	13501.93	LOGEST	
9	8	2001	17100	9.747	9.55	14113.69	b	a
10	9	2002	18700	9.836	9.60	14753.17	1.045309	9901.09631

LOGEST 함수 모수에 의한 예측값 계산

예측값=모수 a*모수b^TIME 변수

I2=H10*G10^A2 ⇨ 모수(H10, G10)을 선택하고 Key Board의 F4를 클릭해서 절대

참조로 변경한다. ⇨ 아래로 드래그해서 LOGEST 함수에 의한 예측값을 자동으로 계산한다.

I2 =$H$10*$G$10^A2

	A	B	C	D	E	F	G	H	I
1	TIME	연도	건설사 매출액	LN(건설사 매출액)	LINEST	EXP(LINEST)	LINEST		LOGEST
2	1	1994	6830	8.829	9.24	10349.70	b	a	10349.70466
3	2	1995	8540	9.053	9.29	10818.64	0.0443125	9.20040077	
4	3	1996	11100	9.315	9.33	11308.82			
5	4	1997	12700	9.449	9.38	11821.21	SLOPE	INTERCEPT	
6	5	1998	14300	9.568	9.42	12356.82	0.0443125	9.20040077	
7	6	1999	15900	9.674	9.47	12916.69			
8	7	2000	16500	9.711	9.51	13501.93	LOGEST		
9	8	2001	17100	9.747	9.55	14113.69	b	a	
10	9	2002	18700	9.836	9.60	14753.17	1.045309	9901.09631	
11	10	2003	18930	9.849	9.64	15421.62			

LINEST 함수, SLOPE와 INTERCEPT, LOGEST 함수에 의한 결과와 동일하다. 결과는 지수 모형_LINEST_SLOPE_INTERCEPT_LOGEST 함수 활용_결과에서 확인한다.

6.2.2 로그 선형 회귀모형

로그 선형 회귀모형은 수요가 완만한 상승세를 보일 경우에 적용이 가능하다.

6.2.2.1 자연로그 변환 독립변수를 선형 회귀분석

지수모형은 종속변수(건설사 매출액)를 자연로그로 변환한 후 선형 회귀분석을 하는 것이고 로그 선형 회귀모형은 독립변수인 TIME 변수를 자연로그로 변환한 후 선형 회귀분석을 한다.

① 제목 입력

D1, E1, F1에 LN(TIME), 예측값, 잔차(잔차 절대값)이라는 제목을 입력한다.

	A	B	C	D	E	F
1	TIME	연도	건설사 매출액	LN(TIME)	예측값	잔차
2	1	1994	6830			
3	2	1995	8540			
4	3	1996	11100			
5	4	1997	12700			

② 자연로그로 변환

D2 　 =LN(A2)

	A	B	C	D
1	TIME	연도	건설사 매출액	LN(TIME)
2	1	1994	6830	0
3	2	1995	8540	
4	3	1996	11100	
5	4	1997	12700	

TIME변수를 자연로그로 변환
D2=LN(A2) ⇨ 아래로 드래그해서 TIME변수를 모두 자연로그로 변환한다.

D24 　 =LN(A24)

	A	B	C	D
1	TIME	연도	건설사 매출액	LN(TIME)
2	1	1994	6830	0
3	2	1995	8540	0.693147181
22	21	2014	26750	3.044522438
23	22	2015	29540	3.091042453
24	23	2016	32350	3.135494216

③ 회귀분석

데이터 ⇨ 데이터 분석
회귀분석 ⇨ 확인

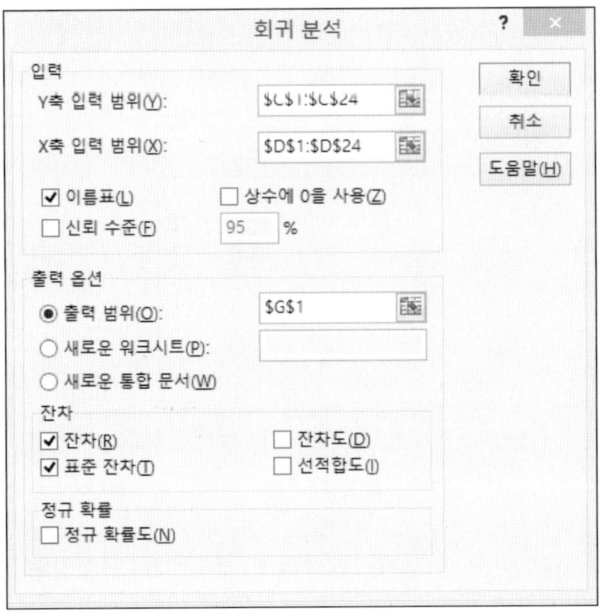

Y축 입력 범위: C1:C24
X축 입력 범위: D1:D24
이름표
출력 옵션: G1
잔차: 잔차, 표준잔차

■ **확인**

G	H	I	J	K	L
요약 출력					
회귀분석 통계량					
다중 상관계수	0.806956263				
결정계수	0.65117841				
조정된 결정계수	0.634567858				
표준 오차	3641.821605				
관측수	23				
분산 분석					
	자유도	제곱합	제곱 평균	F 비	유의한 F
회귀	1	5.2E+08	5.2E+08	39.2027	3.28E-06
잔차	21	2.79E+08	13262865		
계	22	7.98E+08			
	계수	표준 오차	t 통계량	P-값	하위 95%
Y 절편	4641.380584	2240.605	2.071486	0.050823	-18.2118
LN(TIME)	5882.344546	939.4907	6.261206	3.28E-06	3928.567

결정계수가 0.65117841이므로 모형은 전체 자료의 65.117841%를 설명하고 있다.

분산분석 유의한 F값이 3.28E-06으로 유의수준 0.05 보다 작기 때문에 모형은 통계적으로 유의미하다.

[참고]: 3.28E-06=0.00000328

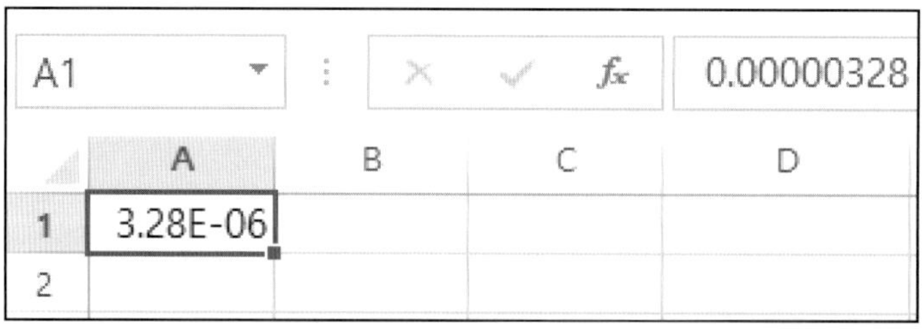

④ **예측값**

예측값=자연로그 변환 독립변수*독립변수+Y 절편=LN(TIME)계수*TIME+Y절편

E2=H18*A2+H17

E2 | =H18*D2+H17

	A	B	C	D	E	F	G	H
1	TIME	연도	건설사 매출액	LN(TIME)	예측값	잔차	요약 출력	
2	1	1994	6830	0	4641.380584			
16	15	2008	14550	2.708050201				계수
17	16	2009	16400	2.772588722			Y 절편	4641.380584
18	17	2010	17520	2.833213344			LN(TIME)	5882.344546

E2 | =$H$18*D2+$H$17

	A	B	C	D	E
1	TIME	연도	건설사 매출액	LN(TIME)	예측값
2	1	1994	6830	0	4641.380584
3	2	1995	8540	0.693147181	
4	3	1996	11100	1.098612289	

LN(TIME) 계수(H18)과 Y 절편(H17)을 선택하고 Key Board의 F4를 클릭해서 절대참조로 변경한다.

E24 | =$H$18*D24+$H$17

	A	B	C	D	E
1	TIME	연도	건설사 매출액	LN(TIME)	예측값
2	1	1994	6830	0	4641.380584
21	20	2013	23200	2.995732274	22263.30998
22	21	2014	26750	3.044522438	22550.31054
23	22	2015	29540	3.091042453	22823.9573
24	23	2016	32350	3.135494216	23085.43788

아래로 드래그해서 예측값을 계산한다.

⑤ 잔차 절대값

잔차 절대값을 계산한다.

F2=ABS(C2−E2) ⇨ 아래로 드래그해서 잔차 절대값을 자동으로 계산한다.

F2 | =ABS(C2-E2)

	A	B	C	D	E	F
1	TIME	연도	건설사 매출액	LN(TIME)	예측값	잔차
2	1	1994	6830	0	4641.380584	2189
3	2	1995	8540	0.693147181	8718.711121	
4	3	1996	11100	1.098612289	11103.79659	
5	4	1997	12700	1.386294361	12796.04166	

⑥ 잔차 절대값 평균

F25에 MAE(잔차 절대값 평균)이라고 제목을 입력한다.

F26=AVERAGE(F2:F24)

F26 | f_x =AVERAGE(F2:F24)

	A	B	C	D	E	F
1	TIME	연도	건설사 매출액	LN(TIME)	예측값	잔차
2	1	1994	6830	0	4641.380584	2189
3	2	1995	8540	0.693147181	8718.711121	179
22	21	2014	26750	3.044522438	22550.31054	4200
23	22	2015	29540	3.091042453	22823.9573	6716
24	23	2016	32350	3.135494216	23085.43788	9265
25						MAE
26						2424.8471

MAE(잔차 절대값 평균)을 비교해서 값이 적을수록 더 좋은 모형이다.

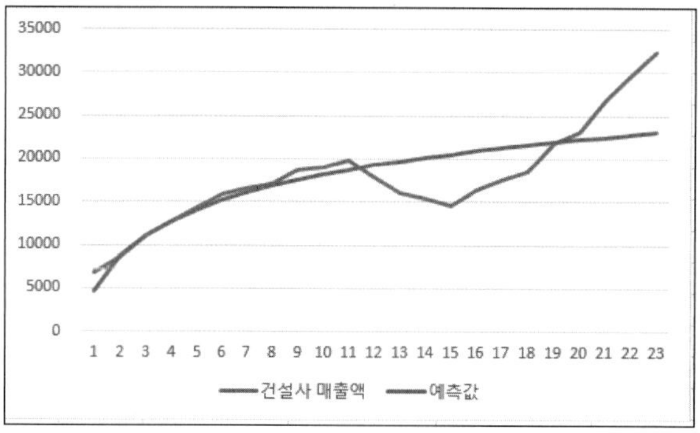

A1의 TIME 인덱스를 삭제한다. ⇨ A1:A24를 선택한다. ⇨ Control Key를 누른 상태에서 C1:C24 선택 및 E1:E24를 선택한다. ⇨ 삽입 ⇨ 2차원 꺾은선형 ⇨ 꺾은선형

결과는 로그 선형 회귀모형_결과에서 확인한다.

6.2.2.2 독립변수를 자연로그 변환 후 LINEST 함수

B27 | f_x Y 절편

	A	B	C	D
1	TIME	연도	건설사 매출액	LN(TIME)
2	1	1994	6830	0
3	2	1995	8540	0.693147181
4	3	1996	11100	1.098612289
5	4	1997	12700	1.386294361
25				
26	LINEST			
27	LN(TIME)	Y 절편		

A26에 LINEST 함수, A27과 B27에 각각 LN(TIME), Y 절편 제목을 입력한다.

A28 | =LINEST(C2:C24,D2:D24)

	A	B	C	D
1	TIME	연도	건설사 매출액	LN(TIME)
2	1	1994	6830	0
3	2	1995	8540	0.693147181
4	3	1996	11100	1.098612289
5	4	1997	12700	1.386294361
26	LINEST			
27	LN(TIME)	Y 절편		
28	5882.34455			

A28=LINEST(C2:C24,D2:D24)

A28과 B28을 동시에 선택하고 수식란을 클릭한다. ⇨ 종속변수 범위가 파란색으로 자연로그로 변환한 독립변수 범위가 빨간색으로 바뀐다.

LOGEST | =LINEST(C2:C24,D2:D24)

LINEST(known_y's, **[known_x's]**, [const], [stats])

	A	B	C	D	
1	TIME	연도	건설사 매출액	LN(TIME)	예측값
2	1	1994	6830	0	4641.380584
3	2	1995	8540	0.693147181	8718.711121
4	3	1996	11100	1.098612289	11103.79659
5	4	1997	12700	1.386294361	12796.04166
26	LINEST				
27	LN(TIME)	Y 절편			
28	T(C2:C24,D2:				

Shift Key와 Control Key를 동시에 선택한 후 Enter Key를 클릭한다.

A28 | {=LINEST(C2:C24,D2:D24)}

	A	B	C	D	E	F	G	H
1	TIME	연도	건설사 매출액	LN(TIME)	예측값	잔차	요약 출력	
2	1	1994	6830	0	4641.380584	2189		
3	2	1995	8540	0.693147181	8718.711121	179	회귀분석 통계량	
4	3	1996	11100	1.098612289	11103.79659	4	다중 상관계수	0.806956263
5	4	1997	12700	1.386294361	12796.04166	96	결정계수	0.65117841
16	15	2008	14550	2.708050201	20571.06491	6021		계수
17	16	2009	16400	2.772588722	20950.70273	4551	Y 절편	4641.380584
18	17	2010	17520	2.833213344	21307.31765	3787	LN(TIME)	5882.344546
19	18	2011	18460	2.890371758	21643.54313	3184		
20	19	2012	21800	2.944438979	21961.58515	162		
21	20	2013	23200	2.995732274	22263.30998	937		
22	21	2014	26750	3.044522438	22550.31054	4200	잔차 출력	
23	22	2015	29540	3.091042453	22823.9573	6716		
24	23	2016	32350	3.135494216	23085.43788	9265	관측수	예측치 건설사 매출액
25						MAE	1	4641.380584
26	LINEST					2424.8471	2	8718.711121
27	LN(TIME)	Y 절편					3	11103.79659
28	5882.34455	4641.3806					4	12796.04166

결과는 로그 선형 회귀모형_결과에서 확인한다.

6.2.3 2차 · 3차 · 4차 · 5차 다항식

2차 · 3차 · 4차 · 5차 다항식은 2차 · 3차 · 4차 · 5차 다항식 회귀 모형(Polynominal Regression)이라고도 한다. 증가세를 보이다가 일시적으로 감소한 후에 다시 꾸준한 상승세를 보이는 수요 예측에 적합하다.

6.2.3.1 2차 다항식

6.2.3.1.1 독립변수 생성한 후 선형 회귀분석 활용 2차 다항식

① 제목 입력

D1, E1, F1, G1, Hi, I1, J1에 TIME, TIME^2, 2차 다항모형 예측값, 최적계수 예측값, 잔차, 잔차 제곱, 최적 계수라고 제목을 입력한다.

② TIME 변수

	A	B	C	D
1	TIME	연도	건설사 매출액	TIME
2	1	1994	6830	1
3	2	1995	8540	2
22	21	2014	26750	21
23	22	2015	29540	22
24	23	2016	32350	23

A1:A24의 TIME변수 값을 복사해서 D열에 그대로 붙여넣기한다.

E2 =D2^2

	A	B	C	D	E
1	TIME	연도	건설사 매출액	TIME	TIME^2
2	1	1994	6830	1	1
3	2	1995	8540	2	
4	3	1996	11100	3	

TIME변수의 제곱 계산
E2=D2^2 또는 D2*D2

E24 =D24^2

	A	B	C	D	E	F
1	TIME	연도	건설사 매출액	TIME	TIME^2	예측값
2	1	1994	6830	1	1	11126.04
3	2	1995	8540	2	4	
22	21	2014	26750	21	441	25373.55
23	22	2015	29540	22	484	26514.4
24	23	2016	32350	23	529	27696.04

아래로 드래그해서 TIME 변수의 제곱을 자동으로 계산한다.

③ **회귀분석**

데이터 ⇨ 데이터 분석 ⇨ 회귀분석 ⇨ 확인

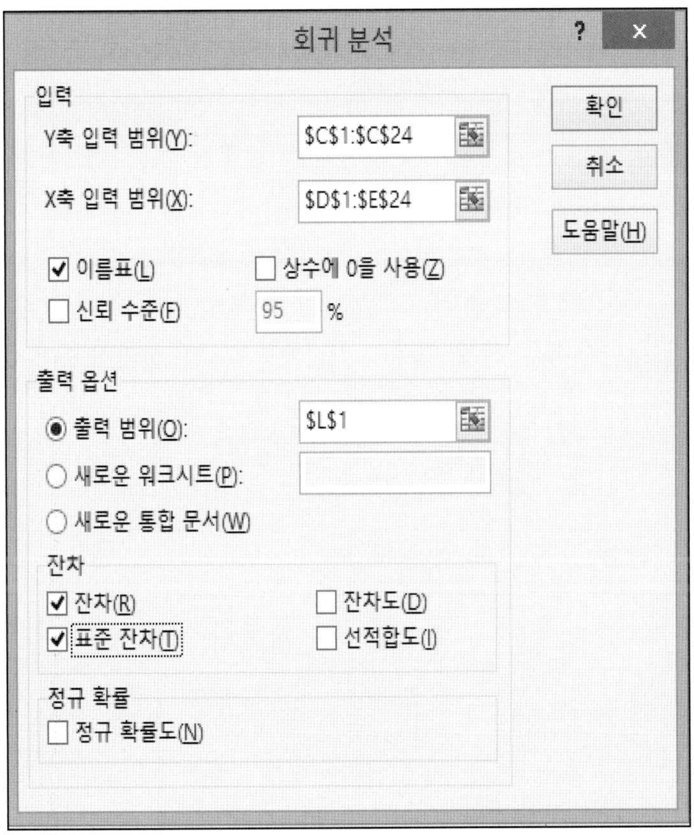

Y축 입력 범위: C1:C24

X축 입력 범위: D1:D24

이름표

출력 옵션: L1

잔차: 잔차, 표준잔차

■ **확인**

L	M	N	O	P	Q
요약 출력					
회귀분석 통계량					
다중 상관계수	0.858756913				
결정계수	0.737463436				
조정된 결정계수	0.71120978				
표준 오차	3237.475848				
관측수	23				
분산 분석					
	자유도	제곱합	제곱 평균	F 비	유의한 F
회귀	2	588835202.6	2.94E+08	28.08993	1.56E-06
잔차	20	209624997.4	10481250		
계	22	798460200			
	계수	표준 오차	t 통계량	P-값	하위 95%
Y 절편	10842.13439	2215.004036	4.89486	8.76E-05	6221.717
TIME	263.5059289	425.209407	0.619709	0.542446	-623.465
TIME^2	20.40316206	17.20213132	1.186083	0.249489	-15.4799

결정계수가 0.737463436이므로 모형은 전체 자료의 73.7463436%를 설명하고 있다. 분신분석 유의한 F값이 1.56E-06으로 유의수준 0.05 보다 작기 때문에 모형은 통계적으로 유의미하다.

[참고]: 1.56E-06=0.00000156

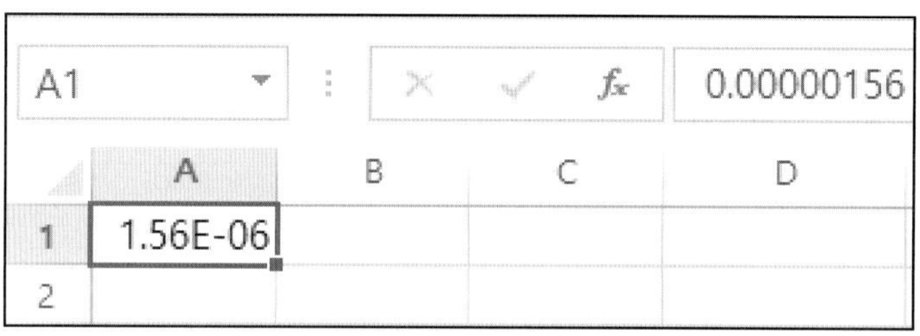

④ **예측값**

예측값=TIME 계수*TIME+TIME^2 계수*TIME^2+Y 절편

F2=M18*D2+M19*E2+M17 또는 MMULT(D2:E2,M18:M19)+M17 ⇨ TIME 계수(M17), TIME^2 계수(M18), Y 절편(M17)을 선택한 후 Key Board의 F4를 클릭해서

절대참조로 변경한다.

F2 =MMULT(D2:E2,$M$18:$M$19)+$M$17

	A	B	C	D	E	F	L	M
1	TIME	연도	건설사 매출액	TIME	TIME^2	2차 다항모형 예측값	요약 출력	
2	1	1994	6830	1	1	11126.04		
3	2	1995	8540	2	4		회귀분석 통계량	
4	3	1996	11100	3	9		다중 상관계수	0.858756913
5	4	1997	12700	4	16		결정계수	0.737463436
6	5	1998	14300	5	25		조정된 결정계수	0.71120978
7	6	1999	15900	6	36		표준 오차	3237.475848
8	7	2000	16500	7	49		관측수	23
9	8	2001	17100	8	64			
10	9	2002	18700	9	81		분산 분석	
11	10	2003	18930	10	100			자유도
12	11	2004	19900	11	121		회귀	2
13	12	2005	17850	12	144		잔차	20
14	13	2006	16100	13	169		계	22
15	14	2007	15300	14	196			
16	15	2008	14550	15	225			계수
17	16	2009	16400	16	256		Y 절편	10842.13439
18	17	2010	17520	17	289		TIME	263.5059289
19	18	2011	18460	18	324		TIME^2	20.40316206

아래로 드래그해서 예측하고자 하는 기간까지 예측이 가능하다.

결과는 2차 다항 모형_결과에서 확인한다.

6.2.3.1.2 잔차 제곱의 평균(MSE)를 최소화하는 최적 모수

① 제목 입력

G1에 최적 계수 예측값이라고 제목을 입력한다. ⇨ J1:J3에 Y 절편, TIME, TIME^2 제목을 입력한다.

② 임의의 모수 입력

K1:K3에 임의의 모수를 입력한다. 여기서는 각각 1을 입력한다.

K2 | f_x | 1

	A	B	C	D	E	F	G	H	I	J	K
1	TIME	연도	건설사 매출액	TIME	TIME^2	2차 다항모형 예측값	최적 계수 예측값	잔차	잔차 제곱	최적 계수	
2	1	1994	6830	1	1	11126.04				Y 절편	1.00
3	2	1995	8540	2	4	11450.76				TIME	1.00
4	3	1996	11100	3	9	11816.28				TIME^2	1.00
5	4	1997	12700	4	16	12222.61					
6	5	1998	14300	5	25	12669.74					

③ **회귀 방정식 입력**

G2=D2*K3+E2*K4+K2 또는 G2=MMULT(D2:E2,K3:K4)+K2 ⇨ TIME 계수, TIME^2 계수, Y 절편을 각각 선택하고 Key Board의 F4를 클릭해서 절대참조로 변경한다.

G2 | f_x | =MMULT(D2:E2,$K$3:$K$4)+$K$2

	A	B	C	D	E	F	G
1	TIME	연도	건설사 매출액	TIME	TIME^2	2차 다항모형 예측값	최적 계수 예측값
2	1	1994	6830	1	1	11126.04	3.00
3	2	1995	8540	2	4	11450.76	
4	3	1996	11100	3	9	11816.28	
5	4	1997	12700	4	16	12222.61	

④ **잔차**

잔차=건설사 매출액-최적 계수 예측값 ⇨ F2=C2-G2

H2 | f_x | =C2-G2

	A	B	C	D	E	F	G	H
1	TIME	연도	건설사 매출액	TIME	TIME^2	2차 다항모형 예측값	최적 계수 예측값	잔차
2	1	1994	6830	1	1	11126.04	3.00	6827.00
3	2	1995	8540	2	4	11450.76		
4	3	1996	11100	3	9	11816.28		
5	4	1997	12700	4	16	12222.61		
6	5	1998	14300	5	25	12669.74		

⑤ 잔차 제곱

잔차 제곱=잔차^2 또는 잔차*잔차

I2 | =H2^2

	A	B	C	D	E	F	G	H	I
1	TIME	연도	건설사 매출액	TIME	TIME^2	2차 다항모형 예측값	최적 계수 예측값	잔차	잔차 제곱
2	1	1994	6830	1	1	11126.04	3.00	6827.00	46607929.00
3	2	1995	8540	2	4	11450.76			
4	3	1996	11100	3	9	11816.28			
5	4	1997	12700	4	16	12222.61			
6	5	1998	14300	5	25	12669.74			
7	6	1999	15900	6	36	13157.68			

G1, H1, I1을 동시에 선택하고 아래로 드래그한다.

I24 | =H24^2

	A	B	C	D	E	F	G	H	I
1	TIME	연도	건설사 매출액	TIME	TIME^2	2차 다항모형 예측값	최적 계수 예측값	잔차	잔차 제곱
2	1	1994	6830	1	1	11126.04	3.00	6827.00	46607929.00
3	2	1995	8540	2	4	11450.76	7.00	8533.00	72812089.00
4	3	1996	11100	3	9	11816.28	13.00	11087.00	122921569.00
5	4	1997	12700	4	16	12222.61	21.00	12679.00	160757041.00
21	20	2013	23200	20	400	24273.52	421.00	22779.00	518882841.00
22	21	2014	26750	21	441	25373.55	463.00	26287.00	691006369.00
23	22	2015	29540	22	484	26514.40	507.00	29033.00	842915089.00
24	23	2016	32350	23	529	27696.04	553.00	31797.00	1011049209.00

⑥ 잔차 제곱의 합계

I25에 SSE(잔차 제곱의 합계)라는 제목을 입력한다.

G26=SUM(I2:I24)

I26 | =SUM(I2:I24)

	A	B	C	D	E	F	G	H	I
1	TIME	연도	건설사 매출액	TIME	TIME^2	2차 다항모형 예측값	최적 계수 예측값	잔차	잔차 제곱
2	1	1994	6830	1	1	11126.04	3.00	6827.00	46607929.00
3	2	1995	8540	2	4	11450.76	7.00	8533.00	72812089.00
4	3	1996	11100	3	9	11816.28	13.00	11087.00	122921569.00
5	4	1997	12700	4	16	12222.61	21.00	12679.00	160757041.00
21	20	2013	23200	20	400	24273.52	421.00	22779.00	518882841.00
22	21	2014	26750	21	441	25373.55	463.00	26287.00	691006369.00
23	22	2015	29540	22	484	26514.40	507.00	29033.00	842915089.00
24	23	2016	32350	23	529	27696.04	553.00	31797.00	1011049209.00
25	24			24	576	28918.50			SSE
26	25			25	625	30181.76			7915661143.00

⑦ 해 찾기

데이터 ➪ 해 찾기

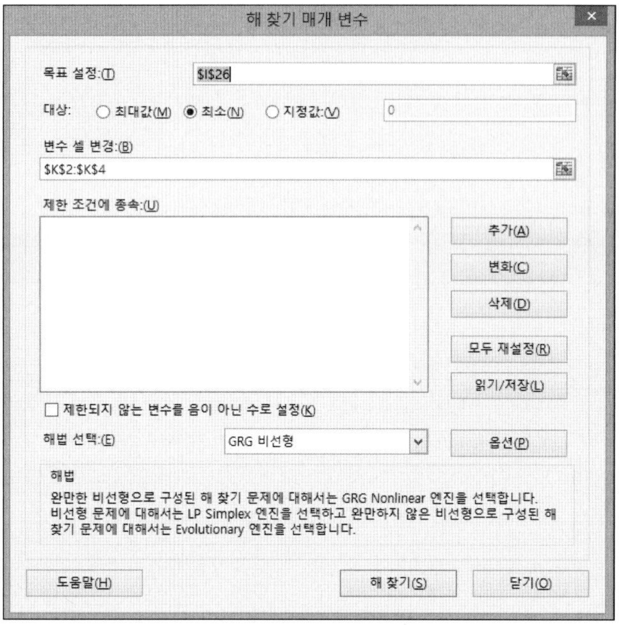

목표 설정: I26

대상: 최소

변수 셀 변경: K2:K4

제한되지 않는 변수를 음이 아닌 수로 설정: 체크 해제

해법 선택: GRG 비선형 ➪ 해 찾기

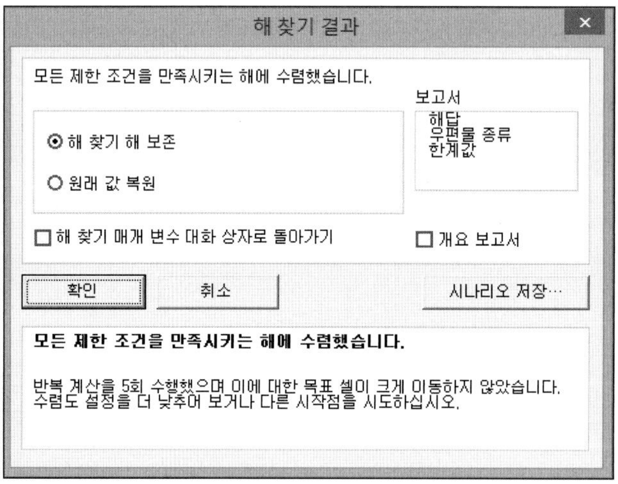

해 찾기 보존 ➪ 확인

회귀분석과 동일한 결과를 확인할 수 있다.

	J	K	L	M
1	최적 계수		요약 출력	
2	Y 절편	10842.13		
3	TIME	263.51	회귀분석 통계량	
4	TIME^2	20.40	다중 상관계수	0.858756913
5			결정계수	0.737463436
6			조정된 결정계수	0.71120978
7			표준 오차	3237.475848
8			관측수	23
9				
10			분산 분석	
11				자유도
12			회귀	2
13			잔차	20
14			계	22
15				
16				계수
17			Y 절편	10842.13439
18			TIME	263.5059289
19			TIME^2	20.40316206

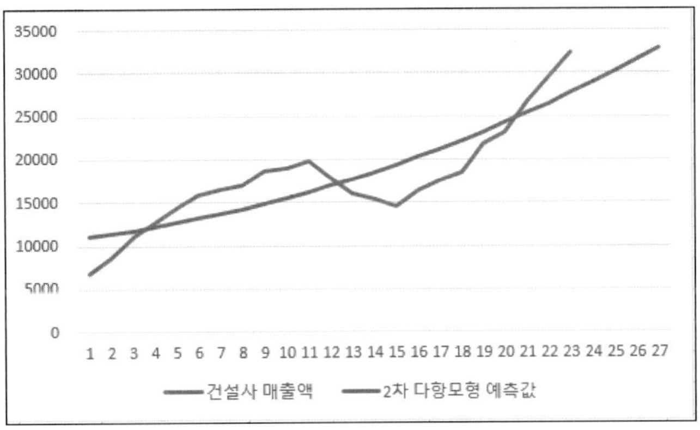

A1의 TIME 인덱스를 삭제한다. ⇨ A1:A28을 선택한다. ⇨ Control Key를 누른 상태에서 C1:C24 선택 및 F1:F28을 선택한다. ⇨ 삽입 ⇨ 2차원 꺽은선형 ⇨ 꺽은선형

결과는 2차 다항 모형_결과에서 확인한다.

6.2.3.1.3 LINEST 함수

LINEST 함수의 계수와 Y 절편 결과 순서는 데이터 분석의 결과와 반대로 출력된다. A30에 LINEST, A31, B31, C31에 TIME^2, TIME, Y 절편이라고 제목을 입력한다.

A32 | =LINEST(C2:C24,D2:E24)

	A	B	C	D	E
1	TIME	연도	건설사 매출액	TIME	TIME^2
2	1	1994	6830	1	1
3	2	1995	8540	2	4
4	3	1996	11100	3	9
30	LINEST				
31	TIME^2	TIME	Y 절편		
32	20.40316				

LINEST(종속변수, 독립변수)
A32=LINEST(C2:C24,D2:E24)

LOGEST | =LINEST(C2:C24,D2:E24)

	A	B	C	D	E
1	TIME	연도	건설사 매출액	TIME	TIME^2
2	1	1994	6830	1	1
3	2	1995	8540	2	4
4	3	1996	11100	3	9
30	LINEST				
31	TIME^2	TIME	Y 절편		
32	D2:E24)				

A32:C32를 선택한다. ⇨ 수식란을 클릭한다. ⇨ 종속변수 범위는 파란색으로 독립변수 범위는 빨간색으로 표시된다. ⇨ Shift Key와 Control Key를 동시에 누른 상태에서 Enter Key를 클릭한다.

회귀분석, 최적 계수 찾기와 동일한 결과를 얻는다.

3차 다항식, 4차 다항식을 LINEST함수로 계산하는 방법은 모두 동일하며, 결과는 3차 다항 모형_결과, 4차 다항 모형_결과, 5차 다항 모형_결과에서 확인한다.

결과는 2차 다항 모형_결과에서 확인한다.

6.2.3.2 3차 다항식

① 제목 입력

2차 다항식은 TIME변수와 TIME^2 변수를 회귀분석하는 모형이다. 3차 다항식은 TIME^3 제곱 변수를 하나 더 추가한다.

F2 | =D2^3

	A	B	C	D	E	F
1	TIME	연도	건설사 매출액	TIME	TIME^2	TIME^3
2	1	1994	6830	1	1	1
3	2	1995	8540	2	4	
4	3	1996	11100	3	9	
5	4	1997	12700	4	16	

F2=D2^3 ⇨ 아래로 드래그해서 TIME^3 변수값을 자동으로 계산한다.

② 회귀분석

데이터 ⇨ 데이터 분석 ⇨ 회귀분석 ⇨ 확인

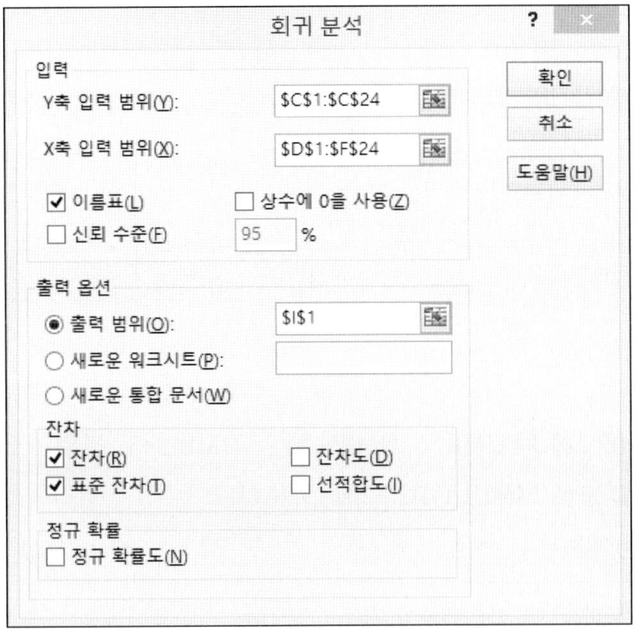

Y축 입력 범위: C1:C24

X축 입력 범위: D1:F24

이름표

출력 옵션: I1

잔차: 잔차, 표준잔차

■ **확인**

I	J	K	L	M	N
요약 출력					
회귀분석 통계량					
다중 상관계수	0.9812888				
결정계수	0.96292771				
조정된 결정계수	0.95707419				
표준 오차	1248.17231				
관측수	23				
분산 분석					
	자유도	제곱합	제곱 평균	F 비	유의한 F
회귀	3	768859451.8	256286483.9	164.5040579	9.04569E-14
잔차	19	29600748.19	1557934.115		
계	22	798460200			
	계수	표준 오차	t 통계량	P-값	하위 95%
Y 절편	1224.3083	1236.844363	0.989864478	0.334679734	-1364.4367
TIME	4616.188761	436.8436782	10.56714104	2.14871E-09	3701.864434
TIME^2	-423.4965035	41.82383579	-10.12572127	4.30196E-09	-511.034798
TIME^3	12.33054627	1.14707379	10.74956674	1.62267E-09	9.92969323

결정계수가 0.96292771이므로 모형은 전체 자료의 96.292771%를 설명하고 있다.

분산분석 유의한 F값이 9.04569E-14로 유의수준 0.05 보다 작기 때문에 모형은 통계적으로 유의미하다.

[참고]: 9.04569E-14=0.0000000000000904569

A1		fx	0.0000000000000904569		
	A	B	C	D	E
1	9.04569E-14				
2					

③ 예측값

예측값=TIME 계수*TIME+TIME^2계수*TIME^2+TIME^3계수*TIME^3+Y 절편

G2=J18*D2+J19*E2+J20*F2+J17 또는 MMULT(D2:F2,J18:J20)+J17

G2=MMULT(D2:F2,$J$18:$J$20)+$J$17

G2 fx =MMULT(D2:F2,$J$18:$J$20)+$J$17

	A	B	C	D	E	F	G	H	I	J
1	TIME	연도	건설사 매출액	TIME	TIME^2	TIME^3	예측값	잔차	요약 출력	
2	1	1994	6830	1	1	1	5429.331			
17	16	2009	16400	16	256	4096			Y 절편	1224.3083
18	17	2010	17520	17	289	4913			TIME	4616.18876
19	18	2011	18460	18	324	5832			TIME^2	-423.496503
20	19	2012	21800	19	361	6859			TIME^3	12.3305463

아래로 드래그해서 자동으로 계산한다.

④ 잔차 절대값

잔차=건설사 매출액-예측값 ⇨ 잔차 절대값=ABS(건설사 매출액-예측값)

H2=ABS(C2-G2) ⇨ 아래로 드래그해서 자동으로 계산한다.

H2 fx =ABS(C2-G2)

	A	B	C	D	E	F	G	H
1	TIME	연도	건설사 매출액	TIME	TIME^2	TIME^3	예측값	잔차
2	1	1994	6830	1	1	1	5429.331	1400.67
3	2	1995	8540	2	4	8	8861.344	
4	3	1996	11100	3	9	27	11594.33	
5	4	1997	12700	4	16	64	13702.27	

⑤ 잔차 절대값의 평균

H25에 MAE(잔차 절대값의 평균)이라고 제목을 입력한다.

H26=AVERAGE(H2:H24)

다른 모형과 MAE를 비교해서 적은 모형이 가장 적합하다.

H26 =AVERAGE(H2:H24)

	A	B	C	D	E	F	G	H
1	TIME	연도	건설사 매출액	TIME	TIME^2	TIME^3	예측값	잔차
2	1	1994	6830	1	1	1	5429.331	1400.67
21	20	2013	23200	20	400	8000	22793.85	406.15
22	21	2014	26750	21	441	9261	25595.5	1154.50
23	22	2015	29540	22	484	10648	29103.81	436.19
24	23	2016	32350	23	529	12167	33392.76	1042.76
25								MAE
26								957.94

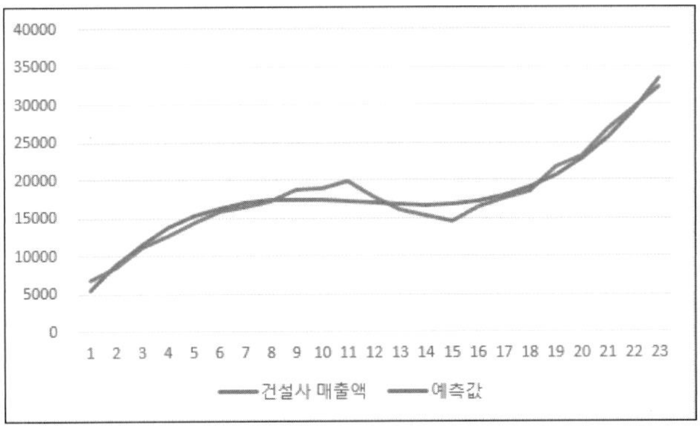

A1의 TIME 인덱스를 삭제한다. ⇨ A1:A24를 선택한다. ⇨ Control Key를 누른 상태에서 C1:C24 선택 및 G1:G24을 선택한다. ⇨ 삽입 ⇨ 2차원 꺽은선형 ⇨ 꺽은선형

결과는 3차 다항 모형_결과에서 확인한다.

4차 다항식, 5차 다항식, 6차 다항식, 7차 다항식 등도 모두 같은 방법으로 실시한다.

6.2.4 거듭 제곱

꾸준한 상승세를 보이는 수요 예측에 적합하다.

① 제목 입력

D1, E1, F1에 예측값, 잔차, 잔차 제곱, 모수라고 제목을 입력한다.

② 임의의 모수 값 입력

a: 1 b: 1

③ 거듭 제곱식 입력

D2=G2*A2^G3

D2 | =H2*A2^H3

	A	B	C	D	E	F	G	H
1	TIME	연도	건설사 매출액	예측값	잔차	잔차 제곱	모수	
2	1	1994	6830	1			a	1
3	2	1995	8540				b	1
4	3	1996	11100					
5	4	1997	12700					
6	5	1998	14300					

수식란에서 모수(H2, H3)를 선택한 후 Key Board의 F4를 클릭해서 절대참조로 변경한다.

D2 | =$H$2*A2^$H$3

	A	B	C	D	E	F	G	H
1	TIME	연도	건설사 매출액	예측값	잔차	잔차 제곱	모수	
2	1	1994	6830	1			a	1
3	2	1995	8540				b	1
4	3	1996	11100					
5	4	1997	12700					
6	5	1998	14300					

④ 잔차

잔차(오차)=건설사 매출액-예측값 ⇨ E2=C2-D2

E2 | =C2-D2

	A	B	C	D	E	F	G	H
1	TIME	연도	건설사 매출액	예측값	잔차	잔차 제곱	모수	
2	1	1994	6830	1	6829		a	1
3	2	1995	8540				b	1
4	3	1996	11100					
5	4	1997	12700					
6	5	1998	14300					

⑤ 잔차 제곱

F2=E2^2 ⇨ D2, E2, F2를 동시에 선택하고 아래로 드래그해서 예측값과 잔차 절대값을 동시에 계산한다.

F2 =E2^2

	A	B	C	D	E	F
1	TIME	연도	건설사 매출액	예측값	잔차	잔차 제곱
2	1	1994	6830	1	6829	46635241.0
3	2	1995	8540			
4	3	1996	11100			
5	4	1997	12700			
6	5	1998	14300			

F26 =AVERAGE(F2:F24)

	A	B	C	D	E	F
1	TIME	연도	건설사 매출액	예측값	잔차	잔차 제곱
2	1	1994	6830	1	6829	46635241.0
3	2	1995	8540	2	8538	72897444.0
4	3	1996	11100	3	11097	123143409.0
5	4	1997	12700	4	12696	161188416.0
21	20	2013	23200	20	23180	537312400.0
22	21	2014	26750	21	26729	714439441.0
23	22	2015	29540	22	29518	871312324.0
24	23	2016	32350	23	32327	1045034929.0
25						MSE
26						352487008.87

E25에 MSE(잔차 제곱 평균)이라고 제목을 입력한다.

E26=AVERAGE(E2:E24)

⑥ 해 찾기

데이터 ⇨ 해 찾기

목표 설정: F26

변수 셀 변경: H2:H3

제한되지 않은 변수를 음이 아닌 수로 설정: 체크 해제

해법 선택: GRG 비선형

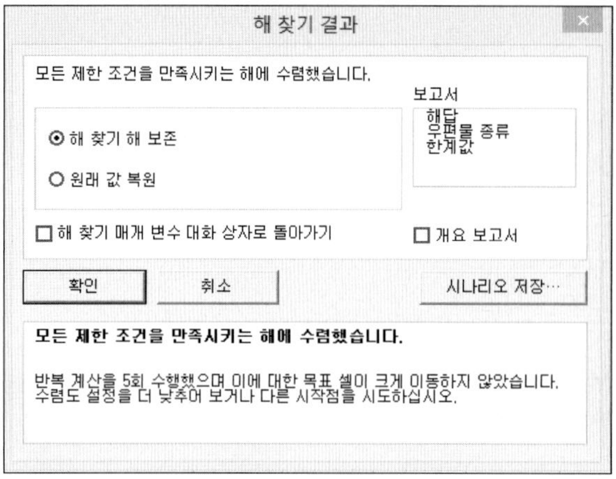

해 찾기

해 찾기 해 보존 ⇨ 확인

■ **모수**

a: 6599　　　　b: 0.42

MSE: 10589379.01

■ **Excel 산점도를 활용한 모수 값**

a: 7118　　　　b: 0.3841

해 찾기로 찾은 모수와 산점도의 모수 값에 차이가 있다. 어떤 것이 더 정확할까? MAE, MSE 값이 더 적을수록 더 정확한 모형이다.

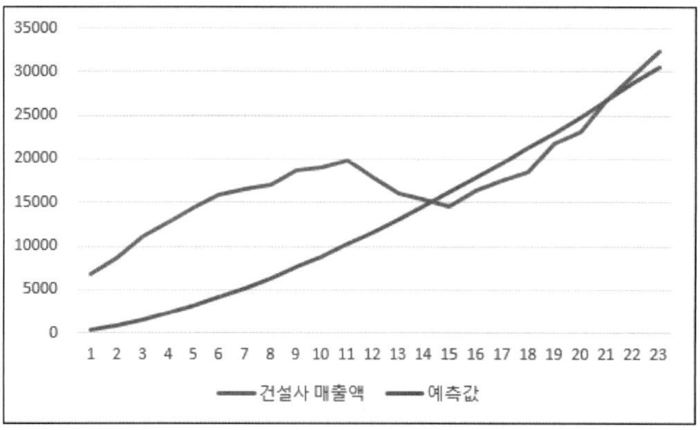

A1의 TIME 인덱스를 삭제한다. ⇨ A1:A24를 선택한다. ⇨ Control Key를 누른 상태에서 C1:D25를 선택한다. ⇨ 삽입 ⇨ 2차원 꺾은선형 ⇨ 꺾은선형

6.2.5 역 모형

급격한 상승을 보인 후에 별다른 변화를 보이지 않는 수요 예측에 적합하다.

① 1/종속변수 계산

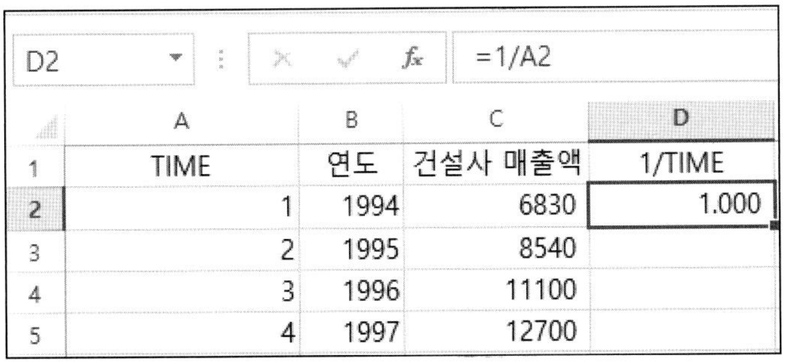

독립변수=1/TIME
D2=1/A2 ⇨ 아래로 드래그해서 1/TIME변수를 자동으로 계산한다.

② 회귀분석

데이터 ⇨ 데이터분석 ⇨ 회귀분석 ⇨ 확인

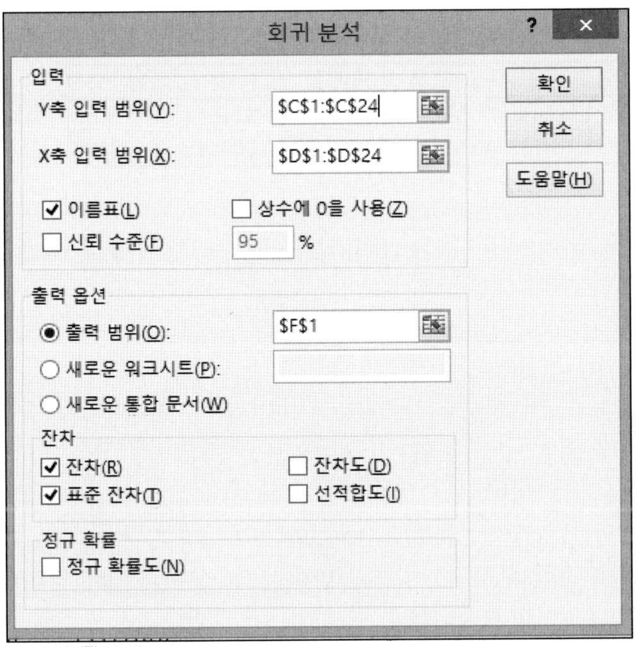

Y축 입력 범위: C1:C24
X축 입력 범위: D1:D24
이름표
출력 옵션: F1
잔차: 잔차, 표준잔차

■ **확인**

결정계수가 0.437790867로 모형은 전체 자료의 43.7790867%를 설명하고 있다.

분산분석 유의한 F값이 0.000585로 유의수준 0.05 보다 작기 때문에 모형은 통계적으로 유의미하다.

E2=G18*D2+G17

F	G	H	I	J	K
요약 출력					
회귀분석 통계량					
다중 상관계수	0.661657666				
결정계수	0.437790867				
조정된 결정계수	0.411019003				
표준 오차	4623.447574				
관측수	23				
분산 분석					
	자유도	제곱합	제곱 평균	F 비	유의한 F
회귀	1	3.5E+08	3.5E+08	16.35265	0.000585
잔차	21	4.49E+08	21376267		
계	22	7.98E+08			
	계수	표준 오차	t 통계량	P-값	하위 95%
Y 절편	20881.52913	1222.749	17.07752	8.6E-14	18338.68
1/TIME	-18733.18401	4632.523	-4.04384	0.000585	-28367

1/TIME 계수(G18)와 Y절편(G17)을 선택한 후 Key Board의 F4를 클릭해서 절대참조로 변경한다.

E2 : =$G$18*D2+$G$17

	A	B	C	D	E	F	G
1	TIME	연도	건설사 매출액	1/TIME	예측값	요약 출력	
2	1	1994	6830	1.000	2148.345		
16	15	2008	14550	0.067			계수
17	16	2009	16400	0.063		Y 절편	20881.52913
18	17	2010	17520	0.059		1/TIME	-18733.18401

E24 : =$G$18*D24+$G$17

	A	B	C	D	E
1	TIME	연도	건설사 매출액	1/TIME	예측값
2	1	1994	6830	1.000	2148.345
3	2	1995	8540	0.500	11514.937
22	21	2014	26750	0.048	19989.473
23	22	2015	29540	0.045	20030.021
24	23	2016	32350	0.043	20067.043

아래로 드래그해서 예측값을 자동으로 계산한다.

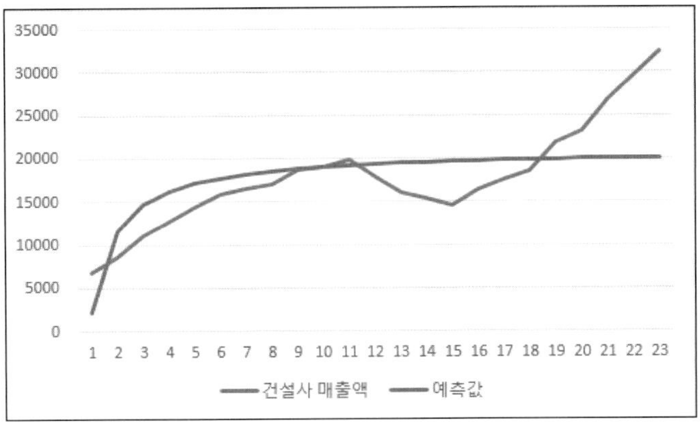

A1의 TIME 인덱스를 삭제한다. ⇨ A1:A24를 선택한다. ⇨ Control Key를 누른 상태에서 C1:C24 선택 및 E1:E24를 선택한다. ⇨ 삽입 ⇨ 2차원 꺾은선형 ⇨ 꺾은선형

결과는 거듭제곱 모형_최적 모수 결과에서 확인한다.

6.2.6 파워 모형

완만한 상승세를 보이는 수요 예측에 적합하다.

① 독립변수와 종속변수를 모두 자연로그로 변환

D2 =LN(A2)

	A	B	C	D
1	TIME	연도	건설사 매출액	LN(TIME)
2	1	1994	6830	0.00
3	2	1995	8540	
4	3	1996	11100	
5	4	1997	12700	

D2=LN(A2)

E2 =LN(C2)

	A	B	C	D	E
1	TIME	연도	건설사 매출액	LN(TIME)	LN(매출액)
2	1	1994	6830	0.00	8.829079953
3	2	1995	8540		
4	3	1996	11100		
5	4	1997	12700		

E2=LN(C2) ⇨ D2와 E2를 동시에 선택하고 아래로 드래그해서 자연로그로 변환한다.

② 회귀분석

데이터 ⇨ 데이터분석 ⇨ 회귀분석 ⇨ 확인

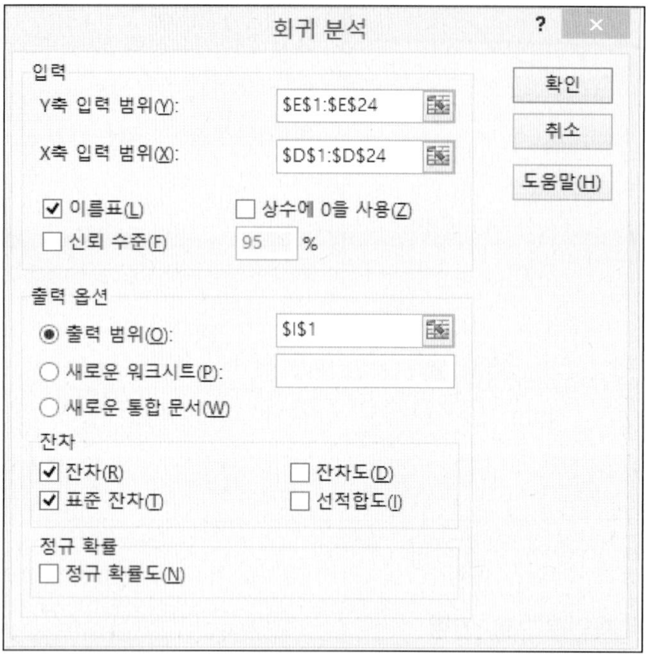

Y축 입력 범위: E1:E24
X축 입력 범위: D1:D24
이름표
출력 범위: I1
잔차: 잔차, 표준 잔차

■ **확인**

I	J	K	L	M	N
요약 출력					
회귀분석 통계량					
다중 상관계수	0.892263208				
결정계수	0.796133633				
조정된 결정계수	0.786425711				
표준 오차	0.164403347				
관측수	23				
분산 분석					
	자유도	제곱합	제곱 평균	F 비	유의한 F
회귀	1	2.216568	2.21656765	82.0086537	1.068E-08
잔차	21	0.567598	0.02702846		
계	22	2.784165			
	계수	표준 오차	t 통계량	P-값	하위 95%
Y 절편	8.870378726	0.101148	87.697044	2.0155E-28	8.66002999
LN(TIME)	0.38407348	0.042412	9.05586295	1.068E-08	0.29587377

결정계수가 0.796133633이므로 회귀 방정식이 전체 자료의 79.6133633%를 설명하고 있다.

분산분석의 유의한 F값이 1.068E-08이므로 유의수준 0.05 보다 작기 때문에 회귀 방정식이 곡선이라는 귀무가설을 기각한다. 즉, 회귀방정식은 직선이며 통계적으로 유의미하다.

[참고]: 1.068E-08=0.00000001068

A1 | f_x 0.00000001068

	A	B	C	D
1	1.068E-08			
2				

■ **회귀방정식**

LN(예측값)=LN(TIME) 계수*LN(TIME)+Y절편

또는 예측값=EXP(Y 절편)*TIME^LN(TIME) 계수

계산 결과는 다른 Sheet에서 확인한다.

F2 | f_x =EXP(I17)*A2^I18

	A	B	C	D	E	F	G	H	I
1	TIME	연도	건설사 매출액	LN(TIME)	LN(매출액)	예측값	잔차	요약 출력	
2	1	1994	6830	0.00	8.829079953	7117.98			
16	15	2008	14550	2.71	9.585346273				계수
17	16	2009	16400	2.77	9.705036614			Y 절편	8.870378726
18	17	2010	17520	2.83	9.771098364			LN(TIME)	0.38407348

Y 절편(I17)과 LN(TIME) 계수(I18)를 선택하고 Key Board의 F4를 클릭해서 절대참조로 변경한다.

F2 | f_x =EXP($I$17)*A2^$I$18

	A	B	C	D	E	F
1	TIME	연도	건설사 매출액	LN(TIME)	LN(매출액)	예측값
2	1	1994	6830	0.00	8.829079953	7117.98
3	2	1995	8540	0.69	9.052516287	
4	3	1996	11100	1.10	9.314700387	
5	4	1997	12700	1.39	9.449357272	

아래로 드래그해서 예측값을 자동으로 계산한다.

F24 =EXP($I$17)*A24^$I$18

	A	B	C	D	E	F
1	TIME	연도	건설사 매출액	LN(TIME)	LN(매출액)	예측값
2	1	1994	6830	0.00	8.829079953	7117.98
3	2	1995	8540	0.69	9.052516287	9289.11
4	3	1996	11100	1.10	9.314700387	10854.41
21	20	2013	23200	3.00	10.05190756	22493.01
22	21	2014	26750	3.04	10.19428975	22918.48
23	22	2015	29540	3.09	10.29350056	23331.65
24	23	2016	32350	3.14	10.3843693	23733.41

계산 결과는 동일하다.

결과는 파워모형_회귀분석_EXP함수 활용_결과에서 확인한다.

③ 회귀 방정식 입력

F2=J18*D2+J17

F2 =J18*D2+J17

	A	B	C	D	E	F	G	H	I	J
1	TIME	연도	건설사 매출액	LN(TIME)	LN(매출액)	예측값	EXP(예측값)	잔차	요약 출력	
2	1	1994	6830	0.00	8.829079953	8.87				
3	2	1995	8540	0.69	9.052516287				회귀분석 통계량	
16	15	2008	14550	2.71	9.585346273					계수
17	16	2009	16400	2.77	9.705036614				Y 절편	8.87037873
18	17	2010	17520	2.83	9.771098364				LN(TIME)	0.38407348

F2 =$J$18*D2+$J$17

	A	B	C	D	E	F
1	TIME	연도	건설사 매출액	LN(TIME)	LN(매출액)	예측값
2	1	1994	6830	0.00	8.829079953	8.87
3	2	1995	8540	0.69	9.052516287	
4	3	1996	11100	1.10	9.314700387	
5	4	1997	12700	1.39	9.449357272	

LN(TIME) 계수(J18)과 Y 절편(17)을 선택하고 Key Board의 F4를 클릭해서 절대참조로 변경한다.

④ 자연로그 결과를 EXP함수로 원래 값으로 환원

G2=EXP(F2)

G2 =EXP(F2)

	A	B	C	D	E	F	G
1	TIME	연도	건설사 매출액	LN(TIME)	LN(매출액)	예측값	EXP(예측값)
2	1	1994	6830	0.00	8.829079953	8.87	7117.976226
3	2	1995	8540	0.69	9.052516287		
4	3	1996	11100	1.10	9.314700387		
5	4	1997	12700	1.39	9.449357272		

⑤ 잔차(잔차 절대값)=ABS(잔차) ⇨ H2=ABS(E2-F2) ⇨ F2, G2, H2를 동시에 선택하고 아래로 드래그한다.

H2 =ABS(E2-F2)

	A	B	C	D	E	F	G	H
1	TIME	연도	건설사 매출액	LN(TIME)	LN(매출액)	예측값	EXP(예측값)	잔차
2	1	1994	6830	0.00	8.829079953	8.87	7117.976226	0.041299
3	2	1995	8540	0.69	9.052516287			
4	3	1996	11100	1.10	9.314700387			
5	4	1997	12700	1.39	9.449357272			

H25에 MAE(잔차 절대값의 평균)이라고 제목을 입력하다.

H26=AVERAGE(H2:H24)

다른 모형과 비교해서 MAE가 적은 모형이 가장 적합한 모형이다.

H26 =AVERAGE(H2:H24)

	A	B	C	D	E	F	G	H
1	TIME	연도	건설사 매출액	LN(TIME)	LN(매출액)	예측값	EXP(예측값)	잔차
2	1	1994	6830	0.00	8.829079953	8.87	7117.976226	0.041299
3	2	1995	8540	0.69	9.052516287	9.14	9289.1114	0.084082
4	3	1996	11100	1.10	9.314700387	9.29	10854.4083	0.022374
5	4	1997	12700	1.39	9.449357272	9.40	12122.48929	0.04654
21	20	2013	23200	3.00	10.05190756	10.02	22493.01388	0.030948
22	21	2014	26750	3.04	10.19428975	10.04	22918.48465	0.154591
23	22	2015	29540	3.09	10.29350056	10.06	23331.65167	0.235934
24	23	2016	32350	3.14	10.3843693	10.07	23733.40674	0.30973
25								MAE
26								0.129495

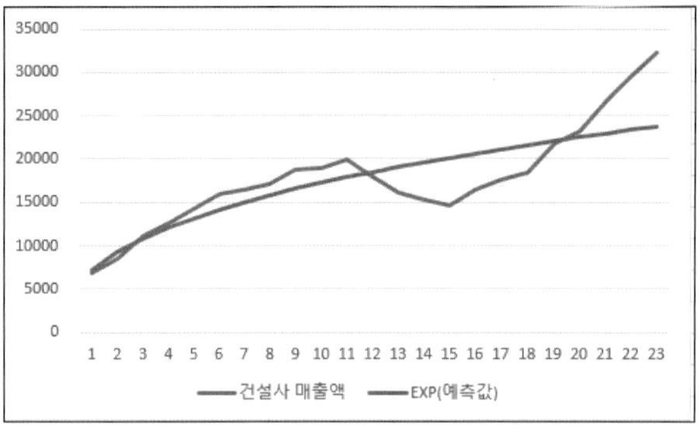

A1의 TIME 인덱스를 삭제한다. ⇨ A1:A24를 선택하고 Control Key를 누른 상태에서 C1:C24 및 G1:G24를 선택한다. ⇨ 삽입 ⇨ 2차원 꺽은선형 ⇨ 꺽은선형

결과는 파워모형_회귀분석_결과에서 확인한다.

지금까지 다양한 종류의 비선형 회귀분석 방법에 대해서 설명했다. 그렇다면 우리 회사에는 어떤 모형을 적용해야 좋을까?

비선형 회귀분석을 실시한 결과에서 R 제곱이 가장 높은 모형을 선택한다. 또는 Chapter 15에서 설명한 방법을 적용해서 전체 관측값 또는 최근 자료 중 10%를 삭제한 후 잔차에 대한 MAE(MAD), MSE, RMSE, MAPE 값이 가장 적은 모형을 선택한다.

미래 예측 모형은 한 번 찾으면 그대로 쭉 적용해야 할까? 미래 예측 모형은 매년, 매분기, 매월 꾸준히 추적하면서 업데이트가 필요하다.

연습문제

6.1 여행사 고객 수

분산형 그래프(산점도)를 이용하여 선형 회귀모형, 지수 모형, 로그 모형(로그 선형 회귀모형), 2차 다항식, 3차 다항식, 4차 다항식, 5차 다항식, 거듭 제곱 모형 중에서 R 제곱(결정 계수)가 가장 높은 모형을 찾을 수 있을까?

	A	B	C	D	E	F
1	TIME	분기	여행사 고객 수	TIME	분기	여행사 고객 수
2	1	1	165	13	1	1056
3	2	2	171	14	2	1771
4	3	3	153	15	3	1653
5	4	4	200	16	4	2100
6	5	1	240	17	1	1740
7	6	2	350	18	2	1850
8	7	3	740	19	3	2562
9	8	4	880	20	4	2982
10	9	1	1120	21	1	3652
11	10	2	915	22	2	4156
12	11	3	1056	23	3	4982
13	12	4	956	24	4	5462

6.2 체인 편의점 매출

분산형 그래프(산점도)를 이용하여 선형 회귀모형, 지수 모형, 로그 모형(로그 선형 회귀모형), 2차 다항식, 3차 다항식, 4차 다항식, 5차 다항식, 거듭 제곱 모형 중에서 R 제곱(결정 계수)가 가장 높은 모형을 찾을 수 있을까?

	A	B	C	D	E	F
1	TIME	분기	체인 편의점 매출	TIME	분기	체인 편의점 매출
2	1	1	792	13	1	3023
3	2	2	1152	14	2	2971
4	3	3	1562	15	3	2853
5	4	4	1752	16	4	3070
6	5	1	1942	17	1	3141
7	6	2	2224	18	2	3522
8	7	3	2652	19	3	3285
9	8	4	2921	20	4	3258
10	9	1	2864	21	1	3621
11	10	2	2522	22	2	3285
12	11	3	3142	23	3	3285
13	12	4	3291	24	4	3542

CHAPTER

07 자기회귀 모형

7 자기회귀 모형

7.1 회귀분석 결과 잔차의 자기상관

회귀분석은 오차의 분포는 독립적이어야 한다. 오차항 간에 상관이 존재한다는 것은 오차항이 독립적이지 않다는 기본 가정에 위배되는 것이므로 회귀 계수를 신뢰할 수 없다. 따라서 더빈왓슨 값에서 잔차의 자기상관이 확인되면, 자기회귀 모형을 실시한다.

잔차의 자기상관은 어떻게 알 수 있을까? 더빈왓슨 값으로 판단할 수 있다.

• 선형 회귀분석 ⇨ 잔차의 더빈왓슨 값에서 자기 상관 발견 ⇨ 자기회귀 모형

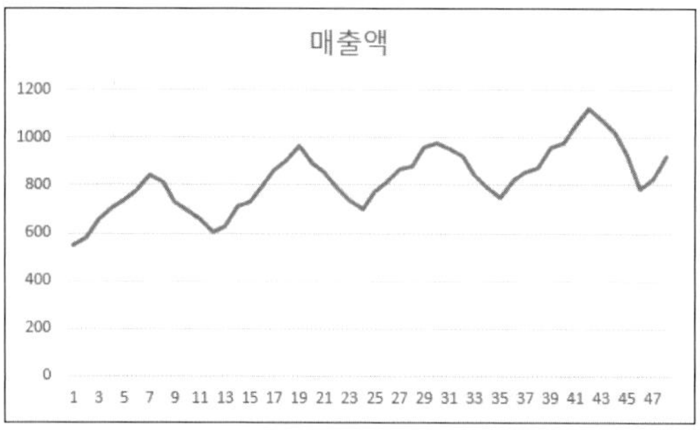

A1의 TIME 인덱스 삭제 ⇨ A1:A49 선택 ⇨ Control Key를 누른 상태에서 D1:D49 선택 ⇨ 삽입 ⇨ 2차원 꺽은선형 ⇨ 꺽은선형

오름과 내림을 반복하여 자기상관의 모습을 보이고 있다.

① 회귀분석

데이터 ⇨ 데이터분석 ⇨ 회귀분석 ⇨ 확인

결정계수가 0.492735651이므로 회귀 방정식이 전체 자료의 49.2735651%를 설명하고 있다.

분산분석 유의한 F값이 2.71E-08이므로 유의수준 0.05 보다 작기 때문에 회귀방정식은 곡선이라는 귀무가설을 기각한다. 즉, 회귀 방정식은 직선이며 통계적으로 유의미하다.

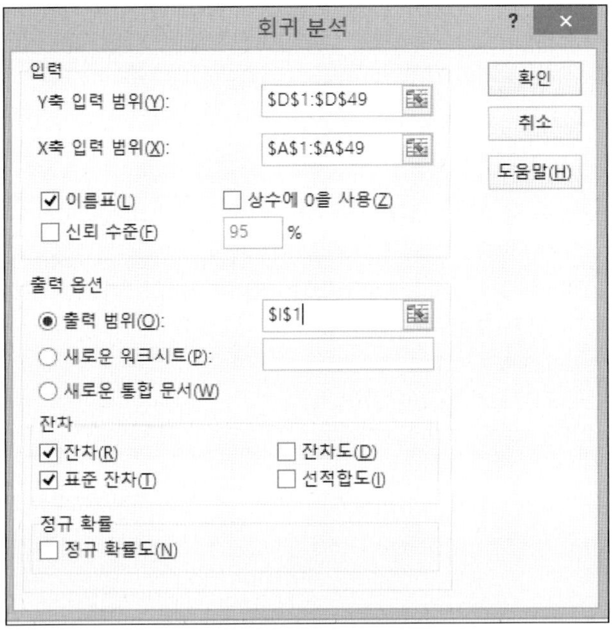

Y축 입력 범위: D1:D49

X축 입력 범위: A1:A49

이름표

출력 옵션: I1

잔차: 잔차, 표준잔차

	I	J	K	L	M	N
1	요약 출력					
2						
3	회귀분석 통계량					
4	다중 상관계수	0.701951317				
5	결정계수	0.492735651				
6	조정된 결정계수	0.481708165				
7	표준 오차	94.28787111				
8	관측수	48				
9						
10	분산 분석					
11		자유도	제곱합	제곱 평균	F 비	유의한 F
12	회귀	1	397236.5	397236.5	44.6825	2.71E-08
13	잔차	46	408949.3	8890.203		
14	계	47	806185.8			
15						
16		계수	표준 오차	t 통계량	P-값	하위 95%
17	Y 절편	666.5531915	27.64949	24.10725	9.72E-28	610.8977
18		6.56670647	0.982379	6.684497	2.71E-08	4.589281

더빈왓슨 값이 0.405792466

H1 =H2/H3

	A	B	C	D	E	F	G	H
1	TIME	연도별	월별	매출액	회귀분석 결과	잔차	Durbin Watson	0.405792466
2	1	2013	1	546	673.119898	-127.119898	SUMXMY2	165948.5535
3	2		2	578	679.6866044	-101.6866044	SUMSQ	408949.3214
4	3		3	660	686.2533109	-26.2533109		
5	4		4	707	692.8200174	14.17998263		
6	5		5	738	699.3867238	38.61327616		
7	6		6	781	705.9534303	75.04656969		

② **더빈왓슨 해석:**

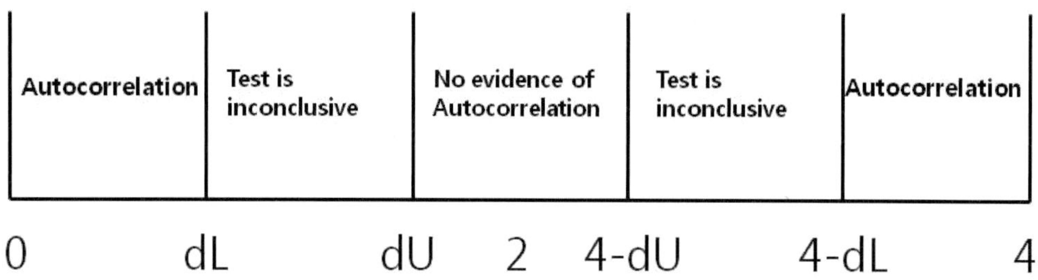

샘플 수가 48개이고 독립 변수가 1개이면 유의수준 0.05를 기준으로 더빈왓슨 값이 1.35 보다 작으면 오차항의 자기상관이 없다는 귀무가설을 기각한다. 즉, 오차항에 양의 자기상관이 있다.

잔차의 자기상관이 있으므로 자기회귀 모형을 실시한다.

만약 더빈왓슨 값이 dL과 dU 사이(1.5~1.59)이면 오차항에 자기상관이 있다 없다 결론 내릴 수 없다.

만약 더빈왓슨 값이 4-dL(4-1.59=2.41) 즉, 2.41 보다 크면 오차항의 자기상관이 없다는 귀무가설을 기각한다. 즉, 오차항에 음의 자기상관이 있다.

Critical Values of the Durbin-Watson Statistic											
	Probability in Lower Tail	k = Number of Regressors (Excluding the Intercept)									
Sample	(Significance	1		2		3		4		5	
Size	Level= α)	d_L	d_U	d_L	d_U	d_L	d_U	d_L	d_U	d_L	d_U
15	.01	.81	1.07	.70	1.25	.59	1.46	.49	1.70	.39	1.96
	.025	.95	1.23	.83	1.40	.71	1.61	.59	1.84	.48	2.09
	.05	1.08	1.36	.95	1.54	.82	1.75	.69	1.97	.56	2.21
20	.01	.95	1.15	.86	1.27	.77	1.41	.63	1.57	.60	1.74
	.025	1.08	1.28	.99	1.41	.89	1.55	.79	1.70	.70	1.87
	.05	1.20	1.41	1.10	1.54	1.00	1.68	.90	1.83	.79	1.99
25	.01	1.05	1.21	.98	1.30	.90	1.41	.83	1.52	.75	1.65
	.025	1.13	1.34	1.10	1.43	1.02	1.54	.94	1.65	.86	1.77
	.05	1.29	1.45	1.21	1.55	1.12	1.66	1.04	1.77	.95	1.89
30	.01	1.13	1.26	1.07	1.34	1.01	1.42	.94	1.51	.88	1.61
	.025	1.25	1.38	1.18	1.46	1.12	1.54	1.05	1.63	.98	1.73
	.05	1.35	1.49	1.28	1.57	1.21	1.65	1.14	1.74	1.07	1.83
40	.01	1.25	1.34	1.20	1.40	1.15	1.46	1.10	1.52	1.05	1.58
	.025	1.35	1.45	1.30	1.51	1.25	1.57	1.20	1.63	1.15	1.69
	.05	1.44	1.54	1.39	1.60	1.34	1.66	1.29	1.72	1.23	1.79
50	.01	1.32	1.40	1.28	1.45	1.24	1.49	1.20	1.54	1.16	1.59
	.025	1.42	1.50	1.38	1.54	1.34	1.59	1.30	1.64	1.26	1.69
	.05	1.50	1.59	1.46	1.63	1.42	1.67	1.38	1.72	1.34	1.77
60	.01	1.38	1.45	1.35	1.48	1.32	1.52	1.28	1.56	1.25	1.60
	.025	1.47	1.54	1.44	1.57	1.40	1.61	1.37	1.65	1.33	1.69
	.05	1.55	1.62	1.51	1.65	1.48	1.69	1.44	1.73	1.41	1.77
80	.01	1.47	1.52	1.44	1.54	1.42	1.57	1.39	1.60	1.36	1.62
	.025	1.54	1.59	1.52	1.62	1.49	1.65	1.47	1.67	1.44	1.70
	.05	1.61	1.66	1.59	1.69	1.56	1.72	1.53	1.74	1.51	1.77
100	.01	1.52	1.56	1.50	1.58	1.48	1.60	1.45	1.63	1.44	1.65
	.025	1.59	1.63	1.57	1.65	1.55	1.67	1.53	1.70	1.51	1.72
	.05	1.65	1.69	1.63	1.72	1.61	1.74	1.59	1.76	1.57	1.78

더빈왓슨 계산과정은 Chapter 3.6 더빈왓슨의 설명을 참고하며, 계산 결과는 자기회귀 모형_회귀분석_결과에서 확인한다.

7.2 AR(1) 모형

Autoregressive Model of Order 1을 줄여서 AR(1)이라고 한다.
2013년 1월부터 2016 12월까지 매출액을 조사했다.

① 자기회귀 모형의 변수 만들기

	A	B	C	D	E	F
1	TIME	연도별	월별	매출액		
2	1	2013	1	546	546	
3	2		2	578	578	546
4	3		3	660	660	578
5	4		4	707	707	660
6	5		5	738	738	707
7	6		6	781	781	738
8	7		7	848	848	781
9	8		8	818	818	848
10	9		9	729	729	818
11	10		10	691	691	729

D열에 있는 자료를 복사해서 E열에 그대로 복사해서 붙여넣기 한다. F열에는 한 행 아래로 붙여넣기 한다.

F50 | fx | 922

	A	B	C	D	E	F
1	TIME	연도별	월별	매출액		
2	1	2013	1	546	546	
3	2		2	578	578	546
4	3		3	660	660	578
47	46		10	787	787	933
48	47		11	830	830	787
49	48		12	922	922	830
50						922

복사하면서 붙여넣기할 때 생성된 F50의 값을 Delete Key를 이용해서 삭제한다.

F2 | fx | Lag 1

	A	B	C	D	E	F
1	TIME	연도별	월별	매출액		
2	1	2013	1	546	매출액	Lag 1
3	2		2	578	578	546
4	3		3	660	660	578

E2, F2에 매출액, Lag 1이라고 제목을 입력한다.

② 회귀분석

데이터 ⇨ 데이터 분석 ⇨ 회귀분석 ⇨ 확인

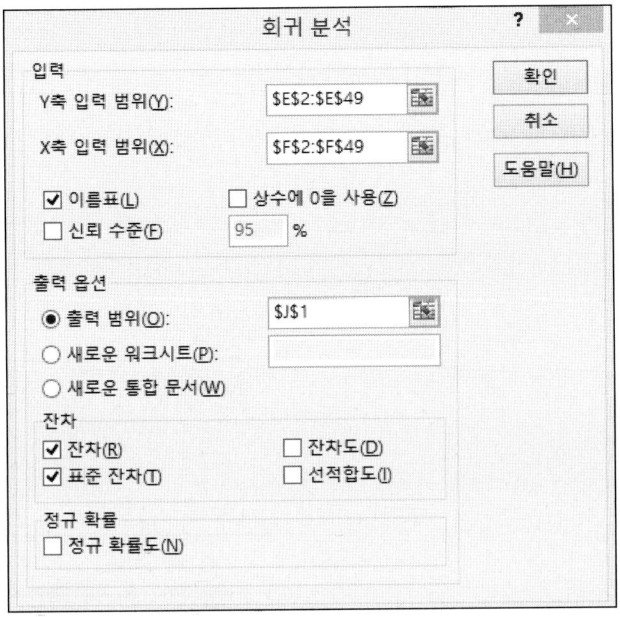

Y축 입력 범위 : E3:E49

X축 입력 범위 : F3:F49

이름표

출력 범위 : J1

■ **확인**

J	K	L	M	N	O
요약 출력					
회귀분석 통계량					
다중 상관계수	0.892047				
결정계수	0.795747				
조정된 결정계수	0.791208				
표준 오차	57.37657				
관측수	47				
분산 분석					
	자유도	제곱합	제곱 평균	F 비	유의한 F
회귀	1	577150.3	577150.3	175.3153	3.97E-17
잔차	45	148143.2	3292.071		
계	46	725293.5			
	계수	표준 오차	t 통계량	P-값	하위 95%
Y 절편	131.035	53.70411	2.439944	0.018693	22.86941
Lag 1	0.850944	0.064267	13.24067	3.97E-17	0.721502

결정계수가 0.795747이므로 회귀 방정식이 전체 자료의 79.5747%를 설명하고 있다.

분산분석 유의한 F가 3.97E-17로 유의수준 0.05 보다 작기 때문에 회귀 방정식은 곡선이라는 귀무가설을 기각한다. 즉, 회귀 방정식은 직선이며 통계적으로 유의미하다.

회귀 방정식 : 0.850944*Lag 1+131.035

예측값=Lag 1 계수*Lag 1+ Y 절편 ⇨ G3=A3*K18+K17

G3 fx =K18*F3+K17

	A	B	C	D	E	F	G	H	I	J	K
1	TIME	연도별	월별	매출액						요약 출력	
2	1	2013	1	546	매출액	Lag 1	예측값	잔차	잔차 제곱		
3	2		2	578	578	546	595.65019			회귀분석 통계량	
4	3		3	660	660	578				다중 상관계수	0.89204666
5	4		4	707	707	660				결정계수	0.795747244
6	5		5	738	738	707				조정된 결정계수	0.791208294
7	6		6	781	781	738				표준 오차	57.37657168
8	7		7	848	848	781				관측수	47
9	8		8	818	818	848					
10	9		9	729	729	818				분산 분석	
11	10		10	691	691	729					자유도
12	11		11	658	658	691				회귀	1
13	12		12	604	604	658				잔차	45
14	13	2014	1	629	629	604				계	46
15	14		2	711	711	629					
16	15		3	729	729	711					계수
17	16		4	798	798	729				Y 절편	131.0350372
18	17		5	861	861	798				Lag 1	0.850943504

G3 fx =$K$18*F3+$K$17

	A	B	C	D	E	F	G
1	TIME	연도별	월별	매출액			
2	1	2013	1	546	매출액	Lag 1	예측값
3	2		2	578	578	546	595.65019
4	3		3	660	660	578	
5	4		4	707	707	660	

Lag 1 계수(독립변수)와 Y 절편을 선택한 후 Key Board의 F4를 클릭해서 절대참조로 변경한다.

③ 잔차

잔차=관측값-예측값 ⇨ H3=E3-G3

H3 =E3-G3

	A	B	C	D	E	F	G	H
1	TIME	연도별	월별	매출액				
2	1	2013	1	546	매출액	Lag 1	예측값	잔차
3	2		2	578	578	546	595.65019	-17.65
4	3		3	660	660	578		
5	4		4	707	707	660		

④ **잔차 제곱=잔차^2 또는 잔차*잔차 ⇨ I3=H3^2 또는 H3*H3**

I3 =H3^2

	A	B	C	D	E	F	G	H	I
1	TIME	연도별	월별	매출액					
2	1	2013	1	546	매출액	Lag 1	예측값	잔차	잔차 제곱
3	2		2	578	578	546	595.65019	-17.65	311.53
4	3		3	660	660	578			
5	4		4	707	707	660			
6	5		5	738	738	707			

G3, H3, I3를 동시에 선택한 후 아래로 드래그해서 예측값, 잔차, 잔차 제곱을 계산한다.

I49 =H49^2

	A	B	C	D	E	F	G	H	I
1	TIME	연도별	월별	매출액					
2	1	2013	1	546	매출액	Lag 1	예측값	잔차	잔차 제곱
3	2		2	578	578	546	595.65019	-17.65	311.53
4	3		3	660	660	578	622.88038	37.12	1377.87
38	37	2016	1	857	857	822	830.51060	26.49	701.69
39	38		2	876	876	857	860.29362	15.71	246.69
40	39		3	959	959	876	876.46155	82.54	6812.60
41	40		4	981	981	959	947.08986	33.91	1149.90
42	41		5	1051	1051	981	965.81061	85.19	7257.23
43	42		6	1124	1124	1051	1025.37666	98.62	9726.56
44	43		7	1073	1073	1124	1087.49554	-14.50	210.12
45	44		8	1020	1020	1073	1044.09742	-24.10	580.69
46	45		9	933	933	1020	998.99741	-66.00	4355.66
47	46		10	787	787	933	924.96533	-137.97	19034.43
48	47		11	830	830	787	800.72758	29.27	856.87
49	48		12	922	922	830	837.31815	84.68	7171.02

MSE(잔차 제곱의 평균)

I51=AVERAGE(I3:I49)

I51 =AVERAGE(I3:I49)

	A	B	C	D	E	F	G	H	I
1	TIME	연도별	월별	매출액					
2	1	2013	1	546	매출액	Lag 1	예측값	잔차	잔차 제곱
3	2		2	578	578	546	595.65019	-17.65	311.53
4	3		3	660	660	578	622.88038	37.12	1377.87
38	37	2016	1	857	857	822	830.51060	26.49	701.69
39	38		2	876	876	857	860.29362	15.71	246.69
40	39		3	959	959	876	876.46155	82.54	6812.60
41	40		4	981	981	959	947.08986	33.91	1149.90
42	41		5	1051	1051	981	965.81061	85.19	7257.23
43	42		6	1124	1124	1051	1025.37666	98.62	9726.56
44	43		7	1073	1073	1124	1087.49554	-14.50	210.12
45	44		8	1020	1020	1073	1044.09742	-24.10	580.69
46	45		9	933	933	1020	998.99741	-66.00	4355.66
47	46		10	787	787	933	924.96533	-137.97	19034.43
48	47		11	830	830	787	800.72758	29.27	856.87
49	48		12	922	922	830	837.31815	84.68	7171.02
50									MSE
51									3151.98

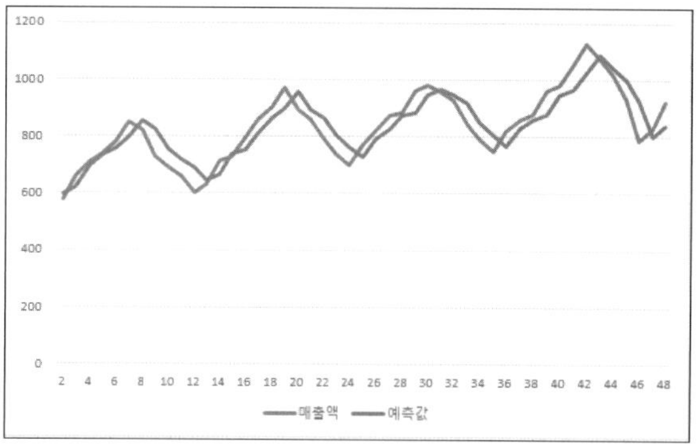

TIME 인덱스(A1)와 A2를 삭제 ⇨ A3부터 A49까지 선택 ⇨ Control Key를 누른 상태에서 E2:E49 및 F2:F49 선택 ⇨ 삽입 ⇨ 2차원 꺽은선형 ⇨ 첫 번째 꺽은선형

결과는 자기 회귀모형_AR_1 결과에서 확인한다.

7.3 AR(2) 모형

① 자기회귀 모형의 변수 만들기

	A	B	C	D	E	F	G
1	TIME	연도별	월별	매출액			
2	1	2013	1	546	546		
3	2		2	578	578	546	
4	3		3	660	660	578	546
5	4		4	707	707	660	578
6	5		5	738	738	707	660
7	6		6	781	781	738	707
8	7		7	848	848	781	738
9	8		8	818	818	848	781

관측값을 복사해서 그래도 붙여넣기를 한 후 한 행씩 아래로 붙여넣기를 반복한다.

A6 fx 5

	A	B	C	D	E	F	G
1	TIME	연도별	월별	매출액			
2	1	2013	1	546			
3	2		2	578	매출액	Lag 1	Lag 2
4	3		3	660	660	578	546
5	4		4	707	707	660	578
45	44		8	1020	1020	1073	1124
46	45		9	933	933	1020	1073
47	46		10	787	787	933	1020
48	47		11	830	830	787	933
49	48		12	922	922	830	787
50						922	830
51							922

E3, F3, G3에 매출액, Lag 1, Lag2 제목을 입력한다. ⇨ 복사해서 붙여넣기를 하는 과정에서 맨 끝에 생성된 자료를 삭제한다. ⇨ F50, G50, G51의 값을 삭제한다.

② 회귀분석

데이터 ⇨ 데이터 분석 ⇨ 회귀분석 ⇨ 확인

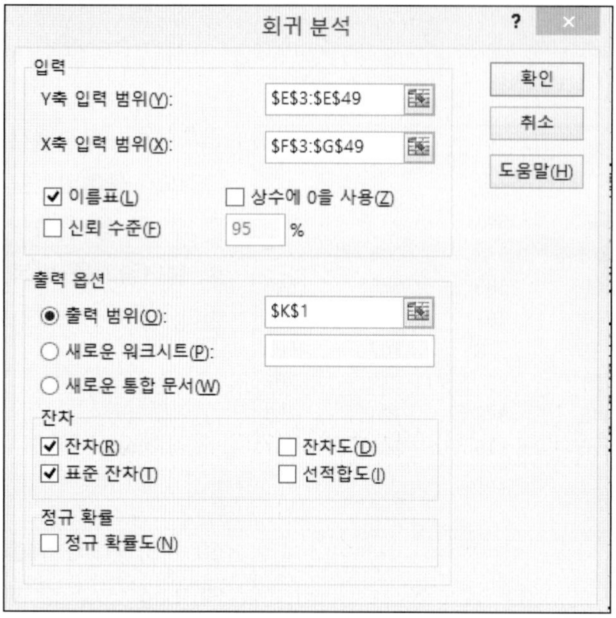

Y축 입력 범위: E3:E49

X축 입력 범위: F3:G49

이름표

출력 옵션: K1

잔차: 잔차, 표준 잔차

■ **확인**

K	L	M	N	O	P
요약 출력					
회귀분석 통계량					
다중 상관계수	0.916335				
결정계수	0.839669				
조정된 결정계수	0.832212				
표준 오차	49.55597				
관측수	46				
분산 분석					
	자유도	제곱합	제곱 평균	F 비	유의한 F
회귀	2	553033.8	276516.9	112.5977	8.09E-18
잔차	43	105599.2	2455.794		
계	45	658633			
	계수	표준 오차	t 통계량	P-값	하위 95%
Y 절편	157.7978	49.44803	3.191185	0.002647	58.07635
Lag 1	1.334625	0.13206	10.10623	6.26E-13	1.068301
Lag 2	-0.51926	0.125278	-4.14487	0.000157	-0.77191

결정계수가 0.839669이므로 회귀 방정식이 전체 자료의 83.9669% 설명하고 있다.

분산분석의 유의한 F가 8.09 E-18로 유의수준 0.05 보다 작기 때문에 회귀 방정식이 곡선이라는 귀무가설을 기각한다. 즉, 회귀 방정식은 직선이며 통계적으로 유의미하다.

회귀 방정식=1.334625*Lag 1+(-0.51926)*lag 2+157.7978

예측값, 잔차, 잔차 제곱을 같은 방법으로 계산한다.

MMULT(독립변수 범위, 독립변수 계수)+ Y 절편

H4=MMULT(F4:G4, L18:L19)+L17

H4 =MMULT(F4:G4,L18:L19)+L17

	A	B	C	D	E	F	G	H	I	J	K	L
1	TIME	연도별	월별	매출액							요약 출력	
2	1	2013	1	546								
3	2		2	578	매출액	Lag 1	Lag 2	예측값	잔차	잔차 제곱	회귀분석 통계량	
4	3		3	660	660	578	546	645.6942			다중 상관계수	0.916334652
5	4		4	707	707	660	578				결정계수	0.839669195
6	5		5	738	738	707	660				조정된 결정계수	0.832211948
7	6		6	781	781	738	707				표준 오차	49.55597154
8	7		7	848	848	781	738				관측수	46
9	8		8	818	818	848	781					
10	9		9	729	729	818	848				분산 분석	
11	10		10	691	691	729	818					자유도
12	11		11	658	658	691	729				회귀	2
13	12		12	604	604	658	691				잔차	43
14	13	2014	1	629	629	604	658				계	45
15	14		2	711	711	629	604					
16	15		3	729	729	711	629					계수
17	16		4	798	798	729	711				Y 절편	157.7977978
18	17		5	861	861	798	729				Lag 1	1.334624709
19	18		6	903	903	861	798				Lag 2	-0.519261404

H4 =MMULT(F4:G4,$L$18:$L$19)+$L$17

	A	B	C	D	E	F	G	H
1	TIME	연도별	월별	매출액				
2	1	2013	1	546				
3	2		2	578	매출액	Lag 1	Lag 2	예측값
4	3		3	660	660	578	546	645.6942
5	4		4	707	707	660	578	
6	5		5	738	738	707	660	
7	6		6	781	781	738	707	

독립변수 계수들(L18:L19)와 Y 절편(L17)을 선택한 후 Key Board의 F4를 클릭해서 절대참조로 변경한다.

③ 잔차

잔차=관측값-예측값 ⇨ I4=E4-H4

I4 | =E4-H4

	A	B	C	D	E	F	G	H	I
1	TIME	연도별	월별	매출액					
2	1	2013	1	546					
3	2		2	578	매출액	Lag 1	Lag 2	예측값	잔차
4	3		3	660	660	578	546	645.6942	14.30585
5	4		4	707	707	660	578		
6	5		5	738	738	707	660		
7	6		6	781	781	738	707		

④ **잔차 제곱**

잔차 제곱=잔차^2 또는 잔차*잔차 ⇨ J4=I4^2 → H4, I4, J4를 동시에 선택한 후 아래로 드래그한다.

J4 | =I4^2

	A	B	C	D	E	F	G	H	I	J
1	TIME	연도별	월별	매출액						
2	1	2013	1	546						
3	2		2	578	매출액	Lag 1	Lag 2	예측값	잔차	잔차 제곱
4	3		3	660	660	578	546	645.6942	14.30585	204.6573
5	4		4	707	707	660	578			
6	5		5	738	738	707	660			
7	6		6	781	781	738	707			

⑤ **MSE(잔차 제곱의 평균)**

J51=AVERAGE(J4:J49)

다른 모형과 비교해서 MSE(잔차 제곱의 평균)이 적은 모형이 가장 적합하다고 판단한다. 최적 모형을 찾는 방법은 Chapter 15 최적의 모형에서 설명한 내용을 참고한다.

J51 | =AVERAGE(J4:J49)

	A	B	C	D	E	F	G	H	I	J
1	TIME	연도별	월별	매출액						
2	1	2013	1	546						
3	2		2	578	매출액	Lag 1	Lag 2	예측값	잔차	잔차 제곱
4	3		3	660	660	578	546	645.6942	14.30585	204.6573
5	4		4	707	707	660	578	738.517	-31.517	993.3222
38	37	2016	1	857	857	822	746	867.4903	-10.4903	110.0464
39	38		2	876	876	857	822	874.7383	1.2617	1.591888
40	39		3	959	959	876	857	881.922	77.07798	5941.015
41	40		4	981	981	959	876	982.8299	-1.8299	3.348549
42	41		5	1051	1051	981	959	969.093	81.90705	6708.765
43	42		6	1124	1124	1051	981	1051.093	72.90707	5315.441
44	43		7	1073	1073	1124	1051	1112.172	-39.1722	1534.464
45	44		8	1020	1020	1073	1124	1006.2	13.79971	190.4319
46	45		9	933	933	1020	1073	961.9475	-28.9475	837.9586
47	46		10	787	787	933	1020	873.356	-86.356	7457.362
48	47		11	830	830	787	933	723.6766	106.3234	11304.68
49	48		12	922	922	830	787	856.8776	65.12242	4240.929
50										MSE
51										2295.634

결과는 자기 회귀모형_AR_2 결과에서 확인한다.

7.4 AR(3) 모형

D열에 있는 매출액을 복사해서 E열에 평행하게 붙여넣기한 후 F, G, H열에는 한 행씩 아래로 붙여넣기한다.

	A	B	C	D	E	F	G	H
1	TIME	연도별	월별	매출액				
2	1	2013	1	546	546			
3	2		2	578	578	546		
4	3		3	660	660	578	546	
5	4		4	707	707	660	578	546
6	5		5	738	738	707	660	578
7	6		6	781	781	738	707	660
8	7		7	848	848	781	738	707
9	8		8	818	818	848	781	738
10	9		9	729	729	818	848	781
11	10		10	691	691	729	818	848
12	11		11	658	658	691	729	818
13	12		12	604	604	658	691	729

E4, F4, G4, H4에 매출액, Lag_1, Lag_2, Lag_3 제목을 입력한다. ⇨ 제목 위의 셀과 원 자료를 복사해서 붙여넣기하면서 TIME 48을 벗어난 값들은 모두 지운다.

	A	B	C	D	E	F	G	H
1	TIME	연도별	월별	매출액				
2	1	2013	1	546	546			
3	2		2	578	578	546		
4	3		3	660	매출액	Lag_1	Lag_2	Lag_3
5	4		4	707	707	660	578	546
6	5		5	738	738	707	660	578
7	6		6	781	781	738	707	660
44	43		7	1073	1073	1124	1051	981
45	44		8	1020	1020	1073	1124	1051
46	45		9	933	933	1020	1073	1124
47	46		10	787	787	933	1020	1073
48	47		11	830	830	787	933	1020
49	48		12	922	922	830	787	933
50						922	830	787
51							922	830
52								922

■ **회귀분석**

데이터 ⇨ 데이터 분석 ⇨ 회귀분석 ⇨ 확인

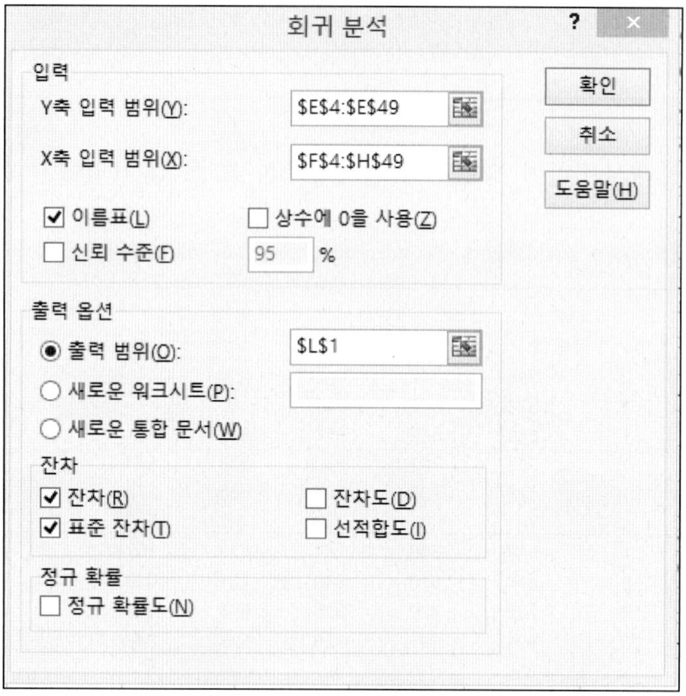

Y축 입력 범위:

X축 입력 범위:

이름표

출력 범위: L1

잔차: 잔차, 표준 잔차

■ **확인**

	L	M	N	O	P	Q
1	요약 출력					
2						
3	회귀분석 통계량					
4	다중 상관계수	0.912051152				
5	결정계수	0.831837304				
6	조정된 결정계수	0.819532716				
7	표준 오차	50.66653263				
8	관측수	45				
9						
10	분산 분석					
11		자유도	제곱합	제곱 평균	F 비	유의한 F
12	회귀	3	520636.9	173545.6	67.60383	6.39E-16
13	잔차	41	105251	2567.098		
14	계	44	625887.9			
15						
16		계수	표준 오차	t 통계량	P-값	하위 95%
17	Y 절편	156.2064786	56.32706	2.773205	0.008315	42.45168
18	Lag_1	1.318627342	0.159249	8.280277	2.74E-10	0.997017
19	Lag_2	-0.46971699	0.250066	-1.87837	0.067454	-0.97474
20	Lag_3	-0.032114747	0.151593	-0.21185	0.833274	-0.33826

회귀 방정식=Lag1 계수*Lag 1 + Lag2 계수*Lag 2+Lag3 계수*Lag 3+Y 절편

MMULT 함수를 활용하면 편리하다.

I5=MMULT(F5:H5,M18:M20)+M17

I5 | =MMULT(F5:H5,$M$18:$M$20)+$M$17

	A	E	F	G	H	I	J	K	L	M
1	TIME								요약 출력	
2	1									
3	2								회귀분석 통계량	
4	3	매출액	Lag_1	Lag_2	Lag_3	예측값	잔차	잔차 제곱	다중 상관계수	0.912051152
5	4	707	660	578	546	737.4695			결정계수	0.831837304
6	5	738	707	660	578				조정된 결정계수	0.819532716
7	6	781	738	707	660				표준 오차	50.66653263
8	7	848	781	738	707				관측수	45
9	8	818	848	781	738					
10	9	729	818	848	781				분산 분석	
11	10	691	729	818	848					자유도
12	11	658	691	729	818				회귀	3
13	12	604	658	691	729				잔차	41
14	13	629	604	658	691				계	44
15	14	711	629	604	658					
16	15	729	711	629	604					계수
17	16	798	729	711	629				Y 절편	156.2064786
18	17	861	798	729	711				Lag_1	1.318627342
19	18	903	861	798	729				Lag_2	-0.46971699
20	19	968	903	861	798				Lag_3	-0.032114747

잔차=관측값-예측값

J5 | =E5-I5

	I	J	K
4	예측값	잔차	잔차 제곱
5	737.4694518	-30.469452	
6	759.9004718		
7	776.0678116		
8	816.6981675		

잔차 제곱=잔차^2

K5 | =J5^2

	I	J	K
4	예측값	잔차	잔차 제곱
5	737.4694518	-30.469452	928.3874959
6	759.9004718		
7	776.0678116		
8	816.6981675		

잔차 제곱의 평균

K51 =AVERAGE(K4:K49)

	A	B	C	D	E	F	G	H	I	J	K
1	TIME	연도별	월별	매출액							
2	1	2013	1	546							
3	2		2	578							
4	3		3	660	매출액	Lag_1	Lag_2	Lag_3	예측값	잔차	잔차 제곱
5	4		4	707	707	660	578	546	737.4694518	-30.469452	928.3874959
6	5		5	738	738	707	660	578	759.9004718	-21.900472	479.6306656
7	6		6	781	781	738	707	660	776.0678116	4.93218841	24.32648253
8	7		7	848	848	781	738	707	816.6981675	31.3018325	979.8047199
45	44		8	1020	1020	1073	1124	1051	1009.37912	10.62088	112.8030917
46	45		9	933	933	1020	1073	1124	961.1030608	-28.103061	789.7820278
47	46		10	787	787	933	1020	1073	872.9153347	-85.915335	7381.444733
48	47		11	830	830	787	933	1020	722.9632025	107.036797	11456.87602
49	48		12	922	922	830	787	933	851.0368418	70.9631582	5035.769823
50											MSE
51											2338.911082

우리 회사의 모형은 AR(1), AR(2), AR(3) 중 어떤 것이 더 정확할까?

MSE(잔차 제곱의 평균) 등이 적은 모형이다. 따라서 AR(2) 모형이 적합니다. 최적의 모형 찾는 방법은 Chapter 15를 참고한다.

구분	MSE 비교
AR(1)	3151.98
AR(2)	2295.634
AR(3)	2338.911

연습문제

7.1 의류회사 순이익

① 단순 회귀분석을 실시한 후 더빈왓슨 값을 계산하고 해석할 수 있을까?

② 더빈왓슨에서 자기상관이 발견되었다면 AR(1), AR(2), AR(3) 자기회귀 모형을 분석하고 잔차 절대값의 평균(MAE(MAD))가 가장 작은 모형을 찾을 수 있을까?

	A	B	C	D	E	F	G	H	I
1	TIME	분기	의류 회사 순이익	TIME	분기	의류 회사 순이익	TIME	분기	의류 회사 순이익
2	1	1	250	13	1	578	25	1	1066
3	2	2	245	14	2	620	26	2	1178
4	3	3	1350	15	3	1675	27	3	2750
5	4	4	380	16	4	729	28	4	1298
6	5	1	780	17	1	1134	29	1	1338
7	6	2	859	18	2	1245	30	2	1692
8	7	3	1678	19	3	2319	31	3	2882
9	8	4	795	20	4	1273	32	4	1729
10	9	1	1096	21	1	1515	33	1	1768
11	10	2	735	22	2	1148	34	2	1478
12	11	3	1618	23	3	2689	35	3	3258
13	12	4	476	24	4	1156	36	4	1326

7.2 증권회사 매출

① 단순 회귀분석을 실시한 후 더빈왓슨 값을 계산하고 해석할 수 있을까?

② 단순 회귀분석, AR(1), AR(2), AR(3) 자기회귀 모형 그리고 TIME변수와 분기별 더미변수를 만든 후 더미변수 회귀분석 분석하고 잔차 절대값의 평균(MAE(MAD))가 가장 작은 모형을 찾을 수 있을까?

	A	B	C	D	E	F
1	TIME	분기	증권회사 매출	TIME	분기	증권회사 매출
2	1	1	3686	15	3	9860
3	2	2	4280	16	4	6892
4	3	3	8000	17	1	7680
5	4	4	6829	18	2	6950
6	5	1	4789	19	3	10825
7	6	2	4890	20	4	6740
8	7	3	8720	21	1	8460
9	8	4	5560	22	2	8925
10	9	1	5682	23	3	11256
11	10	2	5450	24	4	7230
12	11	3	9500	25	1	9860
13	12	4	5760	26	2	9225
14	13	1	6280	27	3	12556
15	14	2	6780	28	4	8892

CHAPTER

08 이동 평균법

8 이동 평균법

8.1 단순 이동평균법

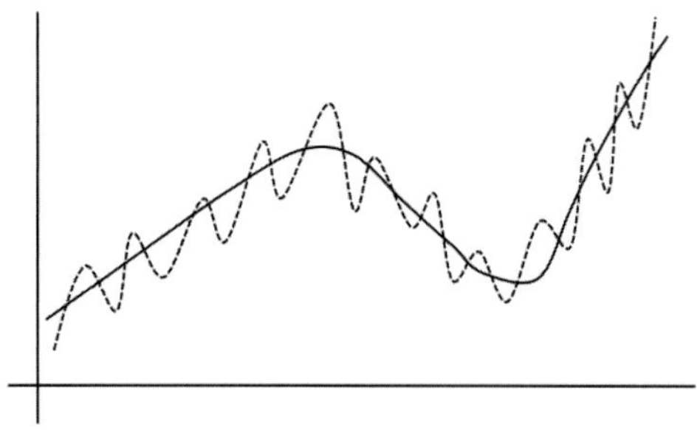

단순 이동평균은 추세 변화를 파악할 때 유용하다.

전자제품 제조회사에서 1996년부터 2015년까지 순이익을 조사했다.

파일 이름: 단순_중심화_이동평균법

	A	B
1	연도	순이익
2	1996	424
3	1997	216
4	1998	488
5	1999	520
6	2000	552
7	2001	584
8	2002	624
9	2003	672
10	2004	816
11	2005	880
12	2006	984
13	2007	1072
14	2008	952
15	2009	1048
16	2010	984
17	2011	1136
18	2012	1848
19	2013	1216
20	2014	1312
21	2015	1384
22	2016	1488

① 이동평균법

데이터 ⇨ 데이터 분석 ⇨ 이동 평균법 ⇨ 확인

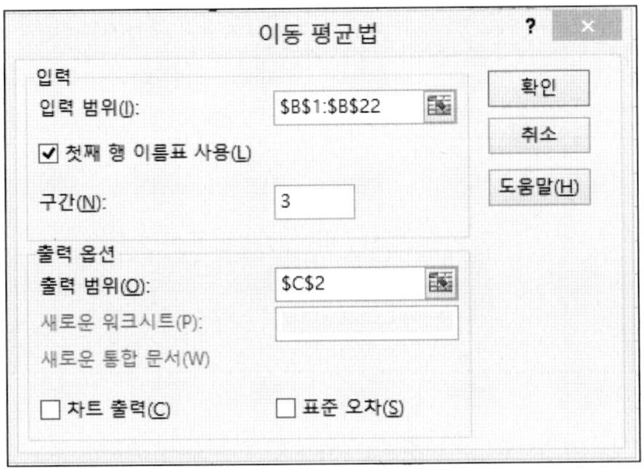

입력 범위: B1:B22
첫째 행 이름표 사용
구간: 3
출력 옵션: C2

■ **확인**

직접 계산할 경우
구간 3의 이동평균 계산 결과가 C4에 출력되도록 한다.

C4 =AVERAGE(B2:B4)

	A	B	C
1	연도	순이익	이동평균
2	1996	424	#N/A
3	1997	216	#N/A
4	1998	488	376
5	1999	520	408
21	2015	1384	1304
22	2016	1488	1395

C4=AVERAGE(B2:B4)로 계산한 결과와 데이터 분석을 이용한 결과가 동일하다.

② 관측값과 이동평균선 비교

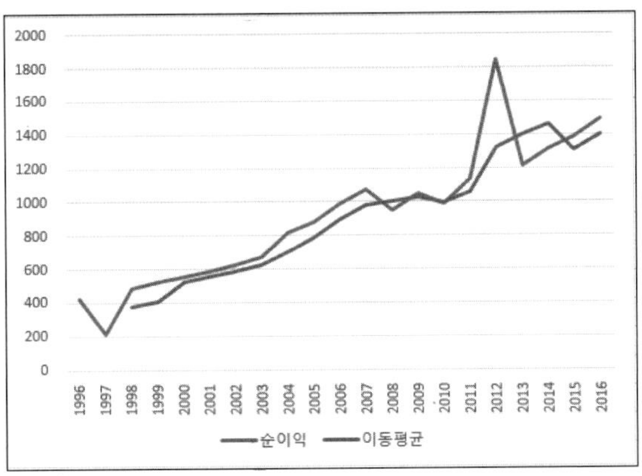

A1의 TIME 인덱스 삭제 ⇨ A1:C22 선택 ⇨ 삽입 ⇨ 2차원 꺾은선형 ⇨ 꺾은선형

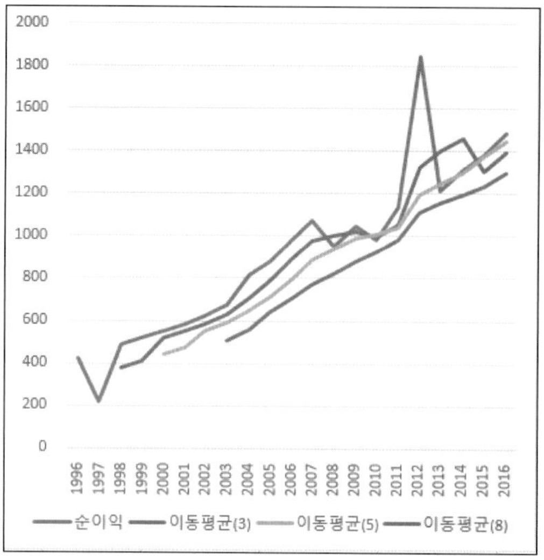

참고: 이동평균의 구간을 크게 할수록 평활화되는 특징이 있다. 따라서 구간을 너무 크게 하면 시계열 자료의 특징을 잡아내기 어렵다.

이동평균 구간은 3~4가 가장 적절하다.

결과는 단순 이동평균_구간 비교_결과에서 확인한다.

③ 중심화 이동평균

단순_중심화_이동평균법 자료를 그대로 사용한다.

D5 =AVERAGE(C4:C5)

	A	B	C	D
1	연도	순이익	이동평균	중심화 이동평균
2	1996	424	#N/A	
3	1997	216	#N/A	
4	1998	488	376	
5	1999	520	408	392.0

단순 이동평균의 결과에서 2구간의 평균을 계산한다.

D22 =AVERAGE(C21:C22)

	A	B	C	D
1	연도	순이익	이동평균	중심화 이동평균
2	1996	424	#N/A	
3	1997	216	#N/A	
4	1998	488	376	
5	1999	520	408	392.0
6	2000	552	520	464.0
19	2013	1216	1400	1361.3
20	2014	1312	1459	1429.3
21	2015	1384	1304	1381.3
22	2016	1488	1395	1349.3

D5를 선택하고 아래로 드래그해서 중심화 이동평균을 자동으로 계산한다.

결과는 단순_중심화 이동평균법_결과에서 확인한다.

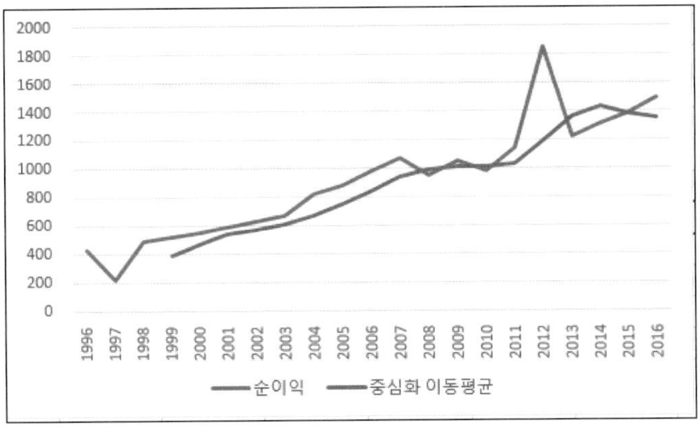

A1의 TIME 인덱스를 삭제 ⇨ A1:A22를 선택 ⇨ Control Key를 누른 상태에서 B1:B22 및 D1:D22를 선택 ⇨ 삽입 ⇨ 2차원 꺾은선형 ⇨ 꺾은선형

단순 이동평균과 중심화 이동평균은 계절지수를 구할 때도 사용된다.

8.2 가중 이동평균법

8.2.1 가중 이동평균법

가까운 시점에 좀 더 높은 가중치를 부여해서 이동평균을 구하는 방법이다.

파일 이름: 가중 이동평균법

	A	B
1	연도	순이익
2	1996	424
3	1997	216
4	1998	488
5	1999	520
6	2000	552
7	2001	584
8	2002	624
9	2003	672
10	2004	816
11	2005	880
12	2006	984
13	2007	1072
14	2008	952
15	2009	1048
16	2010	984
17	2011	1136
18	2012	1848
19	2013	1216
20	2014	1312
21	2015	1384
22	2016	1488

① 가중치 부여

J2, J3, J4에 가중치 1, 가중치 2, 가중치 3, 합계 제목을 입력한다. ⇨ 가중치를 부여한다.

가중치 1: 0.2　　　가중치 2: 0.3　　　가중치 3: 0.5

② 가중치 합계

J4=SUM(J2:J3)

J5 | =SUM(J2:J4)

	A	B	C	D	E	F	G	H	I	J
1	연도	순이익	가중이동평균	잔차	잔차 제곱	최적 가중 이동평균 잔차		잔차 제곱	가중치	
2	1996	424							가중치 1	0.2
3	1997	216							가중치 2	0.3
4	1998	488							가중치 3	0.5
5	1999	520							합계	1
6	2000	552								
7	2001	584								

③ 가중치 곱하기 순이익 합계

C5=SUMPRODUCT(순이익 범위, 가중치 범위)=SUMPRODUCT(B2:B4,J2:J4)

C5 | =SUMPRODUCT(B2:B4,J2:J4)

	A	B	C	D	E	F	G	H	I	J
1	연도	순이익	가중이동평균	잔차	잔차 제곱	최적 가중 이동평균 잔차		잔차 제곱	가중치	
2	1996	424							가중치 1	0.2
3	1997	216							가중치 2	0.3
4	1998	488							가중치 3	0.5
5	1999	520	393.6						합계	1
6	2000	552								

C5 | =SUMPRODUCT(B2:B4,$J$2:$J$4)

	A	B	C	D	E
1	연도	순이익	가중이동평균	잔차	잔차 제곱
2	1996	424			
3	1997	216			
4	1998	488			
5	1999	520	393.6		

가중치(J2:J4)를 선택하고 Key Board의 F4를 클릭해서 절대참조로 변경한다.

④ **잔차**

D5 | =B5-C5

	A	B	C	D
1	연도	순이익	가중이동평균	잔차
2	1996	424		
3	1997	216		
4	1998	488		
5	1999	520	393.6	126

잔차=관측값-예측값 ⇨ 잔차=순이익-가중 이동 평균

D5=B5-C5

⑤ **잔차 제곱**

E5 | =D5^2

	A	B	C	D	E
1	연도	순이익	가중이동평균	잔차	잔차 제곱
2	1996	424			
3	1997	216			
4	1998	488			
5	1999	520	393.6	126	15976.96

E5=D5^2 ⇨ C5, D5, E5를 선택한 후 아래로 드래그한다.

⑥ **잔차 제곱의 평균**

E24 | =AVERAGE(E5:E22)

	A	B	C	D	E
1	연도	순이익	가중이동평균	잔차	잔차 제곱
2	1996	424			
3	1997	216			
4	1998	488			
5	1999	520	393.6	126	15976.96
6	2000	552	449.6	102	10485.76
19	2013	1216	1461.6	-246	60319.36
20	2014	1312	1389.6	-78	6021.76
21	2015	1384	1390.4	-6	40.96
22	2016	1488	1328.8	159	25344.64
23					MSE
24					47838.44

MSE(잔차 제곱의 평균)를 계산한다.

E24=AVERAGE(E5:E22)

다른 모형과 비교할 때, 잔차 제곱의 평균이 적은 모형이 더 적합하다고 판단한다.

8.2.2 최적의 가중치

① 가중치 복사

가중치의 변화를 비교하기 위해서 J8, J9, J10에 2,3,5로 앞에서 적용한 가중치를 그대로 복사한다. ⇨ 가중치 합계를 계산한다.

② 가중치 합계

J11=SUM(J8:J10)

J11 =SUM(J8:J10)

	A	B	C	D	E	F	G	H	I	J
1	연도	순이익	가중이동평균	잔차	잔차 제곱	최적 가중 이동평균	잔차	잔차 제곱	가중치	
2	1996	424							가중치 1	0.2
3	1997	216							가중치 2	0.3
4	1998	488							가중치 3	0.5
5	1999	520	393.6	126	15976.96				합계	1
6	2000	552	449.6	102	10485.76					
7	2001	584	529.6	54	2959.36				가중치	
8	2002	624	561.6	62	3893.76				가중치 1	0.2
9	2003	672	597.6	74	5535.36				가중치 2	0.3
10	2004	816	640	176	30976.00				가중치 3	0.5
11	2005	880	734.4	146	21199.36				합계	1

③ 가중치 곱하기 순이익 합계

F5=SUMPRODUCT(B2:B4,J6:J8)

F5 =SUMPRODUCT(B2:B4,J8:J10)

	A	B	C	D	E	F	G	H	I	J
1	연도	순이익	가중이동평균	잔차	잔차 제곱	최적 가중 이동평균	잔차	잔차 제곱	가중치	
2	1996	424							가중치 1	0.2
3	1997	216							가중치 2	0.3
4	1998	488							가중치 3	0.5
5	1999	520	393.6	126	15976.96	393.6			합계	1
6	2000	552	449.6	102	10485.76					
7	2001	584	529.6	54	2959.36				가중치	
8	2002	624	561.6	62	3893.76				가중치 1	0.2
9	2003	672	597.6	74	5535.36				가중치 2	0.3
10	2004	816	640	176	30976.00				가중치 3	0.5
11	2005	880	734.4	146	21199.36				합계	1

복사된 가중치(J8:J10)을 선택하고 Key Board의 F4를 클릭해서 절대참조로 변경한다.

F5 =SUMPRODUCT(B2:B4,$J$8:$J$10)

	A	B	C	D	E	F
1	연도	순이익	가중이동평균	잔차	잔차 제곱	최적 가중 이동평균
2	1996	424				
3	1997	216				
4	1998	488				
5	1999	520	393.6	126	15976.96	393.6
6	2000	552	449.6	102	10485.76	

④ **잔차**

잔차=관측값-예측값 ⇨ G5=B5-F5

G5 =B5-F5

	A	B	C	D	E	F	G
1	연도	순이익	가중이동평균	잔차	잔차 제곱	최적 가중 이동평균	잔차
2	1996	424					
3	1997	216					
4	1998	488					
5	1999	520	393.6	126	15976.96	393.6	126

⑤ **잔차 제곱**

H5=G5^2

H5 =G5^2

	A	B	C	D	E	F	G	H
1	연도	순이익	가중이동평균	잔차	잔차 제곱	최적 가중 이동평균	잔차	잔차 제곱
2	1996	424						
3	1997	216						
4	1998	488						
5	1999	520	393.6	126	15976.96	393.6	126	15977

F5, G5, H5를 동시에 선택한 후 아래로 드래그한다.

⑥ **잔차 제곱의 평균**

MSE(잔차 제곱의 평균: Mean Squared Error)를 계산한다.

H23=AVERAGE(H5:H22)

H24 : =AVERAGE(H5:H22)

	A	B	C	D	E	F	G	H
1	연도	순이익	가중이동평균	잔차	잔차 제곱	최적 가중 이동평균	잔차	잔차 제곱
2	1996	424						
3	1997	216						
4	1998	488						
5	1999	520	393.6	126	15976.96	393.6	126	15976.96
6	2000	552	449.6	102	10485.76	449.6	102	10485.76
19	2013	1216	1461.6	-246	60319.36	1461.6	-246	60319.36
20	2014	1312	1389.6	-78	6021.76	1389.6	-78	6021.76
21	2015	1384	1390.4	-6	40.96	1390.4	-6	40.96
22	2016	1488	1328.8	159	25344.64	1328.8	159	25344.64
23					MSE			MSE
24					47838.44			47838.44

⑦ 해 찾기

MSE(잔차 제곱의 평균)을 최소화하는 가중치를 해 찾기로 구한다.

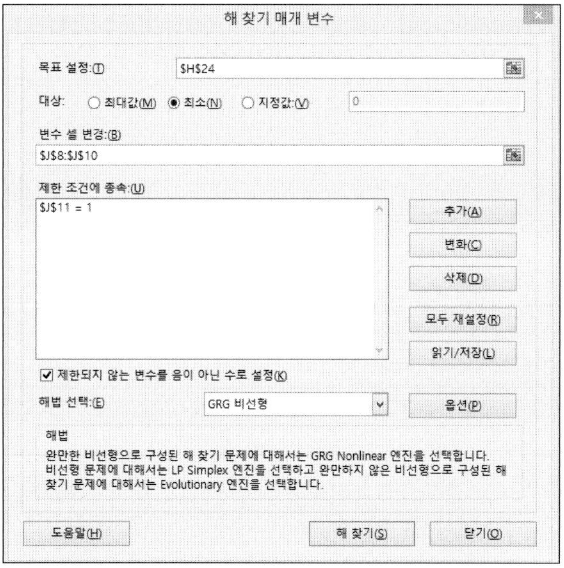

데이터 ⇨ 해 찾기

목표 설정: H24

대상: 최소

변수 셀 변경: J8:J10

추가 ⇨ J11=1 ⇨ 확인

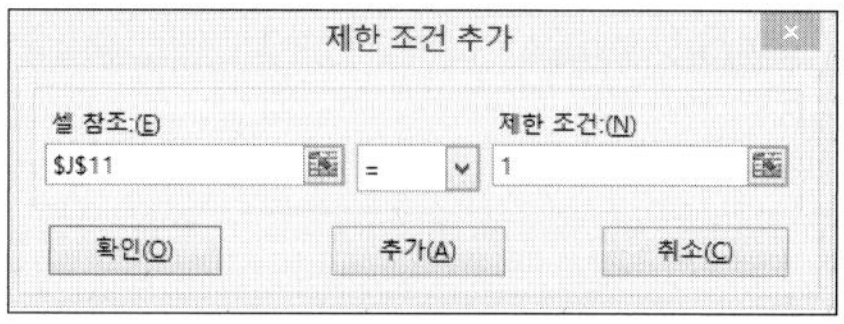

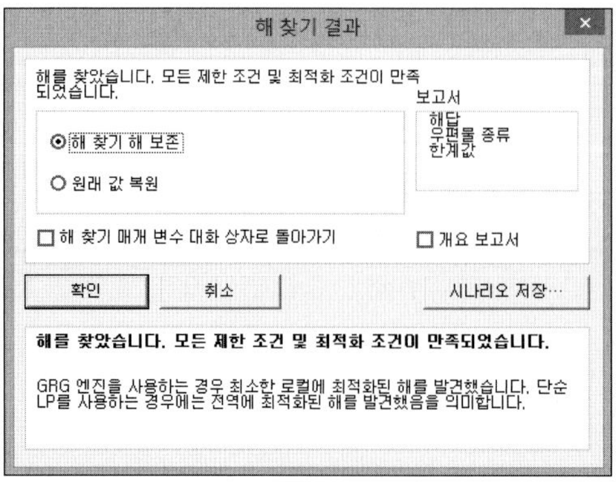

해 찾기 ⇨ 해 찾기 해 보존

■ 확인

H24 =AVERAGE(H5:H22)

	A	B	C	D	E	F	G	H	I	J
1	연도	순이익	가중이동평균	잔차	잔차 제곱	최적 가중 이동평균	잔차	잔차 제곱	가중치	
2	1996	424							가중치 1	0.2
3	1997	216							가중치 2	0.3
4	1998	488							가중치 3	0.5
5	1999	520	393.6	126	15976.96	415.1102321	105	11001.86	합계	1
6	2000	552	449.6	102	10485.76	446.3890952	106	11153.66		
7	2001	584	529.6	54	2959.36	531.0369926	53	2805.08	가중치	
8	2002	624	561.6	62	3893.76	563.0369926	61	3716.49	가중치 1	0.219366
9	2003	672	597.6	74	5535.36	599.5511707	72	5248.83	가중치 2	0.216362
10	2004	816	640	176	30976.00	642.3104188	174	30168.07	가중치 3	0.564272
11	2005	880	734.4	146	21199.36	742.7256258	137	18844.25	합계	1
12	2006	984	819.2	165	27159.04	820.5246861	163	26724.18		
13	2007	1072	919.2	153	23347.84	924.6448756	147	21713.53		
14	2008	952	1007.2	-55	3047.04	1010.84187	-59	3462.37		
15	2009	1048	994.4	54	2872.96	984.9830999	63	3971.13		
16	2010	984	1024	-40	1600.00	1032.494086	-48	2351.68		
17	2011	1136	996.8	139	19376.64	990.8274165	145	21075.08		
18	2012	1848	1072.8	775	600935.04	1083.808823	764	583988.16		
19	2013	1216	1461.6	-246	60319.36	1504.41818	-288	83185.05		
20	2014	1312	1389.6	-78	6021.76	1335.19117	-23	537.83		
21	2015	1384	1390.4	-6	40.96	1408.8096	-25	615.52		
22	2016	1488	1328.8	159	25344.64	1331.568444	156	24470.83		
23					MSE			MSE		
24					47838.44			47501.87		

가중치 1: 0.219366　　　가중치 2: 0.216362　　　가중치 3: 0.564272

가중치를 4개로 한 경우의 최적 가중치 결과는 가중 이동평균법_4개_결과에서 확인한다.

J13 =SUM(J9:J12)

	A	B	C	D	E	F	G	H	I	J
1	연도	순이익	가중이동평균	잔차	잔차 제곱	최적 가중 이동평균	잔차	잔차 제곱	가중치	
2	1996	424							가중치 1	0.1
3	1997	216							가중치 2	0.2
4	1998	488							가중치 3	0.3
5	1999	520							가중치4	0.4
6	2000	552	440	112	12544.00	449.2375264	103	10560.13	합계	1
7	2001	584	496	88	7744.00	528.499434	56	3080.31		
8	2002	624	552	72	5184.00	562.2454971	62	3813.62	가중치	
9	2003	672	587.2	85	7191.04	598.5568746	73	5393.89	가중치 1	0.007275
10	2004	816	628	188	35344.00	641.1764509	175	30563.27	가중치 2	0.2042
11	2005	880	711.2	169	28493.44	739.1629776	141	19835.07	가중치 3	0.249603
12	2006	984	793.6	190	36252.16	819.6893871	164	26997.98	가중치4	0.538922
13	2007	1072	888	184	33856.00	921.4658606	151	22660.53	합계	1
14	2008	952	981.6	-30	876.16	1008.966121	-57	3245.14		
15	2009	1048	987.2	61	3696.64	987.9628979	60	3604.45		
16	2010	984	1017.6	-34	1128.96	1028.473324	-44	1977.88		
17	2011	1136	1005.6	130	17004.16	994.0803981	142	20141.17		
18	2012	1848	1054.4	794	629800.96	1078.752156	769	591742.25		
19	2013	1216	1381.6	-166	27423.36	1488.033992	-272	74002.49		
20	2014	1312	1366.4	-54	2959.36	1355.725038	-44	1911.88		
21	2015	1384	1372.8	11	125.44	1396.208832	-12	149.06		
22	2016	1488	1375.2	113	12723.84	1335.09875	153	23378.79		
23					MSE			MSE		
24					50726.32			49591.64		

8.3 이중 이동평균법

이중 이동평균법(Double Moving Average)는 선형 추세가 있을 때 사용한다. 이동평균법으로 미래를 예측하고자 할 때 이중 이동평균법을 활용한다.

1997년부터 2016년까지 호텔 매출액을 조사했다.

파일 이름: 이중 이동평균법

	A	B	C
1	TIME	연도	매출액
2	1	1997	2.27
3	2	1998	6.07
4	3	1999	8.54
5	4	2000	10.25
18	17	2013	36.43
19	18	2014	39.55
20	19	2015	40.54
21	20	2016	42.88

① 제목 입력

D1, E1, F1, G1, H1에 Single MA(2), Double MA(3), a, b, 예측값이라고 제목을 입력한다.

	A	B	C	D	E	F	G	H
1	TIME	연도	매출액	Single MA(3)	Double MA(3)	a	b	예측값
2	1	1997	2.27					
3	2	1998	6.07					
4	3	1999	8.54					
5	4	2000	10.25					
6	5	2001	10.23					
7	6	2002	15.06					

② 이동평균 계산

D4 | =AVERAGE(C2:C4)

	A	B	C	D
1	TIME	연도	매출액	Single MA(3)
2	1	1997	2.27	
3	2	1998	6.07	
4	3	1999	8.54	5.627
5	4	2000	10.25	

구간 3의 이동평균 계산 D4=AVERAGE(C2:C4) ⇨ 아래로 드래그해서 자동으로 이동평균을 계산한다.

③ 이동평균 결과에서 이동평균 계산

E6 =AVERAGE(D4:D6)

	A	B	C	D	E
1	TIME	연도	매출액	Single MA(3)	Double MA(3)
2	1	1997	2.27		
3	2	1998	6.07		
4	3	1999	8.54	5.627	
5	4	2000	10.25	8.287	
6	5	2001	10.23	9.673	7.862
7	6	2002	15.06	11.847	

구간 3 이동평균 결과를 대상으로 다시 구간 3 이동평균을 계산한다. ⇨ 아래로 드래그해서 이동평균을 자동으로 계산한다.

④ 이중 이동평균 계산

F6 =2*D6-E6

	A	B	C	D	E	F
1	TIME	연도	매출액	Single MA(3)	Double MA(3)	a
2	1	1997	2.27			
3	2	1998	6.07			
4	3	1999	8.54	5.627		
5	4	2000	10.25	8.287		
6	5	2001	10.23	9.673	7.862	11.48

A=2*Single MA-Double MA ⇨ F6=2*D6-E6

G6=2/(3-1)*(Single MA-Double MA) ⇨ G6=2/(3-1)*(D6-E6)

G6 =2/(3-1)*(D6-E6)

	A	B	C	D	E	F	G
1	TIME	연도	매출액	Single MA(3)	Double MA(3)	a	b
2	1	1997	2.27				
3	2	1998	6.07				
4	3	1999	8.54	5.627			
5	4	2000	10.25	8.287			
6	5	2001	10.23	9.673	7.862	11.48	1.81

F6, G6를 동시에 선택한 후 아래로 드래그한다.

G21 =2/(3-1)*(D21-E21)

	A	B	C	D	E	F	G
1	TIME	연도	매출액	Single MA(3)	Double MA(3)	a	b
2	1	1997	2.27				
3	2	1998	6.07				
4	3	1999	8.54	5.627			
5	4	2000	10.25	8.287			
6	5	2001	10.23	9.673	7.862	11.48	1.81
7	6	2002	15.06	11.847	9.936	13.76	1.91
20	19	2015	40.54	38.840	36.718	40.96	2.12
21	20	2016	42.88	40.990	38.932	43.05	2.06

⑤ 예측값

예측값은 a, b 모수 한 행 아래에 출력한다. ⇨ 예측값=T-1 a + T-1 b ⇨ H7=F6+G6

H7 =F6+G6

	A	B	C	D	E	F	G	H
1	TIME	연도	매출액	Single MA(3)	Double MA(3)	a	b	예측값
2	1	1997	2.27					
3	2	1998	6.07					
4	3	1999	8.54	5.627				
5	4	2000	10.25	8.287				
6	5	2001	10.23	9.673	7.862	11.48	1.81	
7	6	2002	15.06	11.847	9.936	13.76	1.91	13.30

아래로 드래그해서 예측값을 자동으로 계산한다. 미래 예측(2017년)은 TIME 21까지 드래그해서 얻는다.

H22 =F21+G21

	A	B	C	D	E	F	G	H
1	TIME	연도	매출액	Single MA(3)	Double MA(3)	a	b	예측값
2	1	1997	2.27					
3	2	1998	6.07					
4	3	1999	8.54	5.627				
5	4	2000	10.25	8.287				
6	5	2001	10.23	9.673	7.862	11.48	1.81	
7	6	2002	15.06	11.847	9.936	13.76	1.91	13.30
8	7	2003	15.51	13.600	11.707	15.49	1.89	15.67
18	17	2013	36.43	34.347	32.344	36.35	2.00	36.40
19	18	2014	39.55	36.967	34.564	39.37	2.40	38.35
20	19	2015	40.54	38.840	36.718	40.96	2.12	41.77
21	20	2016	42.88	40.990	38.932	43.05	2.06	43.08
22	21	2017						45.11

결과는 가중 이동평균법 결과에서 확인한다.

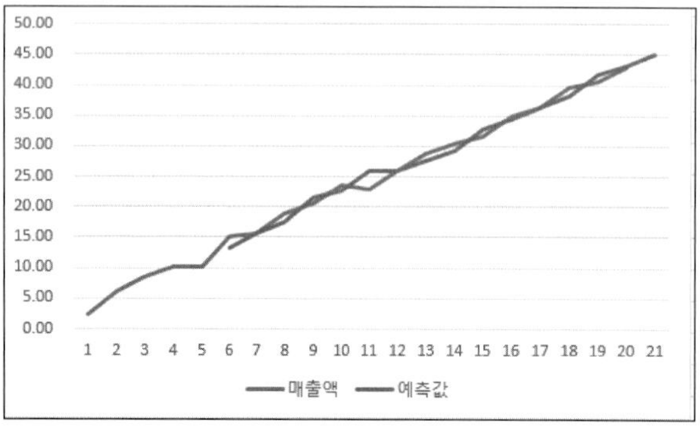

A1의 TIME 인덱스를 삭제 ⇨ A1:A22를 선택 ⇨ Control Key를 누른 상태에서 C1:C21 및 H1:H22 선택 ⇨ 삽입 ⇨ 2차원 꺾은선형 ⇨ 꺾은선형

연습문제

8.1 여행사 매출

① 구간 4의 단순 이동평균을 구할 수 있을까?

② 단순 이동평균 결과에서 구간 2의 중심화 이동평균을 구할 수 있을까?

(초급자용 연습문제)

	A	B	C	D
1	TIME	여행사 매출	TIME	여행사 매출
2	1	425	10	1072
3	2	442	11	1234
4	3	372	12	1456
5	4	421	13	1675
6	5	536	14	1756
7	6	689	15	1945
8	7	798	16	2012
9	8	845	17	2145
10	9	997	18	2345

8.2 면세점 매출

① 구간 3의 단순 이동평균과 중심화 이동평균을 구할 수 있을까?

② 구간 3의 이중 이동평균을 구할 수 있을까?

③ 이중 이동평균에서 TIME 17의 예측값을 구할 수 있을까?

	A	B	C	D
1	TIME	면세점 매출	TIME	면세점 매출
2	1	1780	9	5921
3	2	1923	10	4245
4	3	2040	11	4923
5	4	4435	12	8737
6	5	2130	13	5623
7	6	4900	14	5423
8	7	2450	15	5723
9	8	2590	16	6365

8.3 병원 매출

① 구간 4의 단순 이동평균과 중심화 이동평균을 구할 수 있을까?

② 구간 4의 이중 이동평균을 구할 수 있을까?

TIME 21의 예측값을 구할 수 있을까?

③ 구간 4의 가중치를 이용해서 가중이동평균을 구할 수 있을까?

조건: 가중치는 각각 0.1 이상이어야 한다.

TIME 21의 예측값을 구할 수 있을까?

	A	B	C	D	E	F
1	TIME	분기	병원 매출	TIME	분기	병원 매출
2	1	1	406	11	3	1456
3	2	2	521	12	4	1345
4	3	3	674	13	1	1512
5	4	4	1783	14	2	1845
6	5	1	860	15	3	2045
7	6	2	997	16	4	1982
8	7	3	912	17	1	1762
9	8	4	1134	18	2	2156
10	9	1	1156	19	3	2382
11	10	2	1275	20	4	2562

CHAPTER

09 지수 평활법

9 지수 평활법

9.1 단순 지수 평활법

지수 평활법은 추세가 있는 모형에 적합하다. 단순 지수 평활법은 Single Exponential Smoothing이라고 한다.

2002년부터 2016녀까지 전자제품 매출액을 조사했다.

	A	B
1	연도	전자제품 매출액
2	2002	39.52
3	2003	39.92
4	2004	43.65
14	2014	553.93
15	2015	696.04
16	2016	569.90

데이터 ⇨ 데이터 분석 ⇨ 지수 평활법 ⇨ 확인

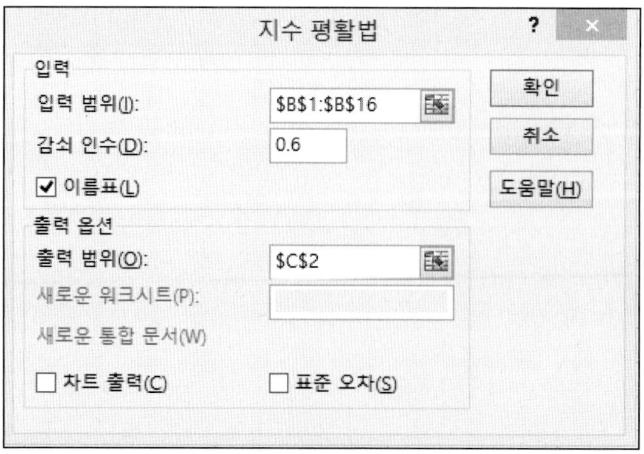

입력 범위: B1:B16

감쇠 인수: 0.6 (1-Alpha)

이름표

출력 범위: C2

■ 확인

C4 | =0.4*B3+0.6*C3

	A	B	C
1	연도	전자제품 매출액	단순 지수평활
2	2002	39.52	#N/A
3	2003	39.92	39.52
4	2004	43.65	39.68
5	2005	42.78	41.268
6	2006	54.79	41.8728
7	2007	69.04	47.03968
8	2008	79.96	55.839808
9	2009	106.01	65.4878848
10	2010	142.44	81.69673088
11	2011	206.64	105.9940385
12	2012	269.55	146.2524231
13	2013	402.29	195.5714539
14	2014	553.93	278.2588723
15	2015	696.04	388.5273234
16	2016	569.90	511.532394

[참고]: 직접 계산할 경우

C3 | =B2

	A	B	C
1	연도	전자제품 매출액	단순 지수평활
2	2002	39.52	#N/A
3	2003	39.92	39.52
4	2004	43.65	
5	2005	42.78	
6	2006	54.79	

C3=B2

C4 | =0.4*B3+0.6*C3

	A	B	C
1	연도	전자제품 매출액	단순 지수평활
2	2002	39.52	#N/A
3	2003	39.92	39.52
4	2004	43.65	39.68
5	2005	42.78	
6	2006	54.79	

C4=0.4*B3+0.6*C3

2017년 예측은 연도에 2017을 입력한 후 C16을 선택하고 아래로 드래그한다.

2017년 예측값: 534.8794364

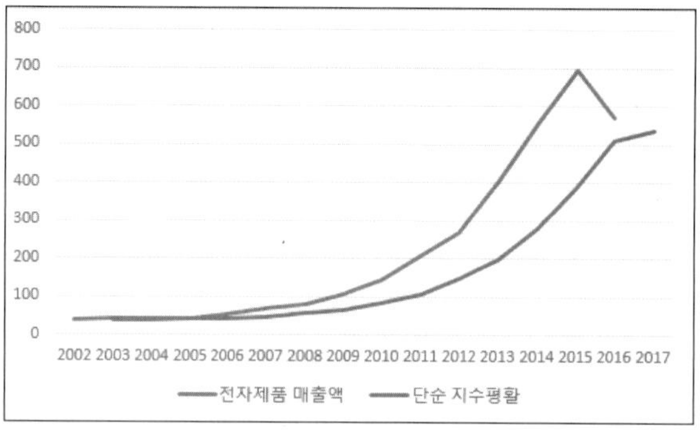

A1의 연도 인덱스를 삭제 ⇨ A1:C17 선택 ⇨ 삽입 ⇨ 2차원 꺾은선형 ⇨ 꺾은선형

결과는 단순 지수 평활법_결과에서 확인한다.

> [주의]: 지수평활법에서 Missing Value는 가까운 값의 평균으로 채운다.

9.2 브라운 지수 평활법

브라운 지수 평활법은 Double Exponential Smoothing이라고 하며, 추세 요인에 의하여 발생되는 과소 또는 과대 추정분을 단일 지수 평활법과 이중 지수 평활법의 차이로 추정한다. 만약 시계열 자료에 추세가 없으면 브라운 지수 평활법은 단순 지수평활법과 같아진다.

전자제품 매출액을 2002년부터 2016년까지 조사했다.

	A	B
1	연도	전자제품 매출액
2	2002	39.52
3	2003	39.92
4	2004	43.65
5	2005	42.78
6	2006	54.79
7	2007	69.04
8	2008	79.96
9	2009	106.01
10	2010	142.44
11	2011	206.64
12	2012	269.55
13	2013	402.29
14	2014	553.93
15	2015	696.04
16	2016	569.90

① 제목 입력

C1, D1, E1, F1, G1, H1에 각각 Single, Double, 알파 수준, 베타 추세, 예측값, 잔차, 잔차 제곱, Alpha라고 제목을 입력한다.

② 임의의 알파 값 입력

I1에 알파값 0.5를 입력한다.

K3 | =SUM(K1:K2)

	J	K	L	M	N
1	Alpha	0.5			
2	1-Alpha	0.5			
3		1			

1-Alpha=1-K1

K3=SUM(K1:K2)

③ Single Exponential Smoothing 계산

C2 | =B2

	A	B	C	D
1	연도	전자제품 매출액	Single	Double
2	2002	39.52	39.520	
3	2003	39.92		
4	2004	43.65		
5	2005	42.78		

Single 첫 번째 값=첫 번째 관측값

C2=B2

C3 | =K1*B3+K2*C2

	A	B	C	J	K
1	연도	전자제품 매출액	Single	Alpha	0.50
2	2002	39.52	39.520	1-Alpha	0.50
3	2003	39.92	39.720	합계	1.00
4	2004	43.65			
5	2005	42.78			

Single 두 번째 값=Alpha*두 번째 관측값+(1-Alpha)*Single 첫 번째 값

C3=K1*B3+K2*C2

C3 | =$K$1*B3+$K$2*C2

	A	B	C	J	K
1	연도	전자제품 매출액	Single	Alpha	0.50
2	2002	39.52	39.520	1-Alpha	0.50
3	2003	39.92	39.720	합계	1.00
4	2004	43.65			
5	2005	42.78			

수식란에서 Alpha(K1)과 1-Alpha 셀(K2)를 선택한 후 Key Board의 F4를 클릭해서 절대참조로 변경한다.

[참고]: Single 첫 번째 값을 관측값의 첫 번째와 두 번째의 평균으로 계산하는 방법도 있다.

C2=AVERAGE(B2:B3)

C2 =AVERAGE(B2:B3)

	A	B	C
1	연도	전자제품 매출액	Single
2	2002	39.52	39.72
3	2003	39.92	

C3 =$K$1*B3+(1-$K$1)*C2

	A	B	C	J	K
1	연도	전자제품 매출액	Single	알파	0.5
2	2002	39.52	39.72	1-알파	0.5
3	2003	39.92	39.82	합계	1

D2=C2

D2 =C2

	A	B	C	D
1	연도	전자제품 매출액	Single	Double
2	2002	39.52	39.72	39.72

D3 =$K$1*C3+(1-$K$1)*D2

	A	B	C	D	J	K
1	연도	전자제품 매출액	Single	Double	알파	0.585479
2	2002	39.52	39.72	39.72	1-알파	0.414521
3	2003	39.92	39.83709585	39.78855719	합계	1

Alpha: 0.585479

I18 =AVERAGE(I4:I16)

	A	B	C	D	E	F	G	H	I	J	K
1	연도	전자제품 매출액	Single	Double	알파 수준	베타 추세	예측값	잔차	잔차 제곱	알파	0.585479
2	2002	39.52	39.72	39.72						1-알파	0.414521
3	2003	39.92	39.83709585	39.78855719	39.88563	0.068557				합계	1
4	2004	43.65	42.06947204	41.12398546	43.01496	1.335428	39.954	3.696	13.659		
5	2005	42.78	42.4854714	41.9211072	43.04984	0.797122	44.350	-1.570	2.466		
6	2006	54.79	49.68951735	46.46935001	52.90968	4.548243	43.847	10.943	119.750		
7	2007	69.04	61.01882306	54.98776431	67.04988	8.518414	57.458	11.582	134.144		
8	2008	79.96	72.10848878	65.01159291	79.20538	10.02383	75.568	4.392	19.287		
9	2009	106.01	91.95711951	80.78763912	103.1266	15.77605	89.229	16.781	281.595		
10	2010	142.44	121.5137976	104.6319591	138.3956	23.84432	118.903	23.537	554.007		
11	2011	206.64	171.3534212	143.6959894	199.0109	39.06403	162.240	44.400	1971.364		
12	2012	269.55	228.8454787	193.5492469	264.1417	49.85326	238.075	31.475	990.683		
13	2013	402.29	330.3936437	273.6687992	387.1185	80.11955	313.995	88.295	7796.013		
14	2014	553.93	461.2695378	383.5051355	539.0339	109.8363	467.238	86.692	7515.496		
15	2015	696.04	598.7227676	509.5105893	687.9349	126.0055	648.870	47.170	2224.983		
16	2016	569.90	581.8476358	551.8624277	611.8328	42.35184	813.940	-244.040	59555.717		
17	2017						654.185		MSE		
18	2018						696.537		6244.551		
19	2019						738.888				
20	2020						781.240				

Single 첫 번째 값을 관측값의 첫 번째와 두 번째의 평균으로 계산하는 방법의 결과는 브라운 지수 평활법_Single First Average 결과 파일에서 확인한다.

④ Double Exponential Smoothing 계산

D2 =C2

	A	B	C	D
1	연도	전자제품 매출액	Single	Double
2	2002	39.52	39.520	39.520
3	2003	39.92	39.720	
4	2004	43.65		
5	2005	42.78		

Double 첫 번째 값=Single 첫 번째 값

D2=C2

D3 =K1*C3+K2*D2

	A	B	C	D	J	K
1	연도	전자제품 매출액	Single	Double	Alpha	0.50
2	2002	39.52	39.520	39.520	1-Alpha	0.50
3	2003	39.92	39.720	39.620	합계	1.00
4	2004	43.65				
5	2005	42.78				

Double 두 번째 값=Alpha*Single 두 번째 값+(1-Alpha)*Double 첫 번째 값

D3=K1*C3+K2*D2

D3	=$K$1*C3+$K$2*D2				
	A	B	C	D	J	K

	A	B	C	D	J	K
1	연도	전자제품 매출액	Single	Double	Alpha	0.50
2	2002	39.52	39.520	39.520	1-Alpha	0.50
3	2003	39.92	39.720	39.620	합계	1.00
4	2004	43.65				
5	2005	42.78				

수식란에서 Alpha,(K1) 1-Alpha 셀(K2)를 선택한 후 Key Board의 F4를 클릭해서 절대참조로 변경한다.

⑤ 두 번째 알파 수준

E3 : =C3+(C3-D3)

	A	B	C	D	E
1	연도	전자제품 매출액	Single	Double	알파 수준
2	2002	39.52	39.520	39.520	
3	2003	39.92	39.720	39.620	39.820

두 번째 알파 수준=두 번째 Single+(두 번째 Single 값-두 번째 Double 값)
E3=C3+(C3-D3)

⑥ 두 번째 베타 추세

두 번째 베타 추세=(Alpha/(1-Alpha)*(두 번째 Single 값-두 번째 Double 값)
F4=(K1/K2*(C3-D3))

F3 : =(K1/K2*(C3-D3))

	A	B	C	D	E	F	G	H	I	J	K
1	연도	전자제품 매출액	Single	Double	알파 수준	베타 추세	예측값	잔차	잔차 제곱	Alpha	0.50
2	2002	39.52	39.520	39.520						1-Alpha	0.50
3	2003	39.92	39.720	39.620	39.820	0.100				합계	1.00
4	2004	43.65									
5	2005	42.78									
6	2006	54.79									

수식란에서 Alpha(K1), 1-Alpha(K2)를 선택하고 Key Board의 F4를 클릭해서 절대참조로 변경한다.

F3 : =($K$1/$K$2*(C3-D3))

	A	B	C	D	E	F
1	연도	전자제품 매출액	Single	Double	알파 수준	베타 추세
2	2002	39.52	39.520	39.520		
3	2003	39.92	39.720	39.620	39.820	0.100

C3, D3, E3, F3를 동시에 선택하고 아래로 드래그한다.

F16 =($K$1/$K$2*(C16-D16))

	A	B	C	D	E	F
1	연도	전자제품 매출액	Single	Double	알파 수준	베타 추세
2	2002	39.52	39.520	39.520		
3	2003	39.92	39.720	39.620	39.820	0.100
4	2004	43.65	41.685	40.653	42.718	1.033
14	2014	553.93	431.338	335.722	526.954	95.616
15	2015	696.04	563.689	449.705	677.672	113.984
16	2016	569.90	566.794	508.250	625.339	58.545

⑦ **예측값**

예측값=알파 수준+베타 추세

G4=E3+f3

G4 =E3+F3

	A	B	C	D	E	F	G
1	연도	전자제품 매출액	Single	Double	알파 수준	베타 추세	예측값
2	2002	39.52	39.520	39.520			
3	2003	39.92	39.720	39.620	39.820	0.100	
4	2004	43.65	41.685	40.653	42.718	1.033	39.920

⑧ **잔차**

잔차(오차)=관측값-예측값 ⇨ H4–B4 G4

H4 =B4-G4

	A	B	C	D	E	F	G	H
1	연도	전자제품 매출액	Single	Double	알파 수준	베타 추세	예측값	잔차
2	2002	39.52	39.520	39.520				
3	2003	39.92	39.720	39.620	39.820	0.100		
4	2004	43.65	41.685	40.653	42.718	1.033	39.920	3.730

⑨ **잔차 제곱**

잔차 제곱=잔차^2 또는 잔차*잔차 ⇨ G4, H4, I4를 동시에 선택하고 아래로 드래그한다.

I4 =H4^2

	A	B	C	D	E	F	G	H	I
1	연도	전자제품 매출액	Single	Double	알파 수준	베타 추세	예측값	잔차	잔자 제곱
2	2002	39.52	39.520	39.520					
3	2003	39.92	39.720	39.620	39.820	0.100			
4	2004	43.65	41.685	40.653	42.718	1.033	39.920	3.730	13.91

⑩ 잔차 제곱의 평균

MSE(잔차 제곱의 평균: Mean Squared Error)

I18=AVERAGE(I4:I16)

I18 =AVERAGE(I4:I16)

	A	B	C	D	E	F	G	H	I
1	연도	전자제품 매출액	Single	Double	알파 수준	베타 추세	예측값	잔차	잔자 제곱
2	2002	39.52	39.520	39.520					
3	2003	39.92	39.720	39.620	39.820	0.100			
4	2004	43.65	41.685	40.653	42.718	1.033	39.920	3.730	13.91
5	2005	42.78	42.233	41.443	43.023	0.790	43.750	-0.970	0.94
13	2013	402.29	308.746	240.106	377.385	68.640	302.671	99.619	9923.92
14	2014	553.93	431.338	335.722	526.954	95.616	446.025	107.905	11643.49
15	2015	696.04	563.689	449.705	677.672	113.984	622.570	73.470	5397.88
16	2016	569.90	566.794	508.250	625.339	58.545	791.656	-221.756	49175.71
17	2017								MSE
18	2018								6308.832

⑪ 최적 모수

데이터 ⇨ 해 찾기

목표 설정: I18

대상: 최소

변수 셀 변경: K1

추가 ⇨ K3=1

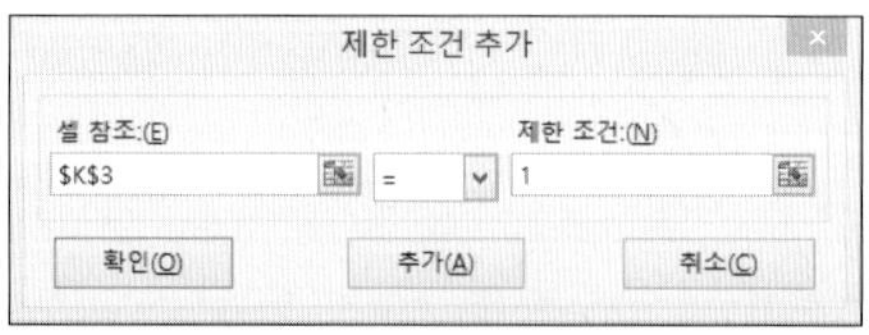

제한되지 않는 변수를 음이 아닌 수로 설정: 체크

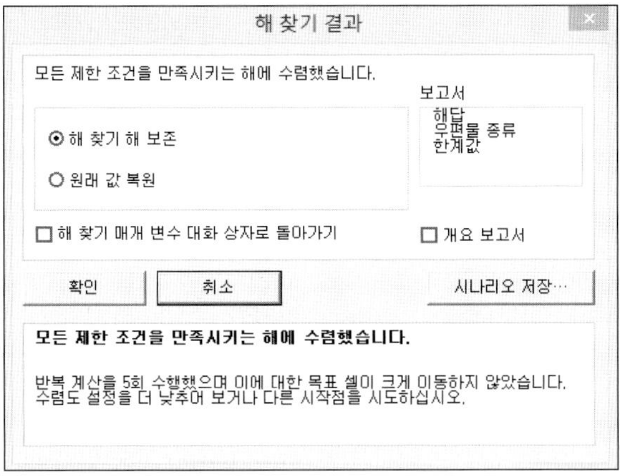

해 찾기 ⇨ 해 찾기 해 보존 ⇨ 확인

■ **해 찾기 결과**

Alpha: 0.59

⑫ **미래 예측**

G17 =E16+F16

	A	B	C	D	E	F	G
1	연도	전자제품 매출액	Single	Double	알파 수준	베타 추세	예측값
2	2002	39.52	39.520	39.520			
3	2003	39.92	39.754	39.657	39.851	0.137	
4	2004	43.65	42.035	41.049	43.020	1.392	39.988
14	2014	553.93	461.224	383.430	539.018	109.814	467.207
15	2015	696.04	598.671	509.419	687.923	125.989	648.833
16	2016	569.90	581.830	551.804	611.856	42.385	813.912
17	2017						654.242

G17=E16+F16

G18 =E16+F16*2

	A	B	C	D	E	F	G
1	연도	전자제품 매출액	Single	Double	알파 수준	베타 추세	예측값
2	2002	39.52	39.520	39.520			
3	2003	39.92	39.754	39.657	39.851	0.137	
4	2004	43.65	42.035	41.049	43.020	1.392	39.988
14	2014	553.93	461.224	383.430	539.018	109.814	467.207
15	2015	696.04	598.671	509.419	687.923	125.989	648.833
16	2016	569.90	581.830	551.804	611.856	42.385	813.912
17	2017						654.242
18	2018						696.627

G18=E16*F16^2

G19 =E16+F16*3

	A	B	C	D	E	F	G
1	연도	전자제품 매출액	Single	Double	알파 수준	베타 추세	예측값
2	2002	39.52	39.520	39.520			
3	2003	39.92	39.754	39.657	39.851	0.137	
4	2004	43.65	42.035	41.049	43.020	1.392	39.988
14	2014	553.93	461.224	383.430	539.018	109.814	467.207
15	2015	696.04	598.671	509.419	687.923	125.989	648.833
16	2016	569.90	581.830	551.804	611.856	42.385	813.912
17	2017						654.242
18	2018						696.627
19	2019						739.012

G19=E16+F16*3

G20 =E16+F16*4

	A	B	C	D	E	F	G
1	연도	전자제품 매출액	Single	Double	알파 수준	베타 추세	예측값
2	2002	39.52	39.520	39.520			
3	2003	39.92	39.754	39.657	39.851	0.137	
4	2004	43.65	42.035	41.049	43.020	1.392	39.988
14	2014	553.93	461.224	383.430	539.018	109.814	467.207
15	2015	696.04	598.671	509.419	687.923	125.989	648.833
16	2016	569.90	581.830	551.804	611.856	42.385	813.912
17	2017						654.242
18	2018						696.627
19	2019						739.012
20	2020						781.397

G20=E16+F16^4

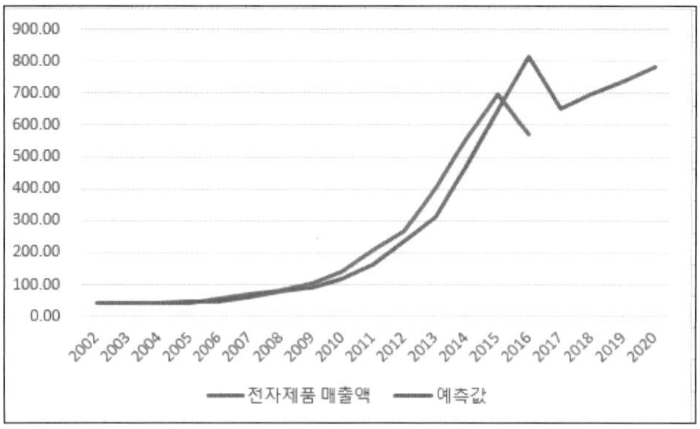

A1의 연도 인덱스를 삭제한다. ⇨ A1:A20 선택 ⇨ Control Key를 누른 상태에서 B1:B16을 선택 ⇨ G1:G20을 선택한다.

결과는 브라운 지수 평활법_결과에서 확인한다.

연습문제

9.1 체인 햄버거 순이익

① 단순 지수 평활법에서 잔차의 제곱 평균(MSE)를 최소화하는 Alpha 값을 찾을 수 있을까?

② 단순 지수 평활법에 의해 TIME 17을 예측할 수 있을까?

③ 브라운 지수 평활법에서 잔차의 제곱 평균(MSE)를 최소화하는 Alpha와 Beta 값을 찾을 수 있을까?

④ 브라운 지수 평활법에 의해 TIME 17,18,19,20을 예측할 수 있을까?

	A	B	C	D	E	F
1	TIME	분기	체인 햄버거 순이익	TIME	분기	체인 햄버거 순이익
2	1	1	421	9	1	1156
3	2	2	536	10	2	1275
4	3	3	689	11	3	1256
5	4	4	798	12	4	1345
6	5	1	845	13	1	2712
7	6	2	997	14	2	1545
8	7	3	912	15	3	1745
9	8	4	1134	16	4	1872

9.2 가구 핀매량

① 단순 지수 평활법에서 잔차의 제곱 평균(MSE)를 최소화하는 Alpha 값을 찾을 수 있을까?

② 단순 지수 평활법에 의해 TIME 20을 예측할 수 있을까?

③ 브라운 지수 평활법에서 잔차의 제곱 평균(MSE)를 최소화하는 Alpha와 Beta 값을 찾을 수 있을까?

④ 브라운 지수 평활법에 의해 TIME 20,21,22,23을 예측할 수 있을까?

	A	B	C	D	E	F
1	TIME	분기	가구 판매량	TIME	분기	가구 판매량
2	1	1	240	11	3	580
3	2	2	545	12	4	520
4	3	3	260	13	1	530
5	4	4	280	14	2	972
6	5	1	632	15	3	750
7	6	2	675	16	4	832
8	7	3	370	17	1	556
9	8	4	340	18	2	1023
10	9	1	500	19	3	822
11	10	2	823			

CHAPTER

10

계절분해법 및 계절지수

10 계절분해법 및 계절지수

계절성과 추세가 동시에 있을 때, 더미변수 회귀분석에서 더미변수에 TIME 변수를 추가해서 회귀분석을 하거나 계절분해법으로 계절성과 추세를 파악해서 미래를 예측할 수 있다.

10.1 분기별 자료

은행, 대학, 출판사, 유학원, 사설학원, 전기전자제품 생산업체, 의류 생산업체, 수출입 업체 등 분기별 실적과 수요가 다른 경우에 적용이 가능하다.

10.1.1 단순 평균

파일 이름: 분기별

	A	B	C	D
1	TIME	연도	분기별	건설사 순이익
2	1	2013	1	72
3	2		2	110
4	3		3	117
5	4		4	172
6	5	2014	1	76
7	6		2	112
8	7		3	130
9	8		4	194
10	9	2015	1	78
11	10		2	119
12	11		3	128
13	12		4	201
14	13	2016	1	81
15	14		2	134
16	15		3	141
17	16		4	216

① 제목 입력

E1, F1, G1에 분기별 평균, 계절지수, 계절지수 조정이라고 제목을 입력한다.

	A	B	C	D	E	F	G
1	TIME	연도	분기별	건설사 순이익	분기별 평균	계절지수	계절지수 조정
2	1	2013	1	72			
3	2		2	110			
4	3		3	117			
5	4		4	172			
6	5	2014	1	76			
7	6		2	112			
8	7		3	130			
9	8		4	194			

② 분기별 평균

E2 =AVERAGE(D2,D6,D10,D14)

	A	B	C	D	E
1	TIME	연도	분기별	건설사 순이익	분기별 평균
2	1	2013	1	72	76.75
3	2		2	110	
4	3		3	117	
5	4		4	172	
6	5	2014	1	76	
7	6		2	112	
8	7		3	130	
9	8		4	194	
10	9	2015	1	78	
11	10		2	119	
12	11		3	128	
13	12		4	201	
14	13	2016	1	81	
15	14		2	134	
16	15		3	141	
17	16		4	216	

1분기 평균=(2013년 1분기+2014년 1분기+2015년 1분기+2016년 1분기)/4

E2=AVERAGE(D2,D6,D10,D14)

E5 | =AVERAGE(D5,D9,D13,D17)

	A	B	C	D	E
1	TIME	연도	분기별	건설사 순이익	분기별 평균
2	1	2013	1	72	76.75
3	2		2	110	118.75
4	3		3	117	129
5	4		4	172	195.75
6	5	2014	1	76	
7	6		2	112	
8	7		3	130	
9	8		4	194	
10	9	2015	1	78	
11	10		2	119	
12	11		3	128	
13	12		4	201	
14	13	2016	1	81	
15	14		2	134	
16	15		3	141	
17	16		4	216	

아래로 드래그해서 4분기까지 평균을 자동으로 계산한다.

분기별 평균은 계절성이 없는 더미변수 회귀분석과 결과가 동일하다. 더미변수 회귀분석은 Chapter 5를 참고한다.

③ 분기별 평균 합계

E6 | =SUM(E2:E5)

	A	B	C	D	E
1	TIME	연도	분기별	건설사 순이익	분기별 평균
2	1	2013	1	72	76.75
3	2		2	110	118.75
4	3		3	117	129
5	4		4	172	195.75
6	5	2014	1	76	520.25

분기별 평균의 합계
E6=SUM(E2:E5)

④ 계절지수

계절지수=1분기 평균*(4/분기 합계)

F2 | =E2*(4/E6)

	A	B	C	D	E	F
1	TIME	연도	분기별	건설사 순이익	분기별 평균	계절지수
2	1	2013	1	72	76.75	0.590100913
3	2		2	110	118.75	
4	3		3	117	129	
5	4		4	172	195.75	
6	5	2014	1	76	520.25	

E6(분기 평균의 합계)를 선택한 후 Key Board의 F4를 클릭해서 절대참조로 변경한다.

F2 | =E2*(4/$E$6)

	A	B	C	D	E	F
1	TIME	연도	분기별	건설사 순이익	분기별 평균	계절지수
2	1	2013	1	72	76.75	0.590100913
3	2		2	110	118.75	
4	3		3	117	129	
5	4		4	172	195.75	
6	5	2014	1	76	520.25	

아래로 드래그해서 각 분기별 계절지수를 자동으로 계산한다. 합계는 4가 되어야 한다.

F6 | =E6*(4/$E$6)

	A	B	C	D	E	F
1	TIME	연도	분기별	건설사 순이익	분기별 평균	계절지수
2	1	2013	1	72	76.75	0.590100913
3	2		2	110	118.75	0.913022585
4	3		3	117	129	0.991830851
5	4		4	172	195.75	1.505045651
6	5	2014	1	76	520.25	4

결과는 분기별_평균_계절지수_결과에서 확인한다. 추세가 없는 더미변수 회귀분석과 유사하다.

10.1.2 평균 오차 비율

① 평균 계산

D18 | =AVERAGE(D2:D17)

	A	B	C	D
1	TIME	연도	분기별	건설사 순이익
2	1	2013	1	72
3	2		2	110
4	3		3	117
5	4		4	172
6	5	2014	1	76
7	6		2	112
8	7		3	130
9	8		4	194
10	9	2015	1	78
11	10		2	119
12	11		3	128
13	12		4	201
14	13	2016	1	81
15	14		2	134
16	15		3	141
17	16		4	216
18				130.0625

평균 계산

D18=AVERAGE(D2:D17)

② 평균 복사

E열에 평균값을 복사한다.

	A	B	C	D	E
1	TIME	연도	분기별	건설사 순이익	평균
2	1	2013	1	72	130.0625
3	2		2	110	130.0625
4	3		3	117	130.0625
5	4		4	172	130.0625
6	5	2014	1	76	130.0625
7	6		2	112	130.0625
8	7		3	130	130.0625
9	8		4	194	130.0625
10	9	2015	1	78	130.0625
11	10		2	119	130.0625
12	11		3	128	130.0625
13	12		4	201	130.0625
14	13	2016	1	81	130.0625
15	14		2	134	130.0625
16	15		3	141	130.0625
17	16		4	216	130.0625
18				130.0625	

③ 관측값과 평균의 오차 비율 계산

F2 =D2/E2

	A	B	C	D	E	F
1	TIME	연도	분기별	건설사 순이익	평균	오차 비율
2	1	2013	1	72	130.0625	0.55358001
3	2		2	110	130.0625	0.845747237
4	3		3	117	130.0625	0.899567516
5	4		4	172	130.0625	1.322441134
6	5	2014	1	76	130.0625	0.584334455
7	6		2	112	130.0625	0.861124459
8	7		3	130	130.0625	0.999519462
9	8		4	194	130.0625	1.491590581
10	9	2015	1	78	130.0625	0.599711677
11	10		2	119	130.0625	0.914944738
12	11		3	128	130.0625	0.984142239
13	12		4	201	130.0625	1.54541086
14	13	2016	1	81	130.0625	0.622777511
15	14		2	134	130.0625	1.030273907
16	15		3	141	130.0625	1.084094185
17	16		4	216	130.0625	1.660740029
18				130.0625		

④ 분기별 계절지수

1분기 계절지수=AVERAGE(F2,F6,F10,F14) ⇨ 아래로 드래그해서 4분기까지 계절지수를 자동으로 계산한다.

G2 =AVERAGE(F2,F6,F10,F14)

	A	B	C	D	E	F	G
1	TIME	연도	분기별	건설사 순이익	평균	오차 비율	계절지수
2	1	2013	1	72	130.0625	0.55358001	0.590100913
3	2		2	110	130.0625	0.845747237	
4	3		3	117	130.0625	0.899567516	
5	4		4	172	130.0625	1.322441134	
6	5	2014	1	76	130.0625	0.584334455	
7	6		2	112	130.0625	0.861124459	
8	7		3	130	130.0625	0.999519462	
9	8		4	194	130.0625	1.491590581	
10	9	2015	1	78	130.0625	0.599711677	
11	10		2	119	130.0625	0.914944738	
12	11		3	128	130.0625	0.984142239	
13	12		4	201	130.0625	1.54541086	
14	13	2016	1	81	130.0625	0.622777511	
15	14		2	134	130.0625	1.030273907	
16	15		3	141	130.0625	1.084094185	
17	16		4	216	130.0625	1.660740029	

⑤ 계절지수 합계

G6=SUM(G2:G5)

G6 =SUM(G2:G5)

	A	B	C	D	E	F	G
1	TIME	연도	분기별	건설사 순이익	평균	오차 비율	계절지수
2	1	2013	1	72	130.0625	0.55358001	0.590100913
3	2		2	110	130.0625	0.845747237	0.913022585
4	3		3	117	130.0625	0.899567516	0.991830851
5	4		4	172	130.0625	1.322441134	1.505045651
6	5	2014	1	76	130.0625	0.584334455	4.00
7	6		2	112	130.0625	0.861124459	

계절지수의 합계는 4가 되어야 한다.

결과는 분기별_평균_오차비율_계절지수_결과에서 확인한다.

10.1.3 회귀분석 방법

10.1.3.1 회귀분석 및 단순 평균

회귀분석 결과에서 단순 평균으로 계절지수를 찾는 방법이다.

① 회귀분석

데이터 ⇨ 데이터 분석 ⇨ 회귀분석 ⇨ 확인

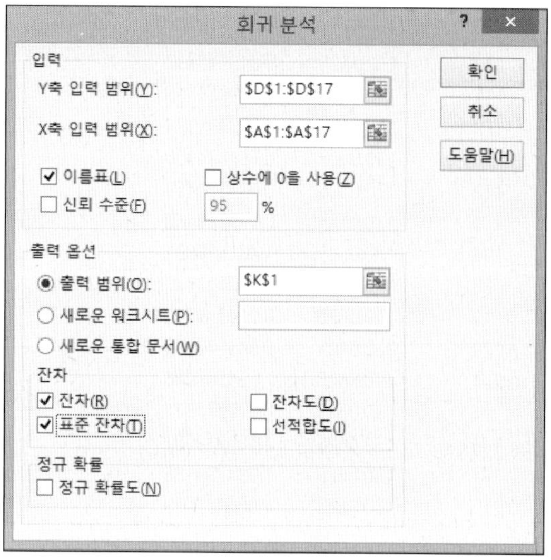

Y축 입력 범위: D1:D17

X축 입력 범위: A1:A17

이름표

출력 옵션: K1

잔차: 잔차, 표준잔차

■ **확인**

K	L	M	N	O	P
요약 출력					
회귀분석 통계량					
다중 상관계수	0.422639149				
결정계수	0.17862385				
조정된 결정계수	0.119954125				
표준 오차	42.53462875				
관측수	16				
분산 분석					
	자유도	제곱합	제곱 평균	F 비	유의한 F
회귀	1	5508.2125	5508.2125	3.044566	0.102909
잔차	14	25328.725	1809.194643		
계	15	30836.9375			
	계수	표준 오차	t 통계량	P-값	하위 95%
Y 절편	95.85	22.30534749	4.297175824	0.000738	48.00979
TIME	4.025	2.306764122	1.744868477	0.102909	-0.92252

② 회귀분석 결과 입력

예측값=TIME 계수*TIME+ Y 절편 ⇨ E2=L18*A2+L17

E2 =L18*A2+L17

	A	B	C	D	E	K	L
1	TIME	연도	분기별	건설사 순이익	회귀분석	요약 출력	
2	1	2013	1	72	99.875		
3	2		2	110		회귀분석 통계량	
4	3		3	117		다중 상관계수	0.422639149
5	4		4	172		결정계수	0.17862385
6	5	2014	1	76		조정된 결정계수	0.119954125
7	6		2	112		표준 오차	42.53462875
8	7		3	130		관측수	16
9	8		4	194			
10	9	2015	1	78		분산 분석	
11	10		2	119			자유도
12	11		3	128		회귀	1
13	12		4	201		잔차	14
14	13	2016	1	81		계	15
15	14		2	134			
16	15		3	141			계수
17	16		4	216		Y 절편	95.85
18						TIME	4.025

E2 =L18*A2+L17

	A	B	C	D	E
1	TIME	연도	분기별	건설사 순이익	회귀분석
2	1	2013	1	72	99.875
3	2		2	110	

TIME 계수(L18)과 Y절편(L17)을 선택한 후 Key Board의 F4를 클릭해서 절대참조로 변경한다. ⇨ 아래로 드래그해서 예측값을 자동으로 계산한다.

③ 계절 오차

F2=D2/E2 ⇨ 아래로 드래그해서 계절 오차를 자동으로 계산한다.

F2 =D2/E2

	A	B	C	D	E	F
1	TIME	연도	분기별	건설사 순이익	회귀분석	계절 오차
2	1	2013	1	72	99.875	0.721
3	2		2	110	103.9	
4	3		3	117	107.925	
5	4		4	172	111.95	

④ 분기별 계절지수 계산

G2=(F2+F6+F10+F14)/4 또는 G2=AVERAGE(F2,F6,F10,F14) ⇨ 아래로 드래그해서 4분기까지 평균을 자동으로 계산한다.

G2 | =AVERAGE(F2,F6,F10,F14)

	A	B	C	D	E	F	G
1	TIME	연도	분기별	건설사 순이익	회귀분석	계절 오차	분기별 계절지수
2	1	2013	1	72	99.875	0.721	0.628
3	2		2	110	103.9	1.059	
4	3		3	117	107.925	1.084	
5	4		4	172	111.95	1.536	
6	5	2014	1	76	115.975	0.655	
7	6		2	112	120	0.933	
8	7		3	130	124.025	1.048	
9	8		4	194	128.05	1.515	
10	9	2015	1	78	132.075	0.591	
11	10		2	119	136.1	0.874	
12	11		3	128	140.125	0.913	
13	12		4	201	144.15	1.394	
14	13	2016	1	81	148.175	0.547	
15	14		2	134	152.2	0.880	
16	15		3	141	156.225	0.903	
17	16		4	216	160.25	1.348	

⑤ 분기별 계절지수 합계

G6=SUM(G2:G5)

G6 | =SUM(G2:G5)

	A	B	C	D	E	F	G
1	TIME	연도	분기별	건설사 순이익	회귀분석	계절 오차	분기별 계절지수
2	1	2013	1	72	99.875	0.721	0.628
3	2		2	110	103.9	1.059	0.937
4	3		3	117	107.925	1.084	0.987
5	4		4	172	111.95	1.536	1.448
6	5	2014	1	76	115.975	0.655	4.001

⑥ 계절지수 조정

H2=G2*(4/G6) ⇨ 계절지수 합계(G6)를 선택하고 Key Board의 F4를 클릭해서 절대참조로 변경한다.

H2 =G2*(4/G6)

	A	B	C	D	E	F	G	H
1	TIME	연도	분기별	건설사 순이익	회귀분석	계절 오차	분기별 계절지수	계절지수 조정
2	1	2013	1	72	99.875	0.721	0.628	0.6283
3	2		2	110	103.9	1.059	0.937	
4	3		3	117	107.925	1.084	0.987	
5	4		4	172	111.95	1.536	1.448	
6	5	2014	1	76	115.975	0.655	4.001	

아래로 드래그해서 계절지수 조정을 자동으로 계산한다. 합계가 4가 되어야 한다.

H6 =G6*(4/$G$6)

	A	B	C	D	E	F	G	H
1	TIME	연도	분기별	건설사 순이익	회귀분석	계절 오차	분기별 계절지수	계절지수 조정
2	1	2013	1	72	99.875	0.721	0.628	0.6283
3	2		2	110	103.9	1.059	0.937	0.9366
4	3		3	117	107.925	1.084	0.987	0.9869
5	4		4	172	111.95	1.536	1.448	1.4482
6	5	2014	1	76	115.975	0.655	4.001	4.0000

⑦ **계절지수 복사**

1분기부터 4분기까지 계절지수 복사 ⇨ 마우스 오른쪽 클릭 ⇨ 복사 ⇨ 붙여넣기 ⇨ 옵션: 123 선택 ⇨ 엑셀에서 복사를 기억하고 있으므로 붙여넣기:123을 반복해서 계절지수를 채운다.

H6 =G6*(4/$G$6)

	A	B	C	D	E	F	G	H	I	J
1	TIME	연도	분기별	건설사 순이익	회귀분석	계절 오차	분기별 계절지수	계절지수 조정	예측값	오차
2	1	2013	1	72	99.875	0.721	0.628	0		
3	2		2	110	103.9	1.059	0.937	0		
4	3		3	117	107.925	1.084	0.987	0.9869		
5	4		4	172	111.95	1.536	1.448	1		
6	5	2014	1	76	115.975	0.655	4.001	4		
7	6		2	112	120	0.933				
8	7		3	130	124.025	1.048				
9	8		4	194	128.05	1.515				
10	9	2015	1	78	132.075	0.591				
11	10		2	119	136.1	0.874				
12	11		3	128	140.125	0.913				
13	12		4	201	144.15	1.394				
14	13	2016	1	81	148.175	0.547				
15	14		2	134	152.2	0.880				

잘라내기(T)
복사(C)
붙여넣기 옵션:
선택하여 붙여넣기(S)...
복사한 셀 삽입(E)...
삭제(D)...
내용 지우기(N)
빠른 분석(Q)
필터(E)

	A	B	C	D	E	F	G	H
1	TIME	연도	분기별	건설사 순이익	회귀분석	계절 오차	분기별 계절지수	계절지수 조정
2	1	2013	1	72	99.875	0.721	0.628	0.6283
3	2		2	110	103.9	1.059	0.937	0.9366
4	3		3	117	107.925	1.084	0.987	0.9869
5	4		4	172	111.95	1.536	1.448	1.4482
6	5	2014	1	76	115.975	0.655	4.001	0.6283
7	6		2	112	120	0.933		0.9366
8	7		3	130	124.025	1.048		0.9869
9	8		4	194	128.05	1.515		1.4482
10	9	2015	1	78	132.075	0.591		0.6283
11	10		2	119	136.1	0.874		0.9366
12	11		3	128	140.125	0.913		0.9869
13	12		4	201	144.15	1.394		1.4482
14	13	2016	1	81	148.175	0.547		0.6283
15	14		2	134	152.2	0.880		0.9366
16	15		3	141	156.225	0.903		0.9869
17	16		4	216	160.25	1.348		1.4482

⑧ 예측값

예측값=회귀분석 결과*계절지수

I2 =E2*H2

	A	B	C	D	E	F	G	H	I
1	TIME	연도	분기별	건설사 순이익	회귀분석	계절 오차	분기별 계절지수	계절지수 조정	예측값
2	1	2013	1	72	99.875	0.721	0.628	0.6283	62.7486
3	2		2	110	103.9	1.059	0.937	0.9366	
4	3		3	117	107.925	1.084	0.987	0.9869	
5	4		4	172	111.95	1.536	1.448	1.4482	
6	5	2014	1	76	115.975	0.655	4.001	0.6283	

⑨ 잔차

오차 절대값(잔차 절대값)=ABS(잔차)=ABS(관측값-예측값) ⇨ J2=ABS(D2-I2)

J2 =ABS(D2-I2)

	A	B	C	D	E	F	G	H	I	J
1	TIME	연도	분기별	건설사 순이익	회귀분석	계절 오차	분기별 계절지수	계절지수 조정	예측값	오차
2	1	2013	1	72	99.875	0.721	0.628	0.6283	62.7486	9.251
3	2		2	110	103.9	1.059	0.937	0.9366		
4	3		3	117	107.925	1.084	0.987	0.9869		
5	4		4	172	111.95	1.536	1.448	1.4482		

예측값(I2)와 잔차 절대값(J2)를 동시에 선택하고 아래로 드래그한다.

⑩ 잔차 절대값 평균

MAE(잔차 절대값 평균)=AVERAGE(잔차 절대값) ⇨ J19=AVERAGE(J2:J17)

J19 =AVERAGE(J2:J17)

	A	B	C	D	E	F	G	H	I	J
1	TIME	연도	분기별	건설사 순이익	회귀분석	계절 오차	분기별 계절지수	계절지수 조정	예측값	오차
2	1	2013	1	72	99.875	0.721	0.628	0.6283	62.7486	9.251
3	2		2	110	103.9	1.059	0.937	0.9366	97.3100	12.690
4	3		3	117	107.925	1.084	0.987	0.9869	106.5145	10.486
5	4		4	172	111.95	1.536	1.448	1.4482	162.1287	9.871
6	5	2014	1	76	115.975	0.655	4.001	0.6283	72.8638	3.136
7	6		2	112	120	0.933		0.9366	112.3889	0.389
8	7		3	130	124.025	1.048		0.9869	122.4041	7.596
9	8		4	194	128.05	1.515		1.4482	185.4451	8.555
10	9	2015	1	78	132.075	0.591		0.6283	82.9790	4.979
11	10		2	119	136.1	0.874		0.9366	127.4677	8.468
12	11		3	128	140.125	0.913		0.9869	138.2937	10.294
13	12		4	201	144.15	1.394		1.4482	208.7615	7.761
14	13	2016	1	81	148.175	0.547		0.6283	93.0942	12.094
15	14		2	134	152.2	0.880		0.9366	142.5465	8.547
16	15		3	141	156.225	0.903		0.9869	154.1832	13.183
17	16		4	216	160.25	1.348		1.4482	232.0779	16.078
18										MAE
19										8.961

⑪ 미래 예측

미래를 예측할 경우 TIME 변수를 예측하고자 하는 기간만큼 생성하고 회귀분석 결과(E열)를 아래로 드래그한다. 다음에 계절지수 조정(H열)을 복사하고 예측값을 아래로 드래그한다.

E21=L18*A21+L17

E21 =$L$18*A21+$L$17

	A	B	C	D	E
1	TIME	연도	분기별	건설사 순이익	회귀분석
2	1	2013	1	72	99.875
3	2		2	110	103.9
4	3		3	117	107.925
5	4		4	172	111.95
6	5	2014	1	76	115.975
7	6		2	112	120
8	7		3	130	124.025
9	8		4	194	128.05
10	9	2015	1	78	132.075
11	10		2	119	136.1
12	11		3	128	140.125
13	12		4	201	144.15
14	13	2016	1	81	148.175
15	14		2	134	152.2
16	15		3	141	156.225
17	16		4	216	160.25
18	17	2017	1		164.275
19	18		2		168.3
20	19		3		172.325
21	20		4		176.35

I21=E21*H21

I21 | =E21*H21

	A	B	C	D	E	F	G	H	I
1	TIME	연도	분기별	건설사 순이익	회귀분석	계절 오차	분기별 계절지수	계절지수 조정	예측값
2	1	2013	1	72	99.875	0.721	0.628	0.6283	62.7486
3	2		2	110	103.9	1.059	0.937	0.9366	97.3100
4	3		3	117	107.925	1.084	0.987	0.9869	106.5145
5	4		4	172	111.95	1.536	1.448	1.4482	162.1287
6	5	2014	1	76	115.975	0.655	4.001	0.6283	72.8638
18	17	2017	1		164.275			0.6283	103.2093
19	18		2		168.3			0.9366	157.6254
20	19		3		172.325			0.9869	170.0728
21	20		4		176.35			1.4482	255.3943

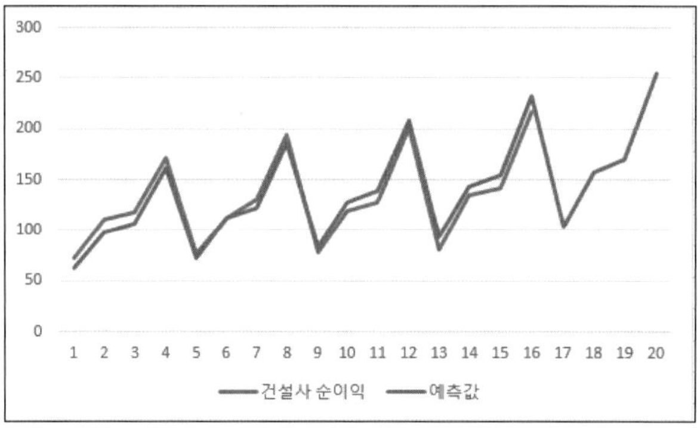

A1의 TIME 인덱스를 삭제 ⇨ A1:A21 선택 ⇨ Control Key를 누른 상태에서 D1:D17 및 I1:I21 선택 ⇨ 삽입 ⇨ 2차원 꺾은선형 ⇨ 꺾은선형

결과는 분기별_회귀분석 방법_결과에서 확인한다.

10.1.3.2 회귀분석 및 이동평균 · 중심화 이동평균

회귀분석 결과에서 이동평균과 중심화 이동평균으로 계절지수를 찾는 방법도 있다. 회귀분석까지는 앞에서 설명한 내용과 동일하다.

① 이동 평균

F3=AVERAGE(E2:E5)

F3 | =AVERAGE(E2:E5)

	A	B	C	D	E	F
1	TIME	연도	분기별	건설사 순이익	회귀분석	이동평균
2	1	2013	1	72	99.875	
3	2		2	110	103.9	105.9125
4	3		3	117	107.925	109.9375
5	4		4	172	111.95	113.9625
6	5	2014	1	76	115.975	117.9875
7	6		2	112	120	122.0125
8	7		3	130	124.025	126.0375
9	8		4	194	128.05	130.0625

② 중심화 이동평균

G3=AVERAGE(F3:F4)

G3 | =AVERAGE(F3:F4)

	A	B	C	D	E	F	G
1	TIME	연도	분기별	건설사 순이익	회귀분석	이동평균	중심화 이동평균
2	1	2013	1	72	99.875		
3	2		2	110	103.9	105.9125	107.925
4	3		3	117	107.925	109.9375	111.95
5	4		4	172	111.95	113.9625	115.975
6	5	2014	1	76	115.975	117.9875	120
7	6		2	112	120	122.0125	124.025
8	7		3	130	124.025	126.0375	128.05
9	8		4	194	128.05	130.0625	132.075

③ 계절 오차

계절오차=회귀분석 결과/중심화 이동평균

H3=D3/G3

H3 | =D3/G3

	A	B	C	D	E	F	G	H
1	TIME	연도	분기별	건설사 순이익	회귀분석	이동평균	중심화 이동평균	계절 오차
2	1	2013	1	72	99.875			
3	2		2	110	103.9	105.9125	107.925	1.019
4	3		3	117	107.925	109.9375	111.95	1.045
5	4		4	172	111.95	113.9625	115.975	1.483
6	5	2014	1	76	115.975	117.9875	120	0.633
7	6		2	112	120	122.0125	124.025	0.903
8	7		3	130	124.025	126.0375	128.05	1.015
9	8		4	194	128.05	130.0625	132.075	1.469

④ 분기별 계절지수

I2=AVERAGE(H6, H10, H14)

I2 | =AVERAGE(H6,H10,H14)

	A	B	C	I
1	TIME	연도	분기별	분기별 계절지수
2	1	2013	1	0.580
3	2		2	0.924
4	3		3	0.983
5	4		4	1.436

⑤ 계절지수 조정

J2=I2*(4/I6) ⇨ 합계(I6)을 절대참조로 변경 ⇨ 아래로 드래그한다. ⇨ 합계가 4가 되어야 한다.

J6 | =I6*(4/$I$6)

	I	J
1	분기별 계절지수	계절지수 조정
2	0.580	0.5910
3	0.924	0.9421
4	0.983	1.0022
5	1.436	1.4646
6	3.922	4.0000

예측값=관측값*계절지수 조정

K2=E2*J2 ⇨ 아래로 드래그해서 예측값을 계산한다.

K2 | =E2*J2

	D	E	F	G	H	I	J	K
1	건설사 순이익	회귀분석	이동평균	중심화 이동평균	계절 오차	분기별 계절지수	계절지수 조정	예측값
2	72	99.875				0.580	0.5910	59.0287
3	110	103.9	105.9125	107.925	1.019	0.924	0.9421	97.8882
4	117	107.925	109.9375	111.95	1.045	0.983	1.0022	108.1663
5	172	111.95	113.9625	115.975	1.483	1.436	1.4646	163.9618
6	76	115.975	117.9875	120	0.633	3.922	4.0000	463.9000
7	112	120	122.0125	124.025	0.903		0.9421	113.0567
8	130	124.025	126.0375	128.05	1.015		1.0022	124.3023
9	194	128.05	130.0625	132.075	1.469		1.4646	187.5419
10	78	132.075	134.0875	136.1	0.573		0.5910	78.0598
11	119	136.1	138.1125	140.125	0.849		0.9421	128.2251
12	128	140.125	142.1375	144.15	0.888		1.0022	140.4383
13	201	144.15	146.1625	148.175	1.357		1.4646	211.1219
14	81	148.175	150.1875	152.2	0.532		0.5910	87.5753
15	134	152.2	154.2125				0.9421	143.3935
16	141	156.225					1.0022	156.5743
17	216	160.25					1.4646	234.7020

⑥ 미래 예측

미래를 예측하고자 할 경우는 예측하고자 하는 기간만큼 TIME 변수를 생성하고 회귀분석을 아래로 드래그한다.

E21=N18*A21+N17

F21 | =$N$18*A21+$N$17

	A	B	C	D	E	M	N
1		연도	분기별	건설사 순이익	회귀분석	요약 출력	
2	1	2013	1	72	99.875		
3	2		2	110	103.9	회귀분석 통계량	
4	3		3	117	107.925	다중 상관계수	0.422639149
5	4		4	172	111.95	결정계수	0.17862385
6	5	2014	1	76	115.975	조정된 결정계수	0.119954125
7	6		2	112	120	표준 오차	42.53462875
8	7		3	130	124.025	관측수	16
9	8		4	194	128.05		
10	9	2015	1	78	132.075	분산 분석	
11	10		2	119	136.1		자유도
12	11		3	128	140.125	회귀	1
13	12		4	201	144.15	잔차	14
14	13	2016	1	81	148.175	계	15
15	14		2	134	152.2		
16	15		3	141	156.225		계수
17	16		4	216	160.25	Y 절편	95.85
18	17	2017	1		164.275	TIME	4.025
19	18		2		168.3		
20	19		3		172.325		
21	20		4		176.35		

계절지수 조정을 예측기간만큼 복사한다. ⇨ 예측값을 아래로 드래그한다.

K21 | =E21*J21

	A	B	C	D	E	F	G	H	I	J	K
1		연도	분기별	건설사 순이익	회귀분석	이동평균	중심화 이동평균	계절 오차	분기별 계절지수	계절지수 조정	예측값
2	1	2013	1	72	99.875				0.580	0.5910	59.0287
3	2		2	110	103.9	105.9125	107.925	1.019	0.924	0.9421	97.8882
4	3		3	117	107.925	109.9375	111.95	1.045	0.983	1.0022	108.1663
5	4		4	172	111.95	113.9625	115.975	1.483	1.436	1.4646	163.9618
6	5	2014	1	76	115.975	117.9875	120	0.633	3.922	0.5910	68.5443
7	6		2	112	120	122.0125	124.025	0.903		0.9421	113.0567
8	7		3	130	124.025	126.0375	128.05	1.015		1.0022	124.3023
9	8		4	194	128.05	130.0625	132.075	1.469		1.4646	187.5419
10	9	2015	1	78	132.075	134.0875	136.1	0.573		0.5910	78.0598
11	10		2	119	136.1	138.1125	140.125	0.849		0.9421	128.2251
12	11		3	128	140.125	142.1375	144.15	0.888		1.0022	140.4383
13	12		4	201	144.15	146.1625	148.175	1.357		1.4646	211.1219
14	13	2016	1	81	148.175	150.1875	152.2	0.532		0.5910	87.5753
15	14		2	134	152.2	154.2125				0.9421	143.3935
16	15		3	141	156.225					1.0022	156.5743
17	16		4	216	160.25					1.4646	234.7020
18	17	2017	1		164.275					0.5910	97.0908
19	18		2		168.3					0.9421	158.5620
20	19		3		172.325					1.0022	172.7104
21	20		4		176.35					1.4646	258.2820

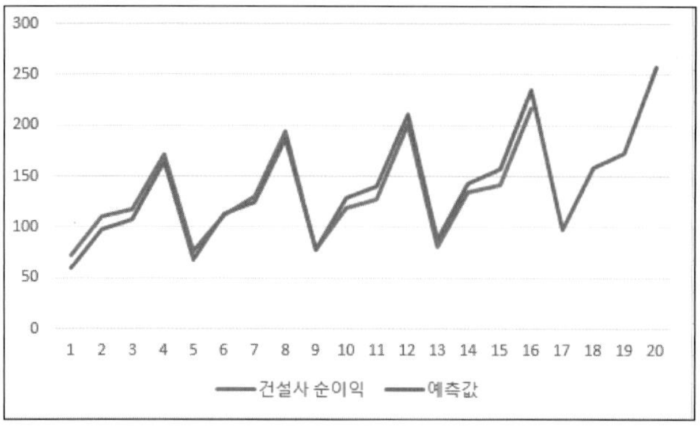

A1 TIME 인덱스를 삭제 ⇨ A1:A21 선택 ⇨ Control Key를 선택한 상태에서 D1:D17 및 K1:K21 선택 ⇨ 삽입 ⇨ 2차원 꺾은선형 ⇨ 꺾은선형

결과는 분기별_회귀분석_이동평균 중심화 이동평균 방법_결과에서 확인한다.

10.1.4 계절분해 가법

가법	승법
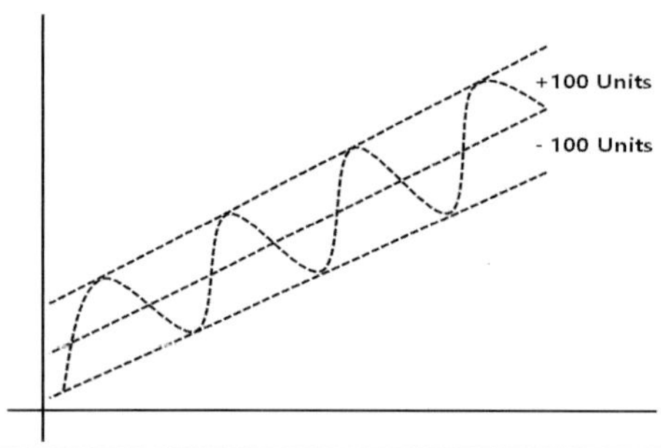	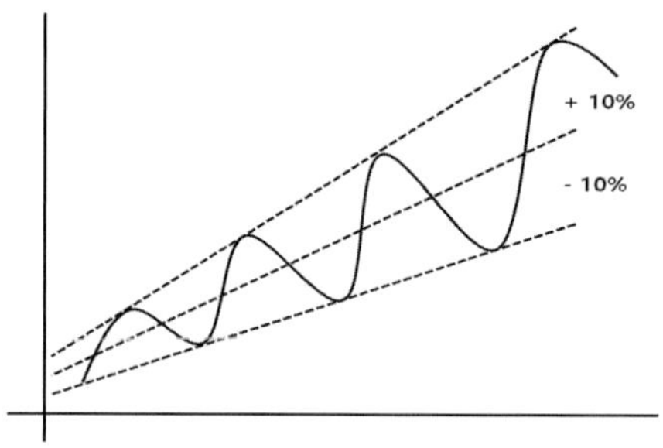

① 제목 입력

E1, F1, G1, H1, I1, J1, K1, L1, M1에 이동평균, 중심화 이동평균, 계절오차, 분기별 계절지수, 계절지수 조정, Deseasonalized 순이익, 회귀분석, 예측값, 오차 절대값이라고 제목을 입력한다.

	A	B	C	D	E	F	G	H	I	J	K	L	M
1	TIME	연도	분기별	건설사 순이익	이동평균	중심화 이동평균	계절 오차	분기별 계절지수	계절지수 조정	Deseasonalized_순이익	회귀분석	예측값	오차 절대값
2	1	2013	1	72									
3	2		2	110									
4	3		3	117									
5	4		4	172									
6	5	2014	1	76									
7	6		2	112									
8	7		3	130									
9	8		4	194									
10	9	2015	1	78									
11	10		2	119									
12	11		3	128									
13	12		4	201									
14	13	2016	1	81									
15	14		2	134									
16	15		3	141									
17	16		4	216									

② 이동 평균

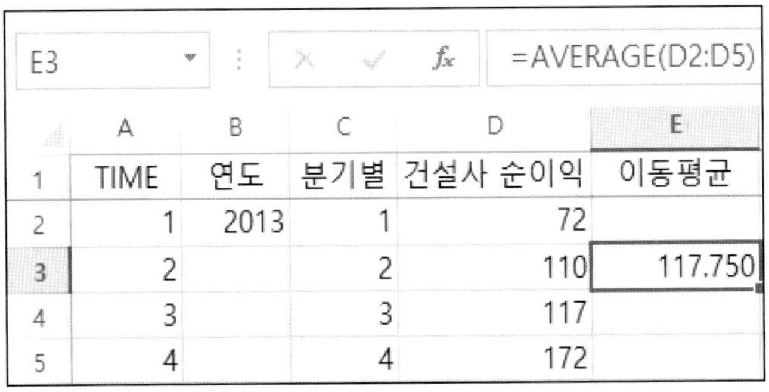

E3 =AVERAGE(D2:D5)

	A	B	C	D	E
1	TIME	연도	분기별	건설사 순이익	이동평균
2	1	2013	1	72	
3	2		2	110	117.750
4	3		3	117	
5	4		4	172	

이동평균=(2013년 1분기+2분기+3분기+4분기)/4 ⇨ E3=AVERAGE(D2:D5)

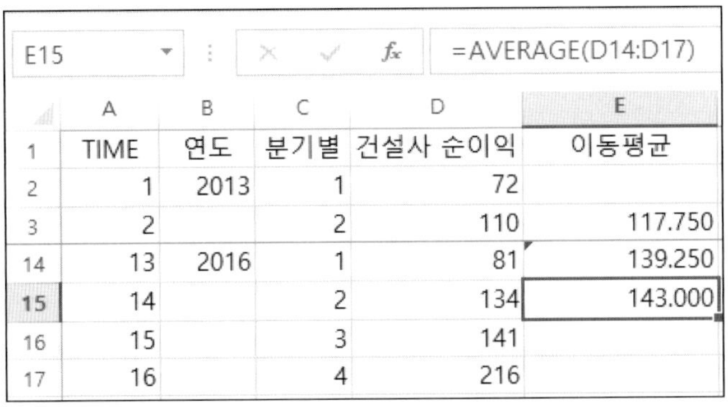

E15 =AVERAGE(D14:D17)

	A	B	C	D	E
1	TIME	연도	분기별	건설사 순이익	이동평균
2	1	2013	1	72	
3	2		2	110	117.750
14	13	2016	1	81	139.250
15	14		2	134	143.000
16	15		3	141	
17	16		4	216	

E15까지 아래로 드래그해서 자동으로 계산한다.

[참고]: 여기서는 이동평균의 결과를 2분기에 출력되도록 했다. 데이터분석의 이동평균법을 이용해서 구간을 4로 선택할 경우, 이동평균 결과는 4분기에 출력된다.

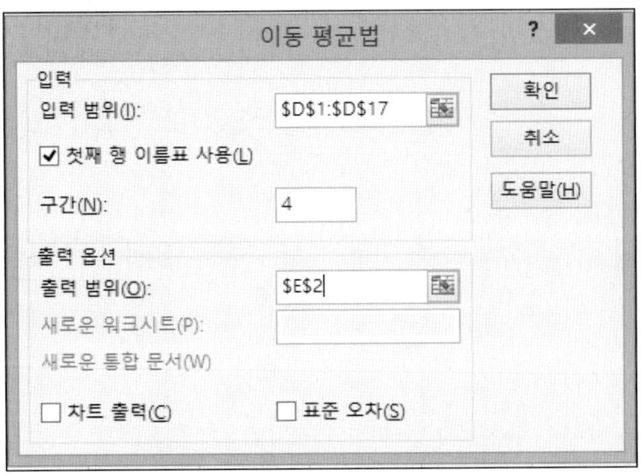

E5 =AVERAGE(D2:D5)

	A	B	C	D	E
1	TIME	연도	분기별	건설사 순이익	이동평균
2	1	2013	1	72	#N/A
3	2		2	110	#N/A
4	3		3	117	#N/A
5	4		4	172	117.75
6	5	2014	1	76	118.75
7	6		2	112	119.25
8	7		3	130	122.5
9	8		4	194	128
10	9	2015	1	78	128.5
11	10		2	119	130.25
12	11		3	128	129.75
13	12		4	201	131.5
14	13	2016	1	81	132.25
15	14		2	134	136
16	15		3	141	139.25
17	16		4	216	143

데이터 분석의 이동평균법을 이용하면 월별 자료는 12월에 요일별 자료는 일요일에 출력된다. 계절분해법을 위한 월별 자료와 요일별 자료는 어디에 이동평균을 출력해야 할까? 월별 자료는 7월에 출력되도록 한다.

E8 =AVERAGE(D2:D13)

	A	B	C	D	E
1	TIME	연도별	월별	매출액	이동평균
2	1	2013	1	546	
3	2		2	578	
4	3		3	660	
5	4		4	707	
6	5		5	738	
7	6		6	781	
8	7		7	848	696.5
9	8		8	818	
10	9		9	729	
11	10		10	691	
12	11		11	658	
13	12		12	604	

요일별 자료는 목요일에 출력되도록 한다.

E5 =AVERAGE(D2:D8)

	A	B	C	D	E
1	TIME	주별	요일별	백화점 매출액	이동평균
2	1	1	1	1452	
3	2		2	2167	
4	3		3	2682	
5	4		4	4672	4331.29
6	5		5	5623	
7	6		6	8923	
8	7		7	4800	

③ 중심화 이동평균

F4 =AVERAGE(E3:E4)

	A	B	C	D	E	F
1	TIME	연도	분기별	건설사 순이익	이동평균	중심화 이동평균
2	1	2013	1	72		
3	2		2	110	117.750	
4	3		3	117	118.750	118.250
5	4		4	172	119.250	

중심화 이동평균
F4=AVERAGE(E3:E4)

F15 =AVERAGE(E14:E15)

	A	B	C	D	E	F
1	TIME	연도	분기별	건설사 순이익	이동평균	중심화 이동평균
2	1	2013	1	72		
3	2		2	110	117.750	
4	3		3	117	118.750	118.250
14	13	2016	1	81	139.250	137.625
15	14		2	134	143.000	141.125
16	15		3	141		

F15까지 아래로 드래그해서 자동으로 중심화 이동평균을 계산한다.

[참고]: 중심화 이동평균의 위치는 이동평균 첫 번째 결과 바로 옆에 나열하는 경우와 한 행 아래에 출력하는 경우가 있다.

F3 | =AVERAGE(E3:E4)

	A	B	C	D	E	F
1	TIME	연도	분기별	건설사 순이익	이동평균	중심화 이동평균
2	1	2013	1	72		
3	2		2	110	117.750	118.3
4	3		3	117	118.750	
5	4		4	172	119.250	

그러나 여기서는 앞에서 설명했듯이 한 행 아래에 출력한다.

④ **계절오차**

계절오차=건설사 순이익-중심화 이동평균

G4=D4-F4 ⇨ 아래로 드래그해서 자동으로 계절오차를 계산한다.

G4 | =D4-F4

	A	B	C	D	E	F	G
1	TIME	연도	분기별	건설사 순이익	이동평균	중심화 이동평균	계절 오차
2	1	2013	1	72			
3	2		2	110	117.750		
4	3		3	117	118.750	118.250	-1.250
5	4		4	172	119.250	119.000	
6	5	2014	1	76	122.500	120.875	

G15 | =D15-F15

	A	B	C	D	E	F	G
1	TIME	연도	분기별	건설사 순이익	이동평균	중심화 이동평균	계절 오차
2	1	2013	1	72			
3	2		2	110	117.750		
4	3		3	117	118.750	118.250	-1.250
14	13	2016	1	81	139.250	137.625	-56.625
15	14		2	134	143.000	141.125	-7.125
16	15		3	141			

H2=AVERAGE(G6,G10,G14) ⇨ 2분기까지를 드래그해서 계산한다.

H2 | =AVERAGE(G6,G10,G14)

	A	B	C	D	E	F	G	H
1	TIME	연도	분기별	건설사 순이익	이동평균	중심화 이동평균	계절 오차	분기별 계절지수
2	1	2013	1	72				-51.167
3	2		2	110	117.750			
4	3		3	117	118.750	118.250	-1.250	
5	4		4	172	119.250	119.000	53.000	
6	5	2014	1	76	122.500	120.875	-44.875	
7	6		2	112	128.000	125.250	-13.250	
8	7		3	130	128.500	128.250	1.750	
9	8		4	194	130.250	129.375	64.625	
10	9	2015	1	78	129.750	130.000	-52.000	
11	10		2	119	131.500	130.625	-11.625	
12	11		3	128	132.250	131.875	-3.875	
13	12		4	201	136.000	134.125	66.875	
14	13	2016	1	81	139.250	137.625	-56.625	
15	14		2	134	143.000	141.125	-7.125	

■ **3분기 계절지수**

H4=AVERAGE(G4,G8,G12) ⇨ 4분기까지 드래그해서 자동으로 계산한다.

H4 | =AVERAGE(G4,G8,G12)

	A	B	C	D	E	F	G	H
1	TIME	연도	분기별	건설사 순이익	이동평균	중심화 이동평균	계절 오차	분기별 계절지수
2	1	2013	1	72				-51.167
3	2		2	110	117.750			-10.667
4	3		3	117	118.750	118.250	-1.250	1.125
5	4		4	172	119.250	119.000	53.000	
6	5	2014	1	76	122.500	120.875	-44.875	
7	6		2	112	128.000	125.250	-13.250	
8	7		3	130	128.500	128.250	1.750	
9	8		4	194	130.250	129.375	64.625	
10	9	2015	1	78	129.750	130.000	-52.000	
11	10		2	119	131.500	130.625	-11.625	
12	11		3	128	132.250	131.875	-3.875	
13	12		4	201	136.000	134.125	66.875	
14	13	2016	1	81	139.250	137.625	-56.625	
15	14		2	134	143.000	141.125	-7.125	

⑤ 분기별 계절지수 평균 계산

H6=AVERAGE(H2:H5)

H6 | =AVERAGE(H2:H5)

	A	B	C	D	E	F	G	H
1	TIME	연도	분기별	건설사 순이익	이동평균	중심화 이동평균	계절 오차	분기별 계절지수
2	1	2013	1	72				-51.167
3	2		2	110	117.750			-10.667
4	3		3	117	118.750	118.250	-1.250	-1.125
5	4		4	172	119.250	119.000	53.000	61.500
6	5	2014	1	76	122.500	120.875	-44.875	-0.365

⑥ 계절지수 조정

계절지수 조정=분기별 계절지수-계절지수 평균

I2=H2-H6

I2 | =H2-H6

	A	B	C	D	E	F	G	H	I
1	TIME	연도	분기별	건설사 순이익	이동평균	중심화 이동평균	계절 오차	분기별 계절지수	계절지수 조정
2	1	2013	1	72				-51.167	-50.8021
3	2		2	110	117.750			-10.667	
4	3		3	117	118.750	118.250	-1.250	-1.125	
5	4		4	172	119.250	119.000	53.000	61.500	
6	5	2014	1	76	122.500	120.875	-44.875	-0.365	

H6(계절지수 평균)을 선택한 후 Key Board의 F4를 클릭해서 절대참조로 변경한다. ⇨ I6까지 아래로 드래그한다. ⇨ 합계가 0으로 나타난다.

I6 | =H6-$H$6

	A	B	C	D	E	F	G	H	I
1	TIME	연도	분기별	건설사 순이익	이동평균	중심화 이동평균	계절 오차	분기별 계절지수	계절지수 조정
2	1	2013	1	72				-51.167	-50.8021
3	2		2	110	117.750			-10.667	-10.3021
4	3		3	117	118.750	118.250	-1.250	-1.125	-0.7604
5	4		4	172	119.250	119.000	53.000	61.500	61.8646
6	5	2014	1	76	122.500	120.875	-44.875	-0.365	0.0000

⑦ 계절지수 조정 복사

1분기부터 4분까지 선택 ⇨ 마우스 오른쪽 클릭 ⇨ 복사 ⇨ 붙여넣기 옵션: 123 ⇨ 복사를 기억하고 있으므로 붙여넣기 옵션:123를 예측하고자 하는 연도까지 반복한다.

I6 =H6-$H$6

	A	B	C	D	E	F	G	H	I	J
1	TIME	연도	분기별	건설사 순이익	이동평균	중심화 이동평균	계절 오차	분기별 계절지수	계절지수 조정	Deseasonalized_순이익
2	1	2013	1	72				-51.167	-50.8021	
3	2		2	110	117.750			-10.667	-1	
4	3		3	117	118.750	118.250	-1.250	-1.125	-	
5	4		4	172	119.250	119.000	53.000	61.500	6	
6	5	2014	1	76	122.500	120.875	-44.875	-0.365	0.0000	
7	6		2	112	128.000	125.250	-13.250			
8	7		3	130	128.500	128.250	1.750			
9	8		4	194	130.250	129.375	64.625			
10	9	2015	1	78	129.750	130.000	-52.000			
11	10		2	119	131.500	130.625	-11.625			
12	11		3	128	132.250	131.875	-3.875			

잘라내기(T)
복사(C)
붙여넣기 옵션:
선택하여 붙여넣기(S)...
복사한 셀 삽입(E)...

	A	B	C	D	E	F	G	H	I
1	TIME	연도	분기별	건설사 순이익	이동평균	중심화 이동평균	계절 오차	분기별 계절지수	계절지수 조정
2	1	2013	1	72				-51.167	-50.8021
3	2		2	110	117.750			-10.667	-10.3021
4	3		3	117	118.750	118.250	-1.250	-1.125	-0.7604
5	4		4	172	119.250	119.000	53.000	61.500	61.8646
6	5	2014	1	76	122.500	120.875	-44.875	-0.365	-50.8021
7	6		2	112	128.000	125.250	-13.250		-10.3021
8	7		3	130	128.500	128.250	1.750		-0.7604
9	8		4	194	130.250	129.375	64.625		61.8646
10	9	2015	1	78	129.750	130.000	-52.000		-50.8021
11	10		2	119	131.500	130.625	-11.625		-10.3021
12	11		3	128	132.250	131.875	-3.875		-0.7604
13	12		4	201	136.000	134.125	66.875		61.8646
14	13	2016	1	81	139.250	137.625	-56.625		-50.8021
15	14		2	134	143.000	141.125	-7.125		-10.3021
16	15		3	141					-0.7604
17	16		4	216					61.8646
18	17	2017	1						-50.8021
19	18		2						-10.3021
20	19		3						-0.7604
21	20		4						61.8646

⑧ Deseasonalized 건설사 순이익

J2=D2−I2

J2 =D2-I2

	A	B	C	D	E	F	G	H	I	J
1	TIME	연도	분기별	건설사 순이익	이동평균	중심화 이동평균	계절 오차	분기별 계절지수	계절지수 조정	Deseasonalized_순이익
2	1	2013	1	72				-51.167	-50.8021	122.802
3	2		2	110	117.750			-10.667	-10.3021	
4	3		3	117	118.750	118.250	-1.250	-1.125	-0.7604	
5	4		4	172	119.250	119.000	53.000	61.500	61.8646	
6	5	2014	1	76	122.500	120.875	-44.875	-0.365	-50.8021	
7	6		2	112	128.000	125.250	-13.250		-10.3021	
8	7		3	130	128.500	128.250	1.750		-0.7604	
9	8		4	194	130.250	129.375	64.625		61.8646	

J17까지 아래로 드래그해서 자동으로 계산한다.

J17 =D17-I17

	A	B	C	D	E	F	G	H	I	J
1	TIME	연도	분기별	건설사 순이익	이동평균	중심화 이동평균	계절 오차	분기별 계절지수	계절지수 조정	Deseasonalized_순이익
2	1	2013	1	72				-51.167	-50.8021	122.802
3	2		2	110	117.750			-10.667	-10.3021	120.302
4	3		3	117	118.750	118.250	-1.250	-1.125	-0.7604	117.760
5	4		4	172	119.250	119.000	53.000	61.500	61.8646	110.135
14	13	2016	1	81	139.250	137.625	-56.625		-50.8021	131.802
15	14		2	134	143.000	141.125	-7.125		-10.3021	144.302
16	15		3	141					-0.7604	141.760
17	16		4	216					61.8646	154.135

⑨ Deseasonalized 건설사 순이익을 독립변수로 회귀분석 실시

데이터 ⇨ 데이터 분석 ⇨ 회귀분석 ⇨ 확인

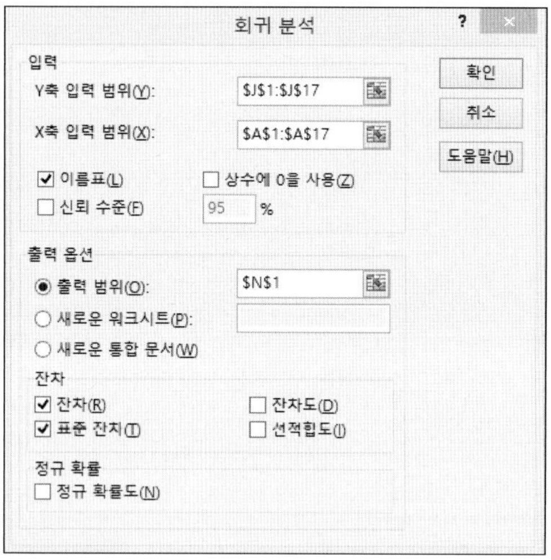

Y축 입력 범위: J1:J17

X축 입력 범위: A1:A17

이름표

출력 옵션: N1

전차: 잔차, 표준잔차

■ **확인**

O25셀에 예측값이 출력되어 있지만, 여기서는 회귀분석 결과를 직접 계산한다.

K2=O25 또는 K2=O18*A2+O17

K2 =O18*A2+O17

	A	B	C	D	E	F	G	H	I	J	K	L	M	N	O
1	TIME	연도	분기별	건설사 순이익	이동평균	중심화 이동평균	계절 오차	분기별 계절지수	계절지수 조정	Deseasonalized_순이익	회귀분석	예측값	오차 절대값	요약 출력	
2	1	2013	1	72				-51.167	-50.8021	122.802	115.208	64.406	7.594		
3	2		2	110	117.750			-10.667	-10.3021	120.302		-10.302	120.302	회귀분석 통계량	
4	3		3	117	118.750	118.250	-1.250	-1.125	-0.7604	117.760		-0.760	117.760	다중 상관계수	0.86554513
5	4		4	172	119.250	119.000	53.000	61.500	61.8646	110.135		61.865	110.135	결정계수	0.749168373
6	5	2014	1	76	122.500	120.875	-44.875	-0.365	-50.8021	126.802		-50.802	126.802	조정된 결정계수	0.731251828
7	6		2	112	128.000	125.250	-13.250		-10.3021	122.302		-10.302	122.302	표준 오차	5.647832589
8	7		3	130	128.500	128.250	1.750		-0.7604	130.760		-0.760	130.760	관측수	16
9	8		4	194	130.250	129.375	64.625		61.8646	132.135		61.865	132.135		
10	9	2015	1	78	129.750	130.000	-52.000		-50.8021	128.802		-50.802	128.802	분산 분석	
11	10		2	119	131.500	130.625	-11.625		-10.3021	129.302		-10.302	129.302		자유도
12	11		3	128	132.250	131.875	-3.875		-0.7604	128.760		-0.760	128.760	회귀	1
13	12		4	201	136.000	134.125	66.875		61.8646	139.135		61.865	139.135	잔차	14
14	13	2016	1	81	139.250	137.625	-56.625		-50.8021	131.802		-50.802	131.802	계	15
15	14		2	134	143.000	141.125	-7.125		-10.3021	144.302		-10.302	144.302		
16	15		3	141					-0.7604	141.760		-0.760	141.760		계수
17	16		4	216					61.8646	154.135		61.865	154.135	Y 절편	113.2270833
18	17	2017	1						-50.8021			-50.802	MAE	TIME	1.980637255

TIME 계수(O18)과 Y절편(O17)을 선택하고 Key Board의 F4를 클릭해서 절대참조로 변경한다.

K2 =$O$18*A2+$O$17

	A	B	C	D	E	F	G	H	I	J	K
1	TIME	연도	분기별	건설사 순이익	이동평균	중심화 이동평균	계절 오차	분기별 계절지수	계절지수 조정	Deseasonalized_순이익	회귀분석
2	1	2013	1	72				-51.167	-50.8021	122.802	115.208
3	2		2	110	117.750			-10.667	-10.3021	120.302	
4	3		3	117	118.750	118.250	-1.250	-1.125	-0.7604	117.760	
5	4		4	172	119.250	119.000	53.000	61.500	61.8646	110.135	
6	5	2014	1	76	122.500	120.875	-44.875	-0.365	-50.8021	126.802	
7	6		2	112	128.000	125.250	-13.250		-10.3021	122.302	
8	7		3	130	128.500	128.250	1.750		-0.7604	130.760	
9	8		4	194	130.250	129.375	64.625		61.8646	132.135	

예측하고자 하는 범위(K21)까지 아래로 드래그해서 회귀분석 결과를 자동으로 계산한다.

⑩ **예측값**

예측값=Trend+Cycle=회귀분석 + 계절지수 조정 ⇨ L2=K2+I2

L2 =K2+I2

	A	B	C	D	E	F	G	H	I	J	K	L
1	TIME	연도	분기별	건설사 순이익	이동평균	중심화 이동평균	계절 오차	분기별 계절지수	계절지수 조정	Deseasonalized_순이익	회귀분석	예측값
2	1	2013	1	72				-51.167	-50.8021	122.802	115.208	64.406
3	2		2	110	117.750			-10.667	-10.3021	120.302	117.188	
4	3		3	117	118.750	118.250	-1.250	-1.125	-0.7604	117.760	119.169	
5	4		4	172	119.250	119.000	53.000	61.500	61.8646	110.135	121.150	
6	5	2014	1	76	122.500	120.875	-44.875	-0.365	-50.8021	126.802	123.130	
7	6		2	112	128.000	125.250	-13.250		-10.3021	122.302	125.111	
8	7		3	130	128.500	128.250	1.750		-0.7604	130.760	127.092	
9	8		4	194	130.250	129.375	64.625		61.8646	132.135	129.072	
10	9	2015	1	78	129.750	130.000	-52.000		-50.8021	128.802	131.053	
11	10		2	119	131.500	130.625	-11.625		-10.3021	129.302	133.033	
12	11		3	128	132.250	131.875	-3.875		-0.7604	128.760	135.014	
13	12		4	201	136.000	134.125	66.875		61.8646	139.135	136.995	
14	13	2016	1	81	139.250	137.625	-56.625		-50.8021	131.802	138.975	
15	14		2	134	143.000	141.125	-7.125		-10.3021	144.302	140.956	
16	15		3	141					-0.7604	141.760	142.937	
17	16		4	216					61.8646	154.135	144.917	

아래로 드래그해서 계절분해에 의한 예측을 한다.

L21 =K21+I21

	A	B	C	D	E	F	G	H	I	J	K	L
1	TIME	연도	분기별	건설사 순이익	이동평균	중심화 이동평균	계절 오차	분기별 계절지수	계절지수 조정	Deseasonalized_순이익	회귀분석	예측값
2	1	2013	1	72				-51.167	-50.8021	122.802	115.208	64.406
3	2		2	110	117.750			-10.667	-10.3021	120.302	117.188	106.886
4	3		3	117	118.750	118.250	-1.250	-1.125	-0.7604	117.760	119.169	118.409
5	4		4	172	119.250	119.000	53.000	61.500	61.8646	110.135	121.150	183.014
6	5	2014	1	76	122.500	120.875	-44.875	-0.365	-50.8021	126.802	123.130	72.328
7	6		2	112	128.000	125.250	-13.250		-10.3021	122.302	125.111	114.809
8	7		3	130	128.500	128.250	1.750		-0.7604	130.760	127.092	126.331
9	8		4	194	130.250	129.375	64.625		61.8646	132.135	129.072	190.937
10	9	2015	1	78	129.750	130.000	-52.000		-50.8021	128.802	131.053	80.251
11	10		2	119	131.500	130.625	-11.625		-10.3021	129.302	133.033	122.731
12	11		3	128	132.250	131.875	-3.875		-0.7604	128.760	135.014	134.254
13	12		4	201	136.000	134.125	66.875		61.8646	139.135	136.995	198.859
14	13	2016	1	81	139.250	137.625	-56.625		-50.8021	131.802	138.975	88.173
15	14		2	134	143.000	141.125	-7.125		-10.3021	144.302	140.956	130.654
16	15		3	141					-0.7604	141.760	142.937	142.176
17	16		4	216					61.8646	154.135	144.917	206.782
18	17	2017	1						-50.8021		146.898	96.096
19	18		2						-10.3021		148.879	138.576
20	19		3						-0.7604		150.859	150.099
21	20		4						61.8646		152.840	214.704

⑪ 잔차

잔차 절대값(오차 절대값)

M2=ABS(D2-L2) ⇨ 아래로 드래그해서 오차 절대값을 자동으로 계산한다.

M2 =ABS(D2-L2)

	A	B	C	D	E	F	G	H	I	J	K	L	M
1	TIME	연도	분기별	건설사 순이익	이동평균	중심화 이동평균	계절 오차	분기별 계절지수	계절지수 조정	Deseasonalized_순이익	회귀분석	예측값	오차 절대값
2	1	2013	1	72				-51.167	-50.8021	122.802	115.208	64.406	7.594
3	2		2	110	117.750			-10.667	-10.3021	120.302	117.188	106.886	
4	3		3	117	118.750	118.250	-1.250	-1.125	-0.7604	117.760	119.169	118.409	
5	4		4	172	119.250	119.000	53.000	61.500	61.8646	110.135	121.150	183.014	
6	5	2014	1	76	122.500	120.875	-44.875	-0.365	-50.8021	126.802	123.130	72.328	
7	6		2	112	128.000	125.250	-13.250		-10.3021	122.302	125.111	114.809	
8	7		3	130	128.500	128.250	1.750		-0.7604	130.760	127.092	126.331	
9	8		4	194	130.250	129.375	64.625		61.8646	132.135	129.072	190.937	

⑫ 잔차 절대값 평균

잔차 절대값 평균(MAE)=AVERAGE(M2:M17)

M19 =AVERAGE(M2:M17)

	A	B	C	D	E	F	G	H	I	J	K	L	M
1	TIME	연도	분기별	건설사 순이익	이동평균	중심화 이동평균	계절 오차	분기별 계절지수	계절지수 조정	Deseasonalized_순이익	회귀분석	예측값	오차 절대값
2	1	2013	1	72				-51.167	-50.8021	122.802	115.208	64.406	7.594
3	2		2	110	117.750			-10.667	-10.3021	120.302	117.188	106.886	3.114
4	3		3	117	118.750	118.250	-1.250	-1.125	-0.7604	117.760	119.169	118.409	1.409
5	4		4	172	119.250	119.000	53.000	61.500	61.8646	110.135	121.150	183.014	11.014
6	5	2014	1	76	122.500	120.875	-44.875	-0.365	-50.8021	126.802	123.130	72.328	3.672
7	6		2	112	128.000	125.250	-13.250		-10.3021	122.302	125.111	114.809	2.809
8	7		3	130	128.500	128.250	1.750		-0.7604	130.760	127.092	126.331	3.669
9	8		4	194	130.250	129.375	64.625		61.8646	132.135	129.072	190.937	3.063
10	9	2015	1	78	129.750	130.000	-52.000		-50.8021	128.802	131.053	80.251	2.251
11	10		2	119	131.500	130.625	-11.625		-10.3021	129.302	133.033	122.731	3.731
12	11		3	128	132.250	131.875	-3.875		-0.7604	128.760	135.014	134.254	6.254
13	12		4	201	136.000	134.125	66.875		61.8646	139.135	136.995	198.859	2.141
14	13	2016	1	81	139.250	137.625	-56.625		-50.8021	131.802	138.975	88.173	7.173
15	14		2	134	143.000	141.125	-7.125		-10.3021	144.302	140.956	130.654	3.346
16	15		3	141					-0.7604	141.760	142.937	142.176	1.176
17	16		4	216					61.8646	154.135	144.917	206.782	9.218
18	17	2017	1						-50.8021		146.898	96.096	MAE
19	18		2						-10.3021		148.879	138.576	4.477

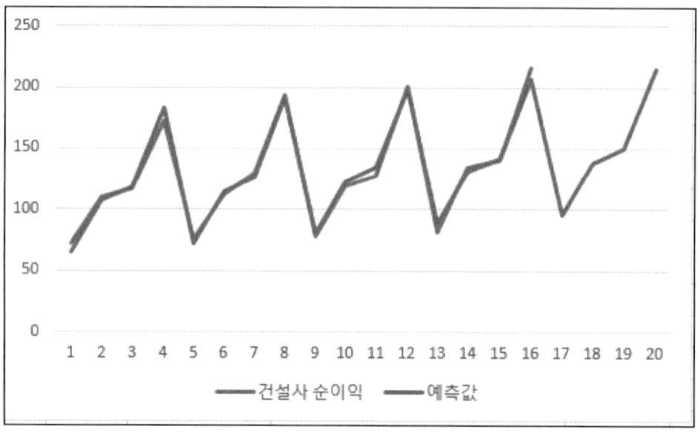

A1의 TIME 인덱스 삭제 ⇨ A1:A21 선택 ⇨ Control Key를 누른 상태에서 D1:D15 및 L1:L21 선택 ⇨ 삽입 ⇨ 2차원 꺽은선형 ⇨ 꺽은선형

결과는 분기별_계절분해_가법_결과에서 확인한다.

10.1.5 계절분해 승법

① 이동평균과 중심화 이동평균 계산

이동평균과 중심화 이동평균 계산방법은 동일하다. 중심화 이동평균을 한 행 아래에 출력한다.

[참고]: 만약 중심화 이동평균을 이동평균 결과와 동일한 행에 출력할 경우, 계절지수는 어떻게 다를까?

F3 =AVERAGE(E3:E4)

	A	B	C	D	E	F
1	TIME	연도	분기별	건설사 순이익	이동평균	중심화 이동평균
2	1	2013	1	72		
3	2		2	110	117.750	118.250
4	3		3	117	118.750	
5	4		4	172	119.250	

구분	한 행 아래 출력	동일한 행에 출력
1분기	0.6063	0.6026
2분기	0.9191	0.9171
3분기	0.9921	0.9973
4분기	1.4825	1.4831

예측값, MAE 결과는 분기별_계절분해_승법_이동평균과 동일 행_결과에서 확인한다.

② 계절오차

계절오차=건설사 순이익/중심화 이동평균 ⇨ G4=D4/F4

0.989란 의미는 예측값이 원 자료의 98.9%란 뜻이다.

G4 =D4/F4

	A	B	C	D	E	F	G
1	TIME	연도	분기별	건설사 순이익	이동평균	중심화 이동평균	계절오차
2	1	2013	1	72			
3	2		2	110	117.750		
4	3		3	117	118.750	118.250	0.989
5	4		4	172	119.250	119.000	

아래로 드래그해서 계절오차를 자동으로 계산한다.

③ 분기별 계절지수

1분기 계절지수

H2=AVERAGE(G6,G10,G14) ⇨ 아래로 드래그해서 2분기까지 자동으로 계산한다.

H2 =AVERAGE(G6,G10,G14)

	A	B	C	D	E	F	G	H
1	TIME	연도	분기별	건설사 순이익	이동평균	중심화 이동평균	계절오차	분기별 계절지수
2	1	2013	1	72				0.606
3	2		2	110	117.750			
4	3		3	117	118.750	118.250	0.989	
5	4		4	172	119.250	119.000	1.445	
6	5	2014	1	76	122.500	120.875	0.629	
7	6		2	112	128.000	125.250	0.894	
8	7		3	130	128.500	128.250	1.014	
9	8		4	194	130.250	129.375	1.500	
10	9	2015	1	78	129.750	130.000	0.600	
11	10		2	119	131.500	130.625	0.911	
12	11		3	128	132.250	131.875	0.971	
13	12		4	201	136.000	134.125	1.499	
14	13	2016	1	81	139.250	137.625	0.589	
15	14		2	134	143.000	141.125	0.950	

■ **3분기 계절지수**

H4=AVERAGE(G4,G8,G12) ⇨ 아래로 드래그해서 4분기까지 자동으로 계산한다.

H4 =AVERAGE(G4,G8,G12)

	A	B	C	D	E	F	G	H
1	TIME	연도	분기별	건설사 순이익	이동평균	중심화 이동평균	계절오차	분기별 계절지수
2	1	2013	1	72				0.606
3	2		2	110	117.750			0.918
4	3		3	117	118.750	118.250	0.989	0.991
5	4		4	172	119.250	119.000	1.445	
6	5	2014	1	76	122.500	120.875	0.629	
7	6		2	112	128.000	125.250	0.894	
8	7		3	130	128.500	128.250	1.014	
9	8		4	194	130.250	129.375	1.500	
10	9	2015	1	78	129.750	130.000	0.600	
11	10		2	119	131.500	130.625	0.911	
12	11		3	128	132.250	131.875	0.971	
13	12		4	201	136.000	134.125	1.499	
14	13	2016	1	81	139.250	137.625	0.589	
15	14		2	134	143.000	141.125	0.950	

④ **분기별 계절지수 합계**

H6 =SUM(H2:H5)

	A	B	C	D	E	F	G	H
1	TIME	연도	분기별	건설사 순이익	이동평균	중심화 이동평균	계절오차	분기별 계절지수
2	1	2013	1	72				0.606
3	2		2	110	117.750			0.918
4	3		3	117	118.750	118.250	0.989	0.991
5	4		4	172	119.250	119.000	1.445	1.481
6	5	2014	1	76	122.500	120.875	0.629	3.996
7	6		2	112	128.000	125.250	0.894	

⑤ **계절지수 조정**

I2=H2*(4/H6) ⇨ 분기별 계절지수 합계(H6)을 선택하고 Key Board의 F4를 클릭해서 절대참조로 변경한다.

I2 =H2*(4/H6)

	A	B	C	D	E	F	G	H	I
1	TIME	연도	분기별	건설사 순이익	이동평균	중심화 이동평균	계절오차	분기별 계절지수	계절지수 조정
2	1	2013	1	72				0.606	0.6063
3	2		2	110	117.750			0.918	
4	3		3	117	118.750	118.250	0.989	0.991	
5	4		4	172	119.250	119.000	1.445	1.481	
6	5	2014	1	76	122.500	120.875	0.629	3.996	
7	6		2	112	128.000	125.250	0.894		

I2 =H2*(4/$H$6)

	A	B	C	D	E	F	G	H	I
1	TIME	연도	분기별	건설사 순이익	이동평균	중심화 이동평균	계절오차	분기별 계절지수	계절지수 조정
2	1	2013	1	72				0.606	0.6063
3	2		2	110	117.750			0.918	
4	3		3	117	118.750	118.250	0.989	0.991	
5	4		4	172	119.250	119.000	1.445	1.481	
6	5	2014	1	76	122.500	120.875	0.629	3.996	
7	6		2	112	128.000	125.250	0.894		

아래로 드래그한다. ⇨ 합계가 4가 되어야 한다.

I6 =H6*(4/$H$6)

	A	B	C	D	E	F	G	H	I
1	TIME	연도	분기별	건설사 순이익	이동평균	중심화 이동평균	계절오차	분기별 계절지수	계절지수 조정
2	1	2013	1	72				0.606	0.6063
3	2		2	110	117.750			0.918	0.9191
4	3		3	117	118.750	118.250	0.989	0.991	0.9921
5	4		4	172	119.250	119.000	1.445	1.481	1.4825
6	5	2014	1	76	122.500	120.875	0.629	3.996	4.0000
7	6		2	112	128.000	125.250	0.894		

⑥ 계절지수 조정 복사

마우스 오른쪽 클릭 ⇨ 붙여넣기: 123 선택 ⇨ 복사된 영역을 기억하고 있으므로 붙여넣기: 123을 반복해서 예측하고자 하는 기간까지 채운다.

	A	B	C	D	E	F	G	H	I
1	TIME	연도	분기별	건설사 순이익	이동평균	중심화 이동평균	계절오차	분기별 계절지수	계절지수 조정
2	1	2013	1	72				0.606	0.6063
3	2		2	110	117.750			0.918	0.9191
4	3		3	117	118.750	118.250	0.989	0.991	0.9921
5	4		4	172	119.250	119.000	1.445	1.481	1.4825
6	5	2014	1	76	122.500	120.875	0.629	3.996	0.6063
7	6		2	112	128.000	125.250	0.894		0.9191
8	7		3	130	128.500	128.250	1.014		0.9921
9	8		4	194	130.250	129.375	1.500		1.4825
10	9	2015	1	78	129.750	130.000	0.600		0.6063
11	10		2	119	131.500	130.625	0.911		0.9191
12	11		3	128	132.250	131.875	0.971		0.9921
13	12		4	201	136.000	134.125	1.499		1.4825
14	13	2016	1	81	139.250	137.625	0.589		0.6063
15	14		2	134	143.000	141.125	0.950		0.9191
16	15		3	141					0.9921
17	16		4	216					1.4825
18	17	2017	1						0.6063
19	18		2						0.9191
20	19		3						0.9921
21	20		4						1.4825

⑦ Deseasonalized 건설사 순이익 계산

J2=D2/I2

J2 =D2/I2

	A	B	C	D	E	F	G	H	I	J
1	TIME	연도	분기별	건설사 순이익	이동평균	중심화 이동평균	계절오차	분기별 계절지수	계절지수 조정	Deseasonalized_순이익
2	1	2013	1	72				0.606	0.6063	118.751
3	2		2	110	117.750			0.918	0.9191	
4	3		3	117	118.750	118.250	0.989	0.991	0.9921	
5	4		4	172	119.250	119.000	1.445	1.481	1.4825	
6	5	2014	1	76	122.500	120.875	0.629	3.996	0.6063	
7	6		2	112	128.000	125.250	0.894		0.9191	

J17까지 아래로 드래그해서 자동으로 계산한다.

J17 =D17/I17

	A	B	C	D	E	F	G	H	I	J
1	TIME	연도	분기별	건설사 순이익	이동평균	중심화 이동평균	계절오차	분기별 계절지수	계절지수 조정	Deseasonalized_순이익
2	1	2013	1	72				0.606	0.6063	118.751
3	2		2	110	117.750			0.918	0.9191	119.686
4	3		3	117	118.750	118.250	0.989	0.991	0.9921	117.929
5	4		4	172	119.250	119.000	1.445	1.481	1.4825	116.020
6	5	2014	1	76	122.500	120.875	0.629	3.996	0.6063	125.348
7	6		2	112	128.000	125.250	0.894		0.9191	121.863
8	7		3	130	128.500	128.250	1.014		0.9921	131.032
9	8		4	194	130.250	129.375	1.500		1.4825	130.860
10	9	2015	1	78	129.750	130.000	0.600		0.6063	128.646
11	10		2	119	131.500	130.625	0.911		0.9191	129.479
12	11		3	128	132.250	131.875	0.971		0.9921	129.016
13	12		4	201	136.000	134.125	1.499		1.4825	135.582
14	13	2016	1	81	139.250	137.625	0.589		0.6063	133.594
15	14		2	134	143.000	141.125	0.950		0.9191	145.800
16	15		3	141					0.9921	142.120
17	16		4	216					1.4825	145.700
18	17	2017	1						0.6063	

⑧ TIME변수를 독립변수로 Deseasonalized 순이익을 종속변수로 하는 회귀분석 실시

데이터 ⇨ 데이터 분석 ⇨ 회귀분석 ⇨ 확인

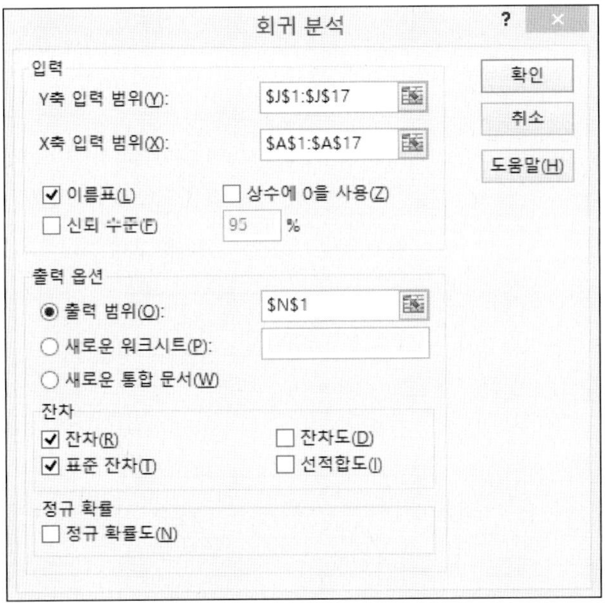

Y축 입력 범위: J1:J17

X축 입력 범위: A1:A17

이름표

출력 옵션: N1

잔차: 잔차, 표준 잔차

■ **확인**

N	O	P	Q	R	S
요약 출력					
회귀분석 통계량					
다중 상관계수	0.930991554				
결정계수	0.866745274				
조정된 결정계수	0.857227079				
표준 오차	3.583687783				
관측수	16				
분산 분석					
	자유도	제곱합	제곱 평균	F 비	유의한 F
회귀	1	1169.491929	1169.491929	91.06194	1.66E-07
잔차	14	179.7994538	12.84281813		
계	15	1349.291383			
	계수	표준 오차	t 통계량	P-값	하위 95%
Y 절편	113.6997914	1.879301728	60.50108381	2.45E-18	109.6691
TIME	1.854638009	0.194352758	9.542637982	1.66E-07	1.437793

회귀 방정식=TIME 계수*TIME+Y 절편 ⇨ K2=O18*A2+O17

K2 =O18*A2+O17

	A	K	L	M	N	O
1	TIME	회귀분석	예측값	오차 절대값	요약 출력	
2	1	115.554				
3	2				회귀분석 통계량	
4	3				다중 상관계수	0.930991554
5	4				결정계수	0.866745274
6	5				조정된 결정계수	0.857227079
7	6				표준 오차	3.583687783
8	7				관측수	16
9	8					
10	9				분산 분석	
11	10					자유도
12	11				회귀	1
13	12				잔차	14
14	13				계	15
15	14					
16	15					계수
17	16				Y 절편	113.6997914
18	17				TIME	1.854638009

TIME 계수(O18)과 Y 절편(O17)을 선택하고 Key Board의 F4를 클릭해서 절대참조로 변경한다. ⇨ 아래로 드래그해서 회귀방정식에 의한 결과를 자동으로 계산한다.

K21 =$O$18*A21+$O$17

	A	C	D	E	F	G	H	I	J	K
1	TIME	분기별	건설사 순이익	이동평균	중심화 이동평균	계절오차	분기별 계절지수	계절지수 조정	Deseasonalized_순이익	회귀분석
2	1	1	72				0.606	0.6063	118.751	115.554
3	2	2	110	117.750			0.918	0.9191	119.686	117.409
4	3	3	117	118.750	118.250	0.989	0.991	0.9921	117.929	119.264
5	4	4	172	119.250	119.000	1.445	1.481	1.4825	116.020	121.118
6	5	1	76	122.500	120.875	0.629	3.996	0.6063	125.348	122.973
7	6	2	112	128.000	125.250	0.894		0.9191	121.863	124.828
8	7	3	130	128.500	128.250	1.014		0.9921	131.032	126.682
9	8	4	194	130.250	129.375	1.500		1.4825	130.860	128.537
10	9	1	78	129.750	130.000	0.600		0.6063	128.646	130.392
11	10	2	119	131.500	130.625	0.911		0.9191	129.479	132.246
12	11	3	128	132.250	131.875	0.971		0.9921	129.016	134.101
13	12	4	201	136.000	134.125	1.499		1.4825	135.582	135.955
14	13	1	81	139.250	137.625	0.589		0.6063	133.594	137.810
15	14	2	134	143.000	141.125	0.950		0.9191	145.800	139.665
16	15	3	141					0.9921	142.120	141.519
17	16	4	216					1.4825	145.700	143.374
18	17	1						0.6063		145.229
19	18	2						0.9191		147.083
20	19	3						0.9921		148.938
21	20	4						1.4825		150.793

⑨ 예측값

예측값=회귀분석*계절지수 조정 ⇨ L2=K2*I2

L2 =K2*I2

	A	C	D	E	F	G	H	I	J	K	L
1	TIME	분기별	건설사 순이익	이동평균	중심화 이동평균	계절오차	분기별 계절지수	계절지수 조정	Deseasonalized_순이익	회귀분석	예측값
2	1	1	72				0.606	0.6063	118.751	115.554	70.062
3	2	2	110	117.750			0.918	0.9191	119.686	117.409	
4	3	3	117	118.750	118.250	0.989	0.991	0.9921	117.929	119.264	
5	4	4	172	119.250	119.000	1.445	1.481	1.4825	116.020	121.118	
6	5	1	76	122.500	120.875	0.629	3.996	0.6063	125.348	122.973	
7	6	2	112	128.000	125.250	0.894		0.9191	121.863	124.828	
8	7	3	130	128.500	128.250	1.014		0.9921	131.032	126.682	
9	8	4	194	130.250	129.375	1.500		1.4825	130.860	128.537	

아래로 드래그해서 예측값을 자동으로 계산한다.

⑩ 잔차 절대값

M2=ABS(D2-L2)

M2 =ABS(D2-L2)

	A	C	D	E	F	G	H	I	J	K	L	M
1	TIME	분기별	건설사 순이익	이동평균	중심화 이동평균	계절오차	분기별 계절지수	계절지수 조정	Deseasonalized_순이익	회귀분석	예측값	오차 절대값
2	1	1	72				0.606	0.6063	118.751	115.554	70.062	1.938
3	2	2	110	117.750			0.918	0.9191	119.686	117.409	107.907	
4	3	3	117	118.750	118.250	0.989	0.991	0.9921	117.929	119.264	118.324	
5	4	4	172	119.250	119.000	1.445	1.481	1.4825	116.020	121.118	179.558	
6	5	1	76	122.500	120.875	0.629	3.996	0.6063	125.348	122.973	74.560	
7	6	2	112	128.000	125.250	0.894		0.9191	121.863	124.828	114.725	
8	7	3	130	128.500	128.250	1.014		0.9921	131.032	126.682	125.684	
9	8	4	194	130.250	129.375	1.500		1.4825	130.860	128.537	190.556	

M15까지 아래로 드래그해서 오차 절대값을 자동으로 계산한다.

⑪ 잔차 절대값 평균

M16에 MAE(잔차 절대값 평균) 제목을 입력한다.

M17=AVERAGE(M2:M15)

M17 =AVERAGE(M2:M15)

	A	C	D	E	F	G	H	I	J	K	L	M
1	TIME	분기별	건설사 순이익	이동평균	중심화 이동평균	계절오차	분기별 계절지수	계절지수 조정	Deseasonalized_순이익	회귀분석	예측값	오차 절대값
2	1	1	72				0.606	0.6063	118.751	115.554	70.062	1.938
3	2	2	110	117.750			0.918	0.9191	119.686	117.409	107.907	2.093
4	3	3	117	118.750	118.250	0.989	0.991	0.9921	117.929	119.264	118.324	1.324
5	4	4	172	119.250	119.000	1.445	1.481	1.4825	116.020	121.118	179.558	7.558
6	5	1	76	122.500	120.875	0.629	3.996	0.6063	125.348	122.973	74.560	1.440
7	6	2	112	128.000	125.250	0.894		0.9191	121.863	124.828	114.725	2.725
8	7	3	130	128.500	128.250	1.014		0.9921	131.032	126.682	125.684	4.316
9	8	4	194	130.250	129.375	1.500		1.4825	130.860	128.537	190.556	3.444
10	9	1	78	129.750	130.000	0.600		0.6063	128.646	130.392	79.058	1.058
11	10	2	119	131.500	130.625	0.911		0.9191	129.479	132.246	121.543	2.543
12	11	3	128	132.250	131.875	0.971		0.9921	129.016	134.101	133.044	5.044
13	12	4	201	136.000	134.125	1.499		1.4825	135.582	135.955	201.554	0.554
14	13	1	81	139.250	137.625	0.589		0.6063	133.594	137.810	83.556	2.556
15	14	2	134	143.000	141.125	0.950		0.9191	145.800	139.665	128.361	5.639
16	15	3	141					0.9921	142.120	141.519	140.404	MAE
17	16	4	216					1.4825	145.700	143.374	212.552	3.017

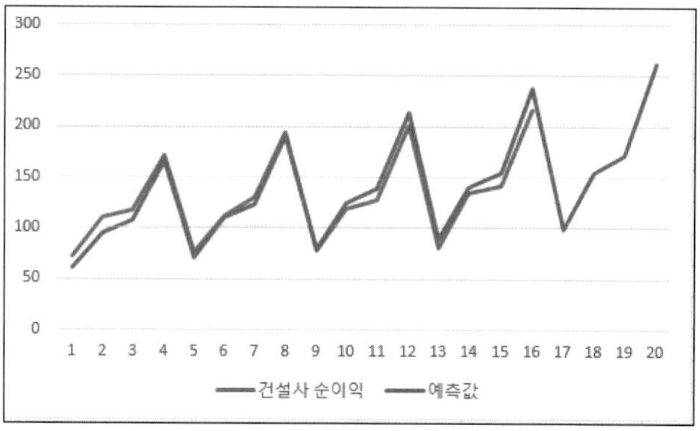

A1의 TIME 인덱스 삭제 ⇨ A1:A21 선택 ⇨ Control Key를 누른 상태에서 D1:D15 및 L1:L21 선택 ⇨ 삽입 ⇨ 2차원 꺾은선형 ⇨ 꺾은선형

결과는 분기별_계절분해_승법_결과에서 확인한다.

10.2 월별 자료

주유소, 백화점, 극장, 커피숍, 제빵제과점, 놀이공원과 같이 월별 매출이 다른 경우에 적용이 가능하다.

10.2.1 단순 평균

D2 =SUM(B2:B4)

	A	B	C	D
1	월별	매출액	분기별	매출액
2	1	15	1	75
3	2	25	2	
4	3	35	3	
5	4	45	4	
6	5	55		
7	6	65		
8	7	75		
9	8	85		
10	9	95		
11	10	105		
12	11	115		
13	12	125		

월별 자료에서 분기별로 평균을 계산해서 분기별 자료로 만들면 앞에서 설명한 방법대로 계절지수를 구하면 된다.

만약 월별 계절지수를 구하려면 어떻게 해야 할까? 지금부터 월별 자료의 계절분해법과 계절지수에 대해서 다룬다.

파일 이름: 월별

	A	B	C	D
1	TIME	연도별	월별	매출액
2	1	2013	1	546
3	2		2	578
4	3		3	660
5	4		4	707
6	5		5	738
7	6		6	781
8	7		7	848
9	8		8	818
10	9		9	729
11	10		10	691
12	11		11	658
13	12		12	604
38	37	2016	1	857
39	38		2	876
40	39		3	959
41	40		4	981
42	41		5	1051
43	42		6	1124
44	43		7	1073
45	44		8	1020
46	45		9	933
47	46		10	787
48	47		11	830
49	48		12	922

① 제목 입력

E1, F1, G1에 월별 평균, 계절지수, 계절지수 조정이라고 제목을 입력한다.

G1 | f_x 계절지수 조정

	A	B	C	D	E	F	G
1	TIME	연도별	월별	매출액	월별 평균	계절지수	계절지수 조정
2	1	2013	1	546			
3	2		2	578			
4	3		3	660			
5	4		4	707			
6	5		5	738			
7	6		6	781			

② 월별 평균

E2 | f_x =AVERAGE(D2,D14,D26,D38)

	A	B	C	D	E	F
1	TIME	연도별	월별	매출액	월별 평균	계절지수
2	1	2013	1	546	701.25	
3	2		2	578		
4	3		3	660		
5	4		4	707		
6	5		5	738		

월별 평균

1월 평균=(2013년 1월+2014년 1월+2015년 1월+2016년 1월)/4

E2=AVERAGE(D2,D14,D26,D38)

⇨ 아래로 드래그해서 12월까지 평균을 자동으로 계산한다.

③ 월별 평균의 합계

E14 | =SUM(E2:E13)

	A	B	C	D	E	F
1	TIME	연도별	월별	매출액	월별 평균	계절지수
2	1	2013	1	546	701.25	
3	2		2	578	745.75	
4	3		3	660	804.75	
5	4		4	707	842	
6	5		5	738	902.25	
7	6		6	781	946.75	
8	7		7	848	961	
9	8		8	818	914.25	
10	9		9	729	841.25	
11	10		10	691	765	
12	11		11	658	743.25	
13	12		12	604	761.75	
14	13	2014	1	629	9929.25	

월별 평균의 합계
E6=SUM(E2:E5)

④ 계절지수

F2 | =E2*(12/E14)

	A	B	C	D	E	F
1	TIME	연도별	월별	매출액	월별 평균	계절지수
2	1	2013	1	546	701.25	0.847496034
3	2		2	578	745.75	
4	3		3	660	804.75	
5	4		4	707	842	
6	5		5	738	902.25	
7	6		6	781	946.75	
8	7		7	848	961	
9	8		8	818	914.25	
10	9		9	729	841.25	
11	10		10	691	765	
12	11		11	658	743.25	
13	12		12	604	761.75	
14	13	2014	1	629	9929.25	

계절지수=1월 평균*(12/월별 합계 ⇨ E14(월 평균의 합계)를 선택한 후 Key Board의 F4를 클릭해서 절대참조로 변경한다.

F14 | =E14*(12/$E$14)

	A	B	C	D	E	F
1	TIME	연도별	월별	매출액	월별 평균	계절지수
2	1	2013	1	546	701.25	0.847496034
3	2		2	578	745.75	0.901276531
4	3		3	660	804.75	0.972581011
5	4		4	707	842	1.017599517
6	5		5	738	902.25	1.090414684
7	6		6	781	946.75	1.144195181
8	7		7	848	961	1.161417025
9	8		8	818	914.25	1.10491729
10	9		9	729	841.25	1.016693104
11	10		10	691	765	0.924541128
12	11		11	658	743.25	0.898255155
13	12		12	604	761.75	0.920613339
14	13	2014	1	629	9929.25	12

아래로 드래그해서 각 월별 계절지수를 자동으로 계산한다. 합계는 12가 되어야 한다.

10.2.2 평균 오차 비율

① 평균 계산

E2 =AVERAGE(D2:D49)

	A	B	C	D	E	F
1	TIME	연도별	월별	매출액	평균	오차 비율
2	1	2013	1	546	827.4375	
3	2		2	578		
4	3		3	660		
5	4		4	707		
6	5		5	738		
7	6		6	781		

평균 계산 D18=AVERAGE(D2:D49)

② 평균 복사

E2 =AVERAGE($D$2:$D$49)

	A	B	C	D	E	F
1	TIME	연도별	월별	매출액	평균	오차 비율
2	1	2013	1	546	827.4375	
3	2		2	578		
4	3		3	660		
5	4		4	707		
6	5		5	738		
7	6		6	781		

AVERAGE 함수의 D2:D49(관측값)를 선택하고 Key Board의 F4를 클릭해서 절대참조로 변경한다. ⇨ 아래로 드래그 해서 E1의 매출액 평균 값을 그대로 복사한다.

③ 월별 오차 비율 계산

1월 오차 비율=매출액/평균

F2=D2/E2 ⇨ 아래로 드래그해서 오차비율을 자동으로 계산한다.

F2 =D2/E2

	A	B	C	D	E	F
1	TIME	연도별	월별	매출액	평균	오차 비율
2	1	2013	1	546	827.4375	0.65986857
3	2		2	578	827.4375	
4	3		3	660	827.4375	
5	4		4	707	827.4375	
6	5		5	738	827.4375	
7	6		6	781	827.4375	

④ **계절지수**

계절지수=월별 오차 비율 평균

1월 계절지수=(2013 1월 오차 비율+2014년 1월 오차 비율+2015년 1월 오차 비율+2016년 1월 오차 비율)/4

G2=AVERAGE(F2,F14,F26,F38) ⇨ 아래로 드래그해서 12월까지 계절지수를 자동으로 계산한다.

G2 | =AVERAGE(F2,F14,F26,F38)

	A	B	C	D	E	F	G
1	TIME	연도별	월별	매출액	평균	오차 비율	계절지수
2	1	2013	1	546	827.4375	0.65986857	0.847496034
3	2		2	578	827.4375	0.698542186	
4	3		3	660	827.4375	0.797643327	
5	4		4	707	827.4375	0.8544452	
6	5		5	738	827.4375	0.891910265	
38	37	2016	1	857	827.4375	1.035727774	
39	38		2	876	827.4375	1.058690233	
40	39		3	959	827.4375	1.158999924	
41	40		4	981	827.4375	1.185588035	
42	41		5	1051	827.4375	1.27018657	
43	42		6	1124	827.4375	1.358410756	
44	43		7	1073	827.4375	1.296774681	
45	44		8	1020	827.4375	1.232721505	
46	45		9	933	827.4375	1.127577612	
47	46		10	787	827.4375	0.951129239	
48	47		11	830	827.4375	1.003096911	
49	48		12	922	827.4375	1.114283556	

⑤ **계절지수 합계**

G14=SUM(G2:G13)

계절지수의 합계는 12가 되어야 한다.

G14 | =SUM(G2:G13)

	A	B	C	D	E	F	G
1	TIME	연도별	월별	매출액	평균	오차 비율	계절지수
2	1	2013	1	546	827.4375	0.65986857	0.847496034
3	2		2	578	827.4375	0.698542186	0.901276531
4	3		3	660	827.4375	0.797643327	0.972581011
5	4		4	707	827.4375	0.8544452	1.017599517
6	5		5	738	827.4375	0.891910265	1.090414684
7	6		6	781	827.4375	0.943877936	1.144195181
8	7		7	848	827.4375	1.02485082	1.161417025
9	8		8	818	827.4375	0.988594305	1.10491729
10	9		9	729	827.4375	0.881033311	1.016693104
11	10		10	691	827.4375	0.835108392	0.924541128
12	11		11	658	827.4375	0.795226226	0.898255155
13	12		12	604	827.4375	0.729964499	0.920613339
14	13	2014	1	629	827.4375	0.760178261	12

10.2.3 회귀분석 방법

10.2.3.1 회귀분석과 단순 평균

① 회귀분석

데이터 ⇨ 데이터 분석 ⇨ 회귀분석 ⇨ 확인

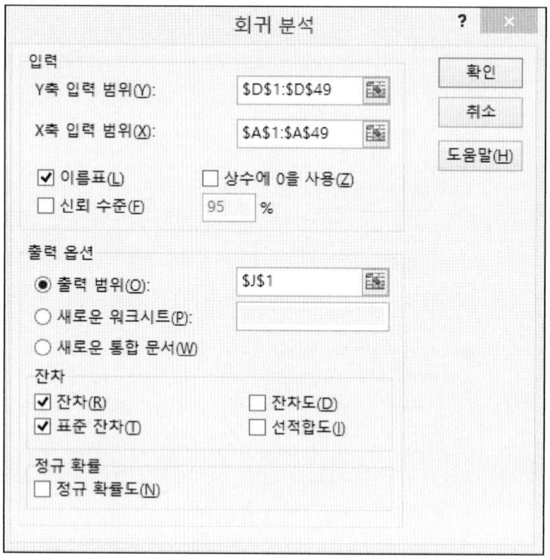

Y축 입력 범위: D1:D49

X축 입력 범위: A1:A49

이름표

출력 옵션: J1

잔차: 잔차, 표준잔차

■ **확인**

	J	K	L	M	N	O
1	요약 출력					
2						
3	회귀분석 통계량					
4	다중 상관계수	0.701951317				
5	결정계수	0.492735651				
6	조정된 결정계수	0.481708165				
7	표준 오차	94.28787111				
8	관측수	48				
9						
10	분산 분석					
11		자유도	제곱합	제곱 평균	F 비	유의한 F
12	회귀	1	397236.4911	397236.4911	44.6825	2.71E-08
13	잔차	46	408949.3214	8890.202639		
14	계	47	806185.8125			
15						
16		계수	표준 오차	t 통계량	P-값	하위 95%
17	Y 절편	666.5531915	27.64949142	24.10724962	9.72E-28	610.8977
18	TIME	6.56670647	0.982378537	6.684497088	2.71E-08	4.589281

② 예측값

예측값=TIME 계수*TIME+ Y 절편

E2=K18*A2+K17 ⇨ 수식란에서 TIME 계수(K18)와 Y 절편(K17)을 선택하고 Key Board의 F4를 클릭해서 절대참조로 변경한다. ⇨ 아래로 드래그해서 예측값을 자동으로 계산한다.

E2 =$K$18*A2+$K$17

	A	B	C	D	E	F	G	H	I	J	K
1	TIME	연도별	월별	매출액	회귀분석	계절 오차	월별 계절지수	계절지수 조정	예측값	요약 출력	
2	1	2013	1	546	673.119898						
3	2		2	578						회귀분석 통계량	
4	3		3	660						다중 상관계수	0.701951317
5	4		4	707						결정계수	0.492735651
6	5		5	738						조정된 결정계수	0.481708165
7	6		6	781						표준 오차	94.28787111
8	7		7	848						관측수	48
9	8		8	818							
10	9		9	729						분산 분석	
11	10		10	691							자유도
12	11		11	658						회귀	1
13	12		12	604						잔차	46
14	13	2014	1	629						계	47
15	14		2	711							
16	15		3	729							계수
17	16		4	798						Y 절편	666.5531915
18	17		5	861						TIME	6.56670647

③ 계절 오차

F2 =D2/E2

	A	B	C	D	E	F
1	TIME	연도별	월별	매출액	회귀분석	계절 오차
2	1	2013	1	546	673.119898	0.811
3	2		2	578	679.686604	
4	3		3	660	686.253311	
5	4		4	707	692.820017	
6	5		5	738	699.386724	
7	6		6	781	705.95343	

F2=D2/E2 ⇨ 아래로 드래그해서 계절 오차를 자동으로 계산한다.

④ 월별 계절지수 계산

G2=(2013년 1월 계절 오차+2014년 1월 계절 오차+2015년 1월 계절 오차+2016년 1월 계절 오차) 또는 G2=AVERAGE(F2,F14,F26,F38) ⇨ 아래로 드래그해서 월별 평균을 자동으로 계산한다.

G13 =AVERAGE(F13,F25,F37,F49)

	A	B	C	D	E	F	G
1	TIME	연도별	월별	매출액	회귀분석	계절 오차	월별 계절지수
2	1	2013	1	546	673.119898	0.811	0.880
3	2		2	578	679.686604	0.850	0.930
4	3		3	660	686.253311	0.962	0.997
5	4		4	707	692.820017	1.020	1.037
6	5		5	738	699.386724	1.055	1.101
7	6		6	781	705.95343	1.106	1.146
8	7		7	848	712.520137	1.190	1.160
9	8		8	818	719.086843	1.138	1.095
10	9		9	729	725.65355	1.005	0.999
11	10		10	691	732.220256	0.944	0.905
12	11		11	658	738.786963	0.891	0.869
13	12		12	604	745.353669	0.810	0.877
14	13	2014	1	629	751.920376	0.837	

⑤ 월별 계절지수 합계

G14=SUM(G2:G13)

G14 =SUM(G2:G13)

	A	B	C	D	E	F	G
1	TIME	연도별	월별	매출액	회귀분석	계절 오차	월별 계절지수
2	1	2013	1	546	673.119898	0.811	0.880
3	2		2	578	679.686604	0.850	0.930
4	3		3	660	686.253311	0.962	0.997
5	4		4	707	692.820017	1.020	1.037
6	5		5	738	699.386724	1.055	1.101
7	6		6	781	705.95343	1.106	1.146
8	7		7	848	712.520137	1.190	1.160
9	8		8	818	719.086843	1.138	1.095
10	9		9	729	725.65355	1.005	0.999
11	10		10	691	732.220256	0.944	0.905
12	11		11	658	738.786963	0.891	0.869
13	12		12	604	745.353669	0.810	0.877
14	13	2014	1	629	751.920376	0.837	11.997

⑥ 계절지수 조정

H2=G2*(12/G14) ⇨ 계절지수 합계(G14)를 선택하고 Key Board의 F4를 클릭해서 절대참조로 변경한다.

H2 =G2*(12/$G$14)

	A	B	C	D	E	F	G	H
1	TIME	연도별	월별	매출액	회귀분석	계절 오차	월별 계절지수	계절지수 조정
2	1	2013	1	546	673.119898	0.811	0.880	0.8803
3	2		2	578	679.686604	0.850	0.930	
4	3		3	660	686.253311	0.962	0.997	
5	4		4	707	692.820017	1.020	1.037	
6	5		5	738	699.386724	1.055	1.101	
7	6		6	781	705.95343	1.106	1.146	

아래로 드래그해서 계절지수 조정을 자동으로 계산한다. 합계가 12가 되어야 한다.

H14 =G14*(12/$G$14)

	A	B	C	D	E	F	G	H
1	TIME	연도별	월별	매출액	회귀분석	계절 오차	월별 계절지수	계절지수 조정
2	1	2013	1	546	673.119898	0.811	0.880	0.8803
3	2		2	578	679.686604	0.850	0.930	0.9305
4	3		3	660	686.253311	0.962	0.997	0.9968
5	4		4	707	692.820017	1.020	1.037	1.0371
6	5		5	738	699.386724	1.055	1.101	1.1012
7	6		6	781	705.95343	1.106	1.146	1.1461
8	7		7	848	712.520137	1.190	1.160	1.1607
9	8		8	818	719.086843	1.138	1.095	1.0954
10	9		9	729	725.65355	1.005	0.999	0.9997
11	10		10	691	732.220256	0.944	0.905	0.9053
12	11		11	658	738.786963	0.891	0.869	0.8697
13	12		12	604	745.353669	0.810	0.877	0.8772
14	13	2014	1	629	751.920376	0.837	11.997	12.0000

⑦ 미래 예측

미래를 예측하고자 할 경우, TIME 변수를 예측하고자 하는 기간만큼 생성한다.

⇨ 회귀분석 결과를 드래그한다.

E61 =$K$18*A61+$K$17

	A	B	C	D	E
1	TIME	연도별	월별	매출액	회귀분석
2	1	2013	1	546	673.119898
3	2		2	578	679.6866044
4	3		3	660	686.2533109
5	4		4	707	692.8200174
50	49	2017	1		988.3218085
51	50		2		994.888515
52	51		3		1001.455221
53	52		4		1008.021928
54	53		5		1014.588634
55	54		6		1021.155341
56	55		7		1027.722047
57	56		8		1034.288754
58	57		9		1040.85546
59	58		10		1047.422167
60	59		11		1053.988873
61	60		12		1060.55558

계절지수 조정을 예측기간까지 복사하고 붙여넣기 옵션에서 123을 선택하여 붙여넣기를 반복한다.

예측값=회귀분석*계절지수 조정

I2=E2*H2

I2	=E2*H2							
TIME	연도별	월별	매출액	회귀분석	계절 오차	월별 계절지수	계절지수 조정	예측값
1	2013	1	546	673.119898	0.811	0.880	0.8803	592.5562
2		2	578	679.6866044	0.850	0.930	0.9305	
3		3	660	686.2533109	0.962	0.997	0.9968	
4		4	707	692.8200174	1.020	1.037	1.0371	
5		5	738	699.3867238	1.055	1.101	1.1012	
6		6	781	705.9534303	1.106	1.146	1.1461	
7		7	848	712.5201368	1.190	1.160	1.1607	
8		8	818	719.0868432	1.138	1.095	1.0954	
9		9	729	725.6535497	1.005	0.999	0.9997	
10		10	691	732.2202562	0.944	0.905	0.9053	

아래로 드래그해서 자동으로 미래값을 예측한다.

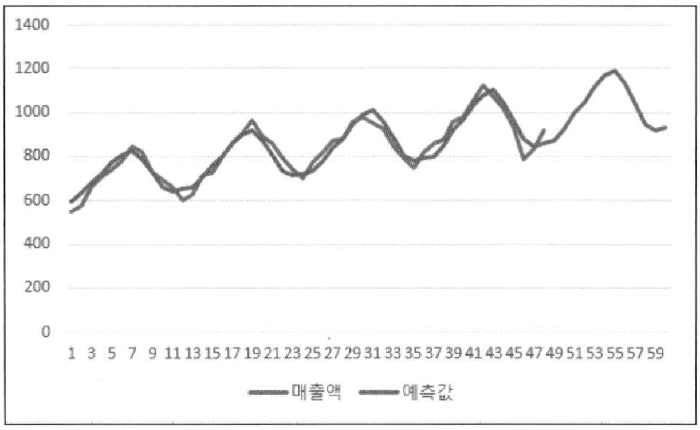

A1의 TIME 인덱스를 삭제 ⇨ A1:A61을 선택 ⇨ Control Key를 누른 상태에서 D1:D49 및 I1:I61 선택 ⇨ 삽입 ⇨ 2차원 꺾은선형 ⇨ 꺾은선형

결과는 월별_회귀분석 방법_결과에서 확인한다.

10.2.3.2 회귀분석과 이동평균 중심화 이동평균 방법

회귀분석 및 이동평균과 중심화 이동평균 방법

E1, F1, G1, H1, I1, J1에 각각 회귀분석, 이동평균, 중심화 이동평균, 계절오차, 월별 계절지수, 계절지수 조정, 예측값이라고 제목을 입력한다.

TIME	연도별	월별	매출액	회귀분석	이동평균	중심화 이동평균	계절오차	월별 계절지수	계절지수 조정	예측값
1	2013	1	546							
2		2	578							
3		3	660							
4		4	707							
5		5	738							
6		6	781							
7		7	848							
8		8	818							
9		9	729							
10		10	691							
11		11	658							
12		12	604							

■ **회귀분석**

데이터 → 데이터 분석 → 회귀분석 선택 → 확인

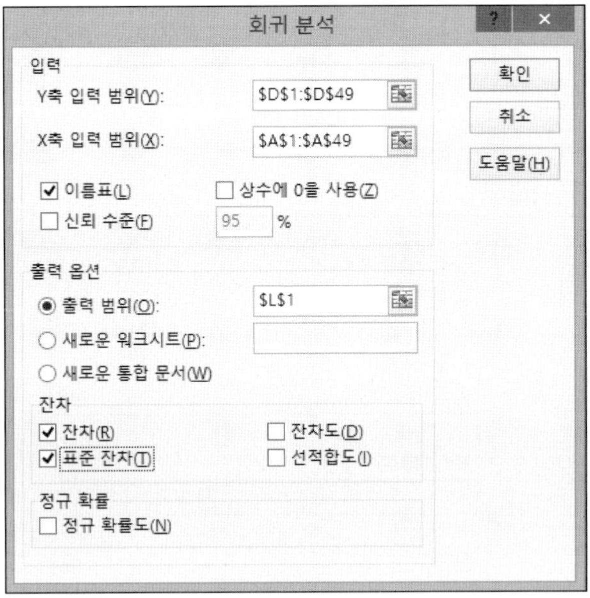

Y축 입력 범위: D1:D49

X축 입력 범위: A1:A49

이름표

출력 옵션: L1

잔차: 잔차, 표준잔차

■ **확인 → 회귀분석 결과 출력**

	L	M	N	O	P	Q
1	요약 출력					
2						
3	회귀분석 통계량					
4	다중 상관계수	0.701951317				
5	결정계수	0.492735651				
6	조정된 결정계수	0.481708165				
7	표준 오차	94.28787111				
8	관측수	48				
9						
10	분산 분석					
11		자유도	제곱합	제곱 평균	F 비	유의한 F
12	회귀	1	397236.49	397236.491	44.6825	2.71E-08
13	잔차	46	408949.32	8890.20264		
14	계	47	806185.81			
15						
16		계수	표준 오차	t 통계량	P-값	하위 95%
17	Y 절편	666.5531915	27.649491	24.1072496	9.72E-28	610.8977
18	TIME	6.56670647	0.9823785	6.68449709	2.71E-08	4.589281

회귀 방정식=TIME 계수 X TIME + Y 절편

E2=M18*A2+M17 ⇨ L18(TIME 계수)와 L17(Y 절편)을 선택하고 Key Board의 F4를 클릭해서 절대참조로 변경한다. → 아래로 드래그해서 자동으로 예측값을 계산한다.

E2 =$M$18*A2+$M$17

	C	D	E	L	M
1	월별	매출액	회귀분석	요약 출력	
2	1	546	673.119898		
3	2	578		회귀분석 통계량	
4	3	660		다중 상관계수	0.701951317
5	4	707		결정계수	0.492735651
6	5	738		조정된 결정계수	0.481708165
7	6	781		표준 오차	94.28787111
8	7	848		관측수	48
9	8	818			
10	9	729		분산 분석	
11	10	691			자유도
12	11	658		회귀	1
13	12	604		잔차	46
14	1	629		계	47
15	2	711			
16	3	729			계수
17	4	798		Y 절편	666.5531915
18	5	861		TIME	6.56670647

■ **이동 평균**

F8 =AVERAGE(E2:E13)

	C	D	E	F
1	월별	매출액	회귀분석	이동평균
2	1	546	673.119898	
3	2	578	679.6866044	
4	3	660	686.2533109	
5	4	707	692.8200174	
6	5	738	699.3867238	
7	6	781	705.9534303	
8	7	848	712.5201368	709.237
9	8	818	719.0868432	
10	9	729	725.6535497	
11	10	691	732.2202562	
12	11	658	738.7869627	
13	12	604	745.3536691	

이동평균

주의: 엑셀의 데이터분석에서 이동평균을 계산하면 계산 결과가 F13(12월)에 출력된다. 계절지수를 계산하기 위해서 이동평균의 계산 결과가 F8(7월)에 출력되도록 커서를 F8에 놓는다.

F8=AVERAGE(E2:E13) ⇨ 아래로 드래그해서 F44(2016년 7월)까지 이동평균을 계산한다.

■ 중심화 이동평균

G8 | =AVERAGE(F8:F9)

	C	D	E	F	G
1	월별	매출액	회귀분석	이동평균	중심화 이동평균
2	1	546	673.119898		
3	2	578	679.6866044		
4	3	660	686.2533109		
5	4	707	692.8200174		
6	5	738	699.3867238		
7	6	781	705.9534303		
8	7	848	712.5201368	709.237	712.520
9	8	818	719.0868432	715.803	

G8=AVERAGE(F8:F9)

주의: 중심화 이동평균 결과를 한 행 아래인 8월에 출력하지 않고 이동평균 결과와 평행하게 나타나도록 한다. ⇨ 아래로 G43(2016년 7월)까지 드래그해서 자동으로 계산한다.

■ 계절 오차

H8 | =D8/G8

	C	D	E	F	G	H
1	월별	매출액	회귀분석	이동평균	중심화 이동평균	계절오차
2	1	546	673.119898			
3	2	578	679.6866044			
4	3	660	686.2533109			
5	4	707	692.8200174			
6	5	738	699.3867238			
7	6	781	705.9534303			
8	7	848	712.5201368	709.237	712.520	1.19
9	8	818	719.0868432	715.803	719.087	

계절 오차

계절 오차=관측값/중심화 이동평균

H4=D8/G8

H43(2016년 7월)까지 드래그해서 계절 오차를 자동으로 계산한다.

■ 월별 계절지수 계산(Raw Seasonal Index)

I2=AVERAGE(H14,H26,H38) ⇨ 아래로 드래그해서 6월까지 월별 평균을 자동으로 계산한다. → 7월은 범위가 달라지므로 계산 범위를 재조정한다.

I2 | =AVERAGE(H14,H26,H38)

	C	D	E	F	G	H	I
1	월별	매출액	회귀분석	이동평균	중심화 이동평균	계절오차	월별 계절지수
2	1	546	673.119898				0.903
3	2	578	679.6866044				
4	3	660	686.2533109				
5	4	707	692.8200174				
6	5	738	699.3867238				
7	6	781	705.9534303				
8	7	848	712.5201368	709.237	712.520	1.19	
9	8	818	719.0868432	715.803	719.087	1.14	
10	9	729	725.6535497	722.370	725.654	1.00	
11	10	691	732.2202562	728.937	732.220	0.94	
12	11	658	738.7869627	735.504	738.787	0.89	
13	12	604	745.3536691	742.070	745.354	0.81	

I8 =AVERAGE(H8,H20,H32)

	C	D	E	F	G	H	I
1	월별	매출액	회귀분석	이동평균	중심화 이동평균	계절오차	월별 계절지수
2	1	546	673.119898				0.903
3	2	578	679.6866044				0.957
4	3	660	686.2533109				1.008
5	4	707	692.8200174				1.042
6	5	738	699.3867238				1.116
7	6	781	705.9534303				1.159
8	7	848	712.5201368	709.237	712.520	1.19	1.170
9	8	818	719.0868432	715.803	719.087	1.14	
10	9	729	725.6535497	722.370	725.654	1.00	
11	10	691	732.2202562	728.937	732.220	0.94	
12	11	658	738.7869627	735.504	738.787	0.89	
13	12	604	745.3536691	742.070	745.354	0.81	

월별 계절지수 합계를 계산한다.

I14=SUM(I2:I13)

I14 =SUM(I2:I13)

	C	D	E	F	G	H	I
1	월별	매출액	회귀분석	이동평균	중심화 이동평균	계절오차	월별 계절지수
2	1	546	673.119898				0.903
3	2	578	679.6866044				0.957
4	3	660	686.2533109				1.008
5	4	707	692.8200174				1.042
6	5	738	699.3867238				1.116
7	6	781	705.9534303				1.159
8	7	848	712.5201368	709.237	712.520	1.19	1.170
9	8	818	719.0868432	715.803	719.087	1.14	1.104
10	9	729	725.6535497	722.370	725.654	1.00	1.009
11	10	691	732.2202562	728.937	732.220	0.94	0.936
12	11	658	738.7869627	735.504	738.787	0.89	0.876
13	12	604	745.3536691	742.070	745.354	0.81	0.856
14	1	629	751.9203756	748.637	751.920	0.84	12.138

■ **계절지수 조정 (Adjusted Seasonal Index)**

월별 계절지수의 합계가 12가 되도록 조정한다.

계절지수 조정=월별 계절지수 X (12/월별 계절지수 합계)

J2 = I2*(12/I14) ⇨ I14를 선택하고 Key Board의 F4를 클릭해서 절대참조로 변경한다.

J2 =I2*(12/$I$14)

	C	D	E	F	G	H	I	J
1	월별	매출액	회귀분석	이동평균	중심화 이동평균	계절오차	월별 계절지수	계절지수 조정
2	1	546	673.119898				0.903	0.8929
3	2	578	679.6866044				0.957	
4	3	660	686.2533109				1.008	
5	4	707	692.8200174				1.042	
6	5	738	699.3867238				1.116	
7	6	781	705.9534303				1.159	
8	7	848	712.5201368	709.237	712.520	1.19	1.170	
9	8	818	719.0868432	715.803	719.087	1.14	1.104	
10	9	729	725.6535497	722.370	725.654	1.00	1.009	
11	10	691	732.2202562	728.937	732.220	0.94	0.936	
12	11	658	738.7869627	735.504	738.787	0.89	0.876	
13	12	604	745.3536691	742.070	745.354	0.81	0.856	
14	1	629	751.9203756	748.637	751.920	0.84	12.138	

드래그해서 계절지수 조정 및 합계를 자동으로 계산한다. 합계가 12가 되어야 한다.

J14 =I14*(12/$I$14)

	C	D	E	F	G	H	I	J
1	월별	매출액	회귀분석	이동평균	중심화 이동평균	계절오차	월별 계절지수	계절지수 조정
2	1	546	673.119898				0.903	0.8929
3	2	578	679.6866044				0.957	0.9460
4	3	660	686.2533109				1.008	0.9967
5	4	707	692.8200174				1.042	1.0305
6	5	738	699.3867238				1.116	1.1035
7	6	781	705.9534303				1.159	1.1459
8	7	848	712.5201368	709.237	712.520	1.19	1.170	1.1570
9	8	818	719.0868432	715.803	719.087	1.14	1.104	1.0919
10	9	729	725.6535497	722.370	725.654	1.00	1.009	0.9979
11	10	691	732.2202562	728.937	732.220	0.94	0.936	0.9254
12	11	658	738.7869627	735.504	738.787	0.89	0.876	0.8657
13	12	604	745.3536691	742.070	745.354	0.81	0.856	0.8466
14	1	629	751.9203756	748.637	751.920	0.84	12.138	12.0000

■ 미래 예측

TIME 변수를 예측하고자 하는 기간까지 생성 ⇨ 회귀분석을 아래로 드래그해서 예측기간까지 회귀분석 결과를 채운다. ⇨ 계절지수 조정을 복사 ⇨ 선택하여 붙여넣기에서 123을 선택 ⇨ 예측하고자 하는 기간까지 아래로 붙여넣기를 반복한다.

	A	B	C	D	E	F	G	H	I	J
1	TIME	연도별	월별	매출액	회귀분석	이동평균	중심화 이동평균	계절오차	월별 계절지수	계절지수 조정
2	1	2013	1	546	673.119898				0.903	0.8929
3	2		2	578	679.6866044				0.957	0.9460
4	3		3	660	686.2533109				1.008	0.9967
50	49	2017	1		988.3218085					0.8929
51	50		2		994.888515					0.9460
52	51		3		1001.455221					0.9967
53	52		4		1008.021928					1.0305
54	53		5		1014.588634					1.1035
55	54		6		1021.155341					1.1459
56	55		7		1027.722047					1.1570
57	56		8		1034.288754					1.0919
58	57		9		1040.85546					0.9979
59	58		10		1047.422167					0.9254
60	59		11		1053.988873					0.8657
61	60		12		1060.55558					0.8466

예측값=회귀분석 결과*계절지수 조정

K2=E2*J2

K2 =E2*J2

	A	B	C	D	E	F	G	H	I	J	K
1	TIME	연도별	월별	매출액	회귀분석	이동평균	중심화 이동평균	계절오차	월별 계절지수	계절지수 조정	예측값
2	1	2013	1	546	673.119898				0.903	0.8929	601.0005
3	2		2	578	679.6866044				0.957	0.9460	
4	3		3	660	686.2533109				1.008	0.9967	
5	4		4	707	692.8200174				1.042	1.0305	
6	5		5	738	699.3867238				1.116	1.1035	
7	6		6	781	705.9534303				1.159	1.1459	
8	7		7	848	712.5201368	709.237	712.520	1.19	1.170	1.1570	
9	8		8	818	719.0868432	715.803	719.087	1.14	1.104	1.0919	
10	9		9	729	725.6535497	722.370	725.654	1.00	1.009	0.9979	
11	10		10	691	732.2202562	728.937	732.220	0.94	0.936	0.9254	
12	11		11	658	738.7869627	735.504	738.787	0.89	0.876	0.8657	
13	12		12	604	745.3536691	742.070	745.354	0.81	0.856	0.8466	

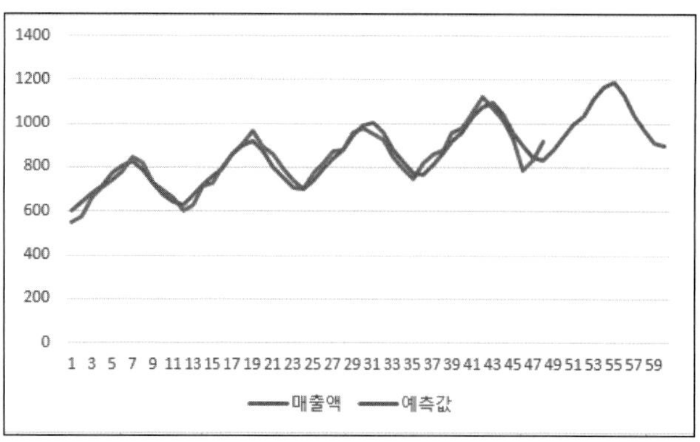

A1의 TIME 인덱스를 삭제 ⇨ A1:A61 선택 ⇨ Control Key를 누른 상태에서 D1:D49 및 K1:K61 선택 ⇨ 삽입 ⇨ 2차원 꺾은선형 ⇨ 꺾은선형

10.2.4 계절분해 가법 및 미래 예측

① 제목 입력

E1, F1, G1, H1, I1, J1, K1, L1에 이동평균, 중심화 이동평균, 계절오차, 월별 계절지수, 계절지수 조정이라고 제목을 입력한다.

	A	B	C	D	E	F	G	H	I
1	TIME	연도별	월별	매출액	이동평균	중심화 이동평균	계절 오차	월별 계절지수	계절지수 조정
2	1	2013	1	546					
3	2		2	578					
4	3		3	660					
5	4		4	707					
6	5		5	738					
7	6		6	781					
8	7		7	848					
9	8		8	818					
10	9		9	729					
11	10		10	691					

② 이동 평균

E8 =AVERAGE(D2:D13)

	A	B	C	D	E	F
1	TIME	연도별	월별	매출액	이동평균	중심화 이동평균
2	1	2013	1	546		
3	2		2	578		
4	3		3	660		
5	4		4	707		
6	5		5	738		
7	6		6	781		
8	7		7	848	696.5	
9	8		8	818		

이동평균=(2013년 1월+2014년 1월+2015년 1월+2016년 1월)/4 E3=AVERAGE(D2:D5) ⇨ E44까지 아래로 드래그해서 자동으로 계산한다.

> [주의]: 데이터분석의 이동평균법을 이용해서 구간을 12로 선택할 경우, 이동평균 결과는 12월에 출력된다. 여기에서 이동평균 결과는 7월에 출력되도록 한다.

■ **중심화 이동평균**

F8 | =AVERAGE(E8:E9)

	A	B	C	D	E	F
1	TIME	연도별	월별	매출액	이동평균	중심화 이동평균
2	1	2013	1	546		
3	2		2	578		
4	3		3	660		
5	4		4	707		
6	5		5	738		
7	6		6	781		
8	7		7	848	696.5	699.9583
9	8		8	818	703.417	

F4=AVERAGE(E3:E4) ⇨ F43까지 아래로 드래그해서 자동으로 중심화 이동평균을 계산한다.

참고: 중심화 이동평균의 위치는 이동평균 첫 번째 결과 바로 옆에 나열하는 경우와 한 행 아래에 출력하는 경우가 있다. 여기서는 이동평균 결과에 평행하게 출력한다.

③ **계절오차 계산**

계절오차=매출액-중심화 이동평균

G8=D8-F8 ⇨ 아래로 드래그해서 자동으로 계절오차를 계산한다.

G8 | =D8-F8

	A	B	C	D	E	F	G
1	TIME	연도별	월별	매출액	이동평균	중심화 이동평균	계절 오차
2	1	2013	1	546			
3	2		2	578			
4	3		3	660			
5	4		4	707			
6	5		5	738			
7	6		6	781			
8	7		7	848	696.5	699.9583	148.0417
9	8		8	818	703.417	708.9583	

H2=AVERAGE(G14,G26,G38) ⇨ 6월까지를 드래그해서 계산한다. ⇨ 7월 계절지수는 범위를 재조정한다.

H4=AVERAGE(G4,G8,G20,G32) ⇨ 12월까지 드래그해서 자동으로 계산한다.

H8 =AVERAGE(G8,G20,G32)

	A	B	C	D	E	F	G	H
1	TIME	연도별	월별	매출액	이동평균	중심화 이동평균	계절 오차	월별 계절지수
2	1	2013	1	546				-87.4028
3	2		2	578				-44.6667
4	3		3	660				1.0278
5	4		4	707				30.8611
6	5		5	738				97.1389
7	6		6	781				135.3333
8	7		7	848	696.5	699.9583	148.0417	133.1250
9	8		8	818	703.417	708.9583	109.0417	
10	9		9	729	714.500	717.3750	11.625	
11	10		10	691	720.250	724.0417	-33.0417	
12	11		11	658	727.833	732.9583	-74.9583	
13	12		12	604	738.083	743.1667	-139.167	

④ 월별 계절지수의 평균 계산

H14=AVERAGE(H2:H13)

H14 =SUM(H2:H13)

	A	B	C	D	E	F	G	H
1	TIME	연도별	월별	매출액	이동평균	중심화 이동평균	계절 오차	월별 계절지수
2	1	2013	1	546				-87.4028
3	2		2	578				-44.6667
4	3		3	660				1.0278
5	4		4	707				30.8611
6	5		5	738				97.1389
7	6		6	781				135.3333
8	7		7	848	696.5	699.9583	148.0417	133.1250
9	8		8	818	703.417	708.9583	109.0417	80.0000
10	9		9	729	714.500	717.3750	11.625	3.3750
11	10		10	691	720.250	724.0417	-33.0417	-57.5833
12	11		11	658	727.833	732.9583	-74.9583	-109.0694
13	12		12	604	738.083	743.1667	-139.167	-124.1806
14	13	2014	1	629	748.250	753.2500	-124.25	57.9583

⑤ 계절지수 조정

1월=1월 계절지수-계절지수 합계

I2=H2-H14

I2 ▾ : ✕ ✓ fx =H2-H14

	A	B	C	D	E	F	G	H	I
1	TIME	연도별	월별	매출액	이동평균	중심화 이동평균	계절 오차	월별 계절지수	계절지수 조정
2	1	2013	1	546				-87.4028	-145.3611
3	2		2	578				-44.6667	
4	3		3	660				1.0278	
5	4		4	707				30.8611	
6	5		5	738				97.1389	
7	6		6	781				135.3333	
8	7		7	848	696.5	699.9583	148.0417	133.1250	
9	8		8	818	703.417	708.9583	109.0417	80.0000	
10	9		9	729	714.500	717.3750	11.625	3.3750	
11	10		10	691	720.250	724.0417	-33.0417	-57.5833	
12	11		11	658	727.833	732.9583	-74.9583	-109.0694	
13	12		12	604	738.083	743.1667	-139.167	-124.1806	
14	13	2014	1	629	748.250	753.2500	-124.25	57.9583	

H14(월별 계절지수의 평균)을 선택한 후 Key Board의 F4를 클릭해서 절대참조로 변경한다. ⇨ I14까지 아래로 드래그한다. ⇨ 합계가 0으로 나타난다.

I2 ▾ : ✕ ✓ fx =H2-$H$14

	A	B	C	D	E	F	G	H	I
1	TIME	연도별	월별	매출액	이동평균	중심화 이동평균	계절 오차	월별 계절지수	계절지수 조정
2	1	2013	1	546				-87.4028	-145.3611111
3	2		2	578				-44.6667	
4	3		3	660				1.0278	
5	4		4	707				30.8611	
6	5		5	738				97.1389	
7	6		6	781				135.3333	
8	7		7	848	696.5	699.9583	148.0417	133.1250	
9	8		8	818	703.417	708.9583	109.0417	80.0000	
10	9		9	729	714.500	717.3750	11.625	3.3750	
11	10		10	691	720.250	724.0417	-33.0417	-57.5833	
12	11		11	658	727.833	732.9583	-74.9583	-109.0694	
13	12		12	604	738.083	743.1667	-139.167	-124.1806	
14	13	2014	1	629	748.250	753.2500	-124.25	57.9583	

I14 | =H14-$H$14

	A	B	C	D	E	F	G	H	I
1	TIME	연도별	월별	매출액	이동평균	중심화 이동평균	계절 오차	월별 계절지수	계절지수 조정
2	1	2013	1	546				-87.4028	-145.3611
3	2		2	578				-44.6667	-102.6250
4	3		3	660				1.0278	-56.9306
5	4		4	707				30.8611	-27.0972
6	5		5	738				97.1389	39.1806
7	6		6	781				135.3333	77.3750
8	7		7	848	696.5	699.9583	148.0417	133.1250	75.1667
9	8		8	818	703.417	708.9583	109.0417	80.0000	22.0417
10	9		9	729	714.500	717.3750	11.625	3.3750	-54.5833
11	10		10	691	720.250	724.0417	-33.0417	-57.5833	-115.5417
12	11		11	658	727.833	732.9583	-74.9583	-109.0694	-167.0278
13	12		12	604	738.083	743.1667	-139.167	-124.1806	-182.1389
14	13	2014	1	629	748.250	753.2500	-124.25	57.9583	0.0000

J1, K1, L1에 Deseasonalized 매출액, 회귀분석, 예측값 제목을 입력한다.

	A	B	C	D	E	F	G	H	I	J	K	L
1	TIME	연도별	월별	매출액	이동평균	중심화 이동평균	계절 오차	월별 계절지수	계절지수 조정	Deseasonalized 매출액	회귀분석	예측값
2	1	2013	1	546				-87.4028	-145.3611			
3	2		2	578				-44.6667	-102.6250			
4	3		3	660				1.0278	-56.9306			
5	4		4	707				30.8611	-27.0972			
6	5		5	738				97.1389	39.1806			
7	6		6	781				135.3333	77.3750			
8	7		7	848	696.5	699.9583	148.0417	133.1250	75.1667			
9	8		8	818	703.417	708.9583	109.0417	80.0000	22.0417			
10	9		9	729	714.500	717.3750	11.625	3.3750	-54.5833			
11	10		10	691	720.250	724.0417	-33.0417	-57.5833	-115.5417			
12	11		11	658	727.833	732.9583	-74.9583	-109.0694	-167.0278			
13	12		12	604	738.083	743.1667	-139.167	-124.1806	-182.1389			

⑥ 계절지수 조정 복사

복사 ⇨ 선택하여 붙여넣기에서 123을 선택

I14 | =H14-$H$14

	A	B	C	D	E	F	G	H	I	J
1	TIME	연도별	월별	매출액	이동평균	중심화 이동평균	계절 오차	월별 계절지수	계절지수 조정	Deseasonalized 매출액
2	1	2013	1	546				-87.4028	-145.3611	
3	2		2	578				-44.6667	-102.6250	
4	3		3	660				1.0278	-56.9306	
5	4		4	707				30.8611	-27.0972	
6	5		5	738				97.1389	39.1806	
7	6		6	781				135.3333	77.3750	
8	7		7	848	696.5	699.9583	148.0417	133.1250	75.1667	
9	8		8	818	703.417	708.9583	109.0417	80.0000	22.0417	
10	9		9	729	714.500	717.3750	11.625	3.3750	-54.5833	
11	10		10	691	720.250	724.0417	-33.0417	-57.5833	-1	
12	11		11	658	727.833	732.9583	-74.9583	-109.0694	-1	
13	12		12	604	738.083	743.1667	-139.167	-124.1806	-1	
14	13	2014	1	629	748.250	753.2500	-124.25	57.9583	0.0000	
15	14		2	711	758.250	761.4167	-50.4167			
16	15		3	729	764.583	770.0417	-41.0417			
17	16		4	798	775.500	779.7083	18.29167			
18	17		5	861	783.917	787.2917	73.70833			
19	18		6	903	790.667	794.6250	108.375			
20	19		7	968	798.583	804.5833	163.4167			

잘라내기(T)
복사(C)
붙여넣기 옵션:
선택하여 붙여넣기(S)...
복사한 셀 삽입(E)...

붙여넣기를 반복한다. ⇨ 예측하고자 하는 기간까지 붙여넣기한다.

	A	B	C	D	E	F	G	H	I
1	TIME	연도별	월별	매출액	이동평균	중심화 이동평균	계절 오차	월별 계절지수	계절지수 조정
2	1	2013	1	546				-87.4028	-145.3611
3	2		2	578				-44.6667	-102.6250
4	3		3	660				1.0278	-56.9306
5	4		4	707				30.8611	-27.0972
6	5		5	738				97.1389	39.1806
7	6		6	781				135.3333	77.3750
8	7		7	848	696.5	699.9583	148.0417	133.1250	75.1667
9	8		8	818	703.417	708.9583	109.0417	80.0000	22.0417
10	9		9	729	714.500	717.3750	11.625	3.3750	-54.5833
11	10		10	691	720.250	724.0417	-33.0417	-57.5833	-115.5417
12	11		11	658	727.833	732.9583	-74.9583	-109.0694	-167.0278
13	12		12	604	738.083	743.1667	-139.167	-124.1806	-182.1389
42	41		5	1051	935.750	939.2500	111.75		39.18055556
43	42		6	1124	942.750	946.9167	177.0833		77.375
44	43		7	1073	951.083				75.16666667
45	44		8	1020					22.04166667
46	45		9	933					-54.58333333
47	46		10	787					-115.5416667
48	47		11	830					-167.0277778
49	48		12	922					-182.1388889
50	49	2017	1						-145.3611111
51	50		2						-102.625
52	51		3						-56.93055556
53	52		4						-27.09722222
54	53		5						39.18055556
55	54		6						77.375
56	55		7						75.16666667
57	56		8						22.04166667
58	57		9						-54.58333333
59	58		10						-115.5416667
60	59		11						-167.0277778
61	60		12						-182.1388889

⑦ **Deseasonalized 매출액=매출액-계절지수 조정**

J2=D2-I2 ⇨ 아래로 드래그해서 자동으로 계산한다. (예측기간은 제외한다.)

J2 =D2-I2

	A	B	C	D	E	F	G	H	I	J
1	TIME	연도별	월별	매출액	이동평균	중심화 이동평균	계절 오차	월별 계절지수	계절지수 조정	Deseasonalized 매출액
2	1	2013	1	546				-87.4028	-145.3611	691.3611
3	2		2	578				-44.6667	-102.6250	
4	3		3	660				1.0278	-56.9306	
5	4		4	707				30.8611	-27.0972	
6	5		5	738				97.1389	39.1806	
7	6		6	781				135.3333	77.3750	
8	7		7	848	696.5	699.9583	148.0417	133.1250	75.1667	
9	8		8	818	703.417	708.9583	109.0417	80.0000	22.0417	
10	9		9	729	714.500	717.3750	11.625	3.3750	-54.5833	
11	10		10	691	720.250	724.0417	-33.0417	-57.5833	-115.5417	

	A	B	C	D	E	F	G	H	I	J
1	TIME	연도별	월별	매출액	이동평균	중심화 이동평균	계절 오차	월별 계절지수	계절지수 조정	Deseasonalized 매출액
2	1	2013	1	546				-87.4028	-145.3611	691.3611
3	2		2	578				-44.6667	-102.6250	680.6250
4	3		3	660				1.0278	-56.9306	716.9306
5	4		4	707				30.8611	-27.0972	734.0972
6	5		5	738				97.1389	39.1806	698.8194
7	6		6	781				135.3333	77.3750	703.6250
8	7		7	848	696.5	699.9583	148.0417	133.1250	75.1667	772.8333
9	8		8	818	703.417	708.9583	109.0417	80.0000	22.0417	795.9583
10	9		9	729	714.500	717.3750	11.625	3.3750	-54.5833	783.5833
11	10		10	691	720.250	724.0417	-33.0417	-57.5833	-115.5417	806.5417
48	47		11	830					-167.0277778	997.0278
49	48		12	922					-182.1388889	1104.1389
50	49	2017	1						-145.3611111	
51	50		2						-102.625	
52	51		3						-56.93055556	
53	52		4						-27.09722222	
54	53		5						39.18055556	
55	54		6						77.375	
56	55		7						75.16666667	
57	56		8						22.04166667	
58	57		9						-54.58333333	
59	58		10						-115.5416667	
60	59		11						-167.0277778	
61	60		12						-182.1388889	

⑧ TIME 변수를 독립변수로 Deseasonlized 매출액을 종속변수로 회귀분석 실시

데이터 ⇨ 데이터 분석 ⇨ 회귀분석 ⇨ 확인

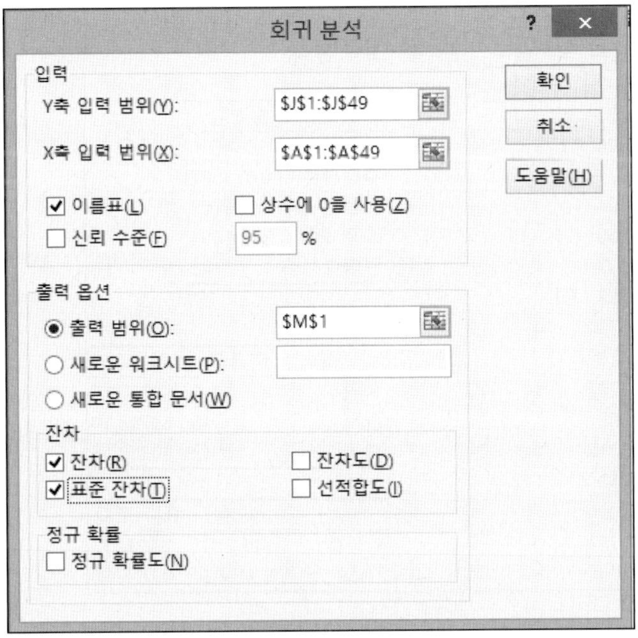

Y축 입력 범위: J1:J48

X축 입력 범위: A1:A48

이름표

출력 옵션: M1

전차: 잔차, 표준잔차

■ **확인**

	M	N	O	P	Q	R
1	요약 출력					
2						
3	회귀분석 통계량					
4	다중 상관	0.934616				
5	결정계수	0.873507				
6	조정된 결	0.870757				
7	표준 오차	37.21651				
8	관측수	48				
9						
10	분산 분석					
11		자유도	제곱합	제곱 평균	F 비	유의한 F
12	회귀	1	439974.5	439974.5	317.6554	2.78E-22
13	잔차	46	63713.14	1385.068		
14	계	47	503687.6			
15						
16		계수	표준 오차	t 통계량	P-값	하위 95%
17	Y 절편	711.2481	10.91357	65.17097	5.75E-47	689.2802
18	TIME	6.910934	0.387756	17.82289	2.78E-22	6.130422

회귀 방정식=TIME 계수*TIME+Y 절편 ⇨ N18*A2+N17

K2 =N18*A2+N17

	A	J	K	L	M	N	O
1	TIME	Deseasonalized 매출액	회귀분석	예측값	요약 출력		
2	1	691.3611	718.159				
3	2	680.6250			회귀분석 통계량		
4	3	716.9306			다중 상관	0.934616	
5	4	734.0972			결정계수	0.873507	
6	5	698.8194			조정된 결	0.870757	
7	6	703.6250			표준 오차	37.21651	
8	7	772.8333			관측수	48	
9	8	795.9583					
10	9	783.5833			분산 분석		
11	10	806.5417				자유도	제곱합
12	11	825.0278			회귀	1	439974.5
13	12	786.1389			잔차	46	63713.14
14	13	774.3611			계	47	503687.6
15	14	813.6250					
16	15	785.9306				계수	표준 오차
17	16	825.0972			Y 절편	711.2481	10.91357
18	17	821.8194			TIME	6.910934	0.387756

K2 | =$N$18*A2+$N$17

	A	J	K	L
1	TIME	Deseasonalized 매출액	회귀분석	예측값
2	1	691.3611	718.159014	
3	2	680.6250		
4	3	716.9306		
5	4	734.0972		

TIME 계수(N18)과 Y 절편(N17)을 각각 선택한 후 Key Board의 F4를 클릭해서 절대참조로 변경한다. ⇨ 아래로 드래그해서 예측 기간을 포함해서 회귀분석에 의한 결과를 자동으로 채운다.

⑨ **예측값**

예측값=Trend+Cycle=회귀분석 결과 + 계절지수 조정

K1=K2+I2 ⇨ 예측 기간까지 포함해서 아래로 드래그한다.

L2 | =K2+I2

	A	I	J	K	L
1	TIME	계절지수 조정	Deseasonalized 매출액	회귀분석	예측값
2	1	-145.3611	691.3611	718.159014	572.7979
3	2	-102.6250	680.6250	725.069948	
4	3	-56.9306	716.9306	731.980882	
5	4	-27.0972	734.0972	738.891817	
6	5	39.1806	698.8194	745.802751	

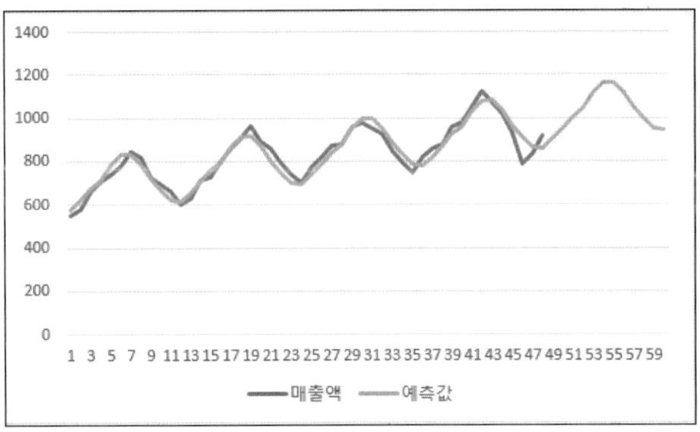

A1의 TIME 인덱스를 삭제 ⇨ A1:A61을 선택 ⇨ Control Key를 누른 상태에서 D1:D49 선택 및 K1:K61 선택 ⇨ 삽입 ⇨ 2차원 꺾은선형 ⇨ 꺾은선형

10.2.5 계절분해 승법 및 미래 예측

① **이동평균과 중심화 이동평균**

이동평균과 중심화 이동평균 계산방법은 동일하다.

E8 =AVERAGE(D2:D13)

	A	B	C	D	E	F
1	TIME	연도별	월별	매출액	이동평균	중심화 이동평균
2	1	2013	1	546		
3	2		2	578		
4	3		3	660		
5	4		4	707		
6	5		5	738		
7	6		6	781		
8	7		7	848	696.5	699.9583333
9	8		8	818	703.416667	708.9583333
10	9		9	729	714.5	717.375
11	10		10	691	720.25	724.0416667
12	11		11	658	727.833333	732.9583333
13	12		12	604	738.083333	743.1666667

② 계절 오차=매출액/중심화 이동평균

G8=D8/F8 ⇨ 아래로 드래그해서 계절오차를 자동으로 계산한다.

G8 =D8/F8

	A	B	C	D	E	F	G
1	TIME	연도별	월별	매출액	이동평균	중심화 이동평균	계절 오차
2	1	2013	1	546			
3	2		2	578			
4	3		3	660			
5	4		4	707			
6	5		5	738			
7	6		6	781			
8	7		7	848	696.5	699.9583333	1.211501
9	8		8	818	703.416667	708.9583333	

1.211501이란 의미는 예측값이 원 자료의 121.1501%란 뜻이다. 관측값과의 오차는 21.1501%가 되는 셈이다.

③ 월별 계절지수

1월 계절지수

H2=AVERAGE(G14,G26,G38) ⇨ 아래로 드래그해서 6월까지 자동으로 계산한다.

H2 =AVERAGE(G14,G26,G38)

	A	B	C	D	E	F	G	H
1	TIME	연도별	월별	매출액	이동평균	중심화 이동평균	계절 오차	월별 계절지수
2	1	2013	1	546				0.892648247
3	2		2	578				
4	3		3	660				
5	4		4	707				
6	5		5	738				
7	6		6	781				
8	7		7	848	696.5	699.9583333	1.211501	
9	8		8	818	703.416667	708.9583333	1.153805	
10	9		9	729	714.5	717.375	1.016205	
11	10		10	691	720.25	724.0416667	0.954365	
12	11		11	658	727.833333	732.9583333	0.897732	
13	12		12	604	738.083333	743.1666667	0.812738	
14	13	2014	1	629	748.25	753.25	0.835048	
15	14		2	711	758.25	761.4166667	0.933786	
16	15		3	729	764.583333	770.0416667	0.946702	
17	16		4	798	775.5	779.7083333	1.02346	
18	17		5	861	783.916667	787.2916667	1.093623	
19	18		6	903	790.666667	794.625	1.136385	
20	19		7	968	798.583333	804.5833333	1.203107	
21	20		8	894	810.583333	815.0416667	1.096876	
22	21		9	860	819.5	825.4166667	1.041898	
23	22		10	792	831.333333	834.8333333	0.948692	
24	23		11	739	838.333333	842.4166667	0.877238	
25	24		12	699	846.5	849.6666667	0.822676	
26	25	2015	1	773	852.833333	852.2916667	0.906967	

7월 계절지수

H4=AVERAGE(G8,G20,G32) ⇨ 아래로 드래그해서 12월까지 자동으로 계산한다.

H8 =AVERAGE(G8,G20,G32)

	A	B	C	D	E	F	G	H
1	TIME	연도별	월별	매출액	이동평균	중심화 이동평균	계절 오차	월별 계절지수
2	1	2013	1	546				0.892648247
3	2		2	578				0.946734573
4	3		3	660				0.99858347
5	4		4	707				1.035292088
6	5		5	738				1.112270979
7	6		6	781				1.154604001
8	7		7	848	696.5	699.9583333	1.211501	1.172000481
9	8		8	818	703.416667	708.9583333	1.153805	
10	9		9	729	714.5	717.375	1.016205	
11	10		10	691	720.25	724.0416667	0.954365	
12	11		11	658	727.833333	732.9583333	0.897732	
13	12		12	604	738.083333	743.1666667	0.812738	

④ 월별 계절지수 합계

H14=SUM(H2:H13)

H14 | =SUM(H2:H13)

	A	B	C	D	E	F	G	H
1	TIME	연도별	월별	매출액	이동평균	중심화 이동평균	계절 오차	월별 계절지수
2	1	2013	1	546				0.892648247
3	2		2	578				0.946734573
4	3		3	660				0.99858347
5	4		4	707				1.035292088
6	5		5	738				1.112270979
7	6		6	781				1.154604001
8	7		7	848	696.5	699.9583333	1.211501	1.172000481
9	8		8	818	703.416667	708.9583333	1.153805	1.103415541
10	9		9	729	714.5	717.375	1.016205	1.005685467
11	10		10	691	720.25	724.0416667	0.954365	0.931275155
12	11		11	658	727.833333	732.9583333	0.897732	0.869548233
13	12		12	604	738.083333	743.1666667	0.812738	0.847997985
14	13	2014	1	629	748.25	753.25	0.835048	12.07005622

⑤ 계절지수 조정

I2=H2*(12/H14) ⇨ 월별 계절지수의 합계(H14)를 선택하고 Key Board의 F4를 클릭해서 절대참조로 변경한다.

I2 | =H2*(12/$H$14)

	A	B	C	D	E	F	G	H	I
1	TIME	연도별	월별	매출액	이동평균	중심화 이동평균	계절 오차	월별 계절지수	계절지수 조정
2	1	2013	1	546				0.892648247	0.887467198
3	2		2	578				0.946734573	
4	3		3	660				0.99858347	
5	4		4	707				1.035292088	
6	5		5	738				1.112270979	
7	6		6	781				1.154604001	

아래로 드래그한다. ⇨ 합계가 12가 되어야 한다.

I14 | =H14*(12/$H$14)

	A	B	C	D	E	F	G	H	I
1	TIME	연도별	월별	매출액	이동평균	중심화 이동평균	계절 오차	월별 계절지수	계절지수 조정
2	1	2013	1	546				0.892648247	0.887467198
3	2		2	578				0.946734573	0.941239599
4	3		3	660				0.99858347	0.992787558
5	4		4	707				1.035292088	1.029283114
6	5		5	738				1.112270979	1.105815209
7	6		6	781				1.154604001	1.147902525
8	7		7	848	696.5	699.9583333	1.211501	1.172000481	1.165198034
9	8		8	818	703.416667	708.9583333	1.153805	1.103415541	1.09701117
10	9		9	729	714.5	717.375	1.016205	1.005685467	0.999848334
11	10		10	691	720.25	724.0416667	0.954365	0.931275155	0.92586991
12	11		11	658	727.833333	732.9583333	0.897732	0.869548233	0.864501259
13	12		12	604	738.083333	743.1666667	0.812738	0.847997985	0.843076091
14	13	2014	1	629	748.25	753.25	0.835048	12.07005622	12

J1, K1, L1에 Deseasonalized 매출액, 회귀분석, 예측값이라고 제목을 입력한다.

	A	B	C	D	E	F	G	H	I	J	K	L
1	TIME	연도별	월별	매출액	이동평균	중심화 이동평균	계절 오차	월별 계절지수	계절지수 조정	Deseasonlized 매출액	회귀분석	예측값
2	1	2013	1	546				0.892648247	0.887467198			
3	2		2	578				0.946734573	0.941239599			
4	3		3	660				0.99858347	0.992787558			
5	4		4	707				1.035292088	1.029283114			
6	5		5	738				1.112270979	1.105815209			
7	6		6	781				1.154604001	1.147902525			
8	7		7	848	696.5	699.9583333	1.211501	1.172000481	1.165198034			
9	8		8	818	703.416667	708.9583333	1.153805	1.103415541	1.09701117			
10	9		9	729	714.5	717.375	1.016205	1.005685467	0.999848334			
11	10		10	691	720.25	724.0416667	0.954365	0.931275155	0.92586991			
12	11		11	658	727.833333	732.9583333	0.897732	0.869548233	0.864501259			
13	12		12	604	738.083333	743.1666667	0.812738	0.847997985	0.843076091			

⑥ 계절지수 조정 복사

복사 ⇨ 마우스 오른쪽 클릭 ⇨ 붙여넣기: 123 선택 ⇨ 복사된 영역을 기억하고 있으므로 붙여넣기:123을 반복해서 예측하고자 하는 기간까지 채운다.

I14 =H14*(12/$H$14)

	A	B	C	D	E	F	G	H	I	J
1	TIME	연도별	월별	매출액	이동평균	중심화 이동평균	계절 오차	월별 계절지수	계절지수 조정	Deseasonlized 매출액
2	1	2013	1	546				0.892648247	0.887467198	
3	2		2	578				0.946734573	0.941239599	
4	3		3	660				0.99858347	0.992787558	
5	4		4	707				1.035292088	1.029283114	
6	5		5	738				1.112270979	1.105815209	
7	6		6	781				1.154604001	1.147902525	
8	7		7	848	696.5	699.9583333	1.211501	1.172000481	1.165198034	
9	8		8	818	703.416667	708.9583333	1.153805	1.103415541	1.09701117	
10	9		9	729	714.5	717.375	1.016205	1.005685467	0.999848334	
11	10		10	691	720.25	724.0416667	0.954365	0.931275155	0.9[illegible]	
12	11		11	658	727.833333	732.9583333	0.897732	0.869548233	0.86[illegible]	
13	12		12	604	738.083333	743.1666667	0.812738	0.847997985	0.84[illegible]	
14	13	2014	1	629	748.25	753.25	0.835048	12.07005622	12	
15	14		2	711	758.25	761.4166667	0.933786			
16	15		3	729	764.583333	770.0416667	0.946702			
17	16		4	798	775.5	779.7083333	1.02346			
18	17		5	861	783.916667	787.2916667	1.093623			
19	18		6	903	790.666667	794.625	1.136385			
20	19		7	968	798.583333	804.5833333	1.203107			
21	20		8	894	810.583333	815.0416667	1.096876			

잘라내기(T)
복사(C)
붙여넣기 옵션:
선택하여 붙여넣기(S)...
복사한 셀 삽입(E)...

	A	B	C	D	E	F	G	H	I
1	TIME	연도별	월별	매출액	이동평균	중심화 이동평균	계절 오차	월별 계절지수	계절지수 조정
2	1	2013	1	546				0.892648247	0.887467198
3	2		2	578				0.946734573	0.941239599
4	3		3	660				0.99858347	0.992787558
5	4		4	707				1.035292088	1.029283114
6	5		5	738				1.112270979	1.105815209
7	6		6	781				1.154604001	1.147902525
8	7		7	848	696.5	699.9583333	1.211501	1.172000481	1.165198034
9	8		8	818	703.416667	708.9583333	1.153805	1.103415541	1.09701117
10	9		9	729	714.5	717.375	1.016205	1.005685467	0.999848334
11	10		10	691	720.25	724.0416667	0.954365	0.931275155	0.92586991
12	11		11	658	727.833333	732.9583333	0.897732	0.869548233	0.864501259
13	12		12	604	738.083333	743.1666667	0.812738	0.847997985	0.843076091
48	47		11	830					0.864501259
49	48		12	922					0.843076091
50	49	2017	1						0.887467198
51	50		2						0.941239599
52	51		3						0.992787558
53	52		4						1.029283114
54	53		5						1.105815209
55	54		6						1.147902525
56	55		7						1.165198034
57	56		8						1.09701117
58	57		9						0.999848334
59	58		10						0.92586991
60	59		11						0.864501259
61	60		12						0.843076091

⑦ Deseasonalized 건설사 순이익 계산

J2=D2/I2

J2 f_x =D2/I2

	A	B	C	D	E	F	G	H	I	J
1	TIME	연도별	월별	매출액	이동평균	중심화 이동평균	계절 오차	월별 계절지수	계절지수 조정	Deseasonlized 매출액
2	1	2013	1	546				0.892648247	0.887467198	615.2340069
3	2		2	578				0.946734573	0.941239599	
4	3		3	660				0.99858347	0.992787558	
5	4		4	707				1.035292088	1.029283114	
6	5		5	738				1.112270979	1.105815209	
7	6		6	781				1.154604001	1.147902525	
8	7		7	848	696.5	699.9583333	1.211501	1.172000481	1.165198034	
9	8		8	818	703.416667	708.9583333	1.153805	1.103415541	1.09701117	
10	9		9	729	714.5	717.375	1.016205	1.005685467	0.999848334	
11	10		10	691	720.25	724.0416667	0.954365	0.931275155	0.92586991	
12	11		11	658	727.833333	732.9583333	0.897732	0.869548233	0.864501259	
13	12		12	604	738.083333	743.1666667	0.812738	0.847997985	0.843076091	

아래로 드래그해서 자동으로 계산한다.

	A	B	C	D	E	F	G	H	I	J
1	TIME	연도별	월별	매출액	이동평균	중심화 이동평균	계절 오차	월별 계절지수	계절지수 조정	Deseasonlized 매출액
2	1	2013	1	546				0.892648247	0.887467198	615.2340069
3	2		2	578				0.946734573	0.941239599	614.0838108
4	3		3	660				0.99858347	0.992787558	664.7947941
5	4		4	707				1.035292088	1.029283114	686.8858436
6	5		5	738				1.112270979	1.105815209	667.3809455
7	6		6	781				1.154604001	1.147902525	680.371358
8	7		7	848	696.5	699.9583333	1.211501	1.172000481	1.165198034	727.7732844
9	8		8	818	703.416667	708.9583333	1.153805	1.103415541	1.09701117	745.6624168
10	9		9	729	714.5	717.375	1.016205	1.005685467	0.999848334	729.1105814
11	10		10	691	720.25	724.0416667	0.954365	0.931275155	0.92586991	746.3251509
12	11		11	658	727.833333	732.9583333	0.897732	0.869548233	0.864501259	761.1324949
13	12		12	604	738.083333	743.1666667	0.812738	0.847997985	0.843076091	716.4240646
47	46		10	787					0.92586991	850.0114236
48	47		11	830					0.864501259	960.091141
49	48		12	922					0.843076091	1093.614218
50	49	2017	1						0.887467198	
51	50		2						0.941239599	
52	51		3						0.992787558	
53	52		4						1.029283114	
54	53		5						1.105815209	
55	54		6						1.147902525	
56	55		7						1.165198034	
57	56		8						1.09701117	
58	57		9						0.999848334	
59	58		10						0.92586991	
60	59		11						0.864501259	
61	60		12						0.843076091	

⑧ 회귀분석

추세(TREND) 파악

TIME변수를 독립변수로 Deseasonalized 순이익을 종속변수로 하는 회귀분석을 실시한다.

데이터 ⇨ 데이터 분석 ⇨ 회귀분석 ⇨ 확인

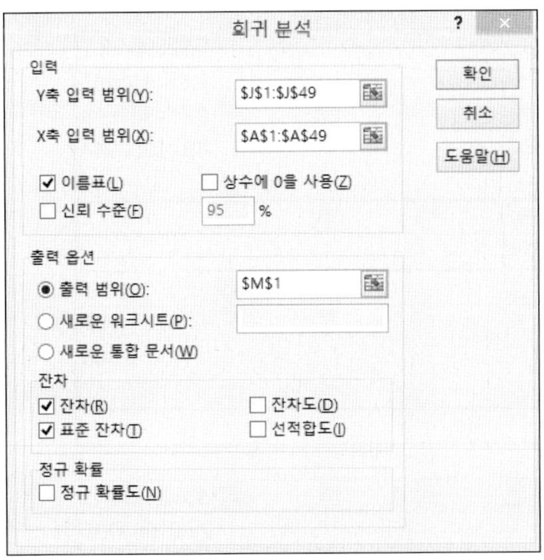

Y축 입력 범위: J1:J49

X축 입력 범위: A1:A49

이름표

출력 옵션: M1

잔차: 잔차, 표준 잔차

■ **확인**

	M	N	O	P	Q	R
1	요약 출력					
2						
3	회귀분석 통계량					
4	다중 상관계수	0.925964601				
5	결정계수	0.857410441				
6	조정된 결정계수	0.854310668				
7	표준 오차	40.40800944				
8	관측수	48				
9						
10	분산 분석					
11		자유도	제곱합	제곱 평균	F 비	유의한 F
12	회귀	1	451641.4	451641.4	276.6043	4.41E-21
13	잔차	46	75109.13	1632.807		
14	계	47	526750.6			
15						
16		계수	표준 오차	t 통계량	P-값	하위 95%
17	Y 절편	656.8567315	11.84947	55.43345	8.97E-44	633.005
18	TIME	7.001964908	0.421008	16.63142	4.41E-21	6.154519

회귀분석=TIME 계수*TIME + Y 절편

K2=N18*A2+N17

K2 =N18*A2+N17

	A	K	L	M	N
1	TIME	회귀분석	예측값	요약 출력	
2	1	663.8587			
3	2			회귀분석 통계량	
4	3			다중 상관계수	0.925964601
5	4			결정계수	0.857410441
6	5			조정된 결정계수	0.854310668
7	6			표준 오차	40.40800944
8	7			관측수	48
9	8				
10	9			분산 분석	
11	10				자유도
12	11			회귀	1
13	12			잔차	46
14	13			계	47
15	14				
16	15				계수
17	16			Y 절편	656.8567315
18	17			TIME	7.001964908

K2 =$N$18*A2+$N$17

	A	K	L
1	TIME	회귀분석	예측값
2	1	663.8586964	
3	2		
4	3		
5	4		

N18(TIME 계수)와 N17(Y 절편)을 선택하고 Key Board의 F4를 클릭해서 절대참조로 변경한다. ⇨ 아래로 드래그해서 예측기간까지 회귀방정식에 의한 예측을 자동으로 계산한다.

⑨ 예측값

예측값=회귀분석*계절지수 조정

L2=K2*I2 ⇨ 예측기간까지 드래그해서 자동으로 예측값을 계산한다.

L2 =K2*I2

	A	B	C	D	E	F	G	H	I	J	K	L
1	TIME	연도별	월별	매출액	이동평균	중심화 이동평균	계절 오차	월별 계절지수	계절지수 조정	Deseasonlized 매출액	회귀분석	예측값
2	1	2013	1	546				0.892648247	0.887467198	615.2340069	663.8586964	589.1528169
3	2		2	578				0.946734573	0.941239599	614.0838108	670.8606613	
4	3		3	660				0.99858347	0.992787558	664.7947941	677.8626262	
5	4		4	707				1.035292088	1.029283114	686.8858436	684.8645911	
6	5		5	738				1.112270979	1.105815209	667.3809455	691.866556	
7	6		6	781				1.154604001	1.147902525	680.371358	698.8685209	
8	7		7	848	696.5	699.9583333	1.211501	1.172000481	1.165198034	727.7732844	705.8704858	
9	8		8	818	703.416667	708.9583333	1.153805	1.103415541	1.09701117	745.6624168	712.8724507	
10	9		9	729	714.5	717.375	1.016205	1.005685467	0.999848334	729.1105814	719.8744156	
11	10		10	691	720.25	724.0416667	0.954365	0.931275155	0.92586991	746.3251509	726.8763806	
12	11		11	658	727.833333	732.9583333	0.897732	0.869548233	0.864501259	761.1324949	733.8783455	
13	12		12	604	738.083333	743.1666667	0.812738	0.847997985	0.843076091	716.4240646	740.8803104	

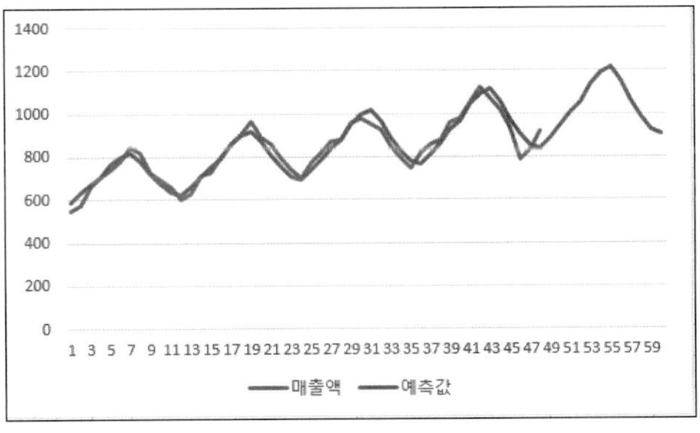

A1의 TIME 인덱스를 삭제 ⇨ A1:A61을 선택 ⇨ Control Key를 누른 상태에서 D1:D49 선택 및 I1:I61 선택 ⇨ 삽입 ⇨ 2차원 꺾은선형 ⇨ 꺾은선형

시계열 자료에서 계절지수를 뽑아내는 방법에는 미국 메사추세츠 대학교의 Peter T. Ittig가 제시한 Log Centered Moving Average와 Log Regression 방법 등 매우 다양하다.

연습문제

10.1 철강 생산량

① 단순 평균으로 계절지수를 구할 수 있을까?

② 평균과의 오차 비율로 계절지수를 구할 수 있을까?

③ 회귀분석과 단순평균으로 계절분해를 한 후에 미래를 예측할 수 있을까?

④ 회귀분석과 중심화 이동평균으로 계절분해를 한 후에 미래를 예측할 수 있을까?

⑤ 회귀분석과 단순평균 및 회귀분석과 중심화 이동평균으로 예측한 후 MAE(MAD)를 비교할 수 있을까?

	A	B	C	D	E	F
1	TIME	분기별	철강 생산량	TIME	분기별	철강 생산량
2	1	1	108	13	1	121
3	2	2	105	14	2	109
4	3	3	297	15	3	299
5	4	4	95	16	4	94
6	5	1	95	17	1	134
7	6	2	101	18	2	113
8	7	3	295	19	3	211
9	8	4	96	20	4	93
10	9	1	112	21	1	147
11	10	2	112	22	2	117
12	11	3	298	23	3	223
13	12	4	102	24	4	92

10.2 백화점 매출

① 단순 평균으로 계절지수를 구할 수 있을까?

② 평균과의 오차 비율로 계절지수를 구할 수 있을까?

③ 계절분해 가법으로 계절분해를 한 후에 미래를 예측할 수 있을까?

④ 계절분해 승법으로 계절분해를 한 후에 미래를 예측할 수 있을까?

⑤ 계절분해 가법과 계절분해 승법으로 예측한 후 MAE(MAD)를 비교할 수 있을까?

	A	B	C	D	E	F	G	H
1	TIME	주별	요일별	백화점 매출	TIME	주별	요일별	백화점 매출
2	1	1	1	1452	22	4	1	2145
3	2		2	2167	23		2	4890
4	3		3	2682	24		3	4500
5	4		4	4672	25		4	8490
6	5		5	5623	26		5	9824
7	6		6	8923	27		6	11452
8	7		7	4800	28		7	6180
9	8	2	1	1672	29	5	1	3620
10	9		2	2458	30		2	5450
11	10		3	3750	31		3	4500
12	11		4	7823	32		4	8220
13	12		5	5672	33		5	16030
14	13		6	8234	34		6	1982
15	14		7	4840	35		7	6560
16	15	3	1	1978	36	6	1	4680
17	16		2	3567	37		2	6780
18	17		3	3567	38		3	4260
19	18		4	8680	39		4	9260
20	19		5	9823	40		5	15890
21	20		6	8723	41		6	18450
22	21		7	5880	42		7	6890

CHAPTER

11

곰페르츠 곡선

11 곰페르츠 곡선

11.1 곰페르츠 곡선 1

곰페리츠곡선과 로지스틱 곡선의 매우 유사해 보이지만, 가장 큰 차이점은 곰페르츠 곡선은 비대칭적(Asymmetric)이고 로지스틱 곡선은 대칭적(Symmetric)이라는 점이다.

우리 회사는 어떤 것을 적용해야 할까? 잔차 절대값의 평균(MAE) 등이 적을수록 더 적합한 모형이 되며, 적합한 모형 찾기는 Chapter 15를 참고한다.

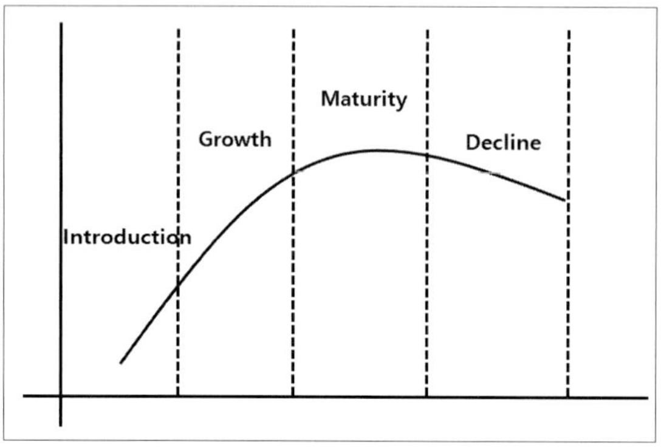

곰프르츠 곡선은 최대 판매량이 존재하고 시장 진입, 성장, 쇠퇴를 거치는 상품의 예측 그리고 수요가 감소하는 시점을 예측하고자 할 때 적합하다.

전자제품 제조회사에서 8분기 동안 핸드폰 판매량을 조사했다.

파일이름: 곰페르츠 곡선

	A	B
1		신규 판매량
2	1	150.00
3	2	210.00
4	3	256.00
5	4	325.00
6	5	468.00
7	6	678.00
8	7	892.00
9	8	924.00

① 제목 입력

A8과 A9를 동시에 선택한 후 A23까지 드래그해서 번호를 자동 생성한다. ⇨ C1, D1, E1, F1에 각각 판매량 누계, 예측값, 잔차, 잔차 제곱이라고 제목을 입력한다. A25, A26, A27, A28에 모수, a, b, c 제목을 입력한다.

	A	B	C	D	E	F
1		신규 판매량	판매량 누계	예측값	잔차	잔차 제곱
2	1	150.00				
21	20					
22	21					
23	22					
24						
25	모수					
26	a					
27	b					
28	c					

② 임의의 모수 설정

a, b, c 그리고 임의의 모수 값을 설정한다.

■ **모수**

a : 20000 (최대 누적 판매량을 입력한다.)

b : 10

c : 0.5 (0<c<1: 0과 1 사이의 값)

	A	B
25	모수	
26	a	20000
27	b	10
28	c	0.5

[참고]: 최대 누적 판매량 계산 방법

만약 생산 여건을 고려해서 최대 생산량을 알고 있는 경우라면 해당 최대 판매량을 직접 입력하고 최대 신규 판매량을 알고 있다면 TIME 곱하기 최대 신규 판매량으로 최대 누적 판매량을 계산한다.

(예) 매 분기마다 최대 신규 판매량이 100개라면 10분기까지의 최대 누적 판매량은 1000개가 된다.

C11 =C10+B11

	A	B	C
1	분기	신규 판매량	최대 누적 판매량
2	1	100	100
3	2	100	200
4	3	100	300
5	4	100	400
6	5	100	500
7	6	100	600
8	7	100	700
9	8	100	800
10	9	100	900
11	10	100	1000

③ **판매량 누적 계산**

C2 =B2

	A	B	C
1		신규 판매량	판매량 누계
2	1	150.00	150.00
3	2	210.00	
4	3	256.00	
5	4	325.00	

TIME 1 판매량 누게=TIME 1 신규 판매량

C2=B2

C3 =C2+B3

	A	B	C
1		신규 판매량	판매량 누계
2	1	150.00	150.00
3	2	210.00	360.00
4	3	256.00	
5	4	325.00	

C3=TIME 1의 판매량 누계+TIME2의 신규 판매량=C2+B3

C23 | =C22+B23

	A	B	C
1		신규 판매량	판매량 누계
2	1	150.00	150.00
3	2	210.00	360.00
4	3	256.00	616.00
20	19		3903.00
21	20		3903.00
22	21		3903.00
23	22		3903.00

C3을 선택하고 C23까지 드래그해서 판매량 누적을 자동으로 계산한다.

④ 예측값

D2 | =B26*EXP(-B27*B28^A2)

	A	B	C	D
1	TIME	신규 판매량	판매량 누계	예측값
2	1	150.00	150.00	134.76
25	모수			
26	a	20000		
27	b	10		
28	c	0.5		

예측값=모수a X EXP(-모수b X 모수c ^ TIME) ⇨ D2=B26*EXP(-B27*B28^A2)

D2 | =$B$26*EXP(-$B$27*$B$28^A2)

	A	B	C	D
1	TIME	신규 판매량	판매량 누계	예측값
2	1	150.00	150.00	134.76
25	모수			
26	a	20000		
27	b	10		
28	c	0.5		

모수 a, b, c를 모두 절대참조로 변경한다. ⇨ D2=$B$26*EXP(-$B$27*$B$28^A2)

D23 | =$B$26*EXP(-$B$27*$B$28^A23)

	A	B	C	D
1	TIME	신규 판매량	판매량 누계	예측값
2	1	150.00	150.00	134.76
22	21	0.10		19999.90
23	22	0.05		19999.95
24				
25	모수			
26	a	20000		
27	b	10		
28	c	0.5		

D2를 선택하고 D23까지 드래그해서 자동 계산한다.

⑤ 잔차

E2 | =C2-D2

	A	B	C	D	E
1	TIME	신규 판매량	판매량 누계	예측값	잔차
2	1	150.00	150.00	134.76	15
3	2	210.00	360.00	1641.70	
4	3	256.00	616.00	5730.10	
5	4	325.00	941.00	10705.23	

잔차 계산
잔차=신규 판매량 누계-예측값 ⇨
E2= C2-D2

E9 | =C9-D9

	A	B	C	D	E
1	TIME	신규 판매량	판매량 누계	예측값	잔차
2	1	150.00	150.00	134.76	15
3	2	210.00	360.00	1641.70	-1282
4	3	256.00	616.00	5730.10	-5114
5	4	325.00	941.00	10705.23	-9764
6	5	468.00	1409.00	14632.31	-13223
7	6	678.00	2087.00	17106.91	-15020
8	7	892.00	2979.00	18496.98	-15518
9	8	924.00	3903.00	19233.81	-15331

E9까지 드래그해서 자동으로 계산한다.

⑥ 잔차 제곱

F2= E2^2 또는 E2*E2

F2 | =E2^2

	A	B	C	D	E	F
1	TIME	신규 판매량	판매량 누계	예측값	잔차	잔차 제곱
2	1	150.00	150.00	134.76	15	232
3	2	210.00	360.00	1641.70	-1282	
4	3	256.00	616.00	5730.10	-5114	
5	4	325.00	941.00	10705.23	-9764	

F2를 선택한 후 E9, F9까지 아래로 드래그해서 잔차 제곱을 자동으로 계산한다. ⇨ F10에 MSE(잔차 제곱의 평균) 제목을 입력한다.

F10=AVERAGE(F2:F9)

F10 | =AVERAGE(F2:F9)

	A	B	C	D	E	F
1	TIME	신규 판매량	판매량 누계	예측값	잔차	잔차 제곱
2	1	150.00	150.00	134.76	15	232
3	2	210.00	360.00	1641.70	-1282	1642755
4	3	256.00	616.00	5730.10	-5114	26153977
5	4	325.00	941.00	10705.23	-9764	95340160
6	5	468.00	1409.00	14632.31	-13223	174855996
7	6	678.00	2087.00	17106.91	-15020	225597593
8	7	892.00	2979.00	18496.98	-15518	240807587
9	8	924.00	3903.00	19233.81	-15331	235033798
10	9			19613.16	MSE	124929012

⑦ 해 찾기

데이터 ⇨ 해 찾기

목표셀: F10(MSE: 잔차 제곱의 평균)

값을 바꿀 셀: 모수 a, b, c (MSE를 최소화하는 모수를 찾는다.)

제한되지 않는 변수를 음이 아닌 수로 설정 체크

해법 선택: GRG 비선형

추가 ⇨ B26=20000

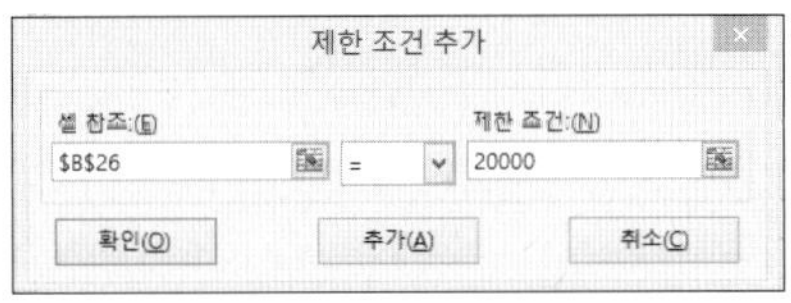

확인 ⇨ 제한 조건에 종속에 추가된 조건이 나타난다.

■ **해 찾기 실행**

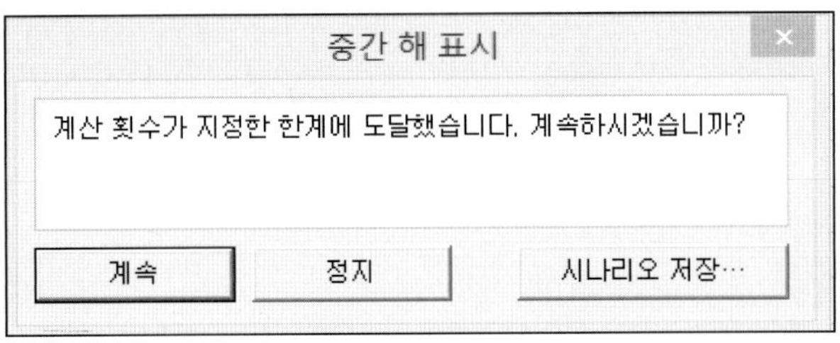

반복 계산 횟수 기본값이 100회로 설정되어 있다. 만약 더 계산을 하겠는가라는 질문이 나타나면 계속을 클릭한다. 일반적으로 100회 내에서 해를 찾아준다.

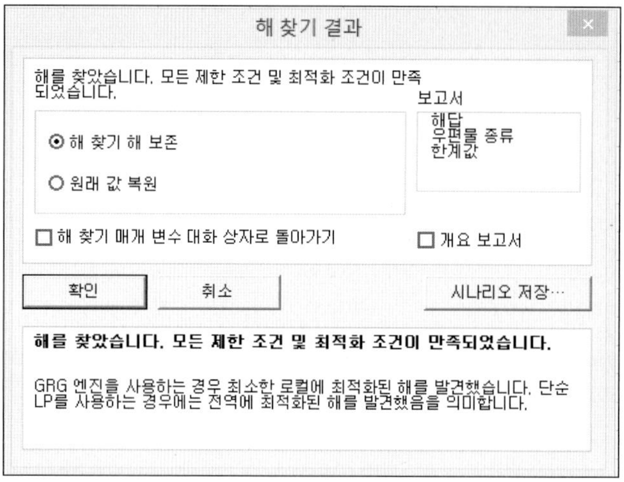

해 찾기 해 보존 ⇨ 확인

■ 최적의 모수

a: 20000 b: 5.70127471 c: 0.85564069

B10 =D10-D9

	A	B	C	D
1	TIME	신규 판매량	판매량 누계	예측값
2	1	150.00	150.00	152.21
3	2	210.00	360.00	307.80
4	3	256.00	616.00	562.29
5	4	325.00	941.00	941.62
6	5	468.00	1409.00	1463.73
7	6	678.00	2087.00	2134.97
8	7	892.00	2979.00	2948.87
9	8	924.00	3903.00	3887.52
10	9	1037.00		4924.52

신규 판매량=TIME 10의 예측값-TIME9의 판매량 누계

B10=D10-D9

B23 =D23-D22

	A	B	C	D
1	TIME	신규 판매량	판매량 누계	예측값
2	1	150.00	150.00	152.21
3	2	210.00	360.00	307.80
4	3	256.00	616.00	562.29
5	4	325.00	941.00	941.62
6	5	468.00	1409.00	1463.73
7	6	678.00	2087.00	2134.97
8	7	892.00	2979.00	2948.87
9	8	924.00	3903.00	3887.52
10	9	1037.00		4924.52
21	20	647.49		15541.29
22	21	576.32		16117.60
23	22	510.06		16627.66

아래로 드래그해서 신규 판매량을 자동으로 계산한다.

■ 신규 판매량 꺾은선형 그래프

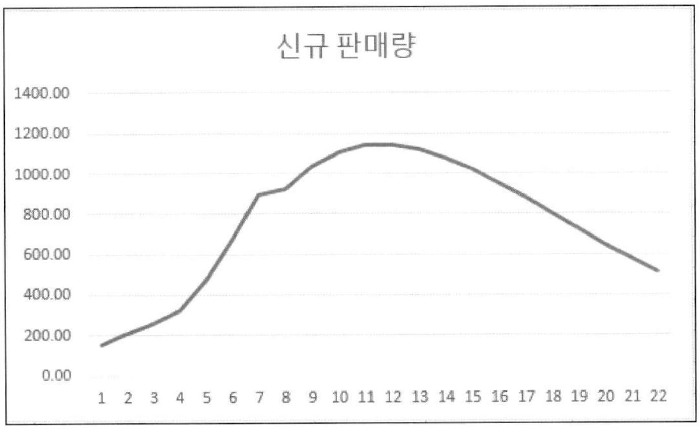

TIME 인덱스 삭제 ⇨ A1:B23 선택 ⇨ 삽입 ⇨ 2차원 꺾은선형 ⇨ 꺾은 선형

만약 관측값과 예측 신규 판매량을 하나의 도표로 표현할 때 예측 신규 판매량이 급격히 감소하는 모습을 보이는 경우는 어떻게 꺾은 선형을 표현해야 할까?

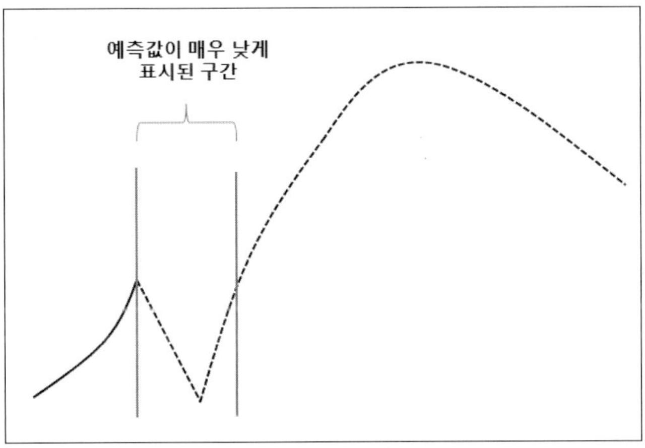

해당 구간을 건너 띄거나 구간 간격을 늘려서 Gompertz 곡선의 꺾은선형 그래프를 자연스럽게 표현한다.

TIME 13번째 분기부터 신규 판매량이 감소한다. 따라서 TIME 13번째에 새로운 수요를 창출할 수 있도록 새로운 상품을 출시하거나 판매촉진이 필요한 시점이 된다.

C23 =C22+B23

	A	B	C	D
1		신규 판매량	판매량 누계	예측값
2	1	150.00	150.00	152.21
3	2	210.00	360.00	307.80
19	18	800.23	14186.65	14171.17
20	19	722.62	14909.27	14893.80
21	20	647.49	15556.76	15541.29
22	21	576.32	16133.08	16117.60
23	22	510.06	16643.14	16627.66

판매량 누계 꺾은선형 그래프 C9(C8+B9)을 선택하고 아래로 드래그해서 판매량 누계를 자동으로 계산한다.

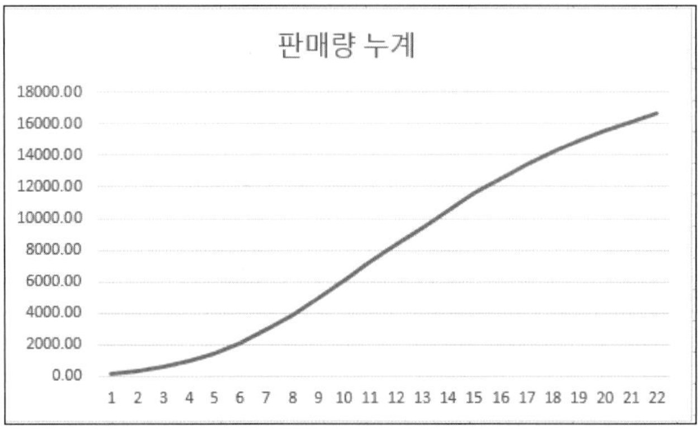

TIME 인덱스 삭제 ⇨ A1:A23 선택 + Control Key를 누른 상태에서 C1:C23 선택 ⇨ 삽입 ⇨ 2차원 꺾은선형 ⇨ 꺾은선형

[참고]: 현재 꺾은선형 그래프는 최대 누적 판매량이 16627.66까지만 나타난다. 만약 최대 누적 판매량(20000)까지 선도표에 모두 표현하기 위해서 TIME 간격을 현재의 1 구간에서 2~3구간으로 늘린다.

	A	B	C
1		신규 판매량	판매량 누계
2	1	150.00	150.00
3	2	210.00	360.00
10	11	3280.72	7183.72
11	14	3348.49	10532.21
12	17	2854.21	13386.42
13	20	2170.35	15556.76
14	23	1535.60	17092.36
15	26	1038.32	18130.69
16	29	682.36	18813.05
17	32	440.49	19253.54
18	35	281.18	19534.72
19	38	178.23	19712.95
20	41	112.48	19825.42
21	44	70.79	19896.21
22	47	44.47	19940.68
23	50	27.91	19968.59

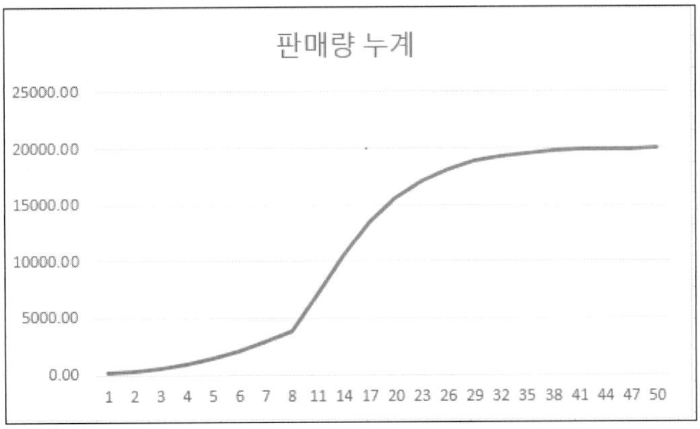

결과는 곰페르츠곡선 결과_1에서 확인한다.

11.2 곰페르츠 곡선 2

D2 =B26*EXP(-B27*EXP(-B28*A2))

	A	B	C	D
1	TIME	신규 판매량	판매량 누계	예측값
2	1	150.00	150.00	46.44
3	2	210.00	360.00	
25	모수			
26	a	20000		
27	b	10		
28	c	0.5		

곰페르츠곡선=모수 a*EXP(-모수b*EXP(-모수 c*TIME 변수)

D2=B26*EXP(-B27*EXP(-B28*A2)

모수 a, b, c를 각각 선택한 후 Key Board의 F4를 클릭해서 절대참조로 변경한다.

D2 =$B$26*EXP(-$B$27*EXP(-$B$28*A2))

	A	B	C	D
1	TIME	신규 판매량	판매량 누계	예측값
2	1	150.00	150.00	46.44
3	2	210.00	360.00	
4	3	256.00	616.00	
5	4	325.00	941.00	

아래로 드래그한다. ⇨ 잔차, 잔차 제곱을 계산한다.

E2 =C2-D2

	A	B	C	D	E
1	TIME	신규 판매량	판매량 누계	예측값	잔차
2	1	150.00	150.00	46.44	104
3	2	210.00	360.00	505.07	
4	3	256.00	616.00	2147.77	
5	4	325.00	941.00	5167.45	

잔차=판매량 누계-예측값 ⇨ E2=C2-D2

F2 =E2^2

	A	B	C	D	E	F
1	TIME	신규 판매량	판매량 누계	예측값	잔차	잔차 제곱
2	1	150.00	150.00	46.44	104	10724
3	2	210.00	360.00	505.07		
4	3	256.00	616.00	2147.77		
5	4	325.00	941.00	5167.45		

F2=E2^2 또는 E2*E2

E2와 F2를 모두 선택한 후 아래로 드래그한다. ⇨ F10에 MSE 제목을 입력한다. MSE=AVERAGE(F2:F9)

F11 =AVERAGE(F2:F9)

	A	B	C	D	E	F
1	TIME	신규 판매량	판매량 누계	예측값	잔차	잔차 제곱
2	1	150.00	150.00	46.44	104	10724
3	2	210.00	360.00	505.07	-145	21045
4	3	256.00	616.00	2147.77	-1532	2346323
5	4	325.00	941.00	5167.45	-4226	17862884
6	5	468.00	1409.00	8801.15	-7392	54643868
7	6	678.00	2087.00	12156.47	-10069	101394239
8	7	892.00	2979.00	14787.15	-11808	139432364
9	8	924.00	3903.00	16652.76	-12750	162556344
10	9			17897.16		MSE
11	10			18696.81		59783474

목표셀: F11(MSE: 잔차 제곱의 평균)
값을 바꿀 셀: 모수 a, b, c (MSE를 최소화하는 모수를 찾는다.)
제한되지 않는 변수를 음이 아닌 수로 설정 체크
해법 선택: GRG 비선형
추가
제한 조건 추가
B26=20000

확인 ⇨ 제한 조건에 종속에 추가된 조건이 나타난다.

해 찾기 실행 ⇨ 해 찾기 해 보존 ⇨ 확인

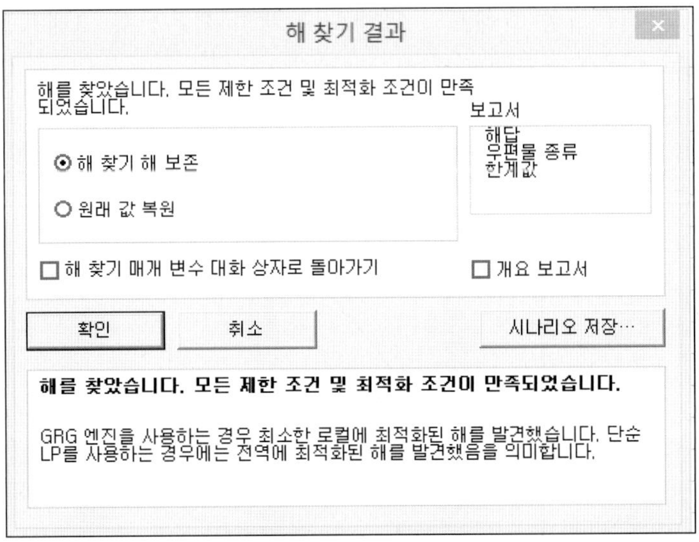

■ **모수**

a: 2000 b: 5.700275142 c: 0.155880172

B10 | =D10-D9

	A	B	C	D
1	TIME	신규 판매량	판매량 누계	예측값
2	1	150.00	150.00	152.32
3	2	210.00	360.00	307.97
4	3	256.00	616.00	562.50
5	4	325.00	941.00	941.84
6	5	468.00	1409.00	1463.93
7	6	678.00	2087.00	2135.10
8	7	892.00	2979.00	2948.89
9	8	924.00	3903.00	3887.39
10	9	1036.82		4924.20

TIME 9 신규 판매량=TIME 9 예측값-TIME 8 예측값
B10=D10-D9

C10 | =C9+B10

	A	B	C	D
1	TIME	신규 판매량	판매량 누계	예측값
2	1	150.00	150.00	152.32
3	2	210.00	360.00	307.97
4	3	256.00	616.00	562.50
5	4	325.00	941.00	941.84
6	5	468.00	1409.00	1463.93
7	6	678.00	2087.00	2135.10
8	7	892.00	2979.00	2948.89
9	8	924.00	3903.00	3887.39
10	9	1036.82	4939.82	4924.20

아래로 드래그해서 자동으로 계산한다. ⇨ TIME 9판매량 누계 =TIME 8 누계 + TIME 9 신규 판매량
C10=C9+B10 또는 C9을 선택하고 아래로 드래그 한다.

신규 판매량의 꺾은선형 그래프와 판매량 누계의 꺾은선형 그래프를 만든다.

결과는 곰페르츠곡선 결과_2에서 확인한다.

곰페르츠 곡선의 초기 증가율이 로지스틱 곡선에 비해서 높다. 따라서 시장 진입 초기의 증가율이 높은 상품은 곰페르츠 곡선이 더 적합하다.

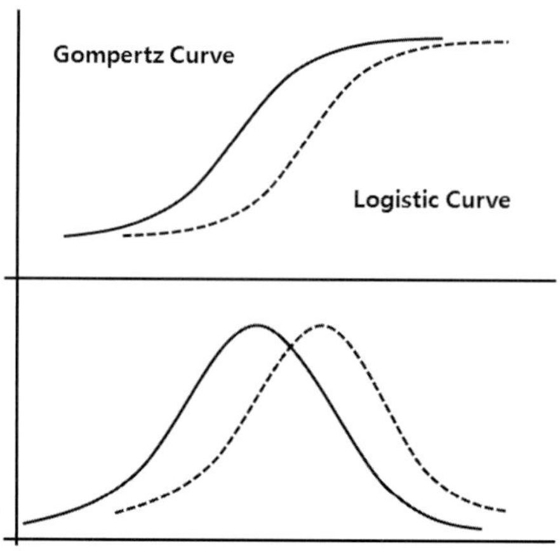

연습문제

11.1 신 모델 냉장고 판매량

	A	B	C
1	모수	a	1000
2		b	5
3		c	0.5
4			
5	Time	냉장고 신규 판매량	
6	1	5	
7	2	8	
8	3	10	
9	4	11	
10	5	9	
11	6	14	
12	7	18	
13	8	24	
14	9	28	

① 최적의 모수를 해찾기로 찾을 수 있을까?
② 꺾은선형 그래프에서 최대 신규 핸드폰 판매량에 도달하는 TIME을 알 수 있을까?

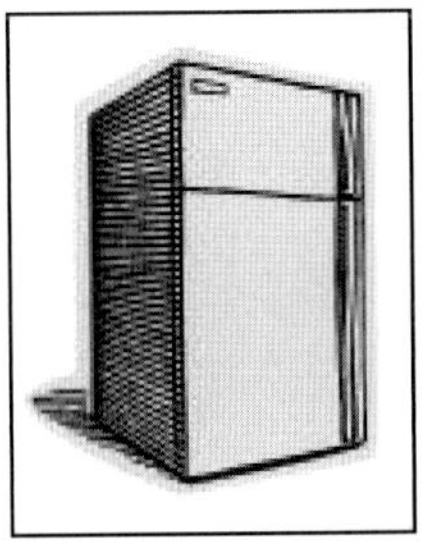

11.2 신 모델 핸드폰 판매량

	A	B	C
1	모수	a	3000
2		b	20
3		c	0.5
4			
5	Time	신규 핸드폰 판매량	
6	1	20	
7	2	30	
8	3	45	
9	4	50	
10	5	53	
11	6	60	
12	7	65	
13	8	75	
14	9	85	
15	10	100	
16	11	120	
17	12	125	

① 최적의 모수를 해찾기로 찾을 수 있을까?
② 꺾은선형 그래프에서 최대 신규 핸드폰 판매량에 도달하는 TIME을 알 수 있을까?

CHAPTER

12

로지스틱 곡선

12 로지스틱 곡선

로지스틱 곡선도 곰페르츠 곡선처럼 최대 수요 및 최대 판매량에 도달하는 시점 등을 예측을 할 때, 시장 침투에 더디지만 일정 시간이 지났을 때 수요가 급격히 증가하는 상품의 예측에 적합하다.

파일 이름: 로지스틱 곡선

	A	B
1	분기	신규 판매량
2	1	150
3	2	210
4	3	256
5	4	325
6	5	468
7	6	678
8	7	892
9	8	924

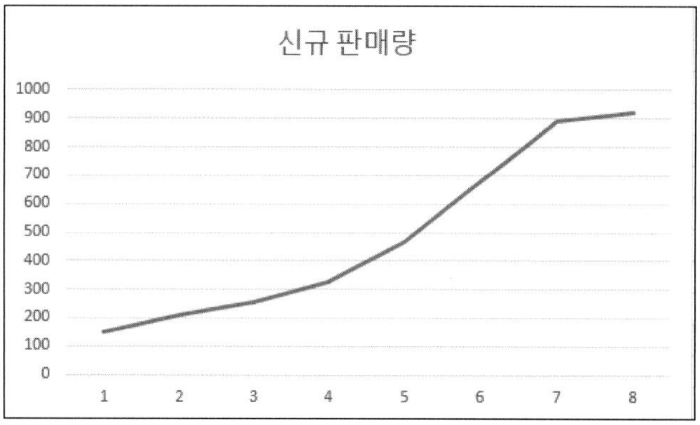

A1의 TIME(분기) 인덱스를 삭제 ⇨ A1:B9 선택 ⇨ 삽입 ⇨ 2차원 꺾은선형 ⇨ 꺾은선형

성장 추세를 보이고 있다.

A2 | 1

	A	B	C	D	E	F
1	분기	신규 판매량	판매량 누계	예측값	잔차	잔차 제곱
22	28					
23	29					
24						
25	모수	a				
26		b				
27		c				

A8과 A9를 선택한 후 아래로 드래그해서 예측하고자 하는 기간까지 TIME 변수를 자동으로 생성한다. ⇨ D1, E1, F1에 예측값, 잔차, 잔차 제곱이라고 제목을 입력한다. ⇨ A25에 모수, B25, B26, B27에 a, b, c 모수 제목을 입력한다.

	A	B	C
1	분기	신규 판매량	판매량 누계
25	모수	a	20000
26		b	10
27		c	0.5

모수에 임의의 값을 설정한다.

a: 20000 (22분기까지의 최대 누적 판매량)

b: 10 (최대 누적 판매량에 도달해야만 하는 Time 수)

c: 0.5

[참고]: 최대 누적 판매량 계산 방법

매 분기마다 최대 신규 판매량이 100개라면 10분기까지의 최대 누적 판매량은 1000개가 된다.

C11 | =C10+B11

	A	B	C
1	분기	신규 판매량	최대 누적 판매량
2	1	100	100
3	2	100	200
4	3	100	300
5	4	100	400
6	5	100	500
7	6	100	600
8	7	100	700
9	8	100	800
10	9	100	900
11	10	100	1000

C2 =B2

	A	B	C
1		신규 판매량	판매량 누계
2	1	150.0	150.0
3	2	210.0	
4	3	256.0	
5	4	325.0	

판매량 누계 계산

1분기 누계=1분기 신규 판매량 ⇨ C2=B2

C3 =C2+B3

	A	B	C
1		신규 판매량	판매량 누계
2	1	150.0	150.0
3	2	210.0	360.0
4	3	256.0	

2분기 누계=1분기 누계 + 2분기 신규 판매량 ⇨ C3=C2+B3

C23 =C22+B23

	A	B	C
1		신규 판매량	판매량 누계
2	1	150.0	150.0
3	2	210.0	360.0
22	21		3903.0
23	22		3903.0

C23까지 드래그해서 판매량 누계를 자동으로 계산한다.

로지스틱곡선 공식 = a 계수 / (1+ b 계수 * EXP (− c 계수 X Time))

D2= C25/(1+C26*EXP(−C27*A2)

D2 =C25/(1+C26*EXP(-C27*A2))

	A	B	C	D
1	분기	신규 판매량	판매량 누계	예측값
2	1	150.0	150.0	2830.733
24				
25	모수	a	20000	
26		b	10	
27		c	0.5	

모수 a, b, c를 각각 선택한 후 Key Board의 F4를 클릭해서 절대참조로 변경한다. 아래로 드래그해서 예측값을 자동으로 계산한다.

D2 : =$C$25/(1+$C$26*EXP(-$C$27*A2))

	A	B	C	D
1		신규 판매량	판매량 누계	예측값
2	1	150.0	150.0	2830.733
22	21			
23	22			
24				
25	모수	a	20000	
26		b	10	
27		c	0.5	

잔차=판매량 누계-예측값 ⇨ E2=C2-D2

E2 : =C2-D2

	A	B	C	D	E
1		신규 판매량	판매량 누계	예측값	잔차
2	1	150.0	150.0	2830.733	-2681
3	2	210.0	360.0	4274.605	
4	3	256.0	616.0	6189.456	
5	4	325.0	941.0	8498.513	

잔차 제곱

F2=E2^2

F2 : =E2^2

	A	B	C	D	E	F
1		신규 판매량	판매량 누계	예측값	잔차	잔차 제곱
2	1	150.0	150.0	2830.733	-2681	7186332.04
3	2	210.0	360.0	4274.605		
4	3	256.0	616.0	6189.456		
5	4	325.0	941.0	8498.513		

E1, F1의 잔자와 잔차 제곱을 동시에 선택하고 아래로 드래그해서 자동으로 계산한다. ⇨ B10부터는 관측값이 없으므로 E9, F9까지만 잔차와 잔차 제곱을 계산한다. ⇨ E10에 MSE(잔차 제곱의 평균)이라고 제목을 입력한다. ⇨ F10=AVERAGE(F2:F9)

F10 =AVERAGE(F2:F9)

	A	B	C	D	E	F
1		신규 판매량	판매량 누계	예측값	잔차	잔차 제곱
2	1	150.0	150.0	2830.733	-2681	7186332.04
3	2	210.0	360.0	4274.605	-3915	15324135.68
4	3	256.0	616.0	6189.456	-5573	31063414.94
5	4	325.0	941.0	8498.513	-7558	57116005.06
6	5	468.0	1409.0	10983.881	-9575	91678350.71
7	6	678.0	2087.0	13352.287	-11265	126906702.36
8	7	892.0	2979.0	15361.292	-12382	153321150.53
9	8	924.0	3903.0	16903.936	-13001	169024339.61
10	9			18000.343	MSE	81452553.87

최적의 모수 찾기

데이터 ⇨ 해 찾기

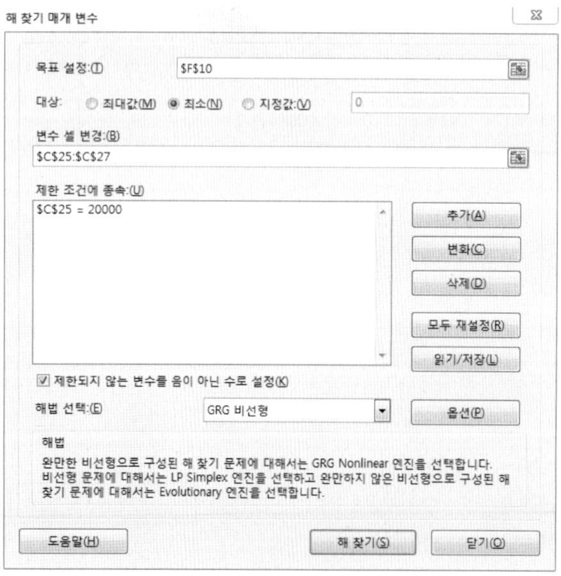

목표 설정: F10(MSE)

변수 셀 변경: C25:C27(모수 a 최대 누적 판매량, b, c)

추가 ⇨ 제한 조건 추가

C25=20000(최대 판매량 누계)

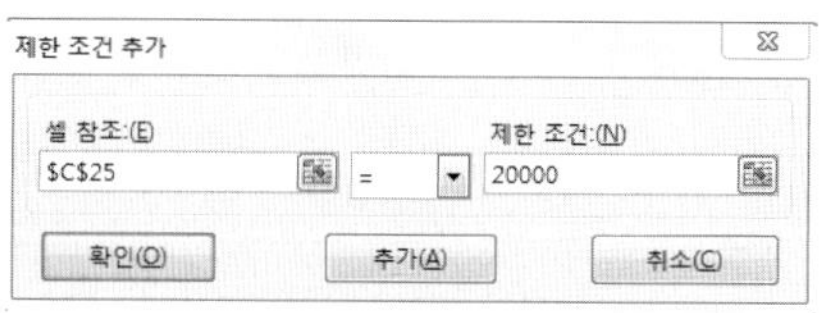

확인: 잔차 제곱의 평균(MSE)를 최소화하는 모수를 찾는다.

■ 확인

• 모수

a: 20000　　b: 100.4467944　　c: 0.403163723

B10 | =D10-D9

	A	B	C	D
1		신규 판매량	판매량 누계	예측값
2	1	150.0	150.0	293.605
3	2	210.0	360.0	436.215
4	3	256.0	616.0	645.824
5	4	325.0	941.0	951.256
6	5	468.0	1409.0	1390.758
7	6	678.0	2087.0	2011.873
8	7	892.0	2979.0	2867.634
9	8	924.0	3903.0	4006.327
10	9	1446.9		5453.255

TIME 9 신규 판매량=TIME 9 예측값-TIME 8 예측값 B10=D10-D9 ⇨ 드래그해서 자동으로 신규 판매량을 계산한다.

B23 | =D23-D22

	A	B	C	D
1		신규 판매량	판매량 누계	예측값
2	1	150.0	150.0	293.605
3	2	210.0	360.0	436.215
21	20	290.7		19386.794
22	21	199.2		19586.043
23	22	135.4		19721.480

아래로 드래그해서 신규 판매량을 자동으로 계산한다.

C23 | =C22+B23

	A	B	C	D
1		신규 판매량	판매량 누계	예측값
2	1	150.0	150.0	293.605
3	2	210.0	360.0	436.215
19	18	594.0	18573.6	18676.911
20	19	419.2	18992.7	19096.067
21	20	290.7	19283.5	19386.794
22	21	199.2	19482.7	19586.043
23	22	135.4	19618.2	19721.480

판매량 누계는 C9(TIME 8의 판매량 누계)를 아래로 드래그해서 자동으로 계산한다.

■ **신규 구매자수 그래프**

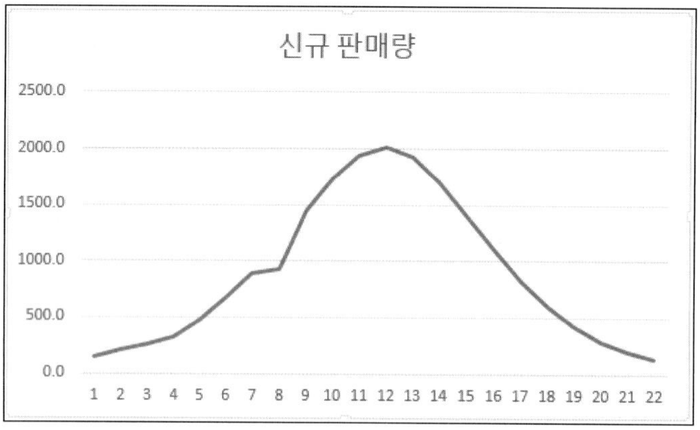

A1의 TIME 인덱스 삭제 ⇨ A1부터 B23까지 선택 ⇨ 삽입 ⇨ 2차원 꺾은선형 ⇨ 꺾은선형

만약 관측값과 예측 신규 판매량을 하나의 도표로 표현할 때 예측 신규 판매량이 급격히 감소하는 모습을 보이는 경우는 어떻게 꺾은 선형을 표현해야 할까?

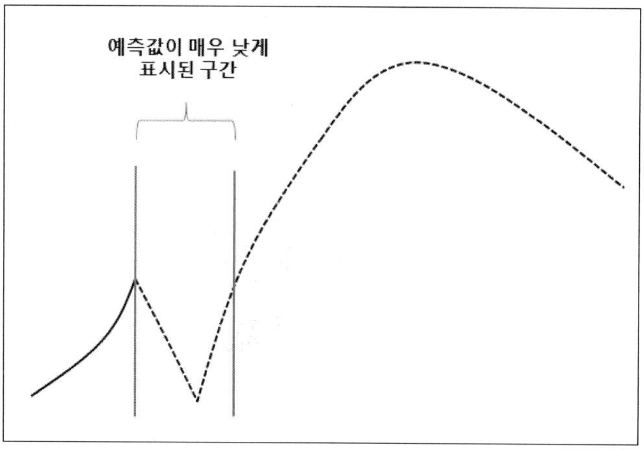

해당 구간을 건너 띄거나 구간 간격을 늘려서 Logistic 곡선의 꺾은선형 그래프를 자연스럽게 표현한다.

TIME 13부터 판매량이 감소하는 것으로 예측된다. 따라서 TIME 13 이전에 판매량 증대를 꾸준히 이어갈 수 있는 새로운 마케팅 전략이 요구된다.

■ **누계 꺾은선형 그래프**

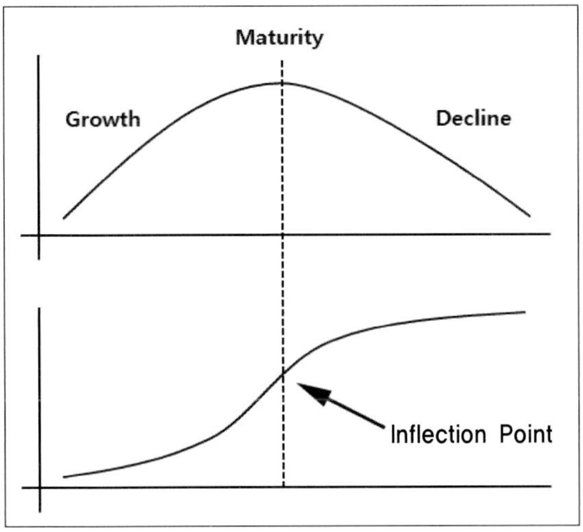

A1부터 A23까지 선택 ⇨ Control Key 누른 상태에서 C1부터 C23까지 선택 ⇨ 삽입 ⇨ 2차원꺾은선형 ⇨ 꺾은선형

■ **Inflection Point 계산 방법**

Inflection Point=LN(B)/C

Inflection Point을 지나면서 증가율이 감소하게 된다.

C29 | fx =LN(C26)/C27

	A	B	C	D
25	모수	a	20000	
26		b	100.4467944	
27		c	0.403163723	
28				
29	Inflection Point		11.43363829	

TIME 11.4 이후부터 증가율이 감소하는 것을 알 수 있다. TIME 11의 감소에 대비한 새로운 마케팅 전략 등이 요구된다.

결과는 로지스틱 곡선_결과에서 확인한다.

지금까지 로지스틱 곡선이 대칭인 경우를 살펴보았다. 만약 예측값이 비대칭일 경우는 어떻게 해야할까?

예측값이 비대칭일 경우, 모수가 5개인 5 parameter logistic curve를 실시한다.

연습문제

12.1 신 모델 냉장고 판매량

① TIME 30까지의 신규 판매량을 예측할 수 있을까?

조건: 최대 누적 판매량: 1000

② 최대 신규 판매량에 도달하는 TIME (Inflection Point)를 계산할 수 있을까?

	A	B	C	D	E	F
1	모수	a	1000			
2		b	10			
3		c	0.5			
4		Inflection Point				
5	TIME	냉장고 신규 판매량	판매량 누계	예측값	잔차	잔차 제곱
6	1	5				
7	2	8				
8	3	10				
9	4	11				
10	5	9				
11	6	14				
12	7	18				
13	8	24				
14	9	28				

12.2 신 모델 TV 판매량

① TIME 30까지의 신규 판매량을 예측할 수 있을까?

조건: 최대 누적 판매량: 1500

② 최대 신규 판매량에 도달하는 TIME (Inflection Point)를 계산할 수 있을까?

	A	B	C	D	E	F
1	모수	a	1500			
2		b	10			
3		c	0.5			
4		Inflection Point				
5	Time	TV 신규 판매량	판매량 누계	예측값	잔차	잔차 제곱
6	1	2				
7	2	4				
8	3	14				
9	4	11				
10	5	22				

CHAPTER

13

K Nearest Neighbor

13 K Nearest Neighbor

회귀분석이 독립변수가 종속변수에 미치는 영향을 회귀 방정식으로 설명하는 것이라면 K Nearest Neighbor는 두 변수간에 가장 가까운 값을 찾아주는 것이다.

주가, 매출에 따른 순이익, 광고·홍보에 따른 순이익 예측 등에 사용된다.

2013년부터 2017년까지 여행사 매출액과 순이익을 조사했다.

파일 이름: K Nearest Neighbor

	A	B	C
1	연도	분기	여행사 매출액
2	2012	1	92.0
3	2012	2	115.0
4	2012	3	142.0
5	2012	4	78.0
22	2017	1	130.0
23	2017	2	165.0
24	2017	3	128.0
25	2017	4	96.0
26	2018	1	150.0

C26 | 150

	A	B	C	D
1	연도	분기	여행사 매출액	순이익
18	2016	1	109.0	11.4
19	2016	2	137.0	14.5
20	2016	3	125.0	13.1
21	2016	4	109.0	12.2
22	2017	1	130.0	13.5
23	2017	2	165.0	17.0
24	2017	3	128.0	13.0
25	2017	4	96.0	10.5
26	2018	1	150.0	

2013년 1분기의 매출액이 150일 때, 순이익은 어떻게 될까?
C26에 150을 입력한다.

E1, F1, G1, H1, I1, E26에 각각 거리, Small함수, Nearest Neighbor Value, K, K Nearest Neighbor 기준 범위 3, KNN 예측값 제목을 입력한다.

	A	B	C	D	E	F	G	H	I
1	연도	분기	여행사 매출액	순이익	거리	SMALL함수	Nearest Neighbor Value	K	3
2	2012	1	92.0	8.6					
3	2012	2	115.0	12.3					
4	2012	3	142.0	16.2					
5	2012	4	78.0	6.8					
6	2013	1	125.0	13.0					
7	2013	2	153.0	16.2					
8	2013	3	106.0	11.0					
9	2013	4	88.0	9.0					
10	2014	1	118.0	12.0					
11	2014	2	161.0	17.3					
12	2014	3	133.0	14.2					
13	2014	4	102.0	10.5					
14	2015	1	138.0	14.5					
15	2015	2	148.0	15.1					
16	2015	3	113.0	12.3					
17	2015	4	80.0	8.5					
18	2016	1	109.0	11.4					
19	2016	2	137.0	14.5					
20	2016	3	125.0	13.1					
21	2016	4	109.0	12.2					
22	2017	1	130.0	13.5					
23	2017	2	165.0	17.0					
24	2017	3	128.0	13.0					
25	2017	4	96.0	10.5					
26	2018	1	150.0		KNN 예측				

거리 = 매출액 예측값 − 매출액 첫 번째 관측값

E2 | =ABS(C2-$C$26)

	A	B	C	D	E
1	연도	분기	여행사 매출액	순이익	거리
2	2012	1	92.0	8.6	58.0
21	2016	4	109.0	12.2	
22	2017	1	130.0	13.5	
23	2017	2	165.0	17.0	
24	2017	3	128.0	13.0	
25	2017	4	96.0	10.5	
26	2018	1	150.0		KNN 예측

E2 = ABS(C2-C26) ⇨ 150-92=58 ⇨ C26을 선택하고 Key Board의 F4를 클릭해서 절대참조로 변경한다. ⇨ 아래로 드래그해서 거리를 자동으로 계산한다.

E25 | =ABS(C25-$C$26)

	A	B	C	D	E
1	연도	분기	여행사 매출액	순이익	거리
2	2012	1	92.0	8.6	58.0
21	2016	4	109.0	12.2	41.0
22	2017	1	130.0	13.5	20.0
23	2017	2	165.0	17.0	15.0
24	2017	3	128.0	13.0	22.0
25	2017	4	96.0	10.5	54.0
26	2018	1	150.0		KNN 예측

■ **SMALL 함수 계산**

ARRAY: E2:E25 (거리의 전체 범위)

K: I1 (ARRAY에서 지정한 데이터 집합에서 K번째로 작은 값을 찾는다.)

F2=SMALL(E2:E25,I1)

F2 | =SMALL(E2:E25,I1)

	A	B	C	D	E	F	G	H	I
1	연도	분기	여행사 매출액	순이익	거리	SMALL함수	Nearest Neighbor Value	K	3
2	2012	1	92.0	8.6	58.0	8.0			
3	2012	2	115.0	12.3	35.0				
4	2012	3	142.0	16.2	8.0				
5	2012	4	78.0	6.8	72.0				
6	2013	1	125.0	13.0	25.0				
7	2013	2	153.0	16.2	3.0				
8	2013	3	106.0	11.0	44.0				
9	2013	4	88.0	9.0	62.0				
10	2014	1	118.0	12.0	32.0				
11	2014	2	161.0	17.3	11.0				
12	2014	3	133.0	14.2	17.0				
13	2014	4	102.0	10.5	48.0				
14	2015	1	138.0	14.5	12.0				
15	2015	2	148.0	15.1	2.0				
16	2015	3	113.0	12.3	37.0				
17	2015	4	80.0	8.5	70.0				
18	2016	1	109.0	11.4	41.0				
19	2016	2	137.0	14.5	13.0				
20	2016	3	125.0	13.1	25.0				
21	2016	4	109.0	12.2	41.0				
22	2017	1	130.0	13.5	20.0				
23	2017	2	165.0	17.0	15.0				
24	2017	3	128.0	13.0	22.0				
25	2017	4	96.0	10.5	54.0				
26	2018	1	150.0		KNN 예측				

거리(E2:E25)를 선택한 후 Key Board의 F4를 클릭해서 절대참조로 변경한다. ⇨ 아래로 드래그해서 자동으로 SMALL 값을 복사한다.

F25 | =SMALL($E$2:$E$25,$I$1)

	A	B	C	D	E	F	G	H	I
1	연도	분기	여행사 매출액	순이익	거리	SMALL함수	Nearest Neighbor Value	K	3
18	2016	1	109.0	11.4	41.0	8.0			
19	2016	2	137.0	14.5	13.0	8.0			
20	2016	3	125.0	13.1	25.0	8.0			
21	2016	4	109.0	12.2	41.0	8.0			
22	2017	1	130.0	13.5	20.0	8.0			
23	2017	2	165.0	17.0	15.0	8.0			
24	2017	3	128.0	13.0	22.0	8.0			
25	2017	4	96.0	10.5	54.0	8.0			
26	2018	1	150.0		KNN 예측				

G2=IF(E2<=F2,D2)

만약 E2값이 F2(K번째로 작은 거리 값) 보다 작으면 값을 표기한다. ⇨ 아래로 드래그해서 자동으로 Nearest Neighbor Value를 계산한다.

G2 | =IF(E2<=F2,D2)

	A	B	C	D	E	F	G	H	I
1	연도	분기	여행사 매출액	순이익	거리	SMALL함수	Nearest Neighbor Value	K	3
2	2012	1	92.0	8.6	58.0	8.0	FALSE		
3	2012	2	115.0	12.3	35.0	8.0			
4	2012	3	142.0	16.2	8.0	8.0			
5	2012	4	78.0	6.8	72.0	8.0			
6	2013	1	125.0	13.0	25.0	8.0			
7	2013	2	153.0	16.2	3.0	8.0			
8	2013	3	106.0	11.0	44.0	8.0			
9	2013	4	88.0	9.0	62.0	8.0			

G25 | =IF(E25<=F25,D25)

	A	B	C	D	E	F	G	H	I
1	연도	분기	여행사 매출액	순이익	거리	SMALL함수	Nearest Neighbor Value	K	3
2	2012	1	92.0	8.6	58.0	8.0	FALSE		
3	2012	2	115.0	12.3	35.0	8.0	FALSE		
4	2012	3	142.0	16.2	8.0	8.0	16.2		
5	2012	4	78.0	6.8	72.0	8.0	FALSE		
6	2013	1	125.0	13.0	25.0	8.0	FALSE		
7	2013	2	153.0	16.2	3.0	8.0	16.2		
8	2013	3	106.0	11.0	44.0	8.0	FALSE		
9	2013	4	88.0	9.0	62.0	8.0	FALSE		
10	2014	1	118.0	12.0	32.0	8.0	FALSE		
11	2014	2	161.0	17.3	11.0	8.0	FALSE		
12	2014	3	133.0	14.2	17.0	8.0	FALSE		
13	2014	4	102.0	10.5	48.0	8.0	FALSE		
14	2015	1	138.0	14.5	12.0	8.0	FALSE		
15	2015	2	148.0	15.1	2.0	8.0	15.1		
16	2015	3	113.0	12.3	37.0	8.0	FALSE		
17	2015	4	80.0	8.5	70.0	8.0	FALSE		
18	2016	1	109.0	11.4	41.0	8.0	FALSE		
19	2016	2	137.0	14.5	13.0	8.0	FALSE		
20	2016	3	125.0	13.1	25.0	8.0	FALSE		
21	2016	4	109.0	12.2	41.0	8.0	FALSE		
22	2017	1	130.0	13.5	20.0	8.0	FALSE		
23	2017	2	165.0	17.0	15.0	8.0	FALSE		
24	2017	3	128.0	13.0	22.0	8.0	FALSE		
25	2017	4	96.0	10.5	54.0	8.0	FALSE		
26	2018	1	150.0		KNN 예측				

■ **순이익 예측**

D26=AVERAGE(G2:G25)

D26 =AVERAGE(G2:G25)

	A	B	C	D	E	F	G
1	연도	분기	여행사 매출액	순이익	거리	SMALL함수	Nearest Neighbor Value
2	2012	1	92.0	8.6	58.0	8.0	FALSE
3	2012	2	115.0	12.3	35.0	8.0	FALSE
4	2012	3	142.0	16.2	8.0	8.0	16.2
5	2012	4	78.0	6.8	72.0	8.0	FALSE
6	2013	1	125.0	13.0	25.0	8.0	FALSE
7	2013	2	153.0	16.2	3.0	8.0	16.2
8	2013	3	106.0	11.0	44.0	8.0	FALSE
9	2013	4	88.0	9.0	62.0	8.0	FALSE
10	2014	1	118.0	12.0	32.0	8.0	FALSE
11	2014	2	161.0	17.3	11.0	8.0	FALSE
12	2014	3	133.0	14.2	17.0	8.0	FALSE
13	2014	4	102.0	10.5	48.0	8.0	FALSE
14	2015	1	138.0	14.5	12.0	8.0	FALSE
15	2015	2	148.0	15.1	2.0	8.0	15.1
16	2015	3	113.0	12.3	37.0	8.0	FALSE
17	2015	4	80.0	8.5	70.0	8.0	FALSE
18	2016	1	109.0	11.4	41.0	8.0	FALSE
19	2016	2	137.0	14.5	13.0	8.0	FALSE
20	2016	3	125.0	13.1	25.0	8.0	FALSE
21	2016	4	109.0	12.2	41.0	8.0	FALSE
22	2017	1	130.0	13.5	20.0	8.0	FALSE
23	2017	2	165.0	17.0	15.0	8.0	FALSE
24	2017	3	128.0	13.0	22.0	8.0	FALSE
25	2017	4	96.0	10.5	54.0	8.0	FALSE
26	2018	1	150.0	15.8	KNN 예측		

여행사 매출액이 150일 때, 순이익은 15.8이 된다.

결과는 K Nearest Neighbor 결과에서 확인한다.

연습문제

13.1 호텔 매출과 순이익

TIME 31의 매출이 400이 된다면 순이익은 얼마가 될까?

K=4

	A	B	C	D	E	F	G	H
1	TIME	분기	호텔 매출	순이익	TIME	분기	호텔 매출	순이익
2	1	1	348	50	16	4	348	51
3	2	2	384	49	17	1	360	53
4	3	3	352	46	18	2	360	53
5	4	4	336	51	19	3	484	74
6	5	1	300	44	20	4	348	47
7	6	2	336	46	21	1	262	50
8	7	3	372	52	22	2	382	53
9	8	4	372	52	23	3	536	79
10	9	1	384	51	24	4	336	46
11	10	2	276	42	25	1	312	47
12	11	3	588	86	26	2	372	53
13	12	4	384	52	27	3	312	45
14	13	1	324	47	28	4	396	48
15	14	2	360	53	29	1	324	47
16	15	3	348	51	30	2	384	48

13.2 백화점 광고.홍보비와 매출

TIME 25의 광고.홍보비를 250으로 할 경우 매출은 어떻게 될까?

K=3

	A	B	C	D	E	F	G	H
1	TIME	분기	광고.홍보비	백화점 매출	TIME	분기	광고.홍보비	백화점 매출
2	1	1	101.0	4067	13	1	111.5	4067
3	2	2	115.0	4932	14	2	114.5	4932
4	3	3	110.5	5345	15	3	110.5	5345
5	4	4	405.0	25767	16	4	405.0	25767
6	5	1	169.0	7345	17	1	174.0	7845
7	6	2	180.0	7912	18	2	185.0	8412
8	7	3	179.0	9389	19	3	184.0	9889
9	8	4	153.0	11482	20	4	258.5	23982
10	9	1	167.0	16773	21	1	172.0	17273
11	10	2	182.0	15289	22	2	187.0	15789
12	11	3	180.0	14040	23	3	185.0	14540
13	12	4	255.0	23303	24	4	260.0	26803

CHAPTER

14

와이블 분석

14 와이블 분석

와이블(Weibull) 분포는 수명 데이터 분석에 자주 쓰인다. 부품의 수명을 추정하는 데 사용되며 고장이 날 확률이 시간이 지남에 따라서 증가하는 경우, 감소하는 경우, 일정한 경우 모두 추정할 수 있다.

무작위로 선별된 동일 모델 자동차 10대가 고장이 나서 수리(폐차, 50만원 이상의 수리비용 발생)를 의뢰할 때까지 수명을 조사했다.

파일 이름: 와이블 분석

(단위: 일)

	A
1	수명
2	1470
3	2620
4	2910
5	1840
6	3276
7	2962
8	1012
9	2256
10	3565
11	2956

① 수명을 오름차 순으로 정렬

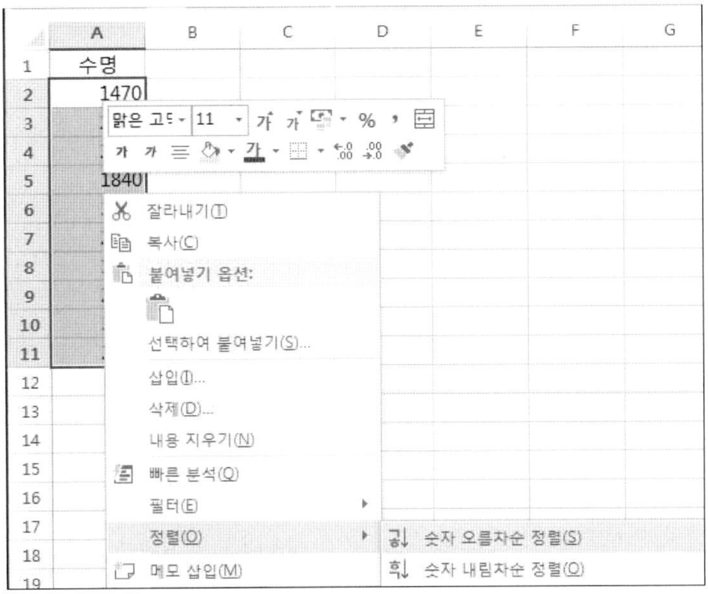

자료 선택(A2:A11) ⇨ 마우스 오른쪽 클릭 ⇨ 정렬 ⇨ 숫자 오름차순 정렬

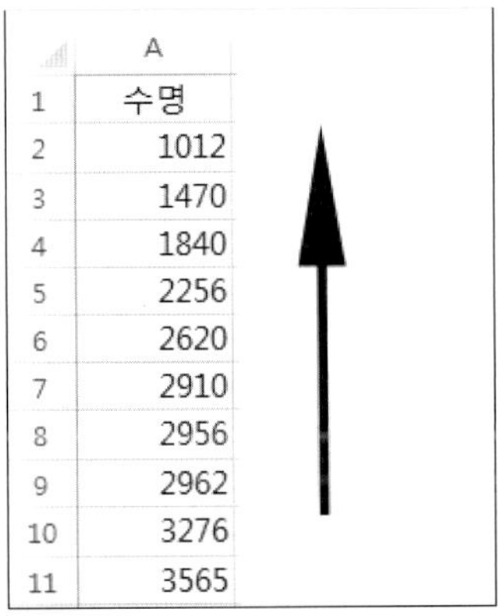

RANK 순위를 쉽게 찾을 수 있도록 수명을 오름차순으로 정렬한다.

② 제목 입력

B1부터 F1까지 각각 Rank, Median Rank, 1/(1-Medican Rank), LN(LN(1/1-Median Rank)), LN(수명) 제목을 입력한다. ⇨ A13, A14에 각각 Beta, Alpha 제목을 입력한다. ⇨ A16, B16, C16에 수명, Survival Probability, Reliability라고 제목을 입력한다.

	A	B	C	D	E	F
1	수명	RANK	Median RANK	1/(1-Median Rank)	LN(LN(1/(1-Median Rank))	LN(수명)
2	1012					
3	1470					
4	1840					
5	2256					
6	2620					
7	2910					
8	2956					
9	2962					
10	3276					
11	3565					
12						
13	Beta					
14	Alpha					
15						
16	수명	Survival Probability	Reliability			

③ 수명 RANK 순서 나열

B2 | fx | 1

	A	B
1	수명	RANK
2	1012	1
3	1470	2
4	1840	3
5	2256	4
6	2620	5
7	2910	6
8	2956	7
9	2962	8
10	3276	9
11	3565	10

B2와 B3에 1,2를 입력 ⇨ 1,2를 동시에 선택한다. ⇨ 아래로 드래그해서 순서 번호를 자동으로 채운다.

④ Median Rank

C2 | fx | =(B2-0.3)/(10+0.4)

	A	B	C
1	수명	RANK	Median RANK
2	1012	1	0.06731
3	1470	2	
4	1840	3	
5	2256	4	
6	2620	5	
7	2910	6	
8	2956	7	
9	2962	8	
10	3276	9	
11	3565	10	

커서를 C2에 놓는다. ⇨ Median Rank = (Rank 1 − 0.3) / (전체 RANK 수 + 0.4) ⇨ C2 = (B2−0.3) / (10+0.4) ⇨ 아래로 드래그해서 자동으로 계산한다.
(예) 만약 케이스가 20개이면 =(B2−0.3)/(20+0.4)

⑤ 1/(1-Median Rank)

커서를 D2에 놓는다. ⇨ D2 = 1 / (1-C2) ⇨ 아래로 드래그해서 자동으로 계산한다.

D2 | =1/(1-C2)

	A	B	C	D
1	수명	RANK	Median RANK	1/(1-Median Rank)
2	1012	1	0.06731	1.07216
3	1470	2		
4	1840	3		
5	2256	4		
6	2620	5		
7	2910	6		
8	2956	7		
9	2962	8		
10	3276	9		
11	3565	10		

⑥ LN(LN(1/(1-Median Rank))

커서를 E2에 놓는다. ⇨ E2 = LN(LN(1/(1-Median Rank)) = LN(LN(D2)) ⇨ 아래로 드래그해서 자동으로 계산한다.

E2 | =LN(LN(D2))

	A	B	C	D	E
1	수명	RANK	Median RANK	1/(1-Median Rank)	LN(LN(1/(1-Median Rank))
2	1012	1	0.06731	1.07216	-2.66384
3	1470	2			
4	1840	3			
5	2256	4			
6	2620	5			
7	2910	6			
8	2956	7			
9	2962	8			
10	3276	9			
11	3565	10			

⑦ 수명을 자연로그로 변환

커서를 F2에 놓는다. ⇨ F2 = LN(수명) = LN(A2) ⇨ 아래로 드래그해서 자동으로 계산한다.

F2 | =LN(A2)

	A	B	C	D	E	F
1	수명	RANK	Median RANK	1/(1-Median Rank)	LN(LN(1/(1-Median Rank))	LN(수명)
2	1012	1	0.06731	1.07216	-2.66384	6.91968
3	1470	2				
4	1840	3				
5	2256	4				
6	2620	5				
7	2910	6				
8	2956	7				
9	2962	8				
10	3276	9				
11	3565	10				

C1, D1, E1, F1을 선택하고 아래로 드래그해서 자동으로 계산한다.

F11 =LN(A11)

	A	B	C	D	E	F
1	수명	RANK	Median RANK	1/(1-Median Rank)	LN(LN(1/(1-Median Rank))	LN(수명)
2	1012	1	0.06731	1.07216	-2.66384	6.91968
3	1470	2	0.16346	1.19540	-1.72326	7.29302
4	1840	3	0.25962	1.35065	-1.20202	7.51752
5	2256	4	0.35577	1.55224	-0.82167	7.72135
6	2620	5	0.45192	1.82456	-0.50860	7.87093
7	2910	6	0.54808	2.21277	-0.23037	7.97591
8	2956	7	0.64423	2.81081	0.03292	7.99159
9	2962	8	0.74038	3.85185	0.29903	7.99362
10	3276	9	0.83654	6.11765	0.59398	8.09438
11	3565	10	0.93269	14.85714	0.99269	8.17892

⑧ 회귀분석 실시

데이터 ⇨ 데이터 분석 ⇨ 회귀분석 ⇨ 확인

Y축 입력 범위 : LN (LN(1/1-Median Rank))

X축 입력 범위 : LN(수명)

출력 범위 : H1

잔차 : 잔차, 표준잔차

■ 확인

결정계수가 0.959211298이므로 회귀 방정식이 전체 자료의 95.9211298%를 설명하고 있다.

분산분석 유의한 F값이 7.7E-07(0.00000077)로 유의수준 0.05 보다 작기 때문에 회귀 방정식은 직선이며 통계적으로 유의미하다.

요약 출력					
회귀분석 통계량					
다중 상관계수	0.979393332				
결정계수	0.959211298				
조정된 결정계수	0.95411271				
표준 오차	0.238854896				
관측수	10				
분산 분석					
	자유도	제곱합	제곱 평균	F 비	유의한 F
회귀	1	10.73328562	10.73328562	188.1327	7.7E-07
잔차	8	0.456413292	0.057051661		
계	9	11.18969891			
	계수	표준 오차	t 통계량	P-값	하위 95%
Y 절편	-21.70647505	1.546256231	-14.03808412	6.43E-07	-25.2721
LN(수명)	2.731331008	0.199132497	13.71614902	7.7E-07	2.272131

	H	I	J	K
22	잔차 출력			
23				
24	관측수	예측치 LN(LN(1/(1-Median Rank))	잔차	표준 잔차
25	1	-2.806527978	0.142684893	0.633607204
26	2	-1.786829712	0.063566562	0.282273973
27	3	-1.17363724	-0.028385875	-0.12605045
28	4	-0.616916153	-0.204750362	-0.909215416
29	5	-0.208360973	-0.300234421	-1.333222375
30	6	0.078370779	-0.308736223	-1.37097552
31	7	0.121208761	-0.088283799	-0.392033451
32	8	0.126747115	0.172285816	0.765053204
33	9	0.401951795	0.192025422	0.852708989
34	10	0.632860943	0.359827986	1.597853842

⑨ Beta(Shape Parameter) = LN(수명)의 계수 ⇨ B13 = I18 = 2.731331008

B13 =I18

	A	B	C	H	I	J
10	3276	9	0.83654	분산 분석		
11	3565	10	0.93269		자유도	제곱합
12				회귀	1	10.73328562
13	Beta	2.731331008		잔차	8	0.456413292
14	Alpha			계	9	11.18969891
15						
16	수명	Survival Probability	Reliability		계수	표준 오차
17				Y 절편	-21.706475	1.546256231
18				LN(수명)	2.731331008	0.199132497

⑩ Alpha(Characteristic Life) = EXP(-Y절편 / LN(수명) 계수)

B14=EXP(-I17/I18)

B14 | =EXP(-I17/I18)

	A	B	C	H	I
10	3276	9	0.83654	분산 분석	
11	3565	10	0.93269		자유도
12				회귀	1
13	Beta	2.731331008		잔차	8
14	Alpha	2827.689157		계	9
15					
16	수명	Survival Probability	Reliability		계수
17				Y 절편	-21.706475
18				LN(수명)	2.731331008

⑪ 최대 예측 가능한 수명까지 적절한 단위로 구분

A17 | 1000

	A	B	C
16	수명	Survival Probability	Reliability
17	1000		
18	1200		
19	1400		
20	1600		
34	4400		
35	4600		
36	4800		
37	5000		

여기서는 최소 단위를 1000일로 설정하고 200일 단위로 증가하도록 구분한다. ⇨ B17, B18에 1000, 1200을 입력 ⇨ B17과 B18을 동시에 선택 ⇨ 아래로 드래그해서 5000(최대값)까지 자동으로 채운다.

⑫ Survival Probability

[주의]: 오피스 2007, 오피스 2010, 오피스 2013 모두 엑셀 Weibull 함수에서 Alpha와 Beta의 인수를 반대로 입력한다. (In Excel, the Help screen for the Weibull function gives the formula with the Alpha and Beta parameters reversed. The characteristic life is labeled Beta and the shape parameter is labeled Alpha.)

X: A17 (첫 번째 수명)

Alpha: B13 (Beta 값을 선택)

Beta: B14 (Alpha 값을 선택)

Cumulative: TRUE ⇨ 확인을 선택하기 전에 Alpha(B13)과 Beta(B14)를 선택하고 Key Board의 F4를 클릭해서 절대참조로 변경한다.

B17 =WEIBULL(A17,B13,B14,TRUE)

	A	B	C	D
13	Beta	2.731331008		
14	Alpha	2827.689157		
15				
16	수명	Survival Probability	Reliability	
17	1000	0.05680		
18	1200			

B17 =WEIBULL(A17,$B$13,$B$14,TRUE)

	A	B	C	D
13	Beta	2.731331008		
14	Alpha	2827.689157		
15				
16	수명	Survival Probability	Reliability	
17	1000	0.05680		
18	1200			
19	1400			

⑬ Reliability

C17 =1-B17

	A	B	C
13	Beta	2.731331008	
14	Alpha	2827.689157	
15			
16	수명	Survival Probability	Reliability
17	1000	0.05680	0.94320
18	1200		
19	1400		

커서를 C17에 놓는다. ⇨ C17 = 1 − Survival Probability

Reliabity = 1 − B17

[참고]: Unreliability(Surviral Probability) = 1-Reliability

C37	=1-B37	
	A	B	C

	A	B	C
13	Beta	2.731331008	
14	Alpha	2827.689157	
15			
16	수명	Survival Probability	Reliability
17	1000	0.05680	0.94320
18	1200	0.09173	0.90827
19	1400	0.13636	0.86364
20	1600	0.19032	0.80968
34	4400	0.96476	0.03524
35	4600	0.97712	0.02288
36	4800	0.98564	0.01436
37	5000	0.99129	0.00871

B17과 C17을 동시에 선택하고 아래로 드래그해서 수명별 Survival Probability와 Reliability를 자동으로 계산한다.

Reliability 99%를 정확히 계산하려면 어떻게 해야 할까?

	E	F	G
16	Reliability	수명	연단위 수명
17	0.01		
18	0.10		
19	0.50		
20	0.90		
21	0.99		

E16, F16, G16에 각각 Reliability, 수명, 연 단위 수명 제목을 입력한다. ⇨ Reliability에 0.01, 0.1, 0.5, 0.9, 0.99를 입력한다.

커서를 F17에 놓는다. ⇨ F17 = Beta*(−LN(Reliability))^(1/Alpha) ⇨ B13*(−LN(E17))^(1/B14) ⇨ Alpha(B14)와 Beta(B13)가 있는 셀을 선택해서 Key Board의 F4를 클릭해서 절대참조로 변경한다. ⇨ 아래로 드래그해서 자동으로 계산한다.

F17 =B14*(-LN(E17))^(1/B13)

	A	B	C	D	E	F	G
13	Beta	2.731331008					
14	Alpha	2827.689157					
15							
16	수명	Survival Probability	Reliability		Reliability	수명	연단위 수명
17	1000	0.05680	0.94320		0.01	4946.1	
18	1200	0.09173	0.90827		0.10		
19	1400	0.13636	0.86364		0.50		
20	1600	0.19032	0.80968		0.90		
21	1800	0.25265	0.74735		0.99		

F21 =$B$14*(-LN(E21))^(1/$B$13)

	A	B	C	D	E	F	G
13	Beta	2.731331008					
14	Alpha	2827.689157					
15							
16	수명	Survival Probability	Reliability		Reliability	수명	연단위 수명
17	1000	0.05680	0.94320		0.01	4946.1	
18	1200	0.09173	0.90827		0.10	3837.5	
19	1400	0.13636	0.86364		0.50	2472.6	
20	1600	0.19032	0.80968		0.90	1240.5	
21	1800	0.25265	0.74735		0.99	524.8	

⑭ 단위 수정

일 단위의 수명 결과를 365로 나누어서 연 단위로 계산한다. ⇨ 연 단위 수명=일 단위 수명/365 ⇨ G17=F17/365 ⇨ 아래로 드래그해서 자동으로 계산한다.

G17 =F17/365

	A	B	C	D	E	F	G
13	Beta	2.731331008					
14	Alpha	2827.689157					
15							
16	수명	Survival Probability	Reliability		Reliability	수명	연단위 수명
17	1000	0.05680	0.94320		0.01	4946.1	13.55
18	1200	0.09173	0.90827		0.10	3837.5	
19	1400	0.13636	0.86364		0.50	2472.6	
20	1600	0.19032	0.80968		0.90	1240.5	
21	1800	0.25265	0.74735		0.99	524.8	

G21 =F21/365

	A	B	C	D	E	F	G
13	Beta	2.731331008					
14	Alpha	2827.689157					
15							
16	수명	Survival Probability	Reliability		Reliability	수명	연단위 수명
17	1000	0.05680	0.94320		0.01	4946.1	13.55
18	1200	0.09173	0.90827		0.10	3837.5	10.51
19	1400	0.13636	0.86364		0.50	2472.6	6.77
20	1600	0.19032	0.80968		0.90	1240.5	3.40
21	1800	0.25265	0.74735		0.99	524.8	1.44

4946.1일(13.55년)이 되면 자동차 중 1%만이 고장(50만원 이상의 수리비용)이 발생하지 않고 제대로 작동된다. (4946일이 되었을 때 자동차가 제대로 작동될 가능성은 1%이다.)

3837.5일(10.51년)이 되면 자동차 중 10%만이 제대로 작동된다.

2472.6일(6.77년)이 되면 자동차 중 50%가 제대로 작동된다.

1240.5일(3.4년)이 되면 자동차 중 90%가 제대로 작동된다.

524.8일(1.44년)이 지났을 때 자동차 중 99%가 제대로 작동된다. (524.8일이 되었을 때 자동차가 제대로 작동될 가능성은 99%이다.)

이 수명을 기준으로 유사한 자동차 제품의 보증기간을 설정할 수 있다. 예를 들어서 3.4년 이내에는 단 10%만이 고장(50만원 이상의 수리비용 발생)이 나므로 AS 보증기간을 3년으로 광고·홍보하는 것을 고려해 볼 수 있을 것이다.

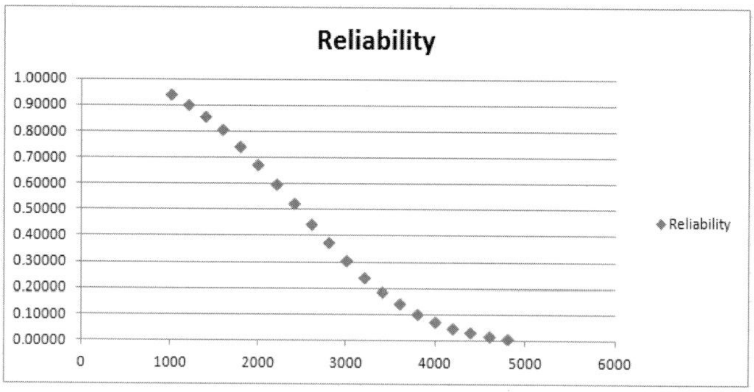

A16에 있는 수명 인덱스를 삭제 ⇨ A16에서 A36까지 선택 ⇨ Key Board의 Control Key를 누른 상태에서 C16부터 C36까지 선택 ⇨ 분산형 ⇨ 첫 번째 분산형

결과는 와이블 분석_결과에서 확인한다.

연습문제

14.1 TV 수명

	A
1	TV 수명
2	3416
3	3705
4	1595
5	2396
6	2035
7	3102
8	1152
9	2745
10	3081
11	1965

무작위로 선택된 TV 10대를 대상으로 첫 번째 고장이 날 때까지의 수명을 조사했다.
95% 신뢰도를 기준으로 몇 년을 무료 A/S 기간으로 설정하면 될까?

14.2 MRI 의료장비 수명

무작위로 선택된 10대의 MRI 의료장비를 대상으로 첫 번째 고장이 날 때까지의 수명을 조사했다.
95% 신뢰도를 기준으로 몇 년을 무료 A/S 기간으로 설정하면 될까?

	A
1	MRI 의료장비 수명
2	1770
3	1576
4	1865
5	1256
6	1556
7	2140
8	1920
9	1312
10	2262
11	2210

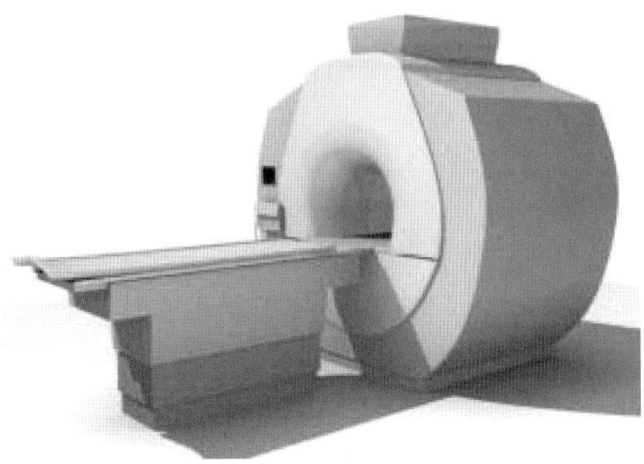

CHAPTER

15 예측 정확도

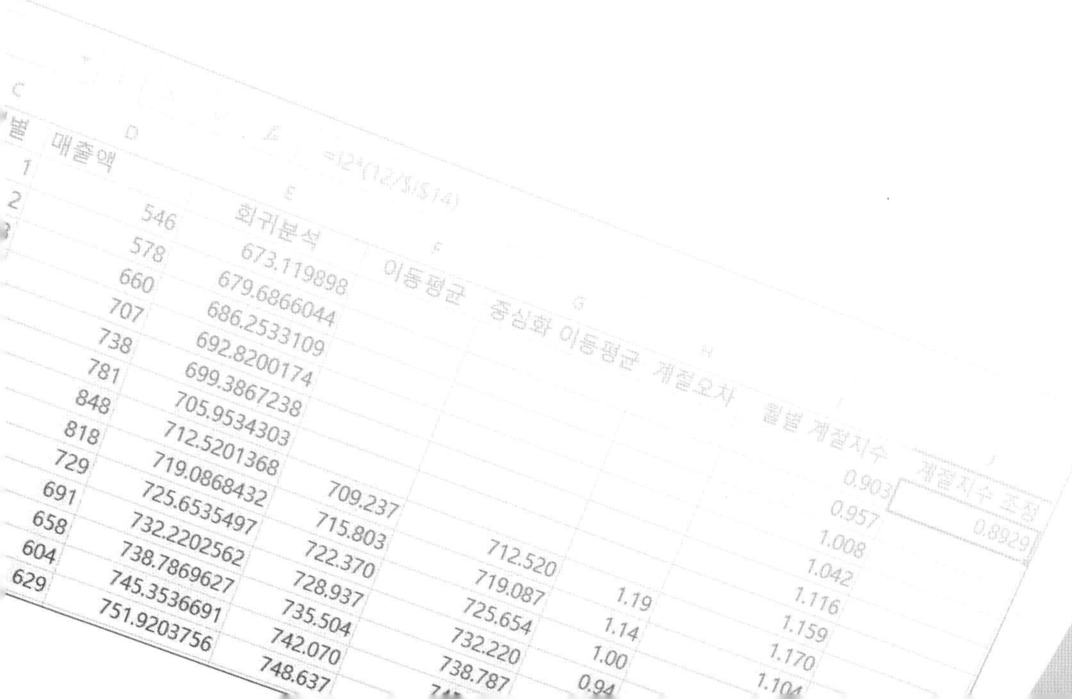

15 예측 정확도

모형의 예측 정확도는 관측값과 예측값의 잔차에서 MAD(MAE), MSE, RMSE, MAPE값을 구한 후 그 값이 적은 모형을 찾는 방법과 관측값 중 최근 10%를 삭제하고 예측한 후 삭제된 10% 자료에 대해서 MAD(MAE), MSE, RMSE, MAPE값이 적은 모형을 찾는 방법이 있다.

15.1 MAD, MSE, RMSE, MAPE

파일 이름: 예측 정확도

	A	B	C	D	E
1	TIME	연도	매출액	예측값	잔차
2	1	2002	567	494.8	72.2
3	2	2003	682	597.6	84.4
4	3	2004	712	700.4	11.6
5	4	2005	572	803.2	-231.2
6	5	2006	847	906	-59
7	6	2007	925	1008.8	-83.8
8	7	2008	1058	1111.6	-53.6
9	8	2009	1462	1214.4	247.6
10	9	2010	1384	1317.2	66.8
11	10	2011	1492	1420	72
12	11	2012	1474	1522.8	-48.8
13	12	2013	1582	1625.6	-43.6
14	13	2014	1682	1728.4	-46.4
15	14	2015	1825	1831.2	-6.2
16	15	2016	1952	1934	18

선형회귀분석과 비선형회귀분석은 결정계수(R SQUARE)값이 클수록 정확한 모형으로 평가하며, 모든 시계열분석 모형은 시MAE(MAD), MSE, MAPE, RMSE, TS 값이 적을수록 보다 정확한 모형이라고 평가할 수 있다.

① 잔차 절대값

F1, G1, H1, I1, J1, K1에 MAE(MAD), MSE, RMSE, MAPE, TS 제목을 입력한다.

F2 | =ABS(E2)

	A	B	C	D	E	F
1	TIME	연도	매출액	예측값	잔차	MAE(MAD)
2	1	2002	567	494.8	72.2	72.200
3	2	2003	682	597.6	84.4	
4	3	2004	712	700.4	11.6	
5	4	2005	572	803.2	-231.2	

잔차 절대값

F2=ABS(E2)

② 잔차 제곱

잔차 제곱=잔차^2 또는 잔차*잔차 ⇨ G2=E2^2

G2 | =E2^2

	A	B	C	D	E	F	G
1	TIME	연도	매출액	예측값	잔차	MAE(MAD)	MSE
2	1	2002	567	494.8	72.2	72.2	5212.84
3	2	2003	682	597.6	84.4		
4	3	2004	712	700.4	11.6		
5	4	2005	572	803.2	-231.2		
6	5	2006	847	906	-59		

③ 잔차 제곱의 제곱근

잔차 제곱의 제곱근=SQRT(MSE) ⇨ H2=SQRT(G2)

H2 | =SQRT(G2)

	A	B	C	D	E	F	G	H
1	TIME	연도	매출액	예측값	잔차	MAE(MAD)	MSE	RMSE
2	1	2002	567	494.8	72.2	72.2	5212.84	72.2
3	2	2003	682	597.6	84.4			
4	3	2004	712	700.4	11.6			
5	4	2005	572	803.2	-231.2			
6	5	2006	847	906	-59			

④ 오차 비율

오차 비율=(관측값/예측값)*100 ⇨ I2=(C2/D2)*100

I2 =(C2/D2)*100

	A	B	C	D	E	F	G	H	I
1	TIME	연도	매출액	예측값	잔차	MAE(MAD)	MSE	RMSE	MAPE
2	1	2002	567	494.8	72.2	72.2	5212.84	72.2	114.5918
3	2	2003	682	597.6	84.4				
4	3	2004	712	700.4	11.6				
5	4	2005	572	803.2	-231.2				
6	5	2006	847	906	-59				

F2, G2, H2, I2를 동시에 선택한 후 아래로 드래그해서 자동으로 계산한다.
평균을 계산한다.

F17 =AVERAGE(F2:F16)

	A	B	C	D	E	F
1	TIME	연도	매출액	예측값	잔차	MAE(MAD)
2	1	2002	567	494.8	72.2	72.2
3	2	2003	682	597.6	84.4	84.4
4	3	2004	712	700.4	11.6	11.6
14	13	2014	1682	1728.4	-46.4	46.4
15	14	2015	1825	1831.2	-6.2	6.2
16	15	2016	1952	1934	18	18
17						76.347

MAE(MAD)
F17=AVERAGE(F2:F16)

G17 =AVERAGE(G2:G16)

	A	B	C	D	E	F	G
1	TIME	연도	매출액	예측값	잔차	MAE(MAD)	MSE
2	1	2002	567	494.8	72.2	72.2	5212.84
3	2	2003	682	597.6	84.4	84.4	7123.36
4	3	2004	712	700.4	11.6	11.6	134.56
14	13	2014	1682	1728.4	-46.4	46.4	2152.96
15	14	2015	1825	1831.2	-6.2	6.2	38.44
16	15	2016	1952	1934	18	18	324
17						76.347	10470.027

MSE
G17=AVERAGE(G2:G16)

RMSE

H17=AVERAGE(H2:H16)

H17 =AVERAGE(H2:H16)

	A	B	C	D	E	F	G	H
1	TIME	연도	매출액	예측값	잔차	MAE(MAD)	MSE	RMSE
2	1	2002	567	494.8	72.2	72.2	5212.84	72.2
3	2	2003	682	597.6	84.4	84.4	7123.36	84.4
4	3	2004	712	700.4	11.6	11.6	134.56	11.6
14	13	2014	1682	1728.4	-46.4	46.4	2152.96	46.4
15	14	2015	1825	1831.2	-6.2	6.2	38.44	6.2
16	15	2016	1952	1934	18	18	324	18
17						76.347	10470.027	76.347

MAPE

I17=AVERAGE(I2:I16)

I17 =AVERAGE(I2:I16)

	A	B	C	D	E	F	G	H	I
1	TIME	연도	매출액	예측값	잔차	MAE(MAD)	MSE	RMSE	MAPE
2	1	2002	567	494.8	72.2	72.2	5212.84	72.2	114.5917542
3	2	2003	682	597.6	84.4	84.4	7123.36	84.4	114.1231593
4	3	2004	712	700.4	11.6	11.6	134.56	11.6	101.6561965
14	13	2014	1682	1728.4	-46.4	46.4	2152.96	46.4	97.31543624
15	14	2015	1825	1831.2	-6.2	6.2	38.44	6.2	99.6614242
16	15	2016	1952	1934	18	18	324	18	100.9307135
17						76.347	10470.027	76.347	100.300

결과는 예측 정확도_결과에서 확인한다.

15.2 TS(Tracking Signal)

E17 =SUM(E2:E16)

	A	B	C	D	E
1	TIME	연도	매출액	예측값	잔차
2	1	2002	567	494.8	72.2
3	2	2003	682	597.6	84.4
4	3	2004	712	700.4	11.6
14	13	2014	1682	1728.4	-46.4
15	14	2015	1825	1831.2	-6.2
16	15	2016	1952	1934	18
17					-1.478E-12

잔차 합계 계산

E17=SUM(E2:E16)

TS=SEF(Sum of Forecast Errors)/MAD(Mean Absolute Deviation) ⇨ K17=E17/F17

J17 | fx =E17/F17

	A	B	C	D	E	F	G	H	I	J
1	TIME	연도	매출액	예측값	잔차	MAE(MAD)	MSE	RMSE	MAPE	TS
2	1	2002	567	494.8	72.2	72.2	5212.84	72.2	114.5917542	
3	2	2003	682	597.6	84.4	84.4	7123.36	84.4	114.1231593	
4	3	2004	712	700.4	11.6	11.6	134.56	11.6	101.6561965	
14	13	2014	1682	1728.4	-46.4	46.4	2152.96	46.4	97.31543624	
15	14	2015	1825	1831.2	-6.2	6.2	38.44	6.2	99.6614242	
16	15	2016	1952	1934	18	18	324	18	100.9307135	
17					-1.478E-12	76.347	10470.027	76.347	100.300	-1.93581E-14

만약 TS값이 -3 또는 +3을 벗어나면 모형을 재검토할 필요가 있다.

파일 이름: TS 결과 비교

	A	B	C	D	E	F	G	H	I	J
1	TIME	매출액	예측값_A	잔차_A	잔차 절대값_A	잔차 제곱_A	예측값_B	잔차_B	잔차 절대값_B	잔차 제곱_B
2	1	112	112.0	0	0	0	110	2	2	4
3	2	115	115.0	0	0	0	117	-2	2	4
4	3	118	117.5	0.5	0.5	0.25	116	2	2	4
5	4	116	117.0	-1	1	1	118	-2	2	4
6	5	120	119.0	1	1	1	118	2	2	4
7	6	125	124.0	1	1	1	127	-2	2	4
8				SFE	MAD	MSE		SFE	MAD	MSE
9				1.5	0.58	0.54		0	2	4
10				TS			TS			
11				2.57			0			

샘플에서 두 모형의 TS를 비교한 결과, A모형의 TS가 6이고, B모형의 TS가 0이다. 이런 경우 B모형의 TS값이 더 적기 때문에 B모형이 더 적합하다.

연습문제 풀이

1. 엑셀 열기

1.1 빠른 분석 도구 활용 세로 막대형 그래프

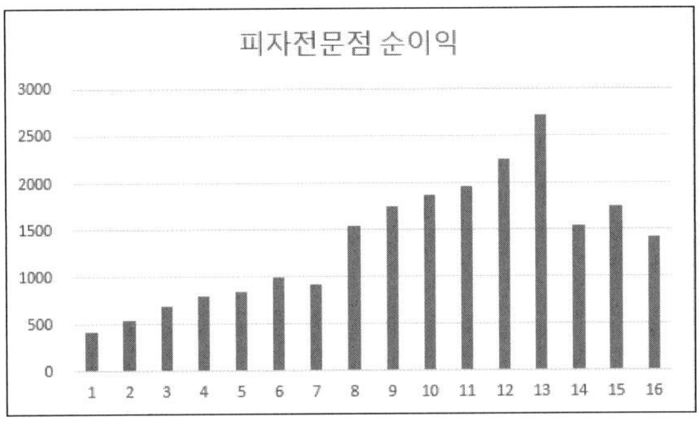

TIME 및 피자전문점 순이익 변수 선택 ☞ 빠른 분석 도구 ☞ 차트 ☞ 묶은 세로 막대형

1.2 빠른 분석 도구 활용 평균

	A	B	C
1	TIME	백화점 매출	**누계**
2	1	165	**166**
3	2	171	**339**
4	3	153	**495**
5	4	200	**699**
6	5	240	**944**
7	6	350	**1300**
8	7	340	**1647**
9	8	380	**2035**
10	9	420	**2464**
11	10	470	**2944**
12	11	395	**3350**
13	12	451	**3813**
14	13	487	**4313**
15	14	527	**4854**
16	15	562	**5431**
17	16	592	**6039**
18	**8.5**	**369**	

TIME 및 백화점 매출 ☞ 빠른 분석 도구 ☞ 합계 ☞ 평균
평균: B18=AVERAGE(B2:B17)

TIME 및 백화점 매출 ☞ 빠른 분석 도구 ☞ 합계 ☞ 누계

1.3 빠른 분석 도구 활용 상위 10%

	A	B
1	TIME	호텔 순이익
2	1	65
3	2	67
4	3	69
5	4	172
6	5	78
7	6	79
8	7	82
9	8	84
10	9	89
11	10	92
12	11	98
13	12	95
14	13	102
15	14	106
16	15	109

TIME 및 백화점 매출 ☞ 빠른 분석 도구 ☞ 서식 ☞ 상위 10%
상위 10%: TIME 4, TIME 14, TIME 15

2. 엑셀의 시계열 기초

2.1 여행사 매출
종속변수 자연로그로 변환: D2=LN(C2)
EXP함수 활용 원래 값 환원: E2=EXP(D2)
종속변수 제곱근으로 변환: F2=SQRT(C2)
제곱으로 원래 값 환원: G2=F2^2

2.2 항공사 고객 수
Raw Data 그대로 회귀분석 ☞ 회귀분석 결과를 복사: D2=K25
자료 안정화를 위해 항공사 이용 고객 수를 자연로그로 변환: F2=LN(C2) ☞ 회귀분석
자료 안정화를 위해 항공사 이용 고객 수를 제곱근으로 변환: F2=SQRT(C2) ☞ 회귀분석
Raw Data 회귀분석의 MAE(MAD: 잔차 절대값 평균): 5907.978986
제곱근 변환 후 회귀분석의 MAE(MAD: 잔차 절대값 평균): 5881.6892
MAE(MAD)는 적을수록 정확한 모형으로 판단한다. 따라서 제곱근으로 변환해서 회귀분석한 모형이 더 정확하다.

2.3 호텔 순이익
D2:D31: TIME 변수를 만든다. ☞ E2:G31: 분기별 더미변수 만든다. ☞ 더미변수 회귀분석
자연로그 변환: J2=LN(C2) ☞ 더미변수 회귀분석
제곱근 변환: J2=SQRT(C2) ☞ 더미변수 회귀분석
Raw Data 더미변수 회귀분석 MAE(MAD: 290.8845238
자연로그 변환 후 더미변수 회귀분석: 229.8732262

제곱근 변환 후 회귀분석 MAE(MAD): 244.2308629
MAE(MAD)는 적을수록 정확한 모형으로 판단한다. 따라서 제곱근으로 변환하고 더미변수 회귀분석한 모형이 더 정확하다.

3. 단순 회귀분석

3.1 핸드폰 제조회사 매출

회귀분석

결정계수가 0.896914755이므로 회귀 방정식은 전체 자료의 89.6914755%를 설명하고 있다.

분산분석 유의한 F값이 2.72E-08로 유의수준 0.05 보다 작기 때문에 회귀 방정식이 곡선이라는 귀무가설을 기각한다. 즉, 회귀 방정식은 직선이며 통계적으로 유의미하다.

회귀 방정식=55.33382353*TIME+(-49.275)

표준 잔차가 2.5~3을 넘는 관측치가 없다. 즉, 삭제할 이상값(이상치)가 없다.

미래 예측

TIME 변수를 예측하고자 하는 A18:A19까지 생성한다.

TIME 17 예측값: E18*A18+E17=891.4

TIME 18 예측값: E18*A19+E17=946.73

3.2 호텔 순이익

C2=FORECAST(A2,B2:B17,A2:A17)

D2=TREND(B2:B17,A2:A17,A2)

3.3 병원 순이익

기울기: B26=SLOPE(C2:C20,A2:A20)=82.61025

Y 절편: B27=INTERCEPT(C2:C20,A2:A20)=88.96529

결정계수: B28=RSQ(C2:C20,D2:D20)=0.9344

회귀 방정식=82.61025*TIME+88.96529

회귀 방정식은 전체 자료의 93.44%를 설명하고 있다.

미래 예측

TIME 변수를 예측하고자 하는 A22:A25까지 생성한다.

TIME 21 예측값: B26*A21+B27=1823.780461

TIME 22 예측값: B26*A22+B27=1906.390707

TIME 23 예측값: B26*A23+B27=1989.000953

TIME 24 예측값: B26*A24+B27=2071.611199

3.4 면세점 매출

회귀분석 ☞ 관측치 11의 표준 잔차가 2.684602로 2.5~3 보다 크기 때문에 삭제한

후 회귀분석 재실시
이상값 삭제 후 단순 회귀분석
결정계수가 0.76065838로 회귀 방정식은 전체 자료의 76.065838%를 설명하고 있다. 분산분석의 유의한 F값이 1.13E-06으로 유의수준 0.05 보다 작기 때문에 회귀 방정식이 곡선이라는 귀무가설을 기각한다. 즉, 회귀 방정식은 직선이며 통계적으로 유의미하다.
회귀 방정식=439.0965162*TIME+778.3049089
잔차 절대값: D2=ABS(G25)
잔차 절대값의 평균(MAE(MAD)): D22=AVERAGE(D2:D20)=1095.175914
미래 예측
A21:A22 TIME 변수를 생성한다.
TIME 21 예측값: C21=F18*A21+F17=9999.33
TIME 22 예측값: C22=F18*A22+F17=10438.43
TIME 및 분기별 더미변수 개입모형
D2:D21에 TIME 변수를 만든다. ☞ E2:G21에 분기별 더미변수를 만든다. ☞ H12=1 펄스형 변수를 만든다. ☞ 더미변수 회귀분석
결정계수가 0.922952이므로 회귀 방정식은 전체 자료의 92.2952%를 설명하고 있다. 분산분석의 유의한 F값이 2.58E-07로 유의수준 0.05 보다 작기 때문에 회귀 방정식이 곡선이라는 귀무가설을 기각한다. 즉, 회귀 방정식은 직선이며 통계적으로 유의미하다.
회귀 방정식=465.98125*TIME + 2418.54375*1분기 + (-284.2375)*2분기 + (-343.71875)*3분기 + 6133.5*펄스형 개입모형 + 7.425
잔차 절대값: I2=ABS(L29)
잔차 절대값의 평균: I23=AVERAGE(I2:I21)=731.1
미래 예측
TIME 21 예측값: C22=MMULT(D22:H22,K18:K22)+K17=12211.58
TIME 22 예측값: C23=MMULT(D23:H23,K18:K22)+K17=9974.78
단순회귀분석의 MAE(MAD): 1095.175914
Raw Data의 이상값을 펄스형 개입모형(더미변수 회귀분석)의 MAE(MAD): 731.1
MAD(MAE)가 적은 모형이 더 적합하다. 즉, 이상값을 삭제한 회귀모형 보다 펄스형 개입모형(이상값 더미변수 회귀분석)이 더 정확한 모형이다.

4. 중다 회귀분석

4.1 체인 제빵제과점 순이익

결정계수가 0.98125718이므로 회귀 방정식은 전체 자료의 98.125718%를 설명하고

있다.

분산분석 유의한 F값이 1.8E-06으로 유의수준 0.05 보다 작기 때문에 회귀 방정식이 곡선이라는 귀무가설을 기각한다. 즉, 회귀 방정식은 직선이며 통계적으로 유의미하다.

회귀방정식=(-0.01666)*광고.홍보비 + (-1.41987)*톤당 밀가루 가격 + 0.04296*직원 수 + 1.36925*지점 수 + 0.00105*매출 + 1.5094*제빵.제과 종류 + (-11.60406)

4.2 호텔 레스토랑 순이익

A15:F15: 변수 및 Y 절편 제목 입력 ☞ A16=LINEST(H2:H13,C2:G13,TRUE) ☞ A16:F16 드래그해서 선택 ☞ Shift와 Control Key 동시 선택 및 Enter Key 클릭

회귀 방정식=15.7278*메뉴 종류 + (-4.3456)*직원 수 + 0.234*매출 + 4.2936*이용 고객 수 + (-0.9505)*광고.홍보비 + (-3747.7015)

결정계수: B18=RSQ(H2:H13,I2:I13)=0.9108148

4.3 은행 순이익

결정계수가 0.994438이므로 회귀 방정식은 전체 자료의 99.4438%를 설명하고 있다.

분산분석 유의한 F값이 1.8E-05로 유의수준 0.05 보다 작기 때문에 회귀 방정식이 곡선이라는 귀무가설을 기각한다. 즉, 회귀 방정식은 직선이며 통계적으로 유의미하다.

회귀 방정식=0.2197*계좌 수 + 7.1817*직원 수 + 0.0308*매출 + (-0.6962)*주변 상가 수 + 198.7165*은행 기준 금리 + (-3.2813)*대출 건수 + (-278.3522)

미래 예측

미래 조건 입력 ☞ C14=C13+C13*0.05

G14=G13

I14=MMULT(C14:H14,K18:K23)+K17=831.32

5. 더미변수 회귀분석

5.1 여행사 매출

E2:G29에 분기별 더미변수를 만든다 ☞ 더미변수 회귀분석

D2:D29 TIME 변수를 만든다. ☞ E2:G29 분기별 디미변수를 만든다. ☞ 더미변수 회귀분석

분기별 더비변수 회귀분석 MAE: 15.4387755

TIME변수 및 분기별 더미변수 회귀분석의 MAE(MAD): 10.30867347

계절성과 추세를 모두 보이는 경우, TIME변수를 추가한 더미변수 회귀분석이 더 정확하다.

5.2 백화점 매출

E2:J43에 요일별 더미변수를 만든다. ☞ K2:K43에 TIME 변수를 만든다. ☞ 더미변

수 회귀분석

예측값: L2=MMULT(E2:K2,Q18:Q24)+Q17

잔차: D2-L2 잔차 절대값: N2=ABS(M2)

미래 예측

요일별 더미변수 복사해서 E44:J50에 붙여넣기 ☞ L43을 아래로 드래그한다.

TIME43의 예측값: 8972.3 TIME44의 예측값: 9120.61

TIME45의 예측값: 9268.91 TIME46의 예측값: 9417.22

TIME47의 예측값: 9565.52 TIME48의 예측값: 9713.82

TIME49의 예측값: 10688.11

5.3 호텔 매출

D15:D19에 1을 입력해서 계단형 개입모형을 만든다. ☞ E2:G29까지 분기별 더미변수를 만든다. ☞ 더미변수 회귀분석

D15:D19에 1을 입력해서 계단형 개입모형을 만든다. ☞ E2:G29까지 분기별 더미변수 및 H2:H29까지 TIME 변수를 만든다. ☞ 더미변수 회귀분석

더미변수 회귀분석 MAE=24.0987609

TIME 변수 및 더미변수 MAE: 6.917999632

TIME 변수를 추가한 계단형 개입모형의 MAE(잔차 절대값 평균)가 더 작기 때문에 더 정확한 모형이다.

6. 비선형 회귀분석

6.1 여행사 고객 수

역모형: B27=RSQ(C2:C25,E2:E25)

파워모형: B27=RSQ(C2:C25,F2:F25)

	R SQUARE (결정계수)
선형 회귀모형	0.6372
지수 모형	0.6404
로그 모형	0.4201
2차 다항식 모형	0.7959
3차 다항식 모형	0.8991
4차 다항식 모형	0.8991
5차 다항식 모형	0.9513
거듭 제곱 모형	0.5696
역모형	0.2386
파워모형	0.5752

5차 다항식 모형의 결정계수가 가장 높으므로 5차 다항식 모형이 가장 적합한 모형이다.

6.2 체인 편의점 매출

역모형: B27=RSQ(C2:C25,E2:E25)

파워모형: B27=RSQ(C2:C25,F2:F25)

	R SQUARE (결정계수)
선형 회귀모형	0.7644
지수 모형	0.6557
로그 모형	0.9331
2차 다항식 모형	0.9249
3차 다항식 모형	0.916
4차 다항식 모형	0.9479
5차 다항식 모형	0.949
거듭 제곱 모형	0.9524
역모형	0.7448
파워모형	0.9331

5차 다항식 모형의 결정계수가 가장 높으므로 5차 다항식 모형이 가장 적합한 모형이다.

7. 자기회귀 모형

7.1 의류회사 순이익

회귀분석

SUMXMY2(H26:H60,H25:H59): 29876977.56

SUMSQ(H25:H60): 11433092.39

DURBIN WATSON=SUMXMY2/SUMSQ=2.613201796

Critical Values of the Durbin-Watson Statistic

Sample Size	Probability in Lower Tail (Significance Level= α)	k = Number of Regressors (Excluding the Intercept)									
		1		2		3		4		5	
		d_L	d_U	d_L	d_U	d_L	d_U	d_L	d_U	d_L	d_U
25	.01	1.05	1.21	.98	1.30	.90	1.41	.83	1.52	.75	1.65
	.025	1.13	1.34	1.10	1.43	1.02	1.54	.94	1.65	.86	1.77
	.05	1.29	1.45	1.21	1.55	1.12	1.66	1.04	1.77	.95	1.89
30	.01	1.13	1.26	1.07	1.34	1.01	1.42	.94	1.51	.88	1.61
	.025	1.25	1.38	1.18	1.46	1.12	1.54	1.05	1.63	.98	1.73
	.05	1.35	1.49	1.28	1.57	1.21	1.65	1.14	1.74	1.07	1.83
40	.01	1.25	1.34	1.20	1.40	1.15	1.46	1.10	1.52	1.05	1.58
	.025	1.35	1.45	1.30	1.51	1.25	1.57	1.20	1.63	1.15	1.69
	.05	1.44	1.54	1.39	1.60	1.34	1.66	1.29	1.72	1.23	1.79

DURBIN WATSON 값이 2.613201796이므로 Sample Size 40을 기준으로 2.46(4-DL=4-1.54)보다 크기 때문에 음의 자기상관이 있다.

구분	MAE(MAD)
AR(1)	534.0450927
AR(2)	515.069245
AR(3)	522.949727

MAD(MAD)가 가장 작은 AR(2) 모형이 가장 적합한 예측 모형이다.

7.2 증권회사 매출

D2:D29에 TIME 변수 만든다. ☞ E2:G29 분기별 더미변수를 만든다. ☞ 더미변수 회귀분석

예측값: D2=I25

잔차 절대값: E2=ABS(J25)

잔차 절대값의 평균(MAE): E31=AVERAGE(E2:E29)

SUMXMY2(J26:J52,J25:J51): 182174106.5

SUMSQ(J25:J52): 67168742.35

DURBIN WATSON=SUMXMY2/SUMSQ=2.71218576

DURBIN WATSON 값이 2.71218576으로 Sample Size 30을 기준으로 2.51(4-dU)보다 크기 때문에 음의 자기상관이 있다.

Critical Values of the Durbin-Watson Statistic

Sample Size	Probability in Lower Tail (Significance Level= α)	k = Number of Regressors (Excluding the Intercept)									
		1		2		3		4		5	
		d_L	d_U	d_L	d_U	d_L	d_U	d_L	d_U	d_L	d_U
25	.01	1.05	1.21	.98	1.30	.90	1.41	.83	1.52	.75	1.65
	.025	1.13	1.34	1.10	1.43	1.02	1.54	.94	1.65	.86	1.77
	.05	1.29	1.45	1.21	1.55	1.12	1.66	1.04	1.77	.95	1.89
30	.01	1.13	1.26	1.07	1.34	1.01	1.42	.94	1.51	.88	1.61
	.025	1.25	1.38	1.18	1.46	1.12	1.54	1.05	1.63	.98	1.73
	.05	1.35	1.49	1.28	1.57	1.21	1.65	1.14	1.74	1.07	1.83
40	.01	1.25	1.34	1.20	1.40	1.15	1.46	1.10	1.52	1.05	1.58
	.025	1.35	1.45	1.30	1.51	1.25	1.57	1.20	1.63	1.15	1.69
	.05	1.44	1.54	1.39	1.60	1.34	1.66	1.29	1.72	1.23	1.79

구분	MAE(MAD)
AR(1)	1746.780776
AR(2)	1639.4671
AR(3)	1595.874295
선형 회귀분석	1338.809
더미변수 회귀분석	428.4521684

더미변수 회귀분석의 MAE(잔차 절대값 평균)이 가장 작기 때문에 가장 적합한 모형이다.

8. 이동 평균법

8.1 여행사 매출

단순 이동평균: C5=AVERAGE(B2:B5)

중심화 이동평균: D6=AVERAGE(C5:C6)

8.2 면세점 매출

단순 이동평균: C4=AVERAGE(B2:B4)

중심화 이동평균: D5=AVERAGE(C4:C5)

이중 이동평균

Single Moving Average: C4=AVERAGE(B2:B4)

Double Moving Average: D6=AVERAGE(C4:C6)

Alpha: E6=2*C6-D6 Beta: 2/(3-1)*(C6-D6)

예측값: G7=E6+F6

잔차: H7=B7-G7 잔차 절대값: I7=ABS(H7)

MAE(잔차 절대값의 평균): I19=AVERAGE(I9:I17)=1510

미래 예측

TIME 17의 예측값: G18=E17+F17=5497

8.3 병원 매출

단순 이동평균: D5=AVERAGE(C2:C5)

중심화 이동평균: E6=AVERAGE(D5:D6)

가중 이동평균

최적 가중치1=0.14, 가중치2=0.1, 가중치3=0.22, 가중치4=0.54

미래 예측

TIME 21 예측값: 2371.789277

이중 이동평균

Single Moving Average: D5=AVERAGE(C2:C5)

Double Moving Average: E8=AVERAGE(D5:D8)

Alpha: F8=2*D8-E8

Beta: G8=2/(4-1)*(D8-E8)

예측값: H9=F8+G8

잔차: I9=C9-H9 잔차 절대값: J9=ABS(I9)

MAE(잔차 절대값의 평균): J23=AVERAGE(J9:J21)=204.480769

미래 예측

TIME 21 예측값: H22=F21+G21=2499

9. 지수 평활법

9.1 체인 햄버거 순이익

단순 지수 평활법 최적 모수

최적의 Alpha: 0.517605

TIME 17 예측값 ☞ D18=H1*C17+H2*D17=1767.609602

이중 지수 평활법(브라운 지수평활법)의 최적 모수

최적의 Alpha: 0.22

TIME 17 예측값: M18=K17+L17=2012.049

TIME 18 예측값: M19=K17+L17*2=2099.839

TIME 19 예측값: M20=K17+L17*3=2187.629

TIME 20 예측값: M21=K17+L17*4=2275.419

단순 지수 평활법 MSE: 201952

이중 지수 평활법(브라운 지수평활법) MSE: 159897.259

이중 지수 평활법의 MSE가 더 작기 때문에 이중 지수 평활법의 예측력이 더 높다.

9.2 가구 판매량

단순 지수 평활법 최적 모수

최적의 Alpha: 0.360081

TIME 20의 예측값: 812.7293447

MSE: 45062.00136

이중 지수 평활법(브라운 지수 평활법) 최적 모수

최적의 Alpha 값: 0.15

예측값

TIME 20 예측값: M21=K20+L20= 875.798

TIME 21 예측값: M22=K20+L20*2= 902.302

TIME 22 예측값: M23=K20+L20*3= 928.805

TIME 23 예측값: M24=K20+L20*4= 955.308

단순 지수 평활법 MSE: 45062.00136

이중 지수 평활법(브라운 지수 평활법) MSE: 37040.23

MSE(잔차 제곱의 평균)이 작은 이중 지수 평활법이 더 정확한 모형이다.

10. 계절분해법 및 계절지수

10.1 철강 생산량

계절지수	1분기	2분기	3분기	4분기
단순 평균	0.99	0.76	1.45	0.8
평균 오차 비율				
회귀분석과 단순 평균	0.98	1.26	0.58	1.18
회귀분석과 중심화 이동평균	1.01	0.99	1.0	1.0
계절분해 가법	39.57	−81.16	146.87	−105.28
계절분해 승법	1.11	0.77	1.45	0.67

계절분해 가법 미래 예측

계절지수 조정 H26:H29 복사 ☞ 회귀 분석 J25 결과를 J29까지 드래그

TIME 25 예측값: K26=J26+H26=648.798

TIME 26 예측값: K27=J27+H27=547.8647

TIME 27 예측값: K28=J28+H28=795.6814

TIME 28 예측값: K29=J29+H29 =563.323

계절분해 승법 미래 예측

계절지수 조정 H26:H29 복사 ☞ 회귀 분석 J25 결과를 J29까지 드래그

TIME 25 예측값: K26=J26*H26=684.7507 TIME 26 예측값: K27=J26*H26=492.4444

TIME 27 예측값: K28=J26*H26=950.8446 TIME 28 예측값: K29=J26*H26=455.1758

계절분해 가법 MAD(MAE): 29.63888406

계절분해 승법 MAD(MAE): 27.61458354

계절분해 승법의 MAE(잔차 절대값 평균)가 가법 보다 작기 때문에 계절분해 승법이 보다 정확한 모형이다.

10.2 백화점 매출

	월	화	수	목	금	토	일
단순 평균	0.41	0.66	0.61	1.24	1.65	1.51	0.92
평균 오차 비율	0.41	0.66	0.61	1.24	1.65	1.51	0.92
회귀분석과 단순 평균	0.43	0.68	0.65	1.28	1.56	1.51	0.89
회귀분석과 중심화 이동평균	0.43	0.69	0.64	1.34	1.54	1.43	0.93
계절분해 가법	−3284	−1757	−2436	1975	3680	2060	−239
계절분해 승법	0.44	0.69	0.64	1.33	1.56	1.39	0.95

계절분해 가법 미래 예측
예측기간 A44:A50까지 TIME 변수 생성 ☞ 계절지수 조정 I44:I50 복사 ☞ 회귀 분석 K43 결과를 K50까지 드래그
TIME 43 예측값: L44=K44-I44=5853.293
TIME 44 예측값: L45=K45-I45=7509.782
TIME 45 예측값: L46=K46-I46=6959.485
TIME 46 예측값: L47=K47-I47=11499.831
TIME 47 예측값: L48=K48-I48=13334.477
TIME 48 예측값: L49=K49-I49=11843.6945
TIME 49 예측값: L50=K50-I50=9674.069
계절분해 승법 미래 예측
예측기간 A44:A50까지 TIME 변수 생성 ☞ 계절지수 조정 I44:I50 복사 ☞ 회귀 분석 K43 결과를 K50까지 드래그
TIME 43 예측값: L44=K44*I44=5138.7 TIME 44 예측값: L45=K45*I45=8241.65
TIME 45 예측값: L46=K46*I46=7735.4 TIME 46 예측값: L47=K47*I47=16321.69
TIME 47 예측값: L48=K48*I48=19597.52 TIME 48 예측값: L49=K49*I49=17752.04
TIME 49 예측값: L50=K50*I50=12257.33
계절분해 가법 MAD(MAE): 1366.8681
계절분해 승법 MAD(MAE): 1489.14
계절분해 가법의 MAE(잔차 절대값 평균)가 승법 보다 작기 때문에 계절분해 가법이 보다 정확한 모형이다.

11. 곰페르츠 곡선

11.1 신 모델 냉장고 판매량
판매량 누계: C6=B6, C7=C6+B7
예측값: D6=C1*EXP(-C2*C3^A6)
잔차: E6=C6-D6 잔차 제곱: F6=E6^2
MSE(잔차 제곱의 평균): F12=AVERAGE(F6:F10) ☞ 해 찾기
모수 b: 6.407224814 모수 c: 0.843331307

11.2 신 모델 핸드폰 판매량
판매량 누계: C6=B6, C7=C6+B7
예측값: D6=C1*EXP(-C2*C3^A6)
잔차: E6=C6-D6 잔차 제곱: F6=E6^2
MSE(잔차 제곱의 평균): F12=AVERAGE(F6:F10) ☞ 해 찾기
모수 b: 5.82995022 모수 c: 0.887767553

12. 로지스틱 곡선

12.1 신 모델 냉장고 판매량

모수 b: 107.8265776

모수 c: 0.307825282

Inflection Point: 15.20513242

TIME 15에서 최대 신규 판매량의 정점을 찍고 증가율이 감소하게 된다. 따라서 TIME 15의 판매량 감소에 대비한 마케팅 전략 수립이 요구된다.

12.2 신 모델 TV 판매량

모수 b: 549.6844393

모수 c: 0.603960959

Inflection Point: 10.44660962

TIME 10에서 최대 신규 판매량 정점을 찍고 증가율이 감소하게 된다. 따라서 TIME 10의 판매량 감소에 대비한 마케팅 전략 수립이 요구된다.

13. K Nearest Neighbor

13.1 호텔 매출과 순이익

거리: E2=ABS(C2-C32)

SMALL 함수: F2=SMALL(E2:E31,I1)

Nearest Neighbor Value: G2=IF(E2<=F2,D2)

D32=AVERAGE(G2:G31)

매출이 400이 될 경우, 순이익은 49.6이 된다.

13.2 백화점 광고.홍보비와 매출

거리: E2=ABS(C2-C26)

Small 함수: F2=SMALL(E2:E25,I1)

Nearest Neighbor Value: G2=IF(E2<=F2,D2)

D26=AVERAGE(G2:G25)

백화점 광고.홍보비가 250일 경우, 매출은 24696이 된다.

14. 와이블 분석

14.1 TV 수명

TV 수명을 오름차순으로 정렬 ☞ Median Rank: C2=(B2-0.3)/(10+0.4)

1/(1-Median Rank): D2=1/(1-C2)

LN(LN(1/(1-Median Rank): E2=LN(LN(D2))

LN(TV 수명): F2=LN(A2)
회귀분석
Alpha: A13=I18
Beta: A14=EXP(-I17/I18)
Survival Probability: B17=WEIBULL(A17,B13,B14,TRUE)
Reliability: C17=1-B17
수명: F17=B14*(-LN(E17))^(1/B13)
연단위 수명: G17=F17/365
95% 신뢰도 기준: 2.88년

14.2 MRI 의료장비 수명
MRI 수명을 오름차순으로 정렬 ☞ Median Rank: C2=(B2-0.3)/(10+0.4)
1/(1-Median Rank): D2=1/(1-C2)
LN(LN(1/(1-Median Rank): E2=LN(LN(D2))
LN(MRI 수명): F2=LN(A2)
회귀분석
Alpha: A13=I18
Beta: A14=EXP(-I17/I18)
Survival Probability: B17=WEIBULL(A17,B13,B14,TRUE)
Reliability: C17=1-B17
수명: F17=B14*(-LN(E17))^(1/B13)
연단위 수명: G17=F17/365
95 신뢰도 기준: 3.01년

찾아보기

ㅈ

ㅊ

ㅍ

ㅎ

[기타]

| 저자 약력 |

한광종

한국의료관광·컨벤션연구원 원장

저서

- Excel 활용 의료병원 통계분석
- Excel 활용 마케팅 통계조사분석
- SPSS 활용 마케팅 통계조사분석
- 의료관광 실무영어
- 의료관광 실무영어회화
- 국가자격시험 국제의료관광코디네이터 1차 필기시험 예상문제집
- 컨벤션영어
- 컨벤션 실무영어회화
- 국가자격시험 컨벤션기획사 1차 필기시험 문제풀이 해설집
- 국가자격시험 컨벤션기획사 2차 실기시험 문제풀이 해설집

- Blog: blog.daum.net/fatherofsusie
- Email: fatherofsusie@hanmail.net
- Facebook: johngwangjong.han

엑셀 활용 비즈니스 시계열분석

2014년 7월 15일 초판 인쇄
2014년 7월 21일 초판 발행

저 자 / 한광종
발행자 / 오판근
발행처 / 교우사

주 소 / 서울특별시 동대문구 약령시로 8 교우빌딩 2층
전 화 / 925-2861~2, 편집부 / 925-2825
팩 스 / 925-2860

E-mail / kyowoo@kyowoo.co.kr
http://www.kyowoo.co.kr

등록 / 1994. 3. 24 제6-0256호

ISBN 979-11-251-0049-2 (93310)

값 **24,000**원